데이터 과학으로 접근하는 정보보안

데이터 과학으로 접근하는 정보보안

데이터 분석과 시각화로 정보보안 강화하기

제이 제이콥스·밥 루디스 지음 | 이정문 옮김

i!i
에이콘

| 지은이 소개 |

제이 제이콥스^{Jay Jacobs}

IT 업계 및 정보보안 업계에서 15년 이상의 경력을 갖고 있으며, 암호학, 위험 관리, 데이터 분석 분야에서 주로 일했다. 버라이즌^{Verizon} RISK 팀의 수석 데이터 분석가로, 버라이즌이 매년 배포하는 데이터 침해 사고 조사 보고서^{DBIR, Data Breach Investigation Report}의 공동 작성자며, 보안 관련 데이터를 분석 및 시각화하는 데 대부분의 시간을 보낸다. 또 '정보 위험 분석가들의 사회^{SIRA, Society of Information Risk Analysts}'의 공동 설립자고, 현재는 이사회의 임원이다. 활동적인 블로거이자 강연자로서 '리스크 사이언스^{Risk Science}' 팟캐스트의 공동 사회자며, 2014 메트리콘 보안 측정/분석 컨퍼런스의 공동 의장이었다. 트위터에서 @jayjacobs라는 이름을 사용하며, 미네소타 세인트폴의 컨커디어 대학^{Concordia University}에서 기술 및 경영 학사 학위를, 펜실베니아 주립 대학^{Pennsylvania State University}에서 응용 통계학 분야의 수료증을 받았다.

밥 루디스^{Bob Rudis}

데이터를 기반으로 글로벌 포춘 100대 기업들의 보안을 강화하는 데 20년 이상 헌신했다. 리버티 뮤추얼^{Liberty Mutual}의 전사 정보보호 및 IT 리스크 관리자로서, 대규모 보안 분석 사업에서의 지역별 사이버 안전 센터와의 협력 관계를 총괄하고 있다. 트위터(@hrbrmstr)와 블로그(rud.is)를 열정적으로 운영하며, 저자이자 연사며, 오픈소스 커뮤니티(github.com/hrbrmstr)의 기여자기도 하다. 현재 '정보 위험 분석가들의 사회'의 이사회 멤버며, SANS의 '인류의 안전 확보^{Securing The Human}' 교육 프로그램의 편집 위원이기도 하다. 2014 메트리콘 보안 측정/분석 컨퍼런스의 공동 의장이었고, 스크랜튼 대학^{University of Scranton}에서 학사 학위를 받았다.

| 감사의 글 |

책 표지에는 우리의 이름만 보이지만, 사실은 수많은 (좋은) 사람들의 도움이 없었다면 이 책은 세상에 나올 수 없었을 것입니다

기술 감수자인 러셀 토마스에게 매우 감사드립니다. 사소한 부분도 놓치지 않는 러셀의 세심한 주의력은 이 책을 더 좋게 만들었을 뿐만 아니라 몇몇 당황스러운 실수를 지적해 줬습니다. 이 프로젝트를 위한 데이터를 준비하고 공유하는 데 기꺼이 시간을 투자해 준 시만텍Symantec, 에일리언볼트AlienVault, 스테판 패튼, 데이빗 세베르스키 모두 고맙습니다. 웨이드 베이커가 보여준 전염성 있는 열정, 크리스 포터의 적극적인 참여, 그리고 버라이즌 RISK 팀이 이룩한 성과와 커뮤니티의 VERIS 제공에 감사합니다. 와일리Wiley 출판사의 좋은 친구들, 특히 책의 얼개를 구성하고 우리가 제 길에서 벗어나지 않도록 이끌어 주신 캐롤 롱, 케빈 켄트, 케지어 엔즐리에게 고맙습니다.

우리의 이메일에 답장해 주시고 피드백을 제공해 주신 많은 분들께도 감사합니다. 마지막으로 R, 파이썬, 데이터 시각화, 정보보안 분야의 많은 커뮤니티에 감사드립니다. 앞으로도 다양한 분야에서 커뮤니티 간의 경계가 허물어지기를 희망합니다.

제이 제이콥스

가장 먼저 부모님에게 감사의 말씀을 전합니다. 아버지 덕분에 저는 배움에 대한 열정과 모든 것을 일단 시도하는 신념을 가질 수 있었습니다. 어머니는 변함없는 후원을 보여주셨으며, 심지어 제가 어떤 길을 가면 안 되는지 고민할 때도 곁에서 도와주셨습니다. 제가 성장하고 배울 수 있는 좋은 환경을 제공해 주신 부모님, 감사합니다. 내 아내 앨리에게도 고맙다는 말을 전하고 싶습니다. 앨리는 나의 가장 친한 친구이고 가장 열성적인 비평가며 동시에 최고의 팬입니다. 이 책은 앨리의 사랑과 지원, 격려가 없었다면 나오지 못했을 것입니다. 마지막으로 놀아주지 못하는 아빠를 참고 기다려준 우리 아이들, 고맙다. 이제 같이 게임을 할 수 있단다.

밥 루디스

이 책은 아내 메리와 세 아이 빅토리아, 재로드, 이안이 주말마다 사랑과 지원, 그리고 인내를 보여주지 않았다면 세상에 나올 수 없었을 것입니다.

알렉산더 핀토, 토마스 너드, 빌 펠레티어, 적절한 타이밍에 격려와 영감의 메시지를 보내줘서 고맙습니다(여러분은 아마 깨닫지 못했겠지만요). 오픈소스 커뮤니티에 감사드리며, 이 책에서 소개하는 도구와 실습을 뒷받침하는 각종 연구와 오픈 데이터 운동에 특별한 감사를 표합니다. 물론, 이 두꺼운 책의 제목을 정해 주신 조시 코먼도 고맙습니다.

마지막으로 이 책의 발간을 응원해 주신 분들에게 레시피 형태로 감사의 말씀을 드립니다.

바질 페스토를 곁들인 튀김 뇨키

- 신선한 마르세유 바질 2컵
- 신선한 간 로마노 치즈 1/2컵
- 버진 올리브 오일 1/2컵+2순가락
- 파인너츠 1/4컵
- 마늘 스케이프 4개
- 히말라야 바다 소금, 빻은 후추
- 뇨키 1파운드(신선 재료 혹은 기성품/진공 포장. 신선 재료일 경우 가볍게 말려야 함)

순간 작동(잘 혼합시키기 위해서 짧은 간격으로 기계를 돌림): 너츠, 스케이프, 바질, 치즈. 올리브 오일 1/2컵을 흘려 넣고 순간 작동을 반복하면서 맛을 확인한다.

중간 정도 불 위에 바닥이 무거운 프라이팬을 올려 놓고 가열한다. 남아 있는 올리브 오일을 붓는다. 뜨거워졌을 때 뇨키를 추가하되, 너무 많이 넣어서 2층 이상으로 겹치지 않게 한다. 바싹 튀겨질 때까지 3~4분 정도 튀기고 뒤집어서 2~3분 동안 튀긴다. 프라이팬에서 뇨키를 꺼내고, 페스토를 얹고 향료를 뿌린 뒤 대접한다. 3~4명이 먹을 수 있을 만큼 충분히 준비한다.

| 기술 감수자 소개 |

러셀 토마스^{Russel Thomas}

지온 뱅코퍼레이션^{Zions Bancorporation}의 보안 데이터 과학자로서 조지 메이슨 대학에서 컴퓨터 사회과학 박사 학위를 받았다. 기술, 관리, 컨설팅 역할로 IT 업계에서 30년 이상의 경력을 쌓았으며, 시큐리티메트릭스^{Securitymetrics} 커뮤니티의 초기 멤버이자 SIRA의 창립 멤버다. 블로그는 http://exploringpossibilityspace.blogspot.com/이고 트위터 계정은 @MrMeritology를 사용한다.

| 옮긴이 소개 |

이정문

컴퓨터공학을 전공했으며 폭넓은 분야에 관심을 갖고 있다. 에이콘출판사의 『Rational XDE로 하는 UML 객체지향 모델링』(2006), 『비기닝 ANSI C++』(2006), 『안드로이드앱 마케팅』(2011), 『데이터 시각화 Visualizing Data』(2016) 등을 번역했다.

| 옮긴이의 말 |

이 책의 목표는 조직의 정보보안 부서에서 보안 관련 의사결정을 내릴 때 데이터에 기반해 결정을 내리도록 유도하는 것입니다. 따라서 이 책의 주요 독자는 조직 내에서 보안 관련 업무를 맡고 있는 보안 도메인의 전문가입니다.

데이터에 기반한, 혹은 데이터 주도의 보안이란 결국 보안 도메인에서 생성되는 데이터를 데이터 과학의 여러 기법으로 분석하고 이를 바탕으로 의사결정을 내리는 것을 의미합니다. 데이터 과학은 IT 업계에서 가장 떠오르는 유망 분야로 손꼽히지만, 위키디피아 정의의 첫 마디가 '학제적(둘 이상이 학문분야에 걸치는)' 접근 방법이라는 것에서도 알 수 있듯이 매우 넓은 범위의 지식을 바탕으로 합니다. 데이터 과학에 요구되는 스킬을 도메인 전문지식, 데이터 관리, 프로그래밍, 통계학, 데이터 시각화로 분류할 때, 한 명의 데이터 과학자가 이 모든 스킬을 갖추는 것은 불가능합니다. 하지만 자신의 전공분야가 아니라 할지라도 기본적인 이해를 갖춰야 원활한 협업과 피드백을 기대할 수 있을 것입니다.

이 책의 저자들은 정보보안 분야에 오랜 경험이 있는 전문가로서, 데이터 과학에 필요한 스킬을 골고루 소개하면서 정보보안 분야의 경력자가 데이터 과학의 세계에 입문할 수 있도록 안내합니다. 책에서 사용되는 예제는 모두 정보보안 분야와 관련이 있으며, 프로그래밍 언어는 R과 파이썬을 사용합니다(다만, 파이썬은 중반 이후에는 사용되지 않고 R을 중점적으로 사용하며, R과 파이썬의 기초 문법은 다루지 않습니다).

또 다양한 데이터베이스를 소개하면서 효율적인 데이터 관리 방법을 설명합니다. 특히 최근의 NoSQL 계열의 데이터베이스를 강조하고 있으며, 대용량 처리를 위한 하둡 및 기존의 관계형 데이터베이스의 개선에 대해서도 다룹니다. 특히 저자들은 오픈소스 솔루션에 호의적이라는 점을 감안하고 읽으면 도움이 될 것입니다.

통계학과 관련해서는 기초적인 통계학 지식과 더불어 기계학습을 소개합니다. 기계학습은 최근 구글, MS, 페이스북 등에서 앞다퉈 투자를 확대하고 API를 공개하는 중으로, 이 책에서는 인공신경망이나 서포트 벡터 머신 등의 고급 기법을 소개하지는 않으나 기본적인 개념과 관련 기법을 소개하고 있으므로 기계학습에 대한 이해를 높일 수 있는 출발점 역할은 충분히 할 수 있습니다.

이 책은 효율적인 데이터 시각화의 바탕이 되는 인지과학적 지식을 설명하며, 저자들의 경험에서 우러나오는 보안 대시보드(상황판) 작성 예제를 통해서 데이터 시각화의 어려움과 문제 해결 과정을 유감없이 드러내고 있습니다. 마지막으로 저자가 근무하는 버라이즌(미국의 이동통신사)의 정보보안 부서에서 공개한 보안 사고 데이터 수집을 위한 VERIS 프레임워크 및 VCDB 데이터베이스를 통해, 분야의 특성상 공개가 어려운 보안 사고 데이터에도 오픈소스의 움직임이 일어나고 있음을 느낄 수 있습니다.

어쩌면 이 책을 읽고 나면 더 많은 내용을 공부해야 한다는 사실을 깨닫게 될지도 모릅니다. 하지만 천 리 길도 한 걸음부터라고 합니다. 좋은 나침반이 있으면 천 리 길을 가는 것도 어렵지만은 않습니다. 이 책이 데이터에 기반한 정보보안 의사결정이라는 목표에 다다르기 위한 좋은 나침반이 되길 희망합니다.

좋은 책을 소개해 주시고 지원해 주신 에이콘출판사의 권성준 사장님 및 직원 분께 감사드립니다. 그리고 언제나 좋은 후원자인 아내 윤성과 귀염둥이 두 아들 서현, 재상에게도 고맙습니다.

이정문

│ 차례 │

들어가며

"집 밖을 나서는 것은 위험한 일이야, 프로도. 길 위에 발을 내딛을 때,
조심하지 않으면 어디로 휩쓸려 갈지 알 수 없어."

빌보 배긴스, 《반지 원정대》

최근 몇 년 동안 사이버 보안은 우리의 사생활이든 공적 업무에서든 가리지 않고 화제가 되고 있다. 데이터 유출 사고는 거의 매일 발생하고, 지능적인 공격자들은 소비자, 기업, 정부를 대상으로 발각될 우려 없이 혹은 자신들의 행동에 책임질 걱정 없이 전방위로 공격을 시도하고 있다. 이러한 현상은 핵심 인프라의 뼈대를 구성하는 시스템, 네트워크, 애플리케이션이 점점 복잡해지고 상호 연결되면서 더욱 악화되고 있다.

오로지 믿음을 바탕으로 직관과 과거 사례에 의존하는 방어 기법들은 더 이상 우리들을 보호하기에 충분치 않다. 보안 샤머니즘의 시대는 빠르게 저물고 있으며, 효과가 입증된 도구와 기술을 활용하는 데이터 주도 보안^{Data-Driven Security}으로 진화할 시기가 다가오고 있는 것이다.

이 책의 개요

이 책은 보안 데이터 과학의 세계로의 여행을 위한 안내서다. 여행의 출발지는 그림 1과 같은 단어 구름이다. 이 구름은 이 책에서 사용되는 단어들로 만들어졌다. 수많은 정보가 눈앞에 펼쳐져 있고, 그중에서 한두 개의 신호를 스스로 골라낼 수 있을지도 모르지만, 기본적으로는 자석도 없이 건초 더미에서 바늘을 찾는 느낌이 들 것이다.

그림 1

올바른 도구를 가장 적절한 방법으로 적용한다면, 가장 중요한 단어들을 성공적으로 식별할 수 있다(그림 2).

그림 2

이 책은 데이터 분석 도구로서 주로 파이썬과 R을 사용하지만, HTML5, CSS, 자바스크립트를 활용한 현대적인 대화식 시각화의 설계 및 생성 방법도 소개한다. 또 NoSQL 데이터베이스의 배경 지식과 보안 적용 사례도 다룰 것이다.

이 책의 구성

이 책의 각 장들은 타파스^{tapas}(여러 요리를 조금씩 담아 먹는 스페인 요리)처럼 구성돼 있다. 그래서 각 장마다 보안 데이터 과학 분야의 서로 다른 근본 주제를 다루며, 심화 학습에 필요한 다양한 정보를 제공한다.

1장은 여행을 위한 토대를 마련하고, 다양한 학문의 연구 결과가 어떻게 데이터 주도 보안으로 진화했는지 사례를 중심으로 소개한다. 또 보안 데이터 과학자에게 요구되는 스킬의 개요를 설명한다.

2, 3, 4장은 보안 데이터 과학자가 항상 지참해야 하는 도구상자의 필수적인 도구, 기술, 기법을 살펴본다. 에일리언볼트^{AlienVault}의 IP 평판 데이터베이스(공개적으로 사용 가

능한 악성 노드 데이터베이스 중의 하나)를 이용하며, 제우스^{ZeuS}와 제로액세스^{ZeroAccess} 봇넷에 대해서도 살펴본다. 2장과 3장에서는 데이터 분석 도구로서 파이썬을 간단히 소개한 뒤, 이 책에서 주로 사용되는 R에 초점을 두면서 통계 분석의 세계로 들어간다. 일반적인 R 입문서나 통계학 입문서와 달리, 이 책은 실제의 보안 데이터를 사용하면서 정보보안 전문가에게 가급적 현실적이고 실용적인 개념을 전달하는 데 주안점을 둔다.

5장은 지도^{map}를 작성하는 몇 가지 기법을 소개하고 핵심적인 통계 개념을 설명하면서, 외계 방문자를 소재로 하는 교훈을 담고 있다.

6장은 시각적 의사전달(데이터 시각화)의 생물학 및 인지과학적 기초를 설명하고, 보안 데이터를 애니메이션으로 보여주는 방법을 소개한다.

6장에서 배운 내용은 7장에서 보안 침해 사고를 분석하고 시각화하는 방법을 배우는 데 토대가 된다. 7장에서는 실제로 발생했던 사례 데이터로 작업해볼 기회를 제공한다.

8장에서는 최신의 데이터베이스 개념 및 전통적인 데이터베이스의 개선 방법을 다루고, 다양한 NoSQL 솔루션들이 제공하는 새로운 도구들을 소개한다. "이 IP 주소가 우리 회사 네트워크에 들어온 적이 있었던가?"라는 질문에 답을 얻기에 도움이 되는 팁을 설명한다.

9장은 기계학습이라는 상대적으로 새롭고 흥미로운 세계를 소개한다. 기계학습의 핵심 개념과 주요 기법을 알아보며, 직관적으로 인식하지 못한 패턴을 알고리즘이 어떻게 찾아낼 수 있는지 직접 실습할 것이다.

10장, 11장은 사용자가 잘 이해하고 심지어 감동을 받을 수 있는 효과적인 시각화를 구축하기 위한 실용적인 조언과 기법을 설명한다. MS 엑셀에서 최신 도구 및 라이브러리에 이르기까지 거의 모든 도구를 소개하며, 보안 사고의 데이터에서 얻은 지식을 시각적으로 변환할 수 있게 될 것이다. 주변에서 흔히 볼 수 있는 보안 상황판(대시보드)을 '단장'하는 사례를 통해서 시각화 개념들을 좀 더 손에 잡히듯 쉽게 이해할 수 있을 것이다.

마지막으로 12장에서는 이 책에서 학습한 내용을 개인 및 조직 수준에서 적용하는 방법을 설명한다.

이 책의 대상 독자

우리는 데이터 작업을 정말로 즐거워한다. 올바른 질문을 작성하는 방법을 이해하고, 데이터를 정확하고 재현 가능하도록 분석하며, 그 결과를 최대한 호소력 있게 전달하는 데

충분한 시간을 들인다면, 사이버 보안 수준 향상에 유의미한 진보를 이룰 수 있다고 진심으로 믿기 때문에 이 책을 썼다.

보안 분야에서의 경험과 기본적인 코딩/스크립팅 능력이 있다면 이 책에서 정말 많은 것을 얻을 수 있다. 파이썬에 익숙한 독자라면 2장의 파이썬 소개 부분을 건너뛰어도 무방하며, 3장의 내용도 상당 부분 건너뛸 수 있다. R도 파이썬과 비슷한 분량으로 소개되며, 이 책에서는 주로 R을 사용한 예제 코드를 제공하고 있으므로 최근의 가장 훌륭한 데이터 과학 언어인 R을 이해하는 것이 필수적이다. 프로그래밍이 낯선 독자라면 2, 3, 4장을 통해서 이 책이 여러분을 위한 책인지 여부를 판단할 수 있을 것이다.

여러 장에서 통계 및 기계학습을 강조하는데, 그 내용을 건너뛰지 않는 것이 좋다. 하지만 (기계학습을 주로 논의하는) 9장은 일단 건너뛰어도 책의 흐름을 깨뜨리지 않으므로 나중에 읽어도 무방하다.

데이터베이스에 대해 이미 잘 알고 있다면 8장의 사례들은 내용 확인만 하면서 여러분이 최신의 전문적인 데이터베이스를 어떻게 활용할 수 있을지 생각하는 기회로 삼는 것이 좋다.

대시보드를 설명하는 다른 책들과는 달리 이 책의 10장은 MS 엑셀이나 오픈오피스 캘크^{OpenOffice Calc}만 있어도 된다. 여러분이 속한 조직에서 사용 가능한 도구의 종류와 제약에 대해 어떠한 가정도 하지 않는다. 또한 대화식 시각화에 대해 관심이 없는 독자라면 11장은 나중에 읽어도 무방하다.

요약하면, 주요 독자는 IT 및 정보보안 전문가지만, 이 책은 학생, 컨설턴트, 그리고 네트워크 보호를 위한 데이터 분석 및 시각화에 관심 있는 모든 사람에게 많은 도움이 될 수 있다.

필요한 도구

이 책의 실습에 필요한 모든 도구는 무료로 얻을 수 있다.

- R 프로젝트(http://www.r-project.org): 이 책의 예제는 대부분 R로 작성되었다. ggplot2(http://ggplot2.org)와 같이 R 커뮤니티에서 개발된 수많은 패키지 덕분에 거의 모든 작업이 가능하다.
- R 스튜디오(http://www.rstudio.com/): R 스튜디오 IDE를 사용하면 R을 이해하고 예제를 실행하기가 훨씬 편리해진다.

- 파이썬(http://www.python.org): 이 책의 예제 일부는 파이썬을 활용하며, 팬더스 (http://pandas.pydata.org)와 같은 애드온 패키지는 파이썬을 더욱 강력한 플랫폼 으로 만들어 준다.

- 서브라임텍스트^{Sublime Text}(http://www.sublimetext.com/): 이 강력한 텍스트 편집 기는 HTML/CSS/자바스크립트 코딩 작업에 특히 편리하다.

- D3.js(http://d3js.org/): 11장을 읽기 전에 D3를 다운로드해서 튜토리얼 문서를 읽어 두면 11장의 예제 실습에 많은 도움이 된다.

- 깃^{Git}(http://git-scm.com/): 이 책의 여러 부분에서 데이터 다운로드 시 깃을 사용 한다. 따라서 미리 설치해 두는 것이 시간 절약에 도움이 된다.

- 몽고DB(http://www.mongodb.org/): 몽고DB는 8장에서 사용되므로 미리 설정 해 두면 예제 실행이 편리해진다.

- 레디스^{Redis}(http://redis.io/): 역시 8장에서 사용된다.

- 태블로우 퍼블릭^{Tableau Public}(http://www.tableausoftware.com/): 11장의 설문조사 데이터를 사용할 때 태블로우 퍼블릭을 미리 준비하면 편리하다.

이 책에서 사용된 모든 코드, 예제, 데이터는 www.wiley.com/go/datadrivensecurity 에서 다운로드할 수 있다. 또한 에이콘출판사의 도서정보 페이지인 http://www.acornpub. co.kr/book/data-security에서도 다운로드할 수 있다.

리눅스나 맥 OS를 권장하지만, 비교적 최근의 MS 윈도우에서도 모든 예제가 실행된다.

이 책의 웹사이트

이 책의 웹사이트(www.wiley.com/go/datadrivensecurity)를 자주 확인하는 것이 좋다. 예 제에서 사용된 모든 소스코드 및 데이터 파일을 받을 수 있고, 관련 문서(예를 들어 MS 엑 셀 파일)도 찾을 수 있다.

독자 의견과 정오표

이 책의 한국어판에 관한 질문은 이 책의 옮긴이나 에이콘출판사 편집 팀(editor@acornpub.co.kr)으로 문의해주기 바란다. 정오표는 에이콘출판사의 도서정보 페이지 http://www.acornpub.co.kr/book/data-security에서 찾아볼 수 있다.

여행을 시작하자!

이제 데이터 주도 보안을 향한 길을 떠나는 데 필요한 모든 것이 준비됐다. 여러분의 여행이 새로운 통찰력과 발견으로 가득하기를 기원한다. 그리고 여행 중에 배운 원칙을 성공적으로 적용한다면 여러분 조직의 보안 상태를 개선할 수 있을 것이라고 확신한다.

데이터 주도 보안으로
떠나는 여행

"우리들의 문제는 모른다는 것이 아니다.
문제는 우리들이 잘못된 내용을 너무 많이 알고 있는 것이다."

조시 빌링스(Josh Billings), 유머리스트

이 책은 사실 데이터 분석 및 시각화에 관한 책이 아니다.

물론, 대부분의 내용이 분석과 시각화에 초점을 맞추고 있지만, 좋은 데이터 분석을 수행하고 유용한 시각화 결과물을 생산할 수 있는 능력은 단지 최종 목적지에 이르기 위한 수단일 뿐이다. 순전히 그 자체가 즐거워서 데이터를 분석하는 사람은 결코(혹은 거의) 없다. 데이터를 분석하고 시각화 결과물을 만드는 목적은 새로운 관점에서 대상을 바라보고, 존재하고 있었음에도 우리가 미처 알지 못했던 관계를 찾아내며, 혹은 단순히 새로운 정보를 발견하기 위한 것이다. 요약하자면, 데이터 분석과 시각화를 수행하는 목적은 무언가를 알아내기 위함이며, 이것이 바로 이 책에서 다루는 주제다. 여러분도 현재 맡고 있는 정보 시스템이 어떻게 동작하고 있는지 알고 싶고, 더 중요하게는 어떻게 잘못 동작하는지 알고 싶어서, 그리고 문제를 해결하려면 무엇을 해야 하는지 알고 싶어서 이 책을 찾았을 것이다.

사이버 세계는 너무 크고 많은 요소들로 구성되어 있으며 너무나 복잡해져서, 단순히 직관에만 의존할 수 없다. 데이터 분석 과학의 도움을 얻어 여러분의 타고난 직관을 보완하고 뒷받침하는 것만으로 끊임없이 확장하고 복잡해지는 인프라를 관리하고 보호할 수 있다. 이 말은 사람을 알고리즘으로 대체해야 한다고 주장하는 것이 아니다. 사람이 알고리즘으로 무장하면 더 많은 것을 알게 되고 더 효율적으로 일할 수 있다는 뜻이다. 데이터는 정보를 포함하고 있으며, 데이터에 포함된 정보를 갖고 여러분은 더 효과적으로 학습을 할 수 있다.

이 책은 현실 세계의 데이터, 즉 여러분이 업무 중에 흔히 접하는 것과 비슷한 유형의 데이터를 사용한다. 하지만 데이터로부터 엄청난 발견을 얻으려고 시도하는 것이 아니라 그보다는 발견에 이르기까지의 과정에 중점을 둘 것이므로, 책에서 사용되는 사례들은 전형적인 소개용 사례들로서 깜짝 놀랄 만한 기발한 것과는 거리가 멀다. 이 책의 목표는 데이터를 바라보고 데이터로부터 무언가를 알아내는 새로운 방법을 가르치기 위한 것이다. 따라서 책에서 사용되는 데이터 분석은 결과가 아니라 기법 측면에서 여러분에게 새로운 토대가 되어줄 것이다.

데이터를 통한 학습의 간단한 역사

통계적인 데이터 분석과 시각화의 힘을 이해할 수 있는 좋은 방법의 하나가 이러한 방법론들이 처음으로 등장했건 시기의 역사를 돌아보는 것이다. 다음 사례들은 통계적 분석 등장의 '이전'과 '이후'를 대조적으로 설명하며, 새로운 방법론들이 얼마나 커다란 편익을 가져왔는지 알려준다.

19세기의 데이터 분석

20세기 이전에는 데이터와 통계의 사용은 상대적으로 미개척 상태였다. 18세기에 커다란 진보가 이뤄지긴 했지만, 여전히 대부분의 학술 연구는 기초적인 기술 통계학을 사용해 가설의 유효성에 대한 증거로서 사용하는 수준에 머물렀다. 잡음이 포함된 데이터(대부분의 현실 세계 데이터에는 잡음이 어느 정도 포함된다)로부터 명확한 결론을 도출할 수 없다보니, 과학적 논쟁의 상당수가 데이터 그 자체가 아니라 데이터에 관한 의견을 둘러싸고 일어났다. 이러한 논쟁 중에서 19세기에 있었던 가장 치열한 것의 하나가 바로 (박테리아 감염으로 일어나며 치명적일 때가 많은) 콜레라의 원인을 둘러싸고 2명의 의학 전문가 간에 일어난 논쟁[1]이었다.

1849년 런던에서 유행했던 콜레라는 특히 치명적이었는데, 1년에 14,000명 이상이 목숨을 빼앗아 갔을 정도였다. 당시에는 콜레라의 원인이 명확히 밝혀지지 않았는데, 2명의 연구자가 서로 다른 이론을 제시했다. 저명한 전염병학 학자였던 윌리엄 파^{William} ^{Farr} 박사는 비위생적인 물질로 인한 공기 오염이 콜레라의 원인이라고 주장했다(대기 중에 존재하는 병독에 의해 전염병이 일어난다는 이론을 포말전염설 혹은 미아스마설$^{miasma\ theory}$이라고 부른다). 반면에 파만큼 널리 알려지지는 않았지만 역시 유능한 전염병 연구자였던 존 스노우$^{John\ Snow}$박사는 콜레라가 '특수한 동물 독소'(이 시기는 아직 박테리아와 세균이 알려지기 전이다)로 오염된 물로 인해서 확산된다고 주장했다. 두 사람은 수년 동안 논쟁을 계속했다.

파는 1852년 '1848-49년 영국에서 콜레라 사망률에 대한 보고서'를 발표했는데, 이 문서에는 런던의 38개 구역에서 수집된 8개의 설명 변수를 포함하는 데이터 테이블이 포함되어 있었다. 이 문서에서 파는 (오늘날 기준으로 보면) 비교적 단순한 통계값들을 제시하면서 각 구역의 평균 고도와 콜레라 사망률 간의 관계를 보여주었다(고도가 낮은 지역에서 사망률이 높았다). 콜레라 사망률과 (8개의 변수 중 하나였던) 식수원 간의 관계도 이 문서에 포함되어 있었지만, 파는 고도만큼 중요한 변수가 아니라고 결론을 내렸다. 파의 이론은 데이터와 논리를 갖추고 있었으므로 동료 연구자들에 의해 인정되었고 당시에는

---

1   이와 관련해서 제작된 사실적인 헐리웃 영화가 있다. http://snowthemovie.com을 참고한다.

사실로서 받아들여졌다.

정열적인 성격의 존 스노우 박사는 파의 이론에 의구심을 갖고 있었다. 자신의 이론을 확립하기 위해서 연구에 매진했던 스노우는 심지어 1854년 콜레라가 창궐하는 소호 Soho 구역을 찾아가서 환자가 발생한 집을 일일이 직접 방문해 데이터를 수집했다고 전해지고 있다. 이렇게 수집된 데이터를 통해서 스노우가 작성한 지도가 바로 유명한 그림 1.1이다. 이 손으로 그린 소호 구역의 지도는 콜레라 사망이 보고된 주소를 작은 눈금으로 표시했다. 그리고 주민들이 식수를 길은 펌프의 위치를 중첩시킴으로써, 브로드 스트리트 Broad Street 의 식수 펌프 주변에 사망자가 몰려 있음을 보여주었다.

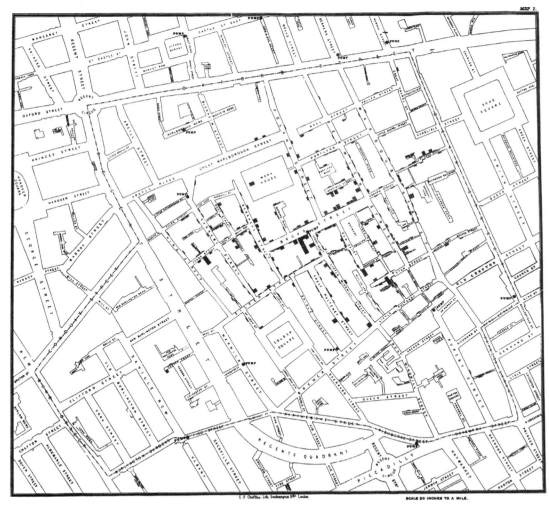

그림 1.1 콜레라의 영향을 받은 구역을 손으로 그린 지도

스노우가 작성한 지도와 열정적인 설득 덕분에 시 당국은 펌프의 손잡이 제거를 허용했고, 해당 지역에서 콜레라 유행은 가라앉았다. 하지만 비판자들을 설득하기에는 충분하지 않아서, 스노우가 1858년 사망한 이후에도 콜레라의 원인을 둘러싼 논쟁은 멈추지 않았다.

콜레라 논쟁은 (컴퓨터가 발명되기 한참 전이었음에도) 데이터와 시각화 기법을 포함하고 있었지만, 당시에는 서로 상대방을 납득시키지 못했다. 스노우와 파 사이의 논쟁은 2003년에 영국의 통계학자들이 1852년 파가 발표했던 논문을 현대적인 기법으로 재조사하면서 다시 주목을 받았다. 조사 결과, 파가 공기 오염의 증거라고 주장했던 데이터가 실제로는 스노우의 주장을 뒷받침하고 있음이 드러났다. 따라서 파가 현대적인 통계 기법들을 알고 있었다면, 스노우와 동일한 주장을 했을 것이라는 결론을 내렸다. 여기서 좋은 소식은 이러한 통계적 기법들을 오늘날 여러분은 바로 사용할 수 있다는 것이다.

20세기의 데이터 분석

파와 스노우가 콜레라의 원인을 둘러싼 논쟁을 시작하기 수년 전, 런던 북부의 로탐스테드Rothamsted에 위치한 농업 연구소에서는 비료가 작물 수확량에 미치는 영향을 연구하기 위한 실험을 시작했다. 실험은 수십 년간 계속되었으며, 작물의 수확량, 토양 특성, 날씨 등 다양한 측면에서의 데이터가 수집되었다. 연구소 측은 데이터를 끈기 있게 수집하고 부지런히 저장했지만, 데이터로부터 가치 있는 결론을 끌어낼 수 없었다. 그래서 1919년에 로널드 피셔Ronald Aylmer Fisher라는 이름의 젊고 똑똑한 통계학자를 고용하고, 그에게 70년 동안 수집된 데이터를 분석해 달라고 요청하게 된다. 피셔는 일을 시작하자 곧 데이터가 혼재되어 있어서 비료의 효과를 날씨나 토양의 품질과 같은 다른 변수로부터 분리하기가 어렵다는 문제에 마주친다. 이 문제를 해결하는 과정에서 피셔는 통계학뿐 아니라 20세기 거의 모든 과학 분야를 영원히 뒤바꾸는 발견들을 이룩하게 된다.

피셔가 통계학에 기여한 수많은 발견 중에서도 가장 중요한 것은 실험이 적절하게 설계된다면 다양한 효과들의 영향이 각각 분리될 수 있을 뿐 아니라 측정 및 계산될 수도 있다는 것이다. 적절하게 설계된 실험 덕분에 피셔는 날씨, 토양의 품질, 그 밖의 다른 요소들의 효과를 분리할 수 있었으며, 덕분에 다양한 비료 혼합물의 효과를 비교할 수 있었다. 피셔의 업적은 농업에 국한되지 않았다. 피셔가 로탐스테드에서 고안한 기법들은 의료 실험에서 고고학 발굴 현장에 이르기까지 거의 모든 분야에서 널리 사용되게 된다. 피셔 및 그의 동료들의 업적은 20세기의 과학 혁명에 큰 영향을 끼친 것이다. 20세기의 과학자들은 18세기처럼 단순히 데이터를 수집해 주장의 근거로 삼는 데 그치지 않았다. 견고한 실험을 설계할 수 있는 도구를 갖고 있으며, 여러 변수들이 실험과 관찰에 어떻게 영향을 미쳤는지 모델링할 수 있는 기법을 알고 있기 때문이다.

이제 과학은 통계적 모델을 반드시 포함하게 되었다. 통계 및 과학 교육은 모델을 개발하고 검사하는 방법, 그리고 모델에 숨겨진 가정을 중점적으로 가르쳤다. 거의 모든 통계 문제는 "모델이 무엇인가?"라는 질문으로 시작해서, 그 모델을 이용한 설명 나아가서 예측으로 끝나게 되었다. 이것은 연구 방법론에서의 커다란 도약이었으며, 과거에는 결코 불가능했던 것을 가능하게 했다. 컴퓨터가 출현하지 않았다면, 세상은 이와 같은 기법들을 여전히 최신 기법으로 분류했을 것이다. 하지만 오늘날 컴퓨터는 어디에나 존재하며, 덕분에 데이터 분석을 할 때 컴퓨터가 없던 시절에는 불가능했을 완전히 새로운 접근 방식을 사용할 수 있게 되었다.

21세기의 데이터 분석

21세기는 (19세기의 스노우나 20세기의 피셔처럼) 특정한 사람 혹은 사건으로 데이터 분석의 특징을 말하기는 어렵다. 우선 가장 먼저 언급되어야 할 사람은 존 튜키$^{John\ Tukey}$로서, 그는 1962년 데이터 분석이 (비록 통계학을 활용하지만) 통계학과는 다른 것으로 간주되어야 한다고 주장했다. 튜키는 데이터 분석은 수학보다는 과학에 가깝다고 보았다('데이터 과학'이라는 단어에 수학이 어디 있는가?). 튜키는 통계학에 많은 기여를 한 뛰어난 통계학자였을 뿐 아니라, 데이터를 기술하고 탐색하기 위한 목적으로 시각화를 활용한 선구자이기도 했다. 튜키의 업적에 대해서는 이 장 후반에 다시 논의한다.

이번에는 레오 브라이먼$^{Leo\ Breiman}$이 2001년에 발표한 논문으로 넘어가자. 레오는 (9장에서 설명할) 기계학습 알고리즘을 주로 연구한 통계학자로서 이 논문에서 그는 데이터 모델을 정의하는 데 집중하는 것이 아니라, 알고리즘 모델을 유도하는 데이터 분석의 새로운 문화를 기술했다. 이 새로운 문화는 전통적인 통계학이 아니라(혹은 전통적인 통계학과 더불어) 컴퓨터 과학 및 공학 분야에서 발전을 거듭했다. 대용량의 잡음이 많은 데이터가 쏟아지는 정보화 시대의 현실적인 문제를 해결하기 위해서 다양한 접근 방식이 제안되고 있는데, 브라이먼의 논문에서 제안된 혁신적인 아이디어는 전통적인 통계적 검사를 통한 검증이 아니라 예측의 정확도에 근거해 모델을 판단해야 한다는 것이다(전통적인 통계적 검사도 무가치한 것은 아니다).

언뜻 생각하기에, 현재의 데이터를 수집하고 이를 토대로 미래를 예측함으로써 '예측 정확도'를 검사하는 것으로 오해하기 쉽지만, 실제로는 현재의 데이터를 2개의 데이터 세트로 분할하고 첫 번째 데이터 세트를 통해 알고리즘을 생성(혹은 '훈련')하고 이 알고리즘을 두 번째 데이터 세트에 적용해 알고리즘의 예측 정확도를 검증(혹은 '테스트')하는 것이 브라이먼 아이디어의 특징이다. 이 때 데이터를 여러 가지로 훈련 세트 및 테스트 세트 분할을 함으로써 알고리즘의 정확도를 향상시킬 수 있다. 이러한 방법은 데이터 세트의 크기가 작을 때는 적합하지 않지만, 대용량의 데이터 세트에는 매우 잘 동작한다.

현대의 정보화 시대와 로탐스테드 농업 연구소 시절의 데이터 분석 간에는 몇 가지 큰 차이점이 있다. 첫째로, 분석할 수 있는 표본의 크기가 크게 다르다. '전통적인' 통계 기법은 그 당시의 컴퓨터가 처리할 수 있는 데이터의 양에 제약을 받았다.(당시의 '컴퓨터' 란 하루 종일 계산만 하도록 고용된 사람을 의미한다). 일반적으로 표본의 크기가 작을 경우, 표본을 훈련 세트와 테스트 세트로 분할하는 것은 실용성이 떨어진다. 하지만 현대의 IT 환경에서는 수백 개의 변수들이 수천 개의 시스템에서 기록되고 있다. 대규모 표본은 이제 예외가 아니라 일상이다.

둘째로, 상당수의 환경에서 적절하게 설계된 실험은 완전히 불가능하지는 않지만 가능성이 별로 없다. 여러분은 회사 네트워크를 제어 그룹과 테스트 그룹으로 나눌 수 없으며, 웹 애플리케이션 방화벽의 효과를 테스트하기 위해서 특정 애플리케이션들만 보호할 수도 없는 노릇이다. 이러한 환경적 제약으로 인해서 데이터의 신호 대 잡음비noise-to-signals가 훨씬 높아진다. 기계학습(및 데이터 마이닝)의 여러 기법들은 이와 같은 최신 데이터의 한계를 고려하며 발전하고 있다.

마지막으로, 21세기에 통계학 지식은 성공적인 데이터 분석에 기여하는 많은 스킬 중에 하나일 뿐이다. 이를 염두에 두고, 다음 절에서는 좋은 데이터 분석을 뒷받침하는 다양한 스킬에 대해서 알아보자.

데이터 분석에 요구되는 스킬

우리는 데이터 과학에는 타고난 매력이 있음을 알고 있다. 그리고 모든 사람이 보안 데이터 분석을 둘러싼 신비로운 매력을 손에 넣고 싶어 한다. 하지만 모든 사람이 쫓고 있는 신비로운 매력을 손에 넣기 위해서는 단순한 분석 스킬 이상의 것이 요구된다. 통계학과 데이터 분석을 시각화 기법과 조합해야 하며, 컴퓨터의 계산 능력을 충분히 활용하고 풍부한 도메인(정보보안) 지식도 갖춰야 한다. 이 모든 것은 특정 제품이나 도구로 얻을 수 있는 것이 아니다. 여러분 스스로의 스킬과 능력에서 비롯된다.

스킬을 자세히 이야기하기 전에, 데이터 분석가에게 필요한 두 가지 성격적 특성이 있는데 바로 호기심과 전달(의사소통) 능력이다. 데이터를 다루는 것은 고고학 발굴과 비슷한 면이 있다. 유적을 발굴하기 위해서는 아주 작은 실마리라도 찾으려는 희망을 안고 수많은 시간을 들여서 작은 도구들을 이용해서 계속 파내야 한다. 데이터 분석도 마찬가지다. 지혜의 보석은 데이터 내부 깊숙이 위치하면서 발견되기를, 그리고 열광적인 대중에게 공개되기를 기다리고 있다. 하지만 놀라움과 호기심으로 무장하고 있지 않다면, 데이터를 정제하고 준비하는 데 드는 수많은 시간을 인내하면서 즐기기 쉽지 않다. 여러분이 찾아내지 않았다면 여전히 어두웠을 방에 빛을 비추어 현상을 설명하거나 패턴을 기술하는 그 순간을 여러분은 오랫동안 추구해야 한다. 이때가 바로 평범한 광경에 숨겨진 진리를 드러내는 작은 순간인 것이다.

빛을 비춰서 발견을 한 뒤에는, 다른 사람들을 방으로 데려와서 여러분이 발견한 것을 보여줘야 한다. 그렇지 않으면 여러분은 아무도 살지 않는 집을 지은 것이나 다름없다. 여러분의 발견을 가리키면서 "이걸 보세요!"라고 말하는 것만으로는 충분치 않다. 많은 시간을 들여서 여러분의 발견을 다른 사람에게 전달할 가장 좋은 방법이 무엇일지 고민해야 한다. 시스템과 분석 그 자체의 복잡성 때문에 누구나 쉽게 이해할 수 있는 방법으로 여러분의 발견을 전달하기 어려울 수 있다. 데이터의 가치를 전달하기 위해서 단어, 숫자, 그림을 모두 동원해야 할 수도 있다. 그러한 노력에도 불구하고 이해를 못하거나 심지어 잘못 해석하는 사람들도 있을 수 있지만, 그래도 단락, 테이블, 그래픽 등을 사용해 복잡성을 요약해서 표현하는 것이 바람직하다.

좋은 보안 데이터 과학자가 되기 위해 필요한 스킬을 전부 열거하려면 책 한 권이 필요할 수도 있다. 이번 장에서는 정보보안 분야의 데이터 과학자가 알고 있으면 크게 도움이 되는 스킬을 다음과 같이 소개한다.

- 도메인 전문지식: 분석의 목적을 설정하고 관리
- 데이터 관리: 데이터 준비, 저장, 유지 관리 능력
- 프로그래밍: 데이터와 분석을 이어주는 접착제
- 통계학: 데이터로부터 학습
- 시각화: 결과물을 효과적으로 전달

이 중에서 어느 특정 스킬이 가장 중요하다고 이야기하기는 쉽지만, 실제로는 특정 스킬보다 전체적으로 아는 것이 훨씬 좋다. 이 스킬들 모두 보안 데이터 과학의 운영에 중요하고 유의미한 기여를 하기 때문이다.

도메인 전문지식

데이터 과학자에게 도메인(해당 분야) 전문지식이 필요하다는 사실은 두말할 나위가 없다. 분석의 방향을 안내하고 데이터에 맥락(전후사정)을 부여하며 분석 결과에 의미를 적용하는 데 도움이 되는 것이 바로 여러분의 정보보안 관련 경험이다. 다시 말하면, 도메인 전문지식은 데이터 분석 과정의 시작, 중간, 마무리 모두에서 유익하다.

데이터 주도 방법론에 대한 반대 논리

이 책을 읽고 있는 여러분은 정보보안 분야의 전문지식이 있으며 데이터 주도 접근 방식의 필요성을 인식하고 있다고 가정해도 무방할 것이다. 따라서 데이터 분석에 있어서 도메인 전문지식의 장점을 설명하느라 지면을 소비하는 대신, 여러분이 데이터 주도 접근을 취할 때 마주칠 수 있는 다른 도메인 전문가(혹은 회의적인 상사)의 주장을 소개한다.

사람이 데이터 모델보다 똑똑하다: 사람이 알고리즘(혹은 통계나 모델)보다 언제나 뛰어난 성과를 보인다고 말하는 사람들이 있다. 물론, 그 말도 어느 정도 진실이기는 하다. 예를 들어, 기계에게 플라이볼을 잡으라고 가르치는 것은 매우 어렵다. 하지만 카너먼[Kahneman]과 클라인[Klein]이 2009년 'Conditions for Intuitive Expertise: a Failure to Disagree'라는 논문에서 지적한 것처럼, 사람이 알고리즘보다 우수한 성과를 낼지 여부를 판단하는 것은 주어진 업무의 환경에 매우 의존적이다. 환경이 복잡하고 피드백이 지연되거나 모호한 경우, 알고리즘은 일반적으로 그리고 어느 정도 일관되게 인간보다 우수한 판단을 내린다. 그렇다면 정보 시스템의 보안은 얼마나 복잡하며 피드백은 얼마나 분명한지가 문제가 된다. 예컨대 어떤 보안 제어를 추가하거나 변경할 때, 그로 인해서 정보자산이 얼마나 잘 보호되는지에 관한 피드백을 얼마나 많이 받을 수 있을까?

정보보안을 둘러싼 환경은 매우 복잡하다, 하지만 그렇다고 모든 계란을 알고리즘 바구니에 넣어서는 안 된다. 순전히 인간의 판단에 의존하는 방식에 건전한 회의론을 유지하면서, 전문지식을 보완하고 뒷받침할 방법을 찾아야 한다. 인간의 판단능력과 알고리즘을 비교해 양자택일의 자세를 취하는 것은 현명하지 않다. 하지만 인간의 판단능력과 알고리즘을 결합한 데이터 분석과 인간의 판단능력에만 의존하는 데이터 분석을 비교할 수는 있다. 인간적 요소를 제거할 이유는 없지만, 알고리즘의 뒷받침을 받지 못하는 의견을 의심할 필요는 있다. 복잡한 환경 하에서 최상의 결과를 보이면서 인프라를 보호할 가능성이 가장 높은 방법은 인간의 직관과 데이터 분석을 결합하는 것이다.

통계는 거짓말을 한다: 이 표현은 통계학과 데이터 분석에 대한 일반적인 불신을 나타내는 것으로서, 통계가 어떤 숨은 의도를 감추기 위한 목적으로 남용 및 오용되는 경우가 많기 때문에 생겨났다. 어떤 면에서 이러한 불신은 사회공학적인 방법으로 사람을 속이기가 얼마나 쉬운지에 관한 광범위한 인식에 근거하고 있다. 하지만 여러분은 데이터로부터 무언가를 학습하고자 하므로 이와는 상황이 다르다. 여러분은 지금, 발견되기만을 기다리고 있는 정보와 패턴을 담고 있는 데이터의 산 위에 앉아 있다. 통계가 오용될 수 있으므로 데이터 분석을 활용하지 않겠다는 것은 교통사고가 일어날지 모르니 차를 운전하지 않겠다는 것과 마찬가지다. 여러분은 정보보안 도구상자에 통계학을 추가하는 것을 편안하게 받아들여야 한다.

이것은 데이터 분석이 완벽하다는 의미가 아니다. 데이터 분석이 잘못된 답을 제공하는 경우도 있다. 그 원인은 저품질의 데이터 수집, 분석가의 역량 부족, 분석 과정에서의 실수 등 다양하며, 심지어 MS 엑셀을 사용했다는 사실 그 자체가 원인일 수도 있다. 하지만 분명한 것은 여러분의 전문지식과 데이터 분석을 엄밀하게 결합할 때 실수가 줄어든다는 점이다. 다시 말하지만, 핵심은 데이터 분석과 전문지식의 결합이다.

이것은 로켓 과학이 아니다: 이 문장은 두 가지 의미를 암시하고 있다. 첫째로, 해결하고자 하는 문제가 무엇이든, 상식으로 그 문제를 해결할 수 있어야 한다. 그러나 이런 관점은 처음 언급했던, 사람이 언제나 알고리즘보다 우수하다는 입장과 본질적으로 같으며 복잡한 문제를 바라보면서 회의실 테이블을 빙 둘러싼 사람들이 데이터 분석의 도움 없이도 (복잡한) 문제를 해결할 수 있다는 것과 같은 생각이다. 하지만 앞서 말했듯이, 회의실 테이블에는 데이터 분석이 앉을 테이블도 준비해야 한다. 데이터 분석이 있으면 일반적으로 없는 것보다 나은 결론을 얻을 수 있기 때문이다.

두 번째 의미는 데이터 분석이 너무 복잡하고 (시간, 금액, 리소스 등의) 비용이 너무 많이 든다는 뜻이다. 이 관점은 그저 모르고 하는 소리일 뿐이다. 그리고 실제로는 데이터 분석에 드는 비용에 대한 우려 때문이 아니라 기존 관습에 변화를 주기가 싫은 것이 진짜 원인일 경우가 많다. 대부분의 도구가 오픈소스로 제공되며(만일 여러분이 속한 조직이 오픈소스를 신뢰하지 않는다면, 상용 솔루션 또한 얼마든지 구입할 수 있다), 유일하게 요구되는 것은 이 책에서 소개하는 기법과 방법론들을 배우는 데 드는 시간뿐이다. 분석 그 자체는 매우 신속하게 할 수 있으며, 도구와 여러분의 경험을 제대로 조합하면 거의 실시간 으로 분석이 이뤄질 수 있다.

데이터가 별로 없다: 이러한 주장을 하는 사람들은 통계적으로 우수한 품질의 데이터가 준비되어 있지 않다며 데이터 분석에 회의적이다. 이들은 완벽하지 않은 데이터는 아무 쓸모가 없다고 말하면서 여러분이 잘 설계된 실험을 만드는 것을 방해하기까지 한다. 하지만 이러한 주장은 진실이 아니며 심지어 매우 해롭다. 완벽한 데이터가 준비될 때까지 기다린다는 말은 기다리기만 하다가 수많은 기회를 놓치는 것과 동의어다. 게다가 더 중요한 사실은 완벽한 데이터가 없어도 된다는 점이다. 지금 여러분에게 주어진 불완전한 데이터를 갖고 학습을 할 수 있는 방법론을 익히면 되기 때문이다. 더글라스 하바드Douglas Habbard가 2010년 『How to Measure Anything』(Wiley, 2014)에서 말했듯이 "사실 우리들은 우리가 생각하는 것보다 많은 데이터를 갖고 있으며, 우리가 생각하는 것만큼 많은 데이터가 필요하지도 않다. 그리고 관찰을 통해서 더 많은 데이터를 수집하는 것은 우리가 생각하는 것보다 쉽다." 따라서 일반적으로 보안 분석에 사용될 수 있는 데이터는 반드시 존재한다. 이러한 데이터는 수집되기를 기다리고 있을 뿐이다. 약간의 설정만 변경하면, 개략적인 데이터라도 수집해서 정확히 분석할 수 있다. 현대의 데이터 분석 기법들은 잡음이 많고 불완전하며 완벽하지 않은 데이터를 이용할 수 있을 만큼 발전을 이룩했기 때문이다.

하지만 세상의 끝에서 추락하고 말거야: 마지막으로 언급할 내용은 데이터 분석에 대한 반대라기보다는 장애물에 가깝다. 주변 사람들은 여러분에게 어떤 분야의 전문가로서의 대답을 기대하면서 질문을 할 때 여러분이 확신을 갖고 질문에 대한 답을 주기를 기대한다. 그런데 확신과 확실을 혼동할 때 문제가 일어날 수 있다. 데이터 분석은 자기가 알고 있다고 생각하지만 실은 그렇지 않을 수도 있다는 의심을 할 만한 충분한 겸손과 자기 인식이 요구된다. 예컨대 패스워드는 특수문자를 포함해서 몇 바이트 이상이어야 한다고 확신을 갖고 말할 수 있지만, 실제로는 보안성과 사용 편의성 간의 가장 적절한 균형이 어디인지 우리는 알지 못한다. 확신은 새로운 증거의 발견에 따라 자신의 믿음을 바꿀 수 있는 능력과 겸손으로 균형을 맞춰야 한다. 데이터 분석에 참여한 다른 분야의 분석가들도 마찬가지로 이런 자세를 가져야 하지만, 모든 사람이 세상이 평평하지 않다는 사실을 쉽게 받아들이지는 못한다.

프로그래밍 기술

데이터 과학을 진실과 지식을 추구하는 빛나는 일로만 그리고 싶지만, 현실은 꼭 그렇지 않다. 사실은 그 이상이다. 데이터를 다루는 일은 사람들이 일반적으로 생각하는 것보다 불확실하고 헝클어진 일이다. 게다가 불행히도 이러한 엉망진창인 상황은 대체로 데이터를 수집하고 준비하는 초기 단계에서 일어난다. 많은 통계학 강의에서 이런 사실을 학생들에게 충분히 주지시키지 않는다. 교수들은 곧바로 분석 도구에서 읽어 들일 수 있도록 깔끔하게 정리된 데이터 세트를 배포한다. 하지만 여러분이 평화로운 강의실을 벗어나서 현실 세계로 뛰어들면, 이 세상은 무질서하고 혼란스러운 곳이며 데이터는 그 사실을 반영하고 있음을 금세 깨닫게 된다.

데이터 과학의 냉엄한 교훈은 다음과 같다. 데이터는 아주 다양한 포맷, 상태, 품질로 여러분에게 다가온다. 비정형^{unstructured} 로그 파일에 포함되어 있을 수도 있고, 웹사이트로부터 추출해야 할 수도 있다. 극단적인 경우에는 XML처럼 아주 복잡하면서 좌절감을 주는 포맷의 데이터를 취급해야 할 수도 있다. 여러분은 받은 데이터를 어떻게든 압축, 조합 혹은 조작 등을 통해 그 다음 단계의 분석이 가능한 포맷으로 만들어야 한다. 텍스트 편집기와 유능한 인턴 직원, 그리고 엄청난 인내심으로 이러한 변환 작업을 할 수도 있지만, 가장 현명한 방법은 작업을 자동화하는 스크립트를 작성하는 것이다. 이것이 장기적으로 더 많은 기능과 유연성, 그리고 효율성을 가져다 줄 것이다. 기초적인 프로그래밍 스킬만 있어도 데이터 작업을 할 때 다양한 가능성이 열린다. 다양한 포맷의 데이터를 받아서 분석 소프트웨어에 가장 적합한 포맷으로 변환하는 일을 손쉽게 할 수 있기 때문이다. 비록 시중에 편리한 데이터 변환 도구들이 많이 있지만, 이러한 도구들은 정확히 여러분의 필요를 만족시키지 못할 때가 많다. 진정 효과적으로 데이터 작업을 하기 위해서는 데이터를 여러분에게 맞추는 것이 아니라 여러분이 데이터에게 맞춰야 한다.

AES-256비트 키는 AES-128비트 키보다 두 배 좋을까?

AES-256비트 키는 AES-128비트 키보다 2배 길기 때문에, 보안성도 2배 더 높을 것이라고 생각하기 쉽다. 우리는 정보보안 업계의 사람들이 '2배 더 좋으니까' AES-256비트 키를 사용하도록 프로젝트 팀에 강요하는 경우를 자주 보았다. 글쎄, 과연 그럴지 수학적으로 따져 보자. 256비트는 128비트보다 2배 많은 비트들을 갖기 때문에 256비트 키는 128비트 키보다 2^{128}배나 많은 키를 갖고 있다. 그럼 여기서 잠시 간단한 질문에 대한 답을 생각해 보자. 세계에서 가장 빠른 슈퍼컴퓨터는 얼마나 많은 128비트 키를 알아낼 수 있을까?

(이 글을 쓰는 현재) 세계에서 가장 빠른 슈퍼컴퓨터는 중국의 텐허 2호(Tianhe-2)로서 1초에 약 34페타플롭(34×10^{15}회의 부동소수점 연산)의 연산속도를 자랑한다. 키를 하나 생성하는 데 1회, 그 키를 테스트하는 데 1회의 연산이 필요하다고 (꽤 보수적으로) 가정하면, 1초에 17×10^{15}개의 키를 테스트할 수 있을 것이다. 하지만 128비트 키는 3.4×10^{38}개의 가능성을 가지고 있으므로, 1년간 꼬박 연산을 해도 전체 키 중의 1.6×10^{-13}%만을 완료할 수 있을 뿐이며, 1000년 동안 슈퍼컴퓨터를 돌려도 가능한 모든 키의 0.0000000000016%만을 탐색할 수 있을 뿐이다(그리고 남은 것은 천문학적인 전기료일 것이다).

요약하자면, 128비트 키를 무작위로 시도해서 알아낼 확률은 매우 작아서 거의 0이라고 봐도 무방하다. 하지만 전문가처럼 말하고 싶다면 이렇게 말하면 된다. "128비트 키에서 256비트 키로 바꾸는 것은 확률을 '매우 정말 극단적으로 작은' 값에서 '2^{128}배만큼 매우 정말 극단적으로 작은' 값으로 바꾸는 것입니다."

현대의 프로그래밍 언어는 모두 기본적인 데이터 조작을 지원하지만, 파이썬이나 R과 같은 스크립트 언어들이 (자바와 C 등의) 컴파일 언어보다 더 널리 사용되는 것 같다. 그러나 어느 프로그래밍 언어를 사용할지는 그렇게 중요하지 않다. '최고의' 프로그래밍 언어를 선택하는 것보다 최종 결과(그리고 행복한 데이터 분석가)가 중요한 것이다. 어떤 언어든 최소한의 노력으로 원하는 작업을 할 수 있으면 그 언어가 최고의 언어다. 저자들은 일반적으로 데이터 정제와 변환 시에는 파이썬(pandas 라이브러리)과 R을 번갈아 사용하고(가끔 향수를 느끼고 싶을 때는 펄^{Perl}을 사용하기도 한다), 분석과 시각화 과정에서는 R과 팬더스^{pandas}를 사용한다. HTML, CSS, 자바스크립트 등의 웹 중심 언어들을 배워두면 대화식 시각화를 생성하는 데 도움이 되지만(11장 참조), 이러한 언어들은 데이터 준비 및 분석 단계에는 사용되지 않는다.

(MS 엑셀이나 오픈오피스 캘크와 같은) 스프레드시트는 언급할 만한 가치가 있는 도구다. 스프레드시트는 텍스트 편집기와 프로그래밍 언어 중간에 위치한 도구로서, 프로그래머가 아닌 사람이 대규모 작업을 빠른 시간 내에 마치고 결과물을 얻을 수 있다. 스프레드시트에 여러 문제점이 있지만, 장점이 있는 것도 분명한 사실이다. 데이터가 지나치게 크고 복잡하지 않으며, 세계 경제의 미래를 바꿀 만큼 중요한 일을 하는 것이 아니라면(아래의 박스 기사를 참조하세요.), 엑셀이 여러분에게 가장 적합한 도구처럼 보일 수도 있다. 하지만 우리는 엑셀을 임시적인 해결책으로만 간주할 것을 권장한다. 엑셀은 1회성 작업을 할 때는 유용할 수 있지만, 반복적 분석 작업이나 반복적으로 사용되는 모델이 있을 경우에는 프로그래밍 언어로 바꾸는 것이 바람직하다.

정제 도구로서의 스프레드시트는 (특히 엑셀 경험이 있는 사람에게는) 처음에는 아주 좋은 솔루션처럼 보인다. 하지만 스프레드시트는 이벤트에 기반해서 동작한다. 다시 말해서, 마우스 클릭, 키보드 타이핑, 마우스 드래그 등이 있어야 동작을 한다는 뜻이다. 따라서 어떤 데이터를 변환하고 싶을 때 데이터 행을 마우스로 클릭해서 선택을 한 뒤에야 변환 작업을 시작할 수 있다. 이러한 작업 방식은 데이터의 크기가 작을 때는 문제가 되지 않는다. 하지만 단언하건대, 데이터 작업을 하다 보면 최초 데이터로 돌아가서 다시 정제를 해야 하는 경우는 생각보다 자주 일어난다. 다른 날짜의 로그 파일을 처리해야 할 수도 있고, 애초의 정제 과정에 오류가 있었을 수도 있다. 이처럼 다양한 이유로 데이터 정제와 변환을 다시 해야 하는 상황이 되면, 스프레드시트로 작업하면서 매번 마우스 클릭을 하는 데 시간과 노력이 너무 많이 요구된다. 반면에 스크립트를 작성하면 쉽고 유연하며 일관되게 정제 작업을 얼마든지 반복할 수 있다.

스프레드시트의 한계

2013년 1월 16일 모건(J. P. Morgan)은 주주들에게 '2012년 손실에 관한 JP모건체이스 태스크포스의 보고서'(보고서 전문은 부록 B 참조)라는 제목의 보고서를 배포했다. 이 보고서는 주식 트레이드 과정에서 발생한 60억 달러의 손실에 관한 조사의 산출물로서, 실패 원인을 자세히 열거하고 그 원인 중 하나로서 스프레드시트를 들었다. "검토 프로세스가 진행되는 과정에 운영 상의 몇 가지 문제들이 분명해졌다. 예를 들어, 거래 모델은 일련의 엑셀 스프레드시트들을 통해서 운영되었는데, 한 스프레드시트에서 다른 스프레드시트로 복사&붙여넣기를 수작업으로 해야만 했다." 태스크포스는 스프레드시트를 통한 데이터 계산의 일관성과 무결성 관리에 커다란 구멍이 있음을 발견했다. "데이터는 충분한 품질 관리 절차 없이 수동으로 업로드되었다. 스프레드시트 기반의 계산은 충분히 통제되지 않았으며, 계산 공식과 코드의 변경이 빈번하게 일어났다." 그리고 엑셀에 기반한 모델을 '오류가 발생하기 쉽고', '확장성이 부족하다'고 결론을 내렸다. 어떤 복잡한 시스템이든 재앙이 발생한 원인은 하나의 실패만으로 규정할 수는 없다.[2] '오류가 발생하기 쉬운' 스프레드시트의 사용이 가장 중요한 원인이었다고 말할 수는 없지만, 60억 달러 손실에 기여한 것은 확실해 보인다.

데이터를 분석할 준비가 끝난 이후에도 프로그래밍을 이해하면 역시 많은 도움이 된다. 이 책에서 언급되는 언어들은 모두 강력한 데이터 분석 기능을 내장하고 있다. 예를 들어 통계학자들은 통계 데이터 분석에 특화된 언어로서 R을 개발했다. 파이썬은 넘

---

2   리차드 쿡(Richard Cook)의 'How Complex Systems Fail'에서 이 사건에 관한 자세한 내용을 읽을 수 있다. http://www.ctlab. org/documents/How%20Complex%20Systems%20Fail.pdf

파이^{NumPy}, 사이파이^{SciPy}, 팬더스^{pandas} 등의 패키지와 함께 풍부한 데이터 분석 환경을 제공한다. 하지만 데이터를 준비하고 분석하는 것으로 끝나는 것이 아니다. 분석 결과를 다른 사람들에게 전달해야 하는데, 이를 위한 가장 효과적인 방법이 데이터 시각화다(이책의 여러 부분에서 시각화를 다루고 있다). 시각화에 있어서도 엑셀을 사용할 수 있다. 기본 설정을 적절히 변경함으로써 엑셀에서도 좋은 시각화 결과물을 얻을 수 있기 때문이다. 하지만 저자들의 의견으로는 데이터 시각화에서의 유연성과 디테일은 프로그래밍을 이용하는 것이 가장 효과적이다. 파이썬과 R 모두 데이터 시각화를 생성하고 외부로 내보낼 수 있는 풍부한 기능의 패키지들을 갖고 있다. 게다가 이 모든 과정과 기능을 하나의 스크립트에 넣을 수도 있다. 소스 데이터를 가져와서 조작 및 정제하고 분석을 수행한 후 결과를 시각화하는 작업을 하나의 스크립트로 작성할 수 있는 것이다.

데이터 관리

시급성이 떨어지는 스킬을 하나만 고르라면 바로 데이터 관리 스킬이다. 하지만 어디까지나 당분간만 그렇다. 정보보안 분야(및 대부분의 분야)에서 데이터는 급속하게 팽창한다. 데이터를 관리하는 방법을 배워두지 않으면, 지속적으로 늘어나는 데이터로 인한 부담이 데이터 분석의 효율성과 효과성에 영향을 미치기 시작할 것이다. 앞서 언급했듯이, 단순한 분석일 경우는 스프레드시트를 활용할 수 있다. 하지만 그런 시기는 금세 끝날 것이고, 프로그래밍 언어와 CSV 파일 등으로 옮겨가지 않을 수 없다. 이 시점에서 아예 데이터베이스로 옮길 수도 있지만, 아직은 데이터베이스가 반드시 필요하지는 않다.

데이터 저장소는 확장을 거듭함에 따라서 데이터의 복잡성 때문이든 볼륨 때문이든 티핑 포인트에 도달하고, 더 견고한 데이터 관리 솔루션으로의 이행은 불가피해진다. 대규모 프로젝트에서는 관계형 데이터베이스 외에는 대안이 없다는 오해가 널리 퍼져있지만, 사실은 그렇지 않다. 8장에서 설명하는 데이터베이스 시스템들은 데스크톱 PC에 설치 가능하면서도 효율적이고 확장성 높은 데이터 분석이 가능하다. 데이터 관리 스킬이 손에 익으면 작은 규모의 프로젝트에서도 효과를 발휘한다. 우리는 로컬 데이터베이스에 소규모의 1회성 프로젝트 데이터를 가져와서 분석하기도 한다.

데이터 관리 스킬에 관한 논의를 할 때는 자연스럽게 데이터베이스가 논의의 중심이 된다. 여러분도 관계형 또는 NoSQL에 데이터베이스를 설치해 데이터를 저장하고 분석에 활용하기 위한 지식을 얻고 싶을 것이다. 하지만 데이터 관리 스킬은 단순히 데이터베이스만을 가리키지는 않는다. 데이터의 품질과 무결성을 관리하는 방법도 데이터 관리 스킬에 포함되기 때문이다. 작업 중인 데이터가 의도치 않게 변경되었거나 손상되지 않았는지 확인하는 습관을 들이는 것이 바람직하다. 데이터 품질과 무결성 감시를 소홀히 하지 않아서 나쁠 것은 없으며, 특히 장기간에 걸친 데이터 분석일 경우 더욱 그렇다. 이것은 애플리케이션 내의 검사 가능한 코드 조각만을 분리해 예상대로 동작하는지 여부를 확인하는, 소프트웨어 공학에서 말하는 단위 테스트 개념과 비슷하다. 데이터를 가져오거나 변환한 뒤에 무조건 무결성 검사를 하도록 자동화하면 좋다. 특히 데이터 분석이 정기적으로 수행되어야 하거나, 분석 결과가 제어변수 혹은 지표로서 사용되어야 할 경우 더욱 그렇다.

마지막으로 정보보안 업계에서 일하면서 데이터 보안에 대해서 말하지 않고 넘어갈 수는 없을 것 같다. IT 분야의 역사를 보면, 비슷한 패턴이 반복된다. 소수의 열정적인 천재들이 스스로의 필요를 만족시키기 위해서 우아한 해결책을 세상에 내놓는다. 하지만 그들의 관심사는 기능적인 필요를 충족하는 데 있을 뿐 시스템의 보안에는 별 관심이 없다. 예를 들어 최초의 유닉스UNIX 플랫폼은 사용자들이 동시에 접속해 프로그램을 작성할 수 있도록 플랫폼을 공유하기 위한 의도로서 개발되었기 때문에, 대부분의 인증 및 권한관리 체계는 프로그램의 의도치 않은 오류로부터 시스템을 보호하도록 구성되었을 뿐 악의적인 사용자로부터의 보호는 전혀 염두에 두지 않았다.[3] 여기서 핵심은 '세상에 나오지 얼마 되지 않은' 기술은 일반적으로 보안보다는 기능에 중점을 두고 있다는 점이다.

현재 빠른 속도로 진행 중인 데이터 혁명에서도 보안에는 별로 관심이 없으며 기능이 주로 강조되고 있는 현상을 볼 수 있다. 하둡이나 NoSQL과 같은 새로운 데이터 관리 플랫폼들은 데이터의 문제를 해결하기 위해 설계되었지만, 대규모 기업 네트워크에서 요구하는 보안 정책이나 규제 이슈에 대한 고려는 최초 설계에 포함되어 있지 않다(다만 빠른 속도로 적용 중이다). 이로 인해서 분산 컴퓨팅 플랫폼에는 몇 가지 어려운 보안 상의 과제들이 존재한다. 인증 및 보안 기능은 유닉스 초기보다는 훨씬 낫지만, 성숙한 관계형 데이터베이스들과는 아직 비교 대상이 되지 못한다. 이 주제에 대한 논의는 이 정도로 마치기로 한다. 다만, 어떤 데이터 관리 플랫폼을 선택하든, 보안 기능이 내장되어 있을 것이라고 전제해서는 안 된다.

---

3 기능에 중점을 두면서 오류가 일어나지 않는 데 초점을 두었음을 알 수 있는 증거로서 초기의 인증 시스템들은 사용자의 패스워드를 평문으로 저장했었다. Morris and Thomson, 1979를 참조하라(부록 B).

통계학

다소 과장된 표현일 수도 있지만, 몇 가지 통계 스킬을 익히면 인생의 거의 모든 측면이 나아질 것이다. 여러분을 둘러싼 세상을 바라보고 그로부터 배울 수 있을 뿐 아니라, 주위 사람에게 더욱 매력적이고 흥미로운 사람으로 비쳐질 것이기 때문이다. 하지만 통계학은 매우 깊이 있고 광범위하다. 이 책에서 통계학은 데이터로부터 무언가를 발견하기 위해서 오랜 기간에 걸쳐 발전해 온(그리고 앞으로도 발전할) 기법 및 방법들의 집합이라는 의미로서 사용될 것이다. 고전적인 통계 기법뿐 아니라 데이터 마이닝과 기계학습과 같은 새로운 기법들도 모두 통계학 스킬에 포함된다. 여러분은 오랜 세대에 걸쳐 똑똑한 사람들이 연필과 종이로 계산을 하면서 겪어야 했던 성공과 실수로부터 많은 것을 배울 수 있다. 통계학과 데이터 분석의 유용성에 대해서 여러분이 개인적으로 어떻게 보느냐에 관계없이, 정보보안 분야는 물론이고 거의 모든 과학 분야에서 통계학의 영향력과 효과를 입증하는 수많은 증거들이 존재한다.

'데이터로부터의 학습' 이외에도 통계학 스킬의 향상이 가져다 줄 수 있는 장점들은 다음과 같다.

- **데이터는 결코 거짓말을 하지 않지만, 데이터의 속임수에 당하기는 아주 쉽다.** – 인간은 경험을 통해서 주변을 둘러싼 세계로부터 패턴과 의미를 이끌어낸다. 미묘한 연결과 패턴을 볼 수 있는 인간의 능력은 일반적으로 유용하며, 사람들은 매일 그 기술을 사용한다. 하지만 이 능력은 사람을 오도하기도 해서, 실제로는 아무 것도 없음에도 여러분은 패턴과 연결이 존재한다고 생각하기도 한다. 통계를 잘 이해하고 있다면 정확히 상황 인식을 바탕으로 잘못된 결론을 피할 수 있다.

- **데이터는 결코 거짓말을 하지 않는다고 했지만, 데이터가 생성되고 수집되는 방법으로 인해서 기만적인 결론이 나올 수는 있다.** – 주변 사람들에게 의견을 물어보는 것은 자신의 의견을 강화할 뿐일 경우가 많다. 우리 주변의 사람들은 나와 비슷한 생각을 가지고 있을 확률이 높기 때문이다. 데이터는 그 자체로는 기만적이지 않지만, 데이터가 실제로는 아무 의미도 없음에도 불구하고 무엇인가를 의미한다고 생각하기는 매우 쉽다(1936년의 선거 여론조사를 다룬 박스기사를 참조하자).

통계학은 단순히 도구들의 집합이 아니라, 도구상자들의 집합이다. 그리고 각각의 도구상자는 저마다 유용한 도구들을 포함하고 있다. 처음에는 기술 통계학^{descriptive statistics}

부터 알아야 한다. 기술 통계학은 데이터의 특성을 기술하기 위해서 데이터를 몇 개의 숫자로 단순화하고자 하는 시도다. 예를 들어 데이터의 중심을 산출하기 위해서는 평균값, 중앙값, 최빈값을 계산하고, 데이터가 얼마나 널리 분포되어 있는지 기술하기 위해서는 표준편차를 계산하며, 데이터의 대칭성은 왜도^{skew}로 설명한다. 그리고 데이터의 분포가 중간 지점에서 얼마나 뾰족한지는 첨도^{kurtosis}로 기술한다. 하지만 데이터를 단순화하면 반드시 어느 정도의 세부 정보를 잃을 수밖에 없는데, 이 부분에서 데이터 시각화가 역할을 할 수 있다. 시각화를 사용하면, 단순화 없이도 모든 데이터 포인트를 포함하고 전달하는 단일한 표현 혹은 메시지를 생성할 수 있기 때문이다. 이러한 유형의 시각화를 '기술 시각화'라고 부를 수 있다. 보는 사람에게 데이터를 기술하는 것 이외에는 아무 것도 하지 않기 때문이다.

과도한 단순화의 문제점과 더불어 기술 시각화는 수집된 데이터만을 기술할 수 있다는 제약을 갖고 있다. 단순히 몇 개의 시스템에서 얻은 취약점 개수의 평균값을 계산한 뒤 그 값이 모든 시스템을 설명한다고 말할 수는 없다. 추론 통계학$^{inferential\ statistics}$은 단순히 값을 기술하는 데 그치지 않고, 모집단에서 추출된 대표성 있는 표본을 통해서 모집단에 관한 설명을 할 수 있다. 여기서 핵심은 '대표성'이다. 통계학은 여러분에게 '실험을 설계하는 방법'에 대해 가르쳐 준다(피셔와 그의 동료들에게 감사합니다). 이를 통해서 여러분은 잘못된 결론으로 이어질 확률을 낮출 수 있도록 데이터를 수집할 수 있다. 수집된 표본이 전체를 대표하고 있다는 확신이 중요한데, 많은 연구자들이 이에 관한 훌륭한 연구 결과를 내놓은 바 있다.

데이터가 우리를 속일 때

「리터러리 다이제스트(Literay Digest)」 잡지는 1936년 대통령 선거를 예측하기 위해서 대규모의 여론 조사를 실시했다. 전화번호부, 클럽 회원, 정기구독자 등의 다양한 소스로부터 이름을 수집해서 얻은 2백만 명 이상으로부터 응답을 바탕으로 선거의 승자를 알프레드 랜든(Alfred Landon)으로 예측했다(실제로는 민주당 후보였던 프랭클린 루즈벨트가 46개 주에서 승리하고 대통령이 되었다). 이 여론조사의 문제점은 유권자로부터의 응답을 받기 한참 전에 이미 존재했다. 데이터를 수집한 소스에 문제가 있었던 것이다. 1936년 당시에는 미국이 대공황에서 아직 회복되지 않은 상태였다. 그럼에도 리터러리 다이제스트는 전화, 클럽 회원, 정기구독자만을 대상으로 응답을 받았으며, 이는 랜든 지지층이 많은 중상류 계층으로 여론조사 대상이 한정되는 결과를 초래했다. 따라서 여론조사로 얻은 응답은 수학적으로는 정확했지만 실제로는 완전히 잘못된 것이었다.

데이터는 거짓말을 하지 않았다. 만일 리터러리 다이제스트가 전화, 클럽 멤버십, 잡지 정기구독권을 갖고 있는 미국인 중에서 가장 많은 표를 얻을 후보를 알고자 했다면, 데이터는 정확히 사실을 말했다. 하지만 그들이 정말 알고자 했던 것은 미국 내의 모든 등록 유권자들의 투표 결과였음에도 불구하고, 소스를 잘못 선택함으로써 편향된 표본 데이터를 얻었으며 실제와 거리가 먼 의미가 도출되었다.

200만 명에 달하는 응답수는 여론조사 역사상 유례 없는 숫자였지만, 여론조사의 정확성을 향상시키는 데는 도움이 되지 않았다. 체계적으로 결함이 있는 데이터를 더 많이 수집해 봐야 단순히 더 큰 크기의 편향된 표본을 얻게 될 뿐이다. 동일한 1936년 선거에서 조지 갤럽(George Gallup)이라는 이름의 젊은 남자는 겨우 5만 명의 작은 표본을 수집했지만 훨씬 대표성 있는 표본추출 방법을 적용했기 때문에 선거의 승자로서 프랭클린 루즈벨트를 정확히 예측했다. 리터러리 다이제스트는 몇 년 후 폐간되었지만, 갤럽은 여전히 여론조사를 수행하고 데이터를 수집하는 다국적 기업이 되었다.

통계학을 배울 때는 언제나 존경과 겸손의 자세를 가져야 한다. 응용 수학을 공부하면 할수록, 아무 의미도 없는 곳에서 의미를 찾기가 얼마나 쉬운지 깨닫게 된다(기술적으로 제1종 오류라고 한다). 여기서 중요한 것은 이 오류가 데이터가 있어도 일어날 수 있고 데이터가 없어도 일어날 수 있다는 점이다. 여러분이 엑셀 스프레드시트의 셀 하나를 채우기 전부터 이러한 오류를 일으킬 수 있다. 이러한 유형의 오류가 발생할 가능성을 제한하도록 설계된 통계학 도구들이 있지만, 통계학만으로는 충분치 않다. 잘못된 결론으로 유도될 가능성을 낮추기 위해서는 경험과 데이터가 모두 필요하다. 물론, 경험과 데이터를 합쳐도 오류 발생을 완전히 피할 수는 없지만, 통계학의 엄격한 방법론을 적용함으로써 적어도 그 빈도를 줄일 수는 있다. 통계적 엄격함은 여러분이 실수를 했을 때 그 실수로부터 교훈을 얻게 해 줄 것이다.

반드시 고급 통계학 기법을 사용하지 않아도 데이터로부터 많은 것을 배울 수 있다. 앞서 언급했던 '기술 시각화'를 생각해 보자. 시중에서 접할 수 있는 시각화 결과물들을 여유를 갖고 살펴보는 시간을 가져보라. 통계적 모델로부터 생성되지 않았음에도 불구하고 데이터의 특성을 보여주고 데이터 내부에 숨은 관계를 드러내고 있음을 알 수 있다. 그림 1.1의 (브로드 스트리트의 급수 펌프 근처를 나타낸) 스노우의 지도는 회귀 분석이나 기계학습 없이 단지 주소와 사망률 사이의 관계를 시각적으로 기술하고 있을 뿐이다. 단순한 통계 기법과 기술 시각화만으로도 정보자산을 보호하는 역량을 향상시킬 수 있음은 의심의 여지가 없다. 필요한 것은 질문을 하고, 증거를 수집하며, 이해를 하고, 다른 사람에게 전달하는 데 드는 인내심뿐이다.

시각화(다른 말로는 의미 전달)

마지막 스킬인 시각화는 의미를 효과적으로 전달하는 방법을 뜻한다. 시각화를 분류하는 방법은 여러 가지가 있지만, 여기서는 2가지 유형으로 나눠서 설명하기로 한다. 즉, 시각화 결과물을 보고 해석할 대상이 누구냐에 따라서 여러분 자신을 위한 시각화와 여러분을 제외한 모든 사람을 위한 시각화로 구분할 수 있다.

그림 1.2에 보이는 4개의 플롯은 R의 lm() 함수가 자동으로 생성하는 것으로서 선형회귀 모델의 적합도를 진단하는 데 사용된다(선형회귀에 대해서는 5장에서 설명한다). 이 플롯들을 자세히 보면, 별로 예쁘지도 않을 뿐더러 해석 방법을 알지 못하면 무슨 의미를 갖는지도 알기 어렵다. 이사회에 보고할 프레젠테이션에 이런 그래프를 포함시키고 싶은 사람은 아무도 없을 것이다. 이런 유형의 시각화는 데이터 분석가가 데이터를 갖고 분석 작업을 하는 과정에서 데이터에 관한 정보를 얻기 위한 목적으로 사용된다.

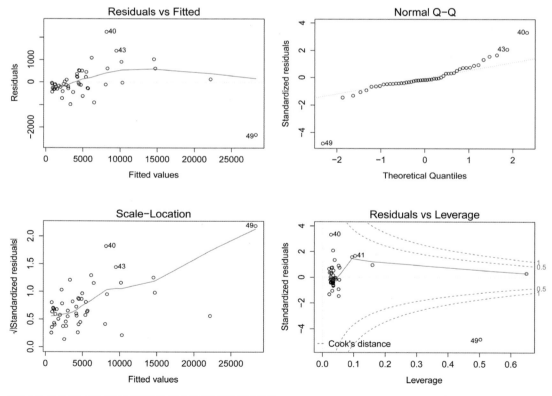

그림 1.2 악성코드 감염상황을 모델링한 회귀 모델에 대한 진단 플롯

이러한 유형의 그래프는 모델의 특성과 관계를 이해하기 위한 수단으로서 만들어지는 것이다. 데이터의 의미를 분석가에게 알리고, 특이값, 관계의 강도, 기타 데이터의 여러 측면을 시각적으로 조사함으로써 데이터에 대한 이해도를 높이는 목적을 수행한다. 그리고 분석 과정의 일부일 뿐 최종 결과물이 아니기 때문에 예쁘고 매력적으로 보이기 위한 노력이 거의 투입되지 않는다.

반면에, 분석가가 발굴해 낸 (데이터 내에 숨어 있던) 이야기를 다른 사람들에게 설명하고 전달하기 위한 목적으로 생성되는 시각화가 있다. 이러한 시각화는 비전문가를 위한 의사전달 도구이기 때문에 겉보기에도 매력적이며 분명한 메시지를 전달하도록 의도되어야 한다. (5장에서 만들어 볼) 그림 1.3은 그림 1.2와 동일한 데이터에 바탕을 두고 있지만 완전히 다른 관객을 대상으로 하기 때문에 더 깔끔하며, 이 하나의 그림만으로 미국의 48개주 각각의 메시지를 이해할 수 있다.

그림 1.3 제로액세스 봇넷의 감염 밀도를 표현한 시각화

스킬 조합

데이터 분석 작업을 좀 더 원활하게 수행하면서 데이터로부터 학습할 수 있는 바를 향상시키기 위해서는 이 장에서 소개한 스킬들을 조합할 필요가 있다. 이 장에서는 각각의 스킬을 설명하면서 한 사람이 모두 갖춰야 하는 것처럼 말했지만, 사실 꼭 그럴 필요는

없다. 데이터의 부피가 커지고 데이터 분석에 대한 요구가 늘어날수록 부담을 여러 사람에게 분산시킴으로써 부담을 가볍게 할 수 있다. 실제로, 여러분이 보안 데이터를 분석하는 팀을 꾸리기 시작할 때, 이 장에서 언급한 스킬을 모두 갖추고 있는 사람을 찾으려한다면 그건 불가능한 미션에 도전하는 것과 같다. 후보자들과 면접을 할 때는 충분한 대화를 통해서 후보자가 이러한 스킬 중에서 어떤 것을 갖추고 있는지 파악하도록 하자.

질문에 집중하자

우리는 데이터 분석을 매우 재미있는 일이라고 생각하지만, 그렇다고 분석 그 자체를 위해 분석을 하는 일은 없다. 데이터 분석은 언제나 더 큰 맥락 안에서 수행되는 것으로서 그 맥락을 이해하는 것이 성공적인 데이터 분석의 핵심이다. 맥락을 시야에서 놓친다는 것은 마치 결승선이 어디인지도 모르고 단거리 경주를 달리는 것과 같다. 데이터를 분석하는 사람은 누구나 데이터로부터 알아내고자 하는 것이 무엇인지 확실한 개념을 갖기를 원한다. 따라서 좋은 데이터 분석 프로젝트는 목표를 설정한 뒤 하나 이상의 연구 질문research question을 세우는 데서 시작된다. 여러분은 시각화 결과물이나 연구 결과를 접하고 "좋아. 그래서 어쨌다는 거지?"라고 생각한 적이 있을 것이다. 이러한 반응이 나오는 이유는 연구 질문이 제대로 준비되어 있지 않았기 때문일 가능성이 높다. 데이터 분석의 목적은 환경으로부터 무언가를 학습하는 것임을 기억하자. 학습은 데이터가 있어도 혹은 데이터가 없어도 이뤄질 수 있다(물론 성공 수준은 다양하겠지만). 좋은 연구 질문을 세우고 이에 따르는 것은 좋은 데이터 분석의 요소에 그치지 않고 좋은 학습의 구성요소이기도 하다. 데이터 분석 과정을 안내하는 좋은 연구 질문이 없다면, 그저 편리한 답을 찾느라 시간과 에너지를 낭비할 수 있으며 심지어 애초에 아무도 물어보지 않았던 질문에 대한 답을 찾는 결과로 끝날 수도 있다.

예를 들어, 그림 1.4는 어떤 조직에서 한 달간 차단된 스팸의 양과 범주를 보여주고 있다. 이메일 필터링 시스템에 의해 생성된 로그 덕분에 이러한 정보를 수집하고 보여주는 데는 아무 어려움도 없다. 그러나 이 데이터가 답하고 있는 질문(및 후속 조치)은 대부분의 조직에서 거의 관심을 끌지 못할 것이다. 이 그림을 본 누군가가 "여행광고Travel 스팸이 왜 12월에 증가했는지 궁금하군."과 같이 생각할 것으로 기대하기는 어렵다. 그림 1.4와 같은 출력 결과는 연구 질문이 좋지 않았거나 아예 연구 질문 자체를 하지 않은 것이 원인이다. 이처럼 데이터를 분석하기 위한 데이터 분석은 환경에 관한 정보를 유의미하게 사람들에게 알리는 데 아무런 도움도 되지 않는다.

좋은 연구 질문의 예는 "직원들이 스팸 필터로 차단되지 않은 스팸 메일을 처리하느라 얼마나 많은 시간을 보내는가?"이다. 단순히 얼마나 많은 스팸이 필터에 의해 차단되었는지 세는 것은 맥락적으로 의미가 없기 때문에 가치도 없다(스팸 메일의 수가 1,000개인지 5,000개인지에 관심을 갖는 사람은 없다). 중요한 것은 스팸 메일이 직원들의 생산성에 미치는 영향이다. '생산성'을 직접 측정하기는 어렵지만, 발상의 전환을 하면 스팸 메일을 읽고 삭제하는 동안에 직원들은 생산적일 리가 없다고 가정할 수 있을 것이다. 그러므로 진정으로 측정해야 하는 것은 바로 필터링되지 않은 스팸 메일을 처리하느라 직원들이 들이는 시간인 것이다.

이와 같이 연구 질문을 확정짓고 나면, 이 질문에 대답하기 위해서 스팸 필터의 로그에만 의존할 수 없음이 분명해진다. 수천 개의 이메일이 차단되었으며 차단된 스팸의 비율은 얼마인지 아는 것도 중요하지 않다. 질문에 답을 하기 위해서는 직원들의 근무시간을 측정하고 수집해야 한다. (아웃룩과 같은) 이메일 클라이언트 프로그램의 로그에서 직원들이 '스팸으로 표시' 옵션을 선택하는 시간을 찾아볼 수도 있고, 표본으로 선정된 직원들에게 스팸 메일의 개수 및 스팸 메일을 처리하는 데 드는 시간을 기록하도록 설문조사를 해볼 수도 있다. 어느 방식이든, 데이터 분석의 맥락과 목적은 데이터의 가용성이 아니라 연구 질문에 의해서 정해진다.

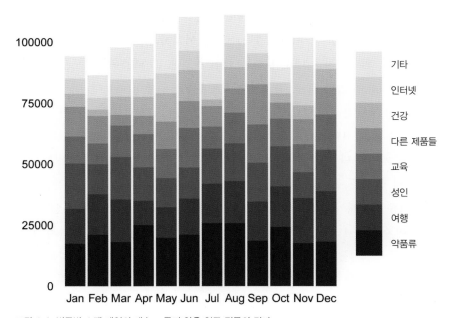

그림 1.4 범주별 스팸 메일의 개수 – 좋지 않은 연구 질문의 결과

좋은 연구 질문을 결정하는 방법

좋은 연구 질문을 확립하는 것은 그리 복잡하지는 않지만 어느 정도의 연습과 비판적 사고 및 훈련을 필요로 한다. 대부분의 연구 질문은 의사결정이나 행위의 중심점으로서의 역할을 한다. 또, 결과의 맥락을 아는 것도 무엇을 수집해야 할지 판단하는 데 도움이 될 수 있다. 앞서의 스팸 사례로 돌아가서, 스팸으로 인해서 낭비되는 시간에 어느 정도의 허용 범위가 있음을 알아냈다고 가정하자. 그렇다면 스팸 처리에 낭비되는 정확한 시간을 수집할 필요 없이, 단지 허용 범위보다 크거나 작은지만 알면 될 것이다. 이러한 정보를 미리 알고 데이터 분석을 계획하면, 데이터 수집 방법이 달라지며 데이터 저장 및 분석이 단순해질 수도 있다.

연구 질문을 정할 때는 몇 가지 주제를 처음부터 염두에 두고 시작하는 것이 일반적이다. 기술적 변경에 따른 편익을 측정하고 싶을 수도 있고, 특정 자산이나 데이터를 보호하고 싶을 수도 있으며, 단순히 어떤 네트워크 세그먼트의 가시성을 높이고 싶을 수도 있다. 이런 식으로 여러분이 알고 싶은 질문 혹은 대상 후보들을 생각해 내자. 후보로 오른 질문들의 목록이 갖춰지면, 이제 목록에 있는 질문들을 하나 혹은 몇 개의 관련 질문으로 추려낼 수 있을 것이다. 그리고 이제부터가 재미있는 부분인데, 추려낸 질문을 객관화하는 일을 해야 한다.

다음의 간단한 사례를 생각해 보자. 어떤 기업의 HR팀에서 구내식당의 점심 메뉴를 인터넷에서 검색 가능하도록 게시하고 싶다며 보안 담당자인 여러분에게 검토를 요청했다고 하자. 통제 권한을 누가 가질지, 업무 절차는 어떻게 할지 등 다양한 종류의 질문이 나올 수 있지만, 의사결정을 내려야 하는 핵심 질문은 ID/패스워드만으로 인증을 할지 아니면 좀 더 비용이 많이 드는 2-요소 인증체계를 도입할지 여부다. 이 때 "1-요소 인증 체계가 얼마나 많은 위험을 갖고 있는가?" 혹은 "2-요소 인증은 얼마나 효과적인가?" 등의 질문을 놓고 브레인스토밍을 할 수 있다. 하지만 이러한 유형의 질문은 연구 질문을 결정하는 초기 단계에는 유용하지만, 본격적인 분석에는 적합하지 않다. '위험'이나 '효과성'의 증거를 수집하기가 만만치 않기 때문이다. 따라서 이러한 질문들을 맥락 안에서 의미를 갖도록 좀 더 구체적이고 측정 가능하도록 변환할 필요가 있다. 우선, 2-요소 인증이 아니라 1-요소 인증을 적용 중인 서비스가 현재 얼마나 있는지 조사하는 것부터 시작할 수 있다. 그리고 1-요소 인증을 적용 중인 서비스 중에 공격을 받은 것은 얼마나 되는지, 그리고 공격 시도는 성공했는지 등도 조사하면 좋을 것이다. 또, 인터넷 기반의 무작위 공격 시도 내역을 조사할 수도 있을 것이고, 사내에서 사용되는 MS

아웃룩 인스턴스를 조사해 인증 기반 공격의 프로파일을 생성할 수도 있다. 이것들은 모두 데이터 분석으로 답을 얻을 수 있는 좋은 질문에 해당된다. 의사결정을 지원하는 데 도움을 주는 결과를 산출해 낼 수 있기 때문이다.

탐색적 데이터 분석

지금까지 좋은 데이터 분석은 어떻게 시작되어야 하는지 설명했다. 이제, 현실 세계에서 어떻게 일이 진행되는지 이야기할 차례다. 하루의 시작을 언제나 따뜻한 카페인 음료와 명확한 연구 질문 그리고 반듯한 데이터와 함께 시작할 수 있다면 좋겠지만, 이 중에서 현실에서 허락되는 것은 따뜻한 카페인 음료뿐이다. 현실에서는 "이 데이터에서 뭐 쓸 만한 것 얻을 수 있을까요?"와 같은 막연한 질문부터 시작해야 할 경우가 많다. 여기서 다시 존 튜키가 등장한다(앞서 튜키를 어디서 언급했는지 기억하는가?). 그는 탐색적 데이터 분석EDA, Exploratory Data Analysis 분야를 개척했다. EDA는 데이터 내부를 맨발로 걷고 심지어 구르는 과정이다. EDA를 통해서 우리는 데이터 내부의 변수, 그 변수들의 중요성, 그리고 다른 변수와의 관계를 학습할 수 있다. 튜키는 데이터의 가시성과 이해도를 높이기 위해서 많은 기법들을 개발했는데, 우아할 정도로 단순한 줄기잎 그림, 다섯수치 요약, 박스 플롯 다이어그램 등이 여기에 포함된다. 이 기법들은 이 책의 후반부에서 소개된다.

데이터에 어느 정도 익숙해지면, 자연스럽게 데이터에 대한 이런저런 질문이 떠오르기 시작할 것이다. 하지만, 결국은 적절한 연구 질문 확립이라는 문제로 다시 돌아오게 된다. 튜키가 1977년 그의 저서에서 말했듯이 "EDA는 결코 전체 스토리일 수 없다." 튜키는 EDA를 데이터 분석의 초석이자 첫 걸음이라고 불렀다. "EDA는 존재한다고 혹은 존재하지 않는다고 우리가 믿는 것을 찾기 위한 태도, 유연함, 그리고 의지다." 이러한 튜키의 말을 염두에 두면서 이 책에서는 거의 모든 사례에서 EDA를 사용한다. 반복적으로 데이터 내부를 탐색하고 학습할 것이다. 하지만 결국에는 데이터 분석을 수행하는 것은 물어볼 가치가 있는 질문에 대한 답을 찾기 위한 것임을 기억하자.

요약

사이버 세계는 너무 크고 복잡하며 너무 많은 컴포넌트로 구성되어 있어서 단순히 직관에 의존할 수 없다. 이전 세대의 여러 사람들이 길을 닦아 놓은 덕분에 우리는 도메인 전문지식, 프로그래밍 경험, 통계학 지식, 데이터 관리, 시각화 기술을 결합시킴으로써 우리를 둘러싼 복잡한 환경에서 만들어지는 데이터를 분석하고 학습하는 능력을 개선할 수 있다.

2장에서는 데이터 분석 환경을 설정하는 과정을 자세히 안내하고, 3장에서는 데이터 분석 기법들을 가볍게 소개할 것이다.

추천 읽을거리

다음 목록은 이 장에서 소개했던 주제들을 더욱 깊이 있게 이해하고 싶은 독자들을 위한 추천 읽을거리다. 아래의 문헌 및 이 장에서 언급한 문서의 원본에 관한 자세한 목록은 부록 B에서 확인할 수 있다.

- 대니엘 카너먼^{Daniel Kahneman}과 개리 클라인^{Gary Klein}, 'Conditions for Intuitive Expertise: A Failure to Disagree' – 이 논문은 기초적인 내용을 많이 다루지만, 복잡한 환경 하에서 우리가 언제 다른 사람의 도움을 구해야 하고 언제 우리의 지식만으로 충분한지 핵심을 설명한다. 또 이 논문에서 언급된 참조문헌들은 사람이 학습을 하는 방법에 관한 질문에 답을 얻고자 할 때 좋은 참고가 될 것이다.
- 리차드 쿡^{Richard Cook}, 'How Complex Systems Fail' – 여러분이 복잡성 문제를 다뤄야 할지 고민 중이라면, 이 짧고 멋진 논문은 복잡계의 특성 및 실패 원인을 설명하고 있다.
- 찰스 윌런^{Charles Wheelan}, 'Naked Statistics: Stripping the Dread from Data' – 통계학의 개념과 접근 방법에 대한 훌륭한 입문서다. 수학을 몰라도 읽기 쉽도록 구성되어 있다(하지만 수학적 내용을 포함하고 있다).

보안 데이터 분석의 도구상자: R과 파이썬 입문

"작은 것을 더하고 계속해서 더한다면 언젠가는 기필코 큰 업적을 이루게 될 것이다."

헤시오도스(Hesiod)

본격적으로 데이터 분석 사례에 뛰어들기 전에 이 책의 거의 모든 예제에서 사용되는 파이썬(www.python.org/)과 R(www.r-project.org/)의 기초를 확인하고 넘어가자. 데이터 분석에 사용되는 도구는 많지만, 우리가 보기에 이 2개의 언어는 데이터에서 발견으로 넘어가는 데 필요한 거의 모든 기능을 제공하는 것 같다.

이 책에서 일관되게 적용될 뿐 아니라 보안 데이터 분석의 핵심이 되는 프로세스는 아이디어, 탐색, 시도(및 오류), 반복이다. 이 과정을 전통적인 프로그래밍 언어와 개발 환경처럼 편집/컴파일/실행의 순서에 억지로 대응시키는 것은 효과적인 방법이 아니다. 데이터 분석 수행과 바람직한 시각화 결과물을 생성하는 작업은 쌍방향의 수많은 반복적 노력을 필요로 한다. 파이썬과 R 단독으로는 코드와 데이터 간의 풍부하고 동적인 상호작용이 쉽지 않지만, 아이파이썬IPython(http://ipython.org/) 및 R 스튜디오(www.rstudio.com/)를 함께 사용하면 강력한 탐색 도구로 변신할 수 있다. 신속한 개발이 가능할 뿐 아니라, 효율적인 데이터 변환과 세련된 시각화도 가능하기 때문이다.

이 장에서는 파이썬과 R의 설치 방법을 설명하고, 두 언어와 개발 환경의 핵심을 소개한다. 그리고 이 책에서 이후 설명할 예제들이 어떤 구조를 갖고 있는지 설명할 것이다. 각 장의 시작 부분에는 다음 코드 2.0과 같이 '환경설정' 코드가 제공된다. 환경설정 코드는 그 장의 예제 코드를 실행하기에 적절한 환경을 준비한다. 이번 장의 끝부분에 있는 예제 스크립트는 디렉토리 구조를 생성해 준다.

코드 2.0

```
# 이번 장의 R 코드를 위한 환경설정
# 작업 디렉토리를 이번 장의 디렉토리로 설정한다.
# (코드의 위치가 다르면 그에 맞춰 수정할 것)
setwd("~/book/ch02")
# 이번 장의 파이썬 코드를 위한 환경설정
# chdir 명령 실행을 위해 필요한 파이썬 라이브러리를 불러온다.
import os
# 작업 디렉토리를 이번 장의 디렉토리로 설정한다.
os.chdir(os.path.expanduser("~") + "/book/ch02")
```

왜 파이썬인가? 왜 R인가? 왜 둘 다 알아야 하는가?

어떤 용도로 어느 프로그램 언어가 더 나은가를 놓고 일어나는 논쟁은 때때로 종교전쟁으로 비화하고 결론이 나지 않는 채 끝나기도 한다. 하지만 보안 데이터 과학자는 특정 언어를 편애할 만한 여유가 주어지지 않는다. 영역별로 뚜렷한 장점을 갖는 언어가 서로 다를 경우가 많기 때문에, 여러분은 현실의 문제를 해결하기 위해서는 그러한 언어를 적절히 함께 사용하는 스킬을 갖출 필요가 있다.

이 책에서는 R/ R 스튜디오 및 파이썬/아이파이썬/팬더스를 모두 사용할 것이다. R과 파이썬은 주도적인 데이터 분석 언어/환경으로서 유사점이 많지만, 동시에 상대에게는 부족한 여러 가지 장점을 갖고 있기도 하다. 우리는 여러분이 자기만족에 빠지지 말고 두 개의 환경에 모두 능숙해지도록 노력할 것을 권장한다.

기존에 프로그래밍 경험이 있는 독자라면 파이썬에 금세 적응할 수 있으며 3개월에서 6개월 정도면 매우 능숙해질 수 있다. 특히, 기존에 다른 언어로 작성했던 스크립트를 파이썬으로 변환하는 과정에서 파이썬에 관해서 많은 것을 배울 수 있다. 물론, 이렇게 작성된 파이썬 코드는 '파이썬답지'(즉 파이썬의 특징이나 장점을 가장 효과적으로 활용하지) 못하겠지만, 어쨌든 원하는 결과를 얻는 데는 문제가 없다. 통계분야의 언어에 익숙하지 않은 독자라면 R을 잘 다루기까지 시간이 다소 걸릴 것이다. R은 통계학자들이 만든 언어이며 통계학 비전공자는 R을 배우면 배울수록 그 사실을 절감하게 된다. 하지만 R의 문법과 패키지 공부를 계속하면서 기존의 엑셀 작업을 R로 변환하는 일을 반복하다 보면, 역시 3개월에서 6개월 사이에 #rstats 트위터 스트림에서 노는 자신을 발견할 수 있을 것이다.

> **노트**
> 좋은 데이터 과학자의 가장 전형적인 특징은 바로 적응성이다. 여러분은 문제 해결에 도움이 되는 새로운 디지털 도구들에 항상 관심을 기울여야 한다. 부록 A에서는 새롭게 떠오르는 유망 도구들이 소개되어 있다.

왜 파이썬인가?

귀도 반 로섬$^{Guido\ van\ Rossum}$은 1989년 12월에 어떤 문제를 해결하기 위해 파이썬 프로그래밍 언어를 만들었다. 귀도와 그의 동료들은 당시에 그들이 사용 중이던 운영체제의 특정 기능을 활용할 수 있는 시스템 관리자 작업을 조율할 수 있는 공통적인 방법이 필요했다. 기존에 인터프리터 방식의 관리자 친화적인 도구와 언어들이 존재했지만, (귀도의 관점에서 볼 때) 나중에 파이썬에 녹아 들어간 만큼의 유연성과 확장성을 갖고 설계된 것은 없었다.

파이썬의 유연성과 확장성(그리고 무료라는 사실)은 2000년대 초반의 과학계, 대학교, 산업계 등에 특히 매력적이었다. 이 분야의 혁신가들은 기존의 분야별 전문 언어보다 문제를 쉽게 해결할 수 있는 이 범용 프로그래밍 언어를 자신들의 분야에 빠르게 채택하기 시작했다.

파이썬이 읽을 수 없는 파일 형식, 파이썬이 접근할 수 없는 데이터베이스, 파이썬이 실행할 수 없는 알고리즘을 찾으려면, 꽤 오랜 시간의 검색이 필요할 것이다. 파이썬에 어느 정도 익숙해지면 파이썬의 소스 데이터 취득, 정제, 변환 능력에 놀라게 된다. 하지만 이러한 데이터 관련 작업은 분석 및 시각화 프로세스의 초기 단계에 지나지 않는다. 2008년 AQR Capital Management에서 개발한 팬더스^{pandas} 모듈(http://pandas.pydata.org/)이 등장하면서, 파이썬은 R, SAS, 매트랩 등의 언어에 모자라지 않는 분석 도구를 갖게 되었으며 이 때부터 파이썬을 이용한 데이터 분석의 진짜 재미가 시작되었다.

파이썬의 내장 인터프리터가 대화식으로 실행되는 셸을 제공하지만, 파이썬 마니아들은 이 기능을 더욱 확장할 필요성을 느꼈으며 그래서 나온 것이 더욱 동적이면서 견고한 대화식 인터페이스를 제공하는 아이파이썬이다. 아이파이썬과 팬더스 모듈을 함께 사용하면, 햇병아리 데이터 분석가도 충분히 고급의 데이터 중심적 도구 상자를 이용해 지적 욕구를 만족시키기 위한 여행을 시작할 수 있다.

왜 R인가?

파이썬과 달리, R은 100퍼센트 통계 데이터 분석 및 시각화에 초점을 맞춘 언어이기 때문에 R의 역사도 과거의 통계 전문 언어와만 관련을 맺고 있다. R도 다양한 파일 형식 및 데이터베이스에 접근할 수 있지만(그리고 유연성과 확장성을 염두에 두고 설계되었지만), LISP 및 S와 유사한 구문, 극단적으로 분석에 초점을 둔 데이터 타입으로 인해서 R은 기본적으로 오랫동안 '데이터 크런처'를 위한 언어로 유지되어 왔다.

R을 이용하면 데이터에 대한 통계 분석을 광범위하게 실행한 다음, 몇 줄의 코드만으로 전달력이 높으면서 매력적인 시각화를 생성하는 일이 매우 간단해진다. plyr이나

ggplot2와 같은 최근의 R 라이브러리들은 이러한 R의 기본 기능을 확장하며, 여러분이 인터넷에서 본 적이 있는 첨단의 데이터 분석 및 매력적인 시각화 결과물의 토대를 제공하고 있다.

파이썬과 마찬가지로 R 역시 일반적인 용도로는 충분한 대화식 실행 셸을 제공한다. 하지만 더 나은 상호작용을 원하는 사람들을 위해서 R 스튜디오가 개발되었다. R 스튜디오는 통합 개발 환경(IDE), 데이터 탐색 도구, 반복 실험 환경이 합쳐진 것으로서 R의 효율성을 크게 향상시킨다.

왜 둘 다 알아야 하는가?

여러분 손에 들려 있는 것이 망치뿐이라면, 세상 모든 것이 못처럼 보일 것이다. 범용 프로그래밍 언어의 유연성이 크게 도움이 되는 경우에는 파이썬을 사용하는 것이 바람직하다. 반면에, 파이썬 코드로 (팬더스와 함께 사용해도) 30줄 이상 작성해야 하는데 R로는 3줄이면 충분할 경우에는 R을 사용하면 된다. 궁극적인 목표는 통찰력 있고 정확한 분석을 가능한 빠르게, 그리고 가급적 매력적으로 보이게끔 제공하는 것이므로, 어떤 작업을 할 때 어떤 도구를 사용할지 정확히 아는 것은 최대한 효과적이고 효율적인 분석에 꼭 필요하다.

파이썬으로는 가능하지만 R로는 불가능하고 그 반대인 경우도 존재하는 것이 사실이다. 이 책에서도 이러한 사례들을 일부 다루지만, '깨달음의 기회'는 여러분이 스스로 분석을 하면서 이런 상황에 접하고 좌절한 끝에 결국 다른 도구로 갈아타야 비로소 체험하게 될 것이다. R 스크립트에서 파이썬을 호출할 수 있는 rJython 패키지나 파이썬 스크립트에서 R 코드를 호출할 수 있는 rpy 및 rpy2 모듈이 있지만, 다른 언어로 옮겨야만 하는 상황은 생각보다 자주 일어날 것이다.

도구상자에 R과 파이썬을 모두 갖고 다니면 여러분은 완벽하게 100%는 아니더라도 99.99%의 어려운 문제를 해결할 수 있다. 또, 여러분에게 없는 기능이 필요한 상황에 마주친다면, 기꺼이 여러분을 도와줄 R 및 파이썬 커뮤니티들이 활발히 활동 중이다. 커뮤니티 회원들은 여러분이 필요에 따라서 직접 함수나 모듈을 개발할 때에도 기꺼이 여러분을 도와줄 것이다.

캐노피로 파이썬 분석의 시동을 걸자

앞서 소개했던 URL을 통해서 여러분은 파이썬, 아이파이썬, 팬더스를 간단하게 설치할 수 있다. 이미 파이썬에 익숙한 독자라면 누워서 떡먹기일 수도 있다. 하지만 우리는 이렇게 파이썬을 시작하는 것을 권장하지 않는다. 파이썬의 기본 설치는 핵심이 되는 인터프리터와 표준 라이브러리만을 남겨둔다. 파이썬에게 생소한 초보자 입장에서 이것은 마치 값이 얼마 안 나가는 백지 캔버스와 입문자용 물감과 붓 몇 개를 들고 있는 것으로 비유할 수 있다. 예술 작품을 창조하려면 더 나은 재료가 필요하듯이, 여러분에게도 좀 더 개선된 통계, 계산, 그래프 라이브러리들이 필요하다. 파이썬 마니아조차도 가끔 컴포넌트간의 종속관계 및 버전 관리에 애를 먹을 때가 많으며 이러한 작업으로 인해서 낭비되는 시간은 만만치 않다. 특히 다양한 운영체제나 환경에서 분석 프로세스를 관리해야 하는 경우는 더욱 그렇다.

설치와 유지보수의 편의를 위해서 저자들은 무료로 사용할 수 있는 파이썬 데이터 분석 환경인 Enthought 사의 캐노피Canopy(www.enthought.com/products/canopy/)를 추천한다. 캐노피는 리눅스, 윈도우, 맥 OS X에서 동작한다. 통합개발환경을 내장하고 있으며, 메타 패키지 관리자가 통합되어 있으므로 종속 패키지와 모듈의 변경을 쉽게 관리할 수 있다. 게다가 아이파이썬 콘솔도 함께 제공된다. 오픈소스 솔루션을 신뢰하지 않는 조직을 위해서 상용 버전도 준비되어 있다.

캐노피의 웹사이트에서 설치 방법과 설정 및 업데이트에 대해서 자세히 안내하고 있으므로(http://docs.enthought.com/canopy/quick-start.html), 이 책에서는 설치 방법을 일일이 다루지 않는다. 하지만 이 책의 파이썬 예제들을 실행하기 전에 위 문서는 꼭 읽어 둘 것을 권장한다. 설치가 완료된 캐노피 애플리케이션을 시작하는 것은 매우 간단하며 첫 화면은 그림 2.1과 같다.

설치가 끝난 뒤에 가장 먼저 할 일은 모든 이미지를 아이파이썬 콘솔 내부에서 표시하도록 설정하는 것이다. 이 설정은 선택적이지만, 출력 결과가 캐노피 환경 내부에서 (별도 창이 열리지 않고) 독립적으로 표시되도록 한다. 이 설정을 변경하려면 Edit ❭ Preferences ❭ Phython ❭ PyLab backend에서 Inline(SVG)을 선택한다(그림 2.2).

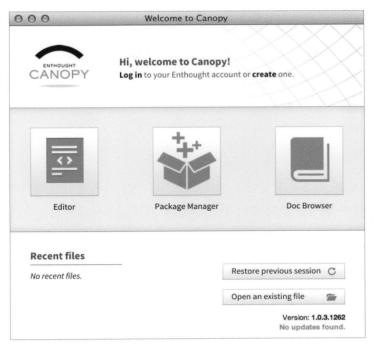

그림 2.1 캐노피의 시작 화면

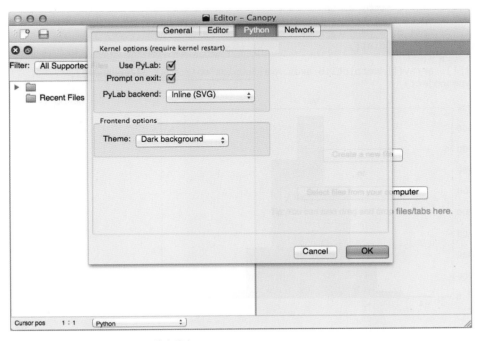

그림 2.2 캐노피 IDE의 Preference 설정 화면

환경이 올바르게 설정되었는지 확인하려면, 아이파이썬 콘솔에서 다음 코드를 실행한다.

```python
import pandas as pd
import numpy as np
np.random.seed(1492)
test_df = pd.DataFrame({ "var1": np.random.randn(5000) })
test_df.hist()
```

출력 결과가 그림 2.3과 같은지 확인한다. 제대로 표시된다면, 기본 환경의 설치가 끝났으며 앞으로 데이터 분석 실습을 할 준비가 된 것이다. 제대로 표시되지 않는다면, 설치 과정을 재확인하거나 앞서 설명한 디스플레이 설정을 다시 확인하자.

파이썬을 잘 모르는 독자라면, 10분을 투자해서 스타브로스 코로키타키스가 쓴 '10분만에 파이썬 배우기^{Learn Python in 10 Minutes}(www.stavros.io/tutorials/python/)'를 읽어 본다. 그리고 다시 10분을 투자해서 '10분만에 배우는 팬더스^{10 Minutes to Pandas}'(http://pandas. pydata.org/pandas-docs/dev/10min.html)도 읽어 보길 권장한다.

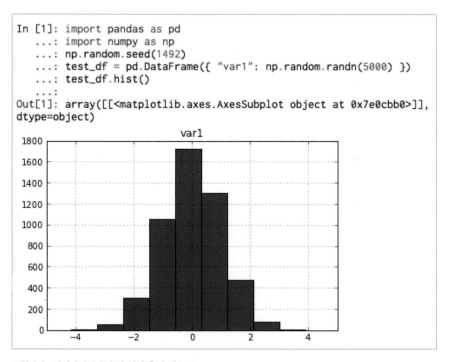

그림 2.3 아이파이썬 콘솔의 정상 출력 테스트

파이썬의 데이터 분석 및 시각화 생태계 이해하기

파이썬에서 사용할 수 있는 라이브러리는 많지만, 그중에서 데이터 분석에 널리 쓰이는 것은 손으로 꼽을 만하다. 이러한 라이브러리들은 '생태계'라고 불리는데, 각각의 라이브러리는 별도의 조직, 커뮤니티, 또는 개인들에 의해서 개발되고 관리된다. 서로 간에 협력이 이뤄질 때도 있지만 그다지 긴밀하지는 않다.

다음 라이브러리는 거의 모든 데이터 분석 프로젝트에서 사용된다.

- 넘파이^{NumPy}(www.numpy.org/) – 다차원 컨테이너를 생성하고 데이터를 다양하게 조작할 수 있으며 난수 발생도 가능하다. 또 간결하면서도 매우 효율적인 코드를 만들 수 있는 브로드캐스트 기능을 구현하고 있다.

- 사이파이^{SciPy}(www.scipy.org/scipylib/index.html) – 넘파이에 기반하는 라이브러리로서, 배열 연산을 빠르게 수행할 수 있고 넘파이의 '브로드캐스트' 연산을 다른 유형의 파이썬 데이터 요소에 확장할 수 있다. 또 통계 연산들도 추가로 제공한다.

- 맷플롯립^{Matplotlib}(http://matplotlib.org/) – 파이썬에서 상용 제품 수준의 고품질 이미지로 데이터를 변환할 때 가장 널리 쓰이는 강력한 라이브러리다.

- 팬더스(http://pandas.pydata.org) – 고성능과 손쉬운 데이터 구조 및 데이터 분석 도구를 제공한다. Data.Frame 타입을 파이썬 네임스페이스에 추가하는데 이 타입에 대해서는 이 장 후반의 '데이터프레임 소개' 절에서 자세히 설명할 것이다. 일부 열혈 파이썬 마니아에게 당혹스러운 일이지만, 본질적으로 팬더스는 파이썬을 R처럼 보이게 하며 사용자가 두 언어 사이에서 쉽게 전환할 수 있도록 도와준다.

위 모듈들은 사이파이 스택의 핵심 컴포넌트로 불리기도 한다(사이파이 라이브러리와 혼동하지 말자). 이 스택에 대한 자세한 내용은 www.scipy.org/에서 읽을 수 있다.

이러한 생태계를 이해하고 나면, 다음과 같은 코드 패턴이 자주 나타나는 이유를 알 수 있다.

```
import numpy as np
import scipy as sp
import matplotlib as mpl
import matplotlib.pyplot as plt
import pandas as pd
```

import 문은 라이브러리에 들어 있는 함수와 변수를 불러와서 현재의 파이썬 작업 세션에서 사용할 수 있도록 한다. as는 모듈 내의 함수, 객체, 변수를 간단한 이름으로 참조하기 위한 것이다.

사이파이 스택의 모듈에 포함된 컴포넌트들은 자주 사용하기 때문에, 이러한 모듈들을 불러오는 import 문을 기본 템플릿에 미리 포함시키면 시간과 타이핑에 드는 노력을 절약할 수 있다.

물론 데이터베이스 연결, 파일 읽어 들이기 등을 위한 패키지도 필요하고 특히 PyPI (https://pypi.python.org/pypi)에는 훌륭한 모듈이 많이 있지만, 사이파이 스택의 모듈은 여러분의 데이터 과학 여행에서 언제나 곁에 있을 필수품이 될 것이다.

파이썬의 함정

초보자가 좌절하기 쉬운 파이썬의 두 가지 특징이 있다. 첫 번째는 공백이다. 파이썬 코드에서 공백은 매우 중요하다. 파이썬에는 코드 블록을 가리키는 중괄호 쌍 {}이나 begin/end가 없다. 따라서 함께 실행되어야 하는 그룹을 구별하기 위해서는 반드시 일관된 들여쓰기가 적용되어야 한다. 일관되지 않은 들여쓰기는 인터프리터의 오류 메시지를 부르거나 예상을 벗어난 동작의 원인이 된다. 대부분의 최신 텍스트 편집기나 IDE는 여러분 대신에 이 부분을 검사하는 설정을 포함하고 있다.

두 번째로, 변수를 사용하기 전에 선언하지 않아도 오류가 나지 않는다. 예컨대 breaches라는 변수를 어떤 값으로 초기화한 다음, 나중에 의도치 않게 그 변수를 breached라는 (잘못된) 이름으로 참조해도 인터프리터는 오류를 던지지 않는다. 하지만 물론, 결과는 여러분의 예상과는 전혀 달라질 것이다.

캐노피의 패키지 관리자(http://docs.enthought.com/canopy/quick-start/package_manager.html)는 파이썬의 핵심 설치 파일과 관련 패키지를 최신 버전으로 관리해준다. (캐노피를 사용하지 않고) 직접 파이썬을 설치했다면, 파이썬 기본 인터프리터에서 패키지 관리자를 사용해야 한다. 그리고 모듈을 개별적으로 업데이트하는 방법은 다음의 간단한 파이썬 스크립트를 사용하면 된다.

```
import pip from subprocess
import call
for distributions in pip.get_installed_distributions():
    call("pip install --upgrade " +
    distributions.project_name, shell=True)
```

파이썬의 버전에 대해

이 책의 파이썬 예제는 파이썬 2.7에서 작성되었다. 이 글을 쓰는 현재, 캐노피도 파이썬 2.7을 사용한다. 현재 파이썬은 2.7.x와 3.5.x의 두 가지 버전이 사용되고 있다. 파이썬은 3.0부터 2.7 버전과 많은 부분이 달라졌으며, 많은 패키지들이 파이썬 3.x 버전에 호환되도록 업데이트되었지만 여전히 상당수의 패키지는 2.7 버전과만 호환된다. 파이썬 2.7의 안정성과 보급률을 고려하면, 파이썬을 사용한 데이터 분석을 시작할 때는 2.7 버전을 선택하는 것이 안전해 보인다.

파이썬 2.7과 파이썬 3.3 사이의 변경에 대한 자세한 내용은 '파이썬 3.0의 새로운 기능(What's New In Python 3.0)(http://docs.python.org/3/whatsnew/3.0.html)' 문서를 참조하자.

R 환경 설정

R 및 R 스튜디오 환경을 구축하려면, 먼저 R(http://cran.rstudio.com/)을 다운로드 및 설치한 다음에 R 스튜디오(www.rstudio.com/ide/download/)를 설치해야 한다.

이 URL 주소들을 따라가면 리눅스, MS 윈도우, 맥 OS X 용의 설치 파일과 자세한 정보를 볼 수 있으므로 이 책에서는 생략하기로 한다. 다만, R 스튜디오를 설치할 때 데스크톱과 서버 중 하나의 유형을 선택해야 하는데, 둘 다 똑같이 아래와 같은 핵심적인 기능을 제공한다.

- 내장 IDE
- 데이터 구조 및 작업공간 탐색 도구
- R 콘솔에 빠른 접근
- R 도움말 뷰어
- 그래픽 패널 뷰어
- 파일 시스템 탐색기
- 패키지 관리자
- 버전 관리 시스템과의 통합

데스크톱을 선택하면 사용자가 자신의 PC에 설치해서 혼자 사용할 수 있고, 서버를 선택하면 서버 하드웨어에 설치해 여러 사용자들이 웹 브라우저를 통해 접근할 수 있으며 서버의 연산 능력을 충분히 이용할 수 있다. R이나 R 스튜디오 초보자라면 데스크톱 버전을 설치하는 것이 안전하다(이 책의 R 스튜디오 관련 예제들은 데스크톱 버전을 가정하고 있다).

노트

여러분의 조직에서 오픈소스 제품을 허용하지 않는다면, RevolutionAnalytics(www.revolutionanalytics. com/support/)에서 R을 구입하고 기술 지원을 받을 수 있다.

설치가 끝나면 R 스튜디오를 실행하고 그림 2.4와 같은 작업공간이 열리는지 확인하자.

그리고 폴 토르프와 클라우디아 브로이어가 쓴 'R(초)간단 소개A(Very) Short In troduction to R'(http://cran.r-project.org/doc/contrib/Torfs%2BBrauer-Short-R-Intro.pdf)를 읽어 보자. R 언어와 R 스튜디오 환경의 기초를 딱 필요한 범위만 설명하고 있다.

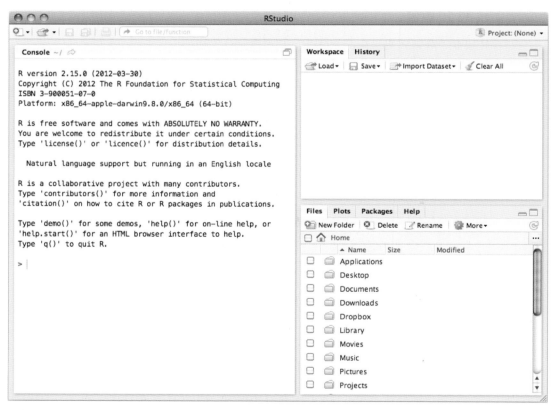

그림 2.4 R 스튜디오의 작업공간

R 스튜디오에 내장된 패키지 관리자를 사용해 패키지를 설치할 수도 있지만, 콘솔에서 설치하는 것이 훨씬 편리하다. 실습을 위해서 앞으로 자주 사용할 그래픽 라이브러리 ggplot2 패키지를 설치해 보자. R 스튜디오 콘솔 창에서 다음과 같이 입력하면 된다.

```
> install.packages("ggplot2")
Installing package(s) into '/Library/Frameworks/R.framework/
Versions/3.0.0/Resources/library'
(as 'lib' is unspecified)
trying URL 'http://cran.mirrors.hoobly.com/bin/macosx/leopard/
contrib/3.0.0/ggplot2_0.9.3.1.tgz'
Content type 'application/x-gzip' length 2659920 bytes (2.5 Mb)
opened URL
==================================================
downloaded 2.5 Mb


The downloaded binary packages are in
/var/folders/qg/vmtfcv1j7vjfq_p5zw86mk7mxkhymk/T/
/RtmpiZ5FD3/downloaded_packages
```

ggplot2가 제대로 설치되었는지 확인하려면 다음 코드가 제대로 실행되는지 확인하면 된다.

```
library(ggplot2)
set.seed(1492)
test.df = data.frame(var1=rnorm(5000))
ggplot(data=test.df) + geom_histogram(aes(x=var1))
```

오류가 발생하지 않고 그림 2.5와 같은 막대 그래프가 표시된다면 이 책의 예제들을 실행할 수 있는 준비가 끝난 것이다. 오류가 발생한다면 (R 스튜디오가 아니라) R 애플리케이션 자체를 실행하고 R 콘솔에서 ggplot2 패키지를 재설치한 다음에 다시 실행해 본다. 제대로 실행이 된다면, R 스튜디오를 제거한 후 재설치하도록 한다.

파이썬과 마찬가지로 R 역시 데이터 분석을 도와주는 많은 수의 유용한 모듈이 존재한다. 이 책에서 다양한 모듈이 소개되겠지만, CRAN 사이트(http://cran.r-project.org/web/packages/)를 둘러보면 R이 제공하는 모듈의 폭과 깊이를 가늠할 수 있을 것이다.

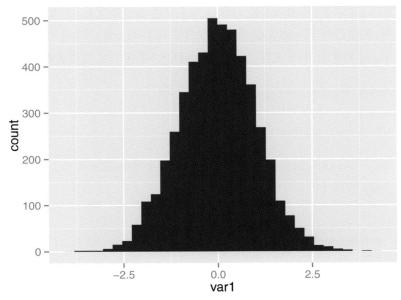

그림 2.5 R/R 스튜디오 정상 출력 테스트

R 버전에 관해

이 책의 예제들은 R 3.0 버전으로 작성되었다. 일부 패키지 관리자는 여전히 R 2.15 버전을 기본으로 사용하고 있으므로, 앞으로 설명될 패키지와의 호환성을 최대한 확보하기 위해서는 이 책에서 언급한 주소에서 R을 다운로드하는 것이 바람직하다.

데이터프레임 입문

다른 프로그래밍 언어를 사용한 경험이 있다면, 문자열, 정수, 배열 등의 데이터 타입을 사용해 본 경험이 있을 것이다. R과 파이썬은 표준적인 데이터 타입들을 제공하지만, 두 언어가 공통적으로 제공하는 데이터 타입인 데이터프레임^{data frame}이야말로 R과 파이썬에게 진정한 능력을 부여한다. 데이터프레임 타입은 표면적으로는 (엑셀 스프레드시트에서 전형적으로 볼 수 있는) 테이블 형식의 데이터를 저장하는 방법으로서 평범한 2차원 배열처럼 보인다. 하지만 조금 깊이 파고 들어가면, 데이터베이스 테이블, 행렬, 2차원 배열, 피벗 테이블 등이 합쳐진 타입으로서 시간을 절약해 주는 많은 기능들을 갖고 있는 만능 데이터 타입임을 알 수 있다.

데이터베이스 테이블과 마찬가지로, 데이터프레임의 열^{column}은 열 이름을 가지며 하나의 열에는 동일한 타입의 데이터가 저장된다. 열 전체, 행 전체 혹은 그 일부에 대해서 연산을 수행할 수 있다. 데이터의 추가, 합병, 확장, 변경, 삭제, 검색 등의 동작이 모두 하나의 연산으로 실행되며, 데이터프레임의 내용을 파일로부터 읽고 파일에 쓰는 메소드 역시 마찬가지다. 파이썬과 R이 이처럼 강력한 힘을 가질 수 있는 것은 데이터프레임이라는 구조 및 그 구조에서 동작하는 연산에 지능을 추가했기 때문이다. 다른 프로그래밍 언어들의 경우는 데이터 구조의 정교함이 다소 떨어지기 때문에, R 및 파이썬과 비슷한 수준의 결과를 얻기 위해서는 여러분 스스로 데이터 구조를 생성하고 코드를 작성하는 추가 작업이 요구된다.

아래의 코드 2.1과 2.2는 에 각각 R과 파이썬에서의 데이터프레임 연산을 간단히 보여주는 것으로서, 3장을 시작하기 전에 직접 실행해서 확인해 보는 것이 좋다. 이 책의 모든 코드는 www.wiley.com/go/datadrivensecurity에서 다운로드할 수 있다.

코드 2.1

```
# 코드 2-1
# R 데이터프레임 예제
# 호스트 & 취약점 개수를 포함하는 데이터프레임을 생성한다.
assets.df <- data.frame(
    name=c("danube","gander","ganges","mekong","orinoco"),
    os=c("W2K8","RHEL5","W2K8","RHEL5","RHEL5"),
    highvulns=c(1,0,2,0,0))

# 데이터프레임의 구조와 내용을 살펴본다.
str(assets.df)
## 'data.frame':    5 obs. of  3 variables:
##$ name     : Factor w/ 5 levels "danube","gander",..: 1 2 3 4 5
## $ os       : Factor w/ 2 levels "RHEL5","W2K8": 2 1 2 1 1
## $ highvulns: num  1 0 2 0 0

head(assets.df)
##      name    os highvulns
## 1  danube  W2K8         1
## 2  gander RHEL5         0
## 3  ganges  W2K8         2
```

```
## 4  mekong RHEL5         0
## 5 orinoco RHEL5         0
```

```
# 운영체제만 따로 보여준다.
# 기본적으로 R은 범주형 데이터를 위한 "팩터"를 생성하므로
# as.character()로 팩터를 확장할 수 있다.
head(assets.df$os)
## [1] W2K8  RHEL5 W2K8  RHEL5 RHEL5
## Levels: RHEL5 W2K8
```

```
# 새로운 열을 추가한다.
assets.df$ip <- c("192.168.1.5","10.2.7.5","192.168.1.7",
                  "10.2.7.6", "10.2.7.7")
# 둘 이상의 취약점을 갖는 노드만 보여준다.
head(assets.df[assets.df$highvulns>1,])
##     name   os highvulns          ip
## 3 ganges W2K8         2 192.168.1.7
```

```
# IP 주소에 근거해 'zones' 열을 생성한다.
assets.df$zones <-
    ifelse(grepl("^192",assets.df$ip),"Zone1","Zone2")
```

```
# 최종적인 데이터프레임의 내용
head(assets.df)
##      name    os highvulns         ip zones
## 1  danube  W2K8         1 192.168.1.5 Zone1
## 2  gander RHEL5         0    10.2.7.5 Zone2
## 3  ganges  W2K8         2 192.168.1.7 Zone1
## 4  mekong RHEL5         0    10.2.7.6 Zone2
## 5 orinoco RHEL5         0    10.2.7.7 Zone2
```

코드 2.2

```python
# 코드 2-2
# 파이썬 (팬더스) 데이터프레임 예제
import numpy as np
import pandas as pd
# 호스트 & 취약점 개수를 포함하는 데이터프레임을 생성한다.
assets_df = pd.DataFrame( {
    "name" : ["danube","gander","ganges","mekong","orinoco" ],
    "os" : [ "W2K8","RHEL5","W2K8","RHEL5","RHEL5" ],
    "highvulns" : [ 1,0,2,0,0 ]
```

```
    } )

# 호스트 & 취약점 개수를 포함하는 데이터프레임을 생성한다.
print(assets_df.dtypes)
## highvulns      int64
## name          object
## os            object
## dtype: object

assets_df.head()
##    highvulns       name      os
## 0          1     danube    W2K8
## 1          0     gander   RHEL5
## 2          2     ganges    W2K8
## 3          0     mekong   RHEL5
## 4          0    orinoco   RHEL5

# 운영체제만 따로 보여준다.
assets_df.os.head()
## 0      W2K8
## 1     RHEL5
## 2      W2K8
## 3     RHEL5
## 4     RHEL5
## Name: os, dtype: object

# 새로운 열을 추가한다.
assets_df['ip'] = [ "192.168.1.5","10.2.7.5","192.168.1.7",
                    "10.2.7.6", "10.2.7.7" ]

# 이상의 취약점을 갖는 노드만 보여준다.
assets_df[assets_df.highvulns>1].head()
##    highvulns      name      os            ip
## 2          2    ganges    W2K8   192.168.1.7

# IP 주소에 근거해 노드들을 네트워크 '존' 으로 분할한다.
assets_df['zones'] = np.where(
    assets_df.ip.str.startswith("192"), "Zone1", "Zone2")

# 최종적인 데이터프레임의 내용
```

```
assets_df.head()
##     highvulns    name     os          ip  zones
## 0           1  danube   W2K8  192.168.1.5  Zone1
## 1           0  gander  RHEL5     10.2.7.5  Zone2
## 2           2  ganges   W2K8  192.168.1.7  Zone1
## 3           0  mekong  RHEL5     10.2.7.6  Zone2
## 4           0  orinoco RHEL5     10.2.7.7  Zone2
```

데이터프레임은 R과 파이썬을 사용한 대부분의 분석 프로젝트에서 핵심적인 데이터 구조다. 데이터프레임 덕분에 분석가는 데이터의 처리 방법보다 분석 그 자체에 집중할 수 있다. 이것은 특정 분야의 전문 프로그래밍 언어와 범용 프로그래밍 언어 간의 중요한 차이 중 하나다. 데이터 분석용 언어로서 R 혹은 파이썬으로의 이전을 고민 중인 독자라면, 이 장에서 간단하게 소개한 R과 파이썬의 장점이 여러분의 확신으로 이어지길 희망한다.

예제 파일의 디렉토리 구조

데이터 분석 프로젝트를 준비할 때, 입력 데이터, 분석 스크립트, 출력 결과(시각화 결과물, 보고서, 데이터 등), 그 밖의 보조 문서 등의 저장 위치를 사전에 정의하는 것이 효율적이다. 이 책의 예제들은 다음과 같은 디렉토리 구조를 사용할 것이다.

```
/book/ch02
    |-R
    |-data
    |-docs
    |-output
    |-python
    |-support
    |-tmp
```

디렉토리 구조를 정의하는 데는 단 하나의 정답이 있는 것은 아니다. 따라서 현재 작업 중인 프로젝트에 가장 적합한 구조를 찾은 다음, 정해진 규칙을 일관되게 고수하는 것이 바람직하다. 일관된 디렉토리 구조를 정의하는 좋은 방법은 최근의 웹 프레임워크 빌더들처럼, 자동으로 디렉토리 구조를 생성하는 간단한 셸 스크립트를 사용하는 것이다. 코드 2.3과 2.4는 각각 맥 OS X/리눅스의 본^{Bourne} 셸 및 윈도우의 명령라인 셸에서 쓸 수 있는 셸 스크립트다.

코드 2.3

```sh
# 코드 2-3
# 간단한 분석 준비 스크립트 (본셸 스크립트)
#!/bin/sh
#
# prep: 디렉토리 구조를 준비
#
# 실행방법: prep DIRNAME
#

if [ "$#" == "0" ]; then
    echo "ERROR: Please specify a directory name"
    echo
    echo "USAGE: prep DIRNAME"
fi


DIR=$1

if [ ! -d "${DIR}" ]; then
    mkdir -p ${DIR}/R \
             ${DIR}/data \
             ${DIR}/docs \
             ${DIR}/output \
             ${DIR}/python \
             ${DIR}/support \
             ${DIR}/tmp
    > ${DIR}/readme.md
    ls -lR ${DIR}
else
    echo "Directory "${DIR}" already exists"
fi
```

코드 2.4

```
REM 코드 2-4
REM 간단한 분석 준비 스크립트 (Windows 셸 스크립트)
SET PDIR=%1
IF EXIST %%PDIR GOTO HAVEPDIR
MKDIR %%PDIR
MKDIR %%PDIR\R
MKDIR %%PDIR\data
MKDIR %%PDIR\docs
MKDIR %%PDIR\output
MKDIR %%PDIR\python
MKDIR %%PDIR\support
MKDIR %%PDIR\tmp
<NUL (SET/P Z=) >%%PDIR\readme.md
DIR %%PDIR
:HAVEPDIR
ECHO "Directory exists"
```

위의 스크립트를 사용하면, 새로 프로젝트를 시작할 때 prep 이름을 입력하면 된다 (예를 들어 2장의 경우 셸에서 prep ch02라고 입력한다). 앞으로 여러분이 자신만의 스타일을 발전시키게 되면 위의 셸 스크립트를 확장해 다양한 템플릿을 생성하고 소스 코드 저장소를 초기화할 수 있을 것이다. 디렉토리 구조의 준비가 끝났으니, 이제 데이터를 찾고 탐색 및 분석을 수행할 때가 되었다!

요약

파이썬과 R은 보안 데이터 과학자가 가져야 할 도구상자의 핵심 도구다. 파이썬은 기존의 스크립트 언어들과 유사하고 커뮤니티 지원이 활발하며 데이터 조작 기능이 풍부할 뿐 아니라 강력한 통계, 그래픽, 계산 패키지들이 추가되면서 상당수의 분석 작업에서 탁월한 선택이 될 수 있다. R은 통계학에 기반을 두고 있고 파이썬과 마찬가지로 많은 지원을 받고 있으며 강력한 라이브러리 패키지들이 제공될 뿐 아니라 데이터 분석 커뮤니티에서의 인기가 갈수록 높아지고 있기 때문에, 데이터 과학 작업을 위해서 '필수적으로 배우고 사용해야 할' 언어의 하나가 되었다. R과 파이썬의 기본 설치만으로도 데이터 분석을 할 수 있지만, 전문적인 개발 환경을 사용하면 자잘한 시스템 관리에 시간을 낭비하지 않고 분석 작업 자체에 집중할 수 있다.

데이터프레임은 R과 파이썬의 강력한 데이터 분석 능력을 뒷받침하는 '지능적인 데이터 구조'다. 데이터베이스, 피벗 테이블, 행렬, 스프레드시트의 장점을 결합한 것으로서, 3장에서 보안 데이터 분석 프로젝트의 기본 프레임워크를 설명하면서 데이터프레임의 특징을 자세히 소개할 것이다.

추천 읽을거리

아래 목록은 이 장에서 소개했던 주제들을 더욱 깊이 있게 이해하고 싶은 독자들을 위한 추천 문헌이다. 이 추천 읽을거리 및 이 장에서 언급한 소스에 관한 완전한 정보는 부록 B에서 확인할 수 있다.

- 마이클 크롤리[Michael J. Crawley], 『The R Book』 – 많은 예제들을 제공하는 이해하기 쉬운 R 문서이자 완벽한 R 참고서
- 리처드 코튼[Richard Cotton], 『Learning R』 – 단계별 예제를 통해서 R 프로그래밍 언어를 대화식으로 소개하는 훌륭한 입문서
- 제드 쇼[Zed A. Shaw], 『Learn Phython the Hard Way』 – 석탄에 높은 압력을 가하면 다이아몬드가 만들어 지듯이, 이 책의 정제된 텍스트를 이해하고 예제들을 실제로 연습하다보면 단기간에 파이썬 숙련자가 될 수 있다.
- 마크 루트[Mark Lutz], 『Learning Phython』 – 『Learn Python the Hard Way』가 너무 어렵게 느껴진다면, 이 책은 전통적인 방법으로 파이썬 생태계에 익숙해지기 위한 길을 안내한다.

3

보안 데이터 분석
Hello World

"한 가지에 능하게 되면 만 가지에도 능하게 된다."

미야모토 무사시(Miyamoto Musashi), 『오륜서(The Book of Five Rings)』

새로운 프로그래밍 언어를 배워본 경험이 있다면, 언어의 기본적인 구조와 코드 실행 방법을 소개하는 "Hello World" 예제로 시작해 본 적이 있을 것이다. 컴파일러/인터프리터에 의한 구문 검사와 친숙한 두 단어(Hello World)로 이뤄진 출력 결과의 즉각적 표시는 새로운 언어를 자유롭게 다룰 수 있을 거라는 기대를 초보자에게 심어준다.

이번 장의 내용은 Hello World 예제와 비슷한 방식을 취할 것이다. 그대로 따라하고 실행하면서 개념을 이해할 수 있는, 보안 데이터 분석의 입문 사례들을 차근차근 소개한다. 파이썬과 R 코드를 둘 다 제공하기 때문에 현실의 데이터 분석 맥락에서 두 언어 간의 유사성과 강점 및 차이점을 중립적인 시각에서 바라볼 수 있을 것이다. 여전히 두 언어 중 적어도 하나에 익숙하지 않은 독자라면, 2장을 다시 읽거나 2장에서 언급했던 문서들을 가볍게라도 읽어 보기를 바란다.

다시 강조하지만, 데이터 분석과 탐색 시 아이파이썬이나 R 스튜디오를 사용할 것을 강력히 권장한다. 이 도구들의 견고한 인터페이스는 인터프리터 셸에서 직접 스크립트를 작성, 저장, 실행하는 것보다 훨씬 생산성이 높다. 이 책에 실린 모든 소스 코드, 표본 데이터, 시각화 결과물은 웹사이트(www.wiley.com/go/datadrivensecurity)에서 구할 수 있으므로, 여러분이 직접 코드를 입력하지 않고 복사와 붙여넣기만 하면서 예제 프로그램의 흐름과 개념에 집중할 수 있다. 코드 3.0과 3.1은 이번 장을 위한 환경설정 코드다.

코드 3.0

```r
# 이번 장의 R 코드를 위한 환경설정
# 작업 디렉토리를 이번 장의 디렉토리로 설정한다.
# (코드의 위치가 다르면 그에 맞춰 수정할 것)
setwd("~/book/ch03")
# 이번 장에 필요한 패키지들이 설치되어 있는지 확인하고
# 그렇지 않을 경우 새로 설치한다.
pkg <- c("ggplot2", "scales", "maptools",
         "sp", "maps", "grid", "car" )
new.pkg <- pkg[!(pkg %in% installed.packages())]
if (length(new.pkg)) {
  install.packages(new.pkg)
}
```

코드 3.1

```
# 이번 장의 파이썬 코드를 위한 환경설정
# chdir 명령 실행을 위해 필요한 파이썬 라이브러리를 불러온다.
import os
# 작업 디렉토리를 이번 장의 디렉토리로 설정한다.
# 2장에서 설정했던 위치와 다르게 설정한다.
os.chdir(os.path.expanduser("~") + "/book/ch03")
```

문제 해결

1장에서는 데이터를 본격적으로 가지고 놀기 전에, 먼저 좋은 연구 질문을 확립하는 것의 중요성을 강조했다. 이 Hello World 예제의 경우에는 보안관제센터$^{SOC, Security Operation Center}$의 관리자가 여러분에게 요청한 문제를 해결하는 것으로 가정하자. 보안정보 및 이벤트관리$^{SIEM, Security Information and Event Management}$ 시스템에 새로운 지표 데이터 세트가 도입되면서, 쏟아지는 '사소한' 경고 메시지로 인해서 SOC의 분석가들이 노이로제에 걸릴 지경이라고 한다. SOC 분석가들은 가시성을 희생하지 않으면서 (즉, 중요 보안 정보를 놓치지 않으면서) '사소한' 경고 메시지의 수가 줄어들기를 원하고 있다.

이 문제는 데이터 분석을 통해 해결할 수 있는 좋은 예제로서 탐색적 데이터 분석을 몇 가지 수행한 뒤, 분명하고 실용적인 연구 질문을 수립해 보자. SOC를 도울 수 있는 답에 도달한다면 더욱 좋을 것이다.

데이터 획득

정보보안 분야는 데이터 폭증의 시대를 맞이하고 있다. 데이터를 어디서 얻을지는 더 이상 문제가 되지 않으며, 관건은 데이터로 무엇을 할 것인지가 중요하다. 그리고 데이터 세트에 어떤 종류의 정보가 들어 있느냐에 따라서 여러분이 수행할 연구의 방향이 결정된다.

이번 장의 예제에서는 에일리언볼트^{AlienVault} 사의 IP 평판 데이터베이스를 함께 사용할 것이다. 에일리언볼트 사는 오픈소스 보안관리자 OSSIM과 상용 보안관리자 USM을 제공하는데, 두 제품에서 사용되는 인터넷 상의 '불량' 사이트의 주소 정보를 무료로 공개하고 있다. 이 주소 정보는 다양한 포맷으로 공개되고 있는데, 이번 장에서 사용할

OSSIM 포맷은 http://reputation.alienvault.com/reputation.data에서 얻을 수 있다. 이 포맷은 모든 포맷 가운데 가장 풍부한 정보를 포함하고 있다.

노트

에일리언볼트는 IP 평판 데이터를 매 시간 단위로 갱신하면서 그 때마다 '리비전' 파일(http://reputation. alienvault.com/reputation.rev)도 공개하고 있다. 따라서 데이터의 변경 히스토리를 관리할 수 있으며 최신 버전인지도 확인할 수 있다. IP 평판 데이터의 분석에 오랜 시간이 걸릴 것이라면, 새로운 데이터를 자동으로 다운로드하는 스크립트를 작성하고 예약을 걸어두는 편이 좋을 것이다.

웹 브라우저를 사용해 IP 평판 데이터베이스를 다운로드하자(명령 라인이 익숙하다면 wget/curl을 사용해도 좋다). IP 평판 데이터베이스는 크기가 16MB를 넘기 때문에 인터넷 속도가 느릴 경우 다운로드에 약간의 시간이 걸릴 수 있다.

IP 평판 데이터베이스를 다운로드한 뒤, 받은 데이터의 앞부분만 간단히 조사함으로써 데이터의 내용과 포맷에 관해서 감을 얻고 앞으로의 작업 효율성을 높일 수 있다. 다음 코드는 간단한 리눅스 명령어를 사용해 다운로드한 데이터를 검사한다.

```
$ head -10 reputation.data # 파일 앞부분의 몇 라인을 조사한다.
222.76.212.189#4#2#Scanning Host#CN#Xiamen#24.479799270,118.08190155#11
222.76.212.185#4#2#Scanning Host#CN#Xiamen#24.479799270,118.08190155#11
222.76.212.186#4#2#Scanning Host#CN#Xiamen#24.479799270,118.08190155#11
5.34.246.67#6#3#Spamming#US##38.0,-97.0#12
178.94.97.176#4#5#Scanning Host#UA#Merefa#49.823001861,36.0507011414#11
66.2.49.232#4#2#Scanning Host#US#Union City#37.59629821,-122.0656966#11
222.76.212.173#4#2#Scanning Host#CN#Xiamen#24.479799270,118.08190155#11
222.76.212.172#4#2#Scanning Host#CN#Xiamen#24.479799270,118.08190155#11
222.76.212.171#4#2#Scanning Host#CN#Xiamen#24.479799270,118.08190155#11
174.142.46.19#6#3#Spamming###24.4797992706,118.08190155#12

$ wc -l reputation.data # 레코드의 총 개수를 조사한다.
  258626 reputation.data
```

가급적 스크립트를 사용해 자동으로 데이터 소스를 가져오는 것이 바람직하다. 그렇게 하지 않고 수동으로 데이터를 가져오는 방식을 선호한다면, 데이터 소스의 위치 및 최초로 가져왔던 시간을 스크립트 내에 주석으로 달아두는 것이 좋다. 그래야 나중에 분

석을 다시 할 때 어려움을 겪지 않는다. 예전에 봤던 코드와 분석을 다시 봐야 하는 상황
은 여러분 생각보다 훨씬 자주 발생한다.

코드 3.2와 3.3은 R과 파이썬으로 데이터를 가져오는 방법을 보여준다. 이 책의 모
든 예제 코드들은 장별 디렉토리 구조의 최상위 위치를 작업 디렉토리로 가정하고 있다
(예를 들면 3장의 경우 book/ch03이 작업 디렉토리다. 2장에서 소개한 prep 스크립트를 사용했거나
여러분이 직접 디렉토리를 생성했을 것이다). 그리고 이번 절과 다음 절 '데이터 읽어 들이기'
의 코드가 현재 실행 중인 R 스튜디오나 아이파이썬 세션에서 사전에 실행되었을 것으로
로 가정한다.

코드 3.2

```
# AlienVault의 IP 평판 데이터베이스를 위한 URL (OSSIM 포맷)
# URL을 변수에 저장해 두면, 나중에 변경되었을 때 쉽게 반영할 수 있다.
# 주의 : 이 책에서는 특정 버전의 데이터를 사용하므로
# AlienValut의 웹사이트가 아니라 이 책의 웹사이트에서
# 데이터를 가져오고 있다.
avURL <-
  "http://datadrivensecurity.info/book/ch03/data/reputation.data"

# 다운로드되는 데이터에 상대 경로를 사용한다.
avRep <- "data/reputation.data"

# if문으로 감싼 download.file() 함수를 사용하는 것은
# 스크립트를 실행할 때마다 매번
# 16MB 파일을 다시 다운로드받지 않기 위함이다.
if (file.access(avRep)) {
  download.file(avURL, avRep)
}
## trying URL 'http://datadrivensecurity…/ch03/data/reputation.data'
## Content type 'application/octet-stream' length 17668227 bytes
## opened URL
## ====================================================
## downloaded 16.8 Mb
```

코드 3.3

```
# AlienVault의 IP 평판 데이터베이스를 위한 URL (OSSIM 포맷)
# URL을 변수에 저장해 두면, 나중에 변경되었을 때 쉽게 반영할 수 있다.
```

```
# 주의 : 이 책에서는 특정 버전의 데이터를 사용하므로
# AlienValut의 웹사이트가 아니라 이 책의 웹사이트에서
# 데이터를 가져오고 있다.
import urllib
import os.path

avURL = "http://datadrivensecurity.info/book/ch03/data/reputation.data"

# 다운로드되는 데이터에 상대 경로를 사용한다.
avRep = "data/reputation.data"

# if문 검사를 수행하는 것은
# 스크립트를 실행할 때마다 매번
# 16MB 파일을 다시 다운로드받지 않기 위해서이다.
if not os.path.isfile(avRep):
    urllib.urlretrieve(avURL, filename=avRep)
```

R과 파이썬 코드는 기본적으로 같은 구조를 따른다. 즉, URL과 파일 이름에 변수를 사용하며, 데이터 파일을 다시 다운로드하기 전에 이미 존재하는지 검사한다.

이러한 코딩 습관은 바람직한 것으로서 이 책에서는 앞으로도 이런 습관을 지속적으로 강조할 것이다.

IP 평판 데이터의 다운로드가 끝나면, 이제 데이터를 읽어 들여서 본격적으로 만져보기로 하자.

데이터 읽어 들이기

R과 파이썬(특히 팬더스)은 데이터를 읽어서 처리하는 파싱의 복잡성을 대폭으로 추상화한다. R의 read.table(), read.csv(), read.delim() 함수와 팬더스의 read_csv() 함수는 구분자를 갖는 파일을 읽을 때 필요한 거의 모든 일을 처리해 주며, 파일을 읽을 때 세세한 설정을 할 수 있다. 또 나중에 배우게 될 SQL 및 NoSQL에 데이터베이스, HDFS 빅데이터에서 데이터를 가져올 수 있는 방법도 제공하며, 심지어 비정형 데이터도 훌륭하게 처리할 수 있다.

구분자에 대해

R과 파이썬의 팬더스 패키지는 구분자(delimiter)를 포함하는 파일을 읽어 들이는 능력이 뛰어나다. 구분자의 개념은 다소 모호하지만, 데이터 과학 커뮤니티에서는 일반적으로 CSV(Comma-Separated Value)와 TSV(Tab-Separated Value)를 구분자로서 간주하며, 대부분의 표본 데이터 세트는 두 포맷 중에 하나로 제공된다. CSV 포맷은 RFC4180(http://www.rfc-editor.org/RFC/rfc4180.txt)에 정의되어 있으며, 다음과 같은 특징을 가진다.

- 한 행(line)에 하나의 레코드만 가능하다.
- 헤더 행을 선택적으로 포함할 수 있다.
- 헤더 및 데이터 행은 콤마(혹은 탭)로 구분되는 필드들을 포함한다.
- 모든 행은 동일한 수의 필드를 포함해야 한다.
- 필드 내의 공백은 의미를 가진다.

RFC4180은 구분자로서 콤마를 지정하고 있지만, 탭을 구분자로 사용할 때도 동일한 규칙이 적용된다(탭으로 구분되는 파일을 정의한 RFC 문서는 따로 없다).

대부분의 정보보안 도구가 CSV 파일을 불러오고 CSV 파일로 내보낼 수 있다. 특히 하둡과 같은 환경에서는 더욱 CSV/TSV 포맷에 익숙해져야 한다.

또 다른 널리 쓰이는 포맷으로 JSON(JavaScript Object Notation)이 있다. JSON은 서버와 브라우저 사이에 데이터를 주고받을 때 주로 사용되는데, 8장에서 보겠지만 많은 NoSQL 데이터베이스 환경 및 도구에서 기본적으로 사용되는 데이터 포맷이기도 하다. JSON 포맷은 RFC4627(http://www.rfc-editor.org/rfc/rfc4627.txt)에 정의되어 있으며 아래와 같이 두 가지 기본 구조를 가진다.

- 이름/값 쌍의 집합("딕셔너리")
- 순서 있는 값의 목록("배열")

JSON은 CSV/TSV보다 풍부하고 복잡한 데이터를 표현할 수 있으므로, 데이터 교환 포맷으로서 XML을 빠른 속도로 대체하고 있다. JSON은 문법적으로 덜 장황하며 파싱하기가 훨씬 쉽고 가독성도 (일반적으로) 더 좋다. XML은 지금까지, 그리고 앞으로도 문서 표현에 널리 쓰이겠지만, 여러분이 나중에 구조화된 데이터 처리를 할 때에는 JSON을 사용할 것을 적극적으로 고려할 필요가 있다.

다운로드한 파일을 간단히 조사해 보면 #을 구분자로 사용하며 8개의 필드로 구성되었음을 알 수 있다.

```
222.76.212.189#4#2#Scanning Host#CN#Xiamen#24.479799270,118.08190155#11
```

헤더 행이 없다는 것도 알 수 있으며, 이 때문에 예제 코드에서 직접 열 이름에 의미를 부여한다. 이 작업은 필수적인 것은 아니지만 분석 과정에서 일어날 수 있는 혼란을 미연에 방지할 수 있으며, 다른 데이터 세트를 추가할 때 데이터프레임 간의 일관성을 세우는 데도 도움이 된다.

레코드 포맷의 일관성은 어느 언어로 작업하든 효율적인 데이터 처리를 가능하게 한다. 이 책에서는 아래와 같은 패턴을 따를 것이다.

- 데이터를 읽어 들인다.
- (필요한 경우) 열 이름을 부여한다.
- 내장 함수를 사용해 데이터 구조의 개요를 이해한다.
- 데이터의 처음 몇 행을 살펴본다. 이 때 주로 head() 함수를 사용할 것이다

이러한 패턴에 대해서는 4장에서 더 자세히 다룬다.

코드 3.4와 3.5는 앞서 실행했던 코드를 기반으로 하기 때문에, 코드 3.2와 3.3이 실행되지 않은 상태에서는 제대로 동작하지 않는다. 이 책에서는 계속 이러한 패턴을 따를 것이므로, 각 장의 코드는 순서대로 실행되어야 한다.

코드 3.4

```
# IP 평판 데이터베이스를 데이터프레임으로 읽어 들인다.
# 헤더가 없는 파일이므로 header=FALSE로 설정한다.
av <- read.csv(avRep,sep="#", header=FALSE)

# 헤더가 없으므로 가독성을 향상시키기 위해서
# 열 이름을 부여한다.
colnames(av) <- c("IP", "Reliability", "Risk", "Type",
                  "Country", "Locale", "Coords", "x")

str(av)  # 데이터프레임의 개요를 확인한다.
## 'data.frame': 258626 obs. of  8 variables:
## $ IP : Factor w/ 258626 levels "1.0.232.167",..: 154069 154065
##     154066 171110 64223 197880 154052 154051 154050 56741 ...
## $ Reliability: int 4 4 4 6 4 4 4 4 4 6 ...
## $ Risk : int 2 2 2 3 5 2 2 2 2 3 ...
## $ Type : Factor w/ 34 levels "APT;Malware Domain",..: 25 25 25 31 25
##     25 25 25 25 31 ...
## $ Country : Factor w/ 153 levels "","A1","A2","AE",..: 34 34 34 143
```

```
##   141 143 34 34 34 1 ...
## $ Locale : Factor w/ 2573 levels "","Aachen","Aarhus",..: 2506 2506
##   2506 1 1374 2342 2506 2506 2506 1 ...
## $ Coords : Factor w/ 3140 levels "-0.139500007033,98.1859970093",..:
##   489 489 489 1426 2676 1384 489 489 489 489 ...
## $ x : Factor w/ 34 levels "11","11;12","11;2",..: 1 1 1 7 1 1 1 1 1
##   7 ...
```

head(av) *# 데이터 앞부분의 몇 행을 살펴본다.*

##	IP	Reliability	Risk	Type	Country	Locale
## 1	222.76.212.189	4	2	Scanning Host	CN	Xiamen
## 2	222.76.212.185	4	2	Scanning Host	CN	Xiamen
## 3	222.76.212.186	4	2	Scanning Host	CN	Xiamen
## 4	5.34.246.67	6	3	Spamming	US	
## 5	178.94.97.176	4	5	Scanning Host	UA	Merefa
## 6	66.2.49.232	4	2	Scanning Host	US	Union City

##	Coords	x
## 1	24.4797992706,118.08190155	11
## 2	24.4797992706,118.08190155	11
## 3	24.4797992706,118.08190155	11
## 4	38.0,-97.0	12
## 5	49.8230018616,36.0507011414	11
## 6	37.5962982178,-122.065696716	11

코드 3.5

```
# 팬더스 라이브러리를 처음으로 사용할 것이므로 임포트해야 한다.
import pandas as pd
# IP 평판 데이터를 팬더스 데이터프레임으로 읽어 들인다.
av = pd.read_csv(avRep,sep="#")
# 가독성 좋은 열 이름을 부여한다.
av.columns = ["IP","Reliability","Risk","Type","Country",
              "Locale","Coords","x"]
print(av)  # 데이터 구조를 간단히 살펴본다.
## <class 'pandas.core.frame.DataFrame'>
## Int64Index: 258626 entries, 0 to 258625
## Data columns (total 8 columns):
## IP            258626  non-null values
## Reliability   258626  non-null values
```

```
## Risk          258626  non-null values
## Type          258626  non-null values
## Country       248571  non-null values
## Locale        184556  non-null values
## Coords        258626  non-null values
## x             258626  non-null values
## dtypes: int64(2), object(6)
```

```
# 앞부분 10개의 행을 살펴본다.
av.head().to_csv(sys.stdout)
## ,IP,Reliability,Risk,Type,Country,Locale,Coords,x
## 0,222.76.212.189,4,2,Scanning Host,CN,Xiamen,"24.4797992706,
## 118.08190155",11
## 1,222.76.212.185,4,2,Scanning Host,CN,Xiamen,"24.4797992706,
## 118.08190155",11
## 2,222.76.212.186,4,2,Scanning Host,CN,Xiamen,"24.4797992706,
## 118.08190155",11
## 3,5.34.246.67,6,3,Spamming,US,,"38.0,-97.0",12
## 4,178.94.97.176,4,5,Scanning Host,UA,Merefa,"49.8230018616,
## 36.0507011414",11
```

캐노피 환경을 사용 중이라면, 아이파이썬이 제공하는 더 좋은 가독성의 HTML 포
맷으로 데이터를 출력할 수 있다(코드 3.6). 코드 3.5의 head() 출력과 동일한 내용이 훨
씬 읽기 편하게 보일 것이다(그림 3.1).

코드 3.6

```
# 코드 3.5에서 av 객체를 생성했다고 가정한다.
# 출력 결과는 그림 3.1을 참조.
# 파이썬 객체를 HTML 포맷으로 보여주는 기능을 불러온다.
from IPython.display import HTML
# 데이터프레임의 처음 10개 행을 HTML 포맷으로 보여준다.
HTML(av.head(10).to_html())
```

	IP	Reliability	Risk	Type	Country	Locale	Coords	x
0	222.76.212.189	4	2	Scanning Host	CN	Xiamen	24.4797992706,118.08190155	11
1	222.76.212.185	4	2	Scanning Host	CN	Xiamen	24.4797992706,118.08190155	11
2	222.76.212.186	4	2	Scanning Host	CN	Xiamen	24.4797992706,118.08190155	11
3	5.34.246.67	6	3	Spamming	US	NaN	38.0,-97.0	12
4	178.94.97.176	4	5	Scanning Host	UA	Merefa	49.8230018616,36.0507011414	11
5	66.2.49.232	4	2	Scanning Host	US	Union City	37.5962982178,-122.065696716	11
6	222.76.212.173	4	2	Scanning Host	CN	Xiamen	24.4797992706,118.08190155	11
7	222.76.212.172	4	2	Scanning Host	CN	Xiamen	24.4797992706,118.08190155	11
8	222.76.212.171	4	2	Scanning Host	CN	Xiamen	24.4797992706,118.08190155	11
9	174.142.46.19	6	3	Spamming	NaN	NaN	24.4797992706,118.08190155	12

그림 3.1 아이파이썬의 HTML 포맷의 head() 출력 결과

데이터 탐색하기

IP 평판 데이터의 개요를 파악했으니 이제 보안 도메인 전문지식과 결합해 데이터 탐색을 수행하면서 이 데이터의 흥미로운 부분을 찾아보자. 이러한 과정을 통해 효과적인 연구 질문 을 수립할 수 있다. 이 데이터에 포함된 레코드가 26만 개에 달하지만, 훌륭한 도구의 도움을 받을 수 있기 때문에 레코드의 개수는 문제가 되지 않는다.

데이터 탐색을 본격적으로 시작하기 전에, 이 데이터에 관한 몇 가지 정보를 알아둘 필요가 있다.

- Reliability, Risk, x는 정수다.
- IP, Type, Country, Locale, Coords는 문자열이다.
- IP 주소는 '네 자리의 점dotted-quad' 포맷이다.
- 레코드마다 고유한 IP 주소와 연관된다. 따라서 (예제 다운로드 파일의 레코드 개수인) 258,626개의 IP 주소가 존재한다.
- IP 주소마다 Coords 필드에 위도 및 경도 정보가 저장된다. Coords 필드는 위도와 경도가 콤마로 구분된 하나의 필드이므로, 분석 과정에서 파싱을 해야 한다.

정량적 변수('어떤 양을 나타내는 숫자'를 우아하게 표현하는 용어)가 존재할 경우, 탐색적 데이터 분석의 첫 번째 단계는 기술 통계값을 알아보는 것이다. 기술 통계값을 구성하는 것은 다음과 같다.

- 최솟값과 최댓값 및 이 두 값의 차이인 범위(즉, 최댓값-최솟값)
- 중앙값(데이터 세트의 가운데에 있는 값)

- 1사분위수와 3사분위수(각각 데이터의 전반 및 후반의 중앙값이라고 생각할 수 있다.)
- 평균: 데이터의 전체 합을 데이터 개수로 나눈 값

최솟값, 최댓값, 중앙값, 2개의 사분위수를 가리켜 데이터의 다섯숫자요약[five number summary]이라고 부르며, 존 튜키가 처음으로 제안했다. R의 summary() 함수와 파이썬의 describe() 함수는 이 숫자들을 계산해서 평균과 함께 화면에 보여준다. 코드 3.7과 3.8은 R과 파이썬으로 Reliability 필드와 Risk 필드의 다섯숫자요약과 평균값을 보여주고 있다.

코드 3.7

```
# 코드 3.4에서 생성한 av 객체가 있어야 한다.
summary(av$Reliability)
## Min. 1st Qu.  Median    Mean 3rd Qu.    Max.
## 1.000   2.000   2.000   2.798   4.000  10.000


summary(av$Risk)
## Min. 1st Qu.  Median    Mean 3rd Qu.    Max.
## 1.000   2.000   2.000   2.221   2.000   7.000
```

코드 3.8

```
# 코드 3.5에서 생성한 av 객체가 있어야 한다
av['Reliability'].describe()
## count     258626.000000
## mean           2.798040
## std            1.130419
## min            1.000000
## 25%            2.000000
## 50%            2.000000
## 75%            4.000000
## max           10.000000
## Length: 8, dtype: float64


av['Risk'].describe()
## count     258626.000000
## mean           2.221362
## std            0.531571
## min            1.000000
```

```
## 25%            2.000000
## 50%            2.000000
## 75%            2.000000
## max            7.000000
## Length: 8, dtype: float64
```

에일리언볼트 사에서 공개한 IP 평판 데이터베이스 참조 문서(http://www.slideshare.net/alienvault/building-an-ip-reputation-engine-tracking-the-miscreants의 10번째 슬라이드)를 보면, Reliability와 Risk 변수는 둘 다 [1...10] 범위의 값을 가질 수 있다고 되어 있다. 그런데 코드 3.7과 3.8의 출력 결과를 보면 Reliability는 [1...10] 범위에 걸쳐 있지만 Risk는 [1...7] 범위인 것을 알 수 있다. 반면에 중앙값은 둘 다 2다.

앞으로 Reliability, Risk, Type, Country 필드를 함께 이용해서 데이터 세트의 유형을 정의할 것이다. 조금 전에 Risk와 Reliability 필드를 숫자로 간주했지만, 이 숫자들은 실제로는 순서를 나타내기 때문에 값이 4라고 해서 값이 2인 경우보다 신뢰도나 위험이 2배를 의미하지는 않는다. 신뢰도나 위험이 4이면, 그 값이 2일 때보다 신뢰도나 위험이 더 높음을 의미할 뿐이다. 다시 말해서, 이 숫자들은 측정값이 아니라 일종의 라벨과 같은 역할을 한다. 이와 같은 데이터를 범주형 데이터, 명목값, 요인(팩터), 정성적 변수 등의 다양한 방법으로 부른다.

데이터는 단순히 데이터가 아니다?

흔히 사람들은 데이터를 뭉뚱그려 생각하는 경향이 있다. 예를 들어, 로그 파일이나 데이터베이스의 쿼리 결과도 그냥 데이터로 간주한다. 특히 엑셀과 같은 스프레드시트로 데이터 작업을 주로 해왔다면 굳이 복잡하게 생각할 필요가 없다. 하지만 실제로는 데이터는 정량적 데이터와 정성적 데이터의 두 가지로 구분된다. 정량적 데이터는 실제 양을 나타내는 반면, 정성적(혹은 범주형) 데이터는 본질적으로 무언가를 기술한다.

예컨대 TCP 또는 UDP 포트 번호는 숫자이지만, 실제로 양을 나타내지는 않는다. 포트 번호는 숫자를 이름으로 삼는 개체일 뿐이다. 포트 22가 포트 7070보다 더 크거나 작은 것은 아니다. 반면에, '감염된 호스트의 수' 혹은 '전송된 바이트의 수'는 수치적으로 비교될 수 있는 실제 양을 나타낸다.

R에서는 Factor, 파이썬에서는 팬더스의 Categorical 클래스로서 범주형 데이터를 쉽게 조작할 수 있다. R과 파이썬 모두 범주형 데이터를 그룹화, 분리, 추출, 분석할 수 있는 다양한 함수를 제공한다. 코드 3.4를 보면, R이 IP 평판 데이터의 내용을 검사해 IP, Type, Country, Locale이 범주형 데이터임을 정확히 판단했음을 알 수 있다. 국가 이름과 악성코드 유형은 누가 봐도 분류 용도

의 데이터(통계 용어로는 명목 데이터)이며, R이 Reliability와 Risk는 정확히 인식하지 못했다는 것도 알 수 있다. 순서에도 의미는 있지만(예컨대 위험 수준 5는 위험 수준 1보다 더 위험하다), 순서 그 자체는 양을 나타내지 않는다. 따라서 Risk 변수의 평균값을 구하려고 하는 시도는 의미가 없다.

R에서는 summary() 함수를 사용해 각 범주의 개수를 화면에 보여줄 수 있다(코드 3.9). 정량적 변수의 경우에는 (변수의 수가 지나치게 많지만 않다면) table() 함수를 사용해 개수를 얻을 수 있다. 파이썬에서는 코드 3.10과 같이 팬더스를 이용해 데이터프레임의 열을 적절한 Categorical 객체로 변환하는 간단한 함수를 작성할 수 있다.

코드 3.9

```
# 코드 3.4에서 생성한 av 객체가 있어야 한다
table(av$Reliability)
## 1        2        3        4        5        6        7        8        9
## 5612 149117   10892    87040        7     4758      297       21      686
## 10
## 196

table(av$Risk)
## 1        2        3        4        5        6        7
## 39 213852   33719     9588     1328       90       10

# summary는 기본적으로 개수가 많은 것에서 적은 것 순으로 정렬한다.
# maxsum은 몇 개의 팩터를 보여줄지 지정한다.
summary(av$Type, maxsum=10)
##                   Scanning Host              Malware Domain
##                          234180                        9274
##                      Malware IP               Malicious Host
##                            6470                        3770
##                        Spamming                         C&C
##                            3487                         610
## Scanning Host;Malicious Host    Malware Domain;Malware IP
##                             215                         173
## Malicious Host;Scanning Host                       (Other)
##                             163                         284

summary(av$Country, maxsum=40)
##       CN      US      TR          DE      NL      RU      GB
```

```
##   68583   50387   13958   10055    9953    7931    6346    6293
##      IN      FR      TW      BR      UA      RO      KR      CA
##    5480    5449    4399    3811    3443    3274    3101    3051
##      AR      MX      TH      IT      HK      ES      CL      AE
##    3046    3039    2572    2448    2361    1929    1896    1827
##      JP      HU      PL      VE      EG      ID      RS      PK
##    1811    1636    1610    1589    1452    1378    1323    1309
##      VN      LV      NO      CZ      BG      SG      IR (Other)
##    1203    1056     958     928     871     868     866   15136
```

코드 3.10

```
# 코드 3.5에서 생성한 av 객체가 있어야 한다.
# factor_col(col)
#
# R의 summary() 함수를 흉내낸 헬퍼 함수
# 팬더스의 Categorical 객체를 이용해 데이터프레임 열을 처리한다.

def factor_col(col):
    factor = pd.Categorical.from_array(col)
    return pd.value_counts(factor,sort=True).reindex(factor.levels)

rel_ct = pd.value_counts(av['Reliability'])
risk_ct = pd.value_counts(av['Risk'])
type_ct = pd.value_counts(av['Type'])
country_ct = pd.value_counts(av['Country'])
print factor_col(av['Reliability'])
## 1        5612
## 2      149117
## 3       10892
## 4       87040
## 5           7
## 6        4758
## 7         297
## 8          21
## 9         686
## 10        196
## Length: 10, dtype: int64

print factor_col(av['Risk'])
```

```
## 1          39
## 2      213852
## 3       33719
## 4        9588
## 5        1328
## 6          90
## 7          10
## Length: 7, dtype: int64


print factor_col(av['Type']).head(n=10)
## APT;Malware Domain              1
## C&C                           610
## C&C;Malware Domain             31
## C&C;Malware IP                 20
## C&C;Scanning Host               7
## Malicious Host               3770
## Malicious Host;Malware Domain   4
## Malicious Host;Malware IP       2
## Malicious Host;Scanning Host  163
## Malware Domain               9274
## Length: 10, dtype: int64


print factor_col(av['Country']).head(n=10)
## A1     267
## A2       2
## AE    1827
## AL       4
## AM       6
## AN       3
## AO     256
## AR    3046
## AT      51
## AU     155
## Length: 10, dtype: int64
```

위 예제와 같이 테이블로 표현된 숫자를 통해서도 어느 정도 데이터를 이해할 수 있지만, 데이터 분포를 보여주는 그래프를 작성함으로써 숫자로는 알 수 없었던 완전히 새로운 관점에서 통찰을 얻는 경우가 자주 있다. Country, Risk, Reliability 팩터에 관한 시각적인 개요를 신속하게 얻기 위해서 간단한 막대 그래프를 작성해 보자(그림 3.2

부터 3.4). 이 그래프들은 코드 3.11, 3.12, 3.13으로 출력할 수 있다.

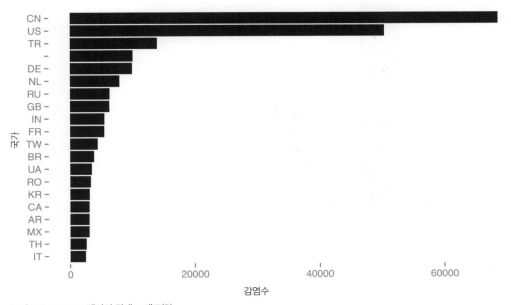

그림 3.2 Country 팩터의 막대 그래프(R)

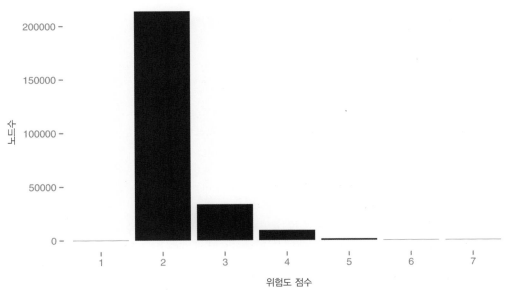

그림 3.3 Risk 팩터의 막대 그래프(R)

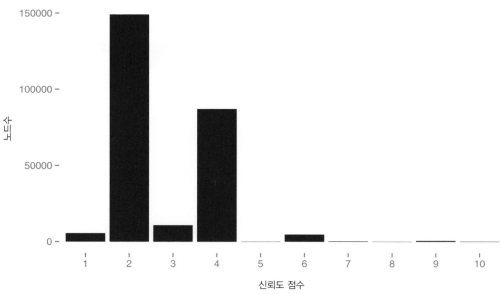

신뢰도별 노드수

그림 3.4 Reliability 팩터의 막대 그래프(R)

코드 3.11

```
# 코드 3.4에서 생성한 av 객체가 있어야 한다.
# 그림 3.2와 같은 그래프를 얻기 위해서
# ggplot2 라이브러리가 필요하다.
# 주의: 그래프를 작성하면, 국가 코드가 없는 항목이 많이 있음을 알 수 있다.
#       이런 항목은 공란으로 처리된다.
library(ggplot2)

# 국가별로 정렬된 막대 그래프 (상위 20개)
# 상위 20개 국가의 이름을 얻는다.
country.top20 <- names(summary(av$Country))[1:20]
# ggplot에 상위 20개 국가의 데이터를 전달한다.
# x값을 정렬된 국가별 개수에 매핑한다.
gg <- ggplot(data=subset(av,Country %in% country.top20),
             aes(x=reorder(Country, Country, length)))
# ggplot에 막대 그래프를 그리도록 지시한다.
gg <- gg + geom_bar(fill="#000099")
# 막대 그래프에 제목, 축 이름을 단다.
gg <- gg + labs(title="Country Counts", x="Country", y="Count")
```

```
# 그래프의 가독성을 높이기 위해서 회전시킨다.
gg <- gg + coord_flip()
# 그래프를 깔끔하게 보이도록 정리한다.
gg <- gg + theme(panel.grid=element_blank(),
                 panel.background=element_blank())
# 이미지를 표시한다.
print(gg)
```

코드 3.12

```
# ggplot2 패키지가 필요하다.
# 코드 3.4에서 생성한 av 객체가 있어야 한다.
# 그림 3.3과 같은 출력을 얻는다.
# Risk값의 개수를 나타내는 막대 그래프
gg <- ggplot(data=av, aes(x=Risk))
gg <- gg + geom_bar(fill="#000099")
# X축 스케일이 데이터의 경계값이 되도록 설정한다.
# 스케일은 연속값이 아니라 이산값으로 설정된다.
gg <- gg + scale_x_discrete(limits=seq(max(av$Risk)))
gg <- gg + labs(title="'Risk' Counts", x="Risk Score", y="Count")
gg <- gg + theme(panel.grid=element_blank(),
                 panel.background=element_blank())
print(gg)
```

코드 3.13

```
# ggplot2 패키지가 필요하다.
# 코드 3.4에서 생성한 av 객체가 있어야 한다.
# 그림 3.4와 같은 출력을 얻는다.
# Reliability 값의 개수를 나타내는 막대 그래프
gg <- ggplot(data=av, aes(x=Reliability))
gg <- gg + geom_bar(fill="#000099")
gg <- gg + scale_x_discrete(limits=seq(max(av$Reliability)))
gg <- gg + labs(title="'Reliabiity' Counts", x="Reliability Score",
                y="Count")
gg <- gg + theme(panel.grid=element_blank(),
                 panel.background=element_blank())
print(gg)
```

파이썬 버전은 코드 3.14, 3.15, 3.16이다.

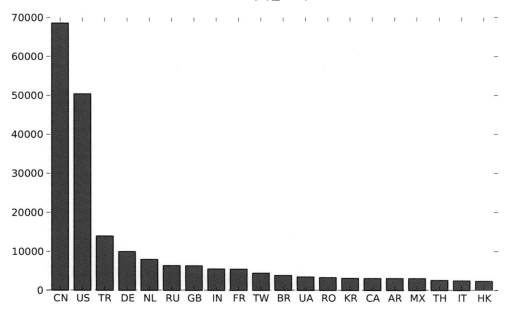

그림 3.5 Country 팩터의 막대 그래프(파이썬)

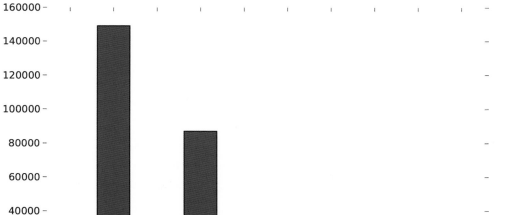

그림 3.6 Reliability 팩터의 막대 그래프(파이썬)

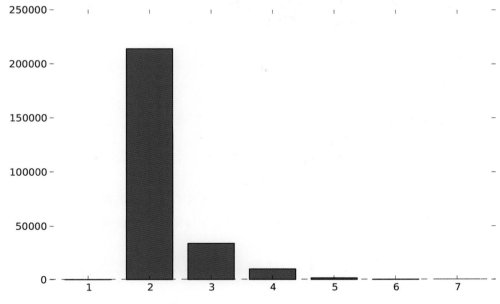

그림 3.7 Risk 팩터의 막대 그래프(파이썬)

코드 3.14

 # 코드 3.5의 av 객체 및 3-10의 factor_col 함수가 필요
 # 그림 3.5와 같은 출력을 보여준다.
 # 주의: 파이썬 그래프에서는 국가 코드가 비어 있는 항목이
 #   그래프에 들어 있지 않음에 주목하자.
 # 그래프를 깔끔하게 정리하기 위해서 matplotlib의 함수를 사용하고 있다.
```
import matplotlib.pyplot as plt
```
 # 국가별로 정렬
```
country_ct = pd.value_counts(av['Country'])
```

 # 데이터를 그래프로 그린다.
```
plt.axes(frameon=0)  # 그래프의 지저분한 요소를 없앤다.
country_ct[:20].plot(kind='bar',
    rot=0, title="Summary By Country", figsize=(8,5)).grid(False)
```

코드 3.15

 # 코드 3.5의 av 객체 및 3-10의 factor_col 함수가 필요
 # 그림 3.6과 같은 출력을 보여준다.

```
plt.axes(frameon=0)  # 그래프의 지저분한 요소를 없앤다.
factor_col(av['Reliability']).plot(kind='bar', rot=0,
        title="Summary By 'Reliability'", figsize=(8,5)).grid(False)
```

코드 3.16

```
# 코드 3.5의 av 객체 및 3-10의 factor_col 함수가 필요
# 그림 3.7과 같은 출력을 보여준다.
plt.axes(frameon=0)  # 그래프의 지저분한 요소를 없앤다.
factor_col(av['Risk']).plot(kind='bar', rot=0,
        title="Summary By 'Risk'", figsize=(8,5)).grid(False)
```

그림 3.5를 보면 다른 국가에 비해서 현저히 많은 수의 악성 노드가 존재하는 국가들이 분명히 있음을 알 수 있다. 코드 3.17과 3.18을 실행해서 상위 10개국의 비율을 알아보자.

코드 3.17

```
# 코드 3.4에서 생성한 av 객체가 있어야 한다.
country10 <- summary(av$Country, maxsum=10)
# 전체 행의 개수로 나눠서 퍼센트 값으로 변환한다.
country.perc10 <- country10/nrow(av)
# 화면에 출력한다.
print(country.perc10)
##         CN         US         TR                   DE         NL
## 0.26518215 0.19482573 0.05396983 0.03887854 0.03848414 0.03066590
##         RU         GB         IN    (Other)
## 0.02453736 0.02433243 0.02118890 0.30793501
```

코드 3.18

```
# 코드 3.5에서 생성한 av 객체가 있어야 한다.
# 상위 10개 국가를 추출한다.
top10 = pd.value_counts(av['Country'])[0:9]
# 상위 10개 국가의 %를 계산한다.
top10.astype(float) / len(av['Country'])
## CN    0.265182
## US    0.194826
## TR    0.053970
## DE    0.038484
```

```
## NL      0.030666
## RU      0.024537
## GB      0.024332
## IN      0.021189
## FR      0.021069
## Length: 9, dtype: float64
```

중국과 미국이 악성노드의 거의 46%를 차지하고 있으며 러시아는 겨우 2.4%에 불과함을 알 수 있다. 이 결과를 정보보안 업계의 보고서들이 제시하는 통계와 비교해 보면, 왜 상위권에 있는지 의아한 국가들이 있으며, 이는 이 IP 평판 데이터에 치우침[bias]이 존재할 가능성을 시사한다. 그리고 3%의 악성노드는 국가를 특정할 수 없다(R 출력 결과의 [Other]).

> **노트**
>
> 5장에서 IP 주소 위치정보의 문제점과 함정을 다룰 것이므로 이번 장에서는 그만 다루기로 한다.

Risk 변수의 값들을 보면 대부분 위험 수준이 (너무 낮아서) 무시할 만한 수준인 것을 알 수 있다. 하지만 Risk 데이터의 특이한 점은 1, 5, 6, 7에 해당하는 데이터가 거의 없으며 [8-10] 범위에는 전혀 없다는 점이다. 이것은 추가 조사가 필요한 부분으로서 데이터 세트에 치우침이 존재한다는 중요한 증거이다.

Reliability 값도 평균에서 한쪽 방향으로 치우친 것으로 보인다. 대부분의 값이 2와 4에 밀집되어 있으며, 4보다 큰 값은 많지 않다. 그리고 값이 3인 노드가 없다는 점은 분명히 의문을 가질 만하다. 신뢰도 평가를 매길 때 체계적인 결함이 있었거나, 두 개의 서로 다른 데이터 세트가 합쳐진 것일 수도 있다. 어느 경우이든, 2와 4는 많고 3은 적다는 사실은 추가적인 조사가 필요하다는 것을 분명히 드러내고 있다.

지금까지의 탐색을 통해서 IP 평판 데이터의 핵심 구성요소들에 대해서 많은 것을 알게 되었으니, 이제 연구 질문을 수립하기 위해 필요한 정보가 충분히 모였다.

연구 질문을 향해서

IP 평판 데이터의 문제점과 주된 용도에 관해서 생각해 보자. 이 데이터는 SEIM이나 IDS/IPS(침입탐지시스템/침입방지시스템)에서 사고 대응팀에 경고 메시지를 보내거나 악의적 행위를 기록 혹은 차단하는 데 사용된다. 지금까지 우리가 수행한 데이터 탐색이 '사소한' 경고의 최소화라는 목적에 얼마나 영향을 미칠 수 있을까?

이 질문을 조금 더 실질적으로 바꾸면 다음과 같다. "IP 평판 데이터베이스에 포함된 어떤 노드들이 잠재적으로 실질적인 위협을 의미하는가?"

IP 평판 데이터에 Risk 필드와 Reliability 필드가 둘 다 포함된 데는 이유가 있다. 이 필드들을 이용해서 노드들을 다음과 같이 두 가지로 분류할 수 있다. (1) 정말로 신경 써야 하는 노드와 (2) 그 밖의 노드다. '정말로 신경 써야 하는 노드'의 정의가 다소 주관적일 수 있지만, 258,626개의 노드 전체에 대해서 감지되는 모든 활동에 대한 경고 메시지를 발생시키는 것이 비현실적이다. 어떤 형태로든 우선순위에 따른 선별 작업이 반드시 필요하며, 이 때 단순히 '직감'이나 '전문가 의견'에만 의존하지 않고 데이터의 통계적 분석과 증거에 의한다면 훨씬 바람직할 것이다.

Risk와 Reliability를 비교하면 요주의 대상이 되어야 할 노드를 분류하는 것이 가능하다. 이 때 분할표contingency table가 사용된다. 이 표는 특정 변수들의 다변량 빈도 분포를 나타낸 것인데, 두 변수 간의 관계를 보여줄 때 유용하다. 분할표를 생성한 후 그 결과를 수치 및 그래픽 형태로 나타냄으로써 노드들이 어디에 '모여 있는지' 알 수 있다.

코드 3.19의 R 코드의 출력 결과가 그림 3.8이다. 이 그림은 분할표를 레벨 플롯level plot으로 나타낸 것으로서 크기와 색으로 양을 표현하고 있다. 반면에 코드 3.20의 파이썬 코드는 그림 3.9와 같은 표준적인 히트맵을 생성하며, 색으로만 양을 표현하고 있다(히트맵 heatmap은 행렬 내의 값들이 색으로 표현되는 시각화 기법이다. 자세한 내용은 http://en.wikipedia.org/wiki/Heat_map을 참조). 분할표를 통해서 Risk와 Reliability 팩터를 동시에 고려한 결과, [2.2]에 많은 항목들이 집중되어 있음을 볼 수 있다.

코드 3.19

```
# 코드 3.4에서 생성한 av 객체가 필요
# 그림 3.8과 같은 출력을 보여준다.
# Risk/Reliability 팩터에 대한 분할표를 계산한다.
# 모든 (x,y) 위치별로 해당되는 레코드의 개수를 나타내는
# 행렬이 생성된다.
```

```r
rr.tab <- xtabs(~Risk+Reliability, data=av)
ftable(rr.tab) # print table
## 팬더스와 거의 동일한 출력 (코드 3.20을 참조)

# 레벨플롯을 그리기 위해서
# lattice 패키지의 levelplot함수를 사용한다.
library(lattice)
# 이블을 데이터프레임으로 변환한다.
rr.df = data.frame(table(av$Risk, av$Reliability))
# 열 이름을 설정한다. (설정하지 않으면 Var1과 Var2가 사용된다)
colnames(rr.df) <- c("Risk", "Reliability", "Freq")
# 가독성 좋은 레이블을 포함하는 레벨플롯을 생성한다.
levelplot(Freq~Risk*Reliability, data=rr.df, main="Risk ~ Reliabilty",
          ylab="Reliability", xlab = "Risk", shrink = c(0.5, 1),
          col.regions = colorRampPalette(c("#F5F5F5", "#01665E"))(20))
```

코드 3.20

```python
# 코드 3.5에서 생성한 av 객체가 필요
# 그림 3.9와 같은 출력을 보여준다.
# Risk/Reliability 팩터에 대한 분할표를 계산한다.
# 모든 (x,y) 위치별로 해당되는 레코드의 개수를 나타내는
# 행렬이 생성된다.
# 기본적인 색을 사용하기 위해서 cm이 필요하다.
# 축 디스플레이를 변경하기 위해서 arange가 필요하다.
from matplotlib import cm
from numpy import arange


pd.crosstab(av['Risk'], av['Reliability'])
```

## Reliability	1	2	3	4	5	6	7	8	9	10
## Risk										
## 1	0	0	16	7	0	8	8	0	0	0
## 2	804	149114	3670	57653	4	2084	85	11	345	82
## 3	2225	3	6668	22168	2	2151	156	7	260	79
## 4	2129	0	481	6447	0	404	43	2	58	24
## 5	432	0	55	700	1	103	5	1	20	11
## 6	19	0	2	60	0	8	0	0	1	0
## 7	3	0	0	5	0	0	0	0	2	0

```
# 분할표를 그래픽으로 나타낸다.(risk와 reliability 위치를 서로 바꾼다.)
xtab = pd.crosstab(av['Reliability'], av['Risk'])
plt.pcolor(xtab,cmap=cm.Greens)
plt.yticks(arange(0.5,len(xtab.index), 1),xtab.index)
plt.xticks(arange(0.5,len(xtab.columns), 1),xtab.columns)
plt.colorbar()
```

위험도 ~ 신뢰도

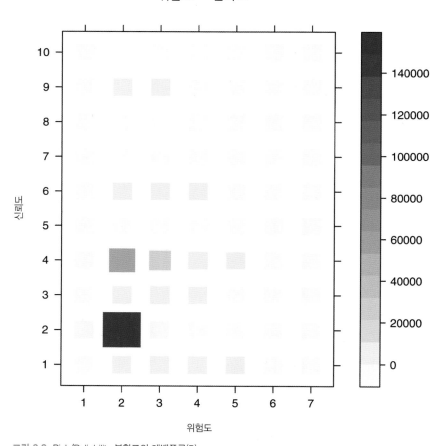

그림 3.8 Risk/Reliability 분할표의 레벨플롯(R)

위험도 ∼ 신뢰도

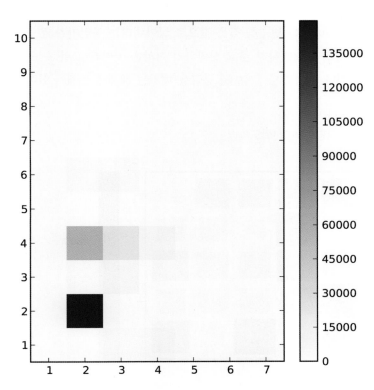

그림 3.9 Risk/Reliability 분할표의 히트맵(파이썬)

지금 보고 있는 패턴이 우연일 뿐인지 아니면 이면에 어떤 의미가 있는지 알 수 있다면 재미있을 것이다. 피셔의 정확도 검정과 같은 환상적인 통계 기법을 이용할 수도 있지만 군이 그렇게까지 할 필요는 없다. Risk와 Reliability의 모든 값이 발생 확률이 똑같다고 가정하면 어떻게 될까? 그러면 레벨플롯은 어떤 모습을 보일까? 시스템 자체적으로나 데이터 수집 과정에서 어느 정도 자연적인 변이가 존재할 수밖에 없기 때문에, 어떤 조합이 다른 조합보다 더 많이 발생하는 것은 자연스러운 일이다. 하지만 현재의 데이터는 자연스러운 분포와 비교했을 때 얼마나 많이 다른 것일까?

sample() 함수를 사용해 정규 분포 [1, 7]과 [1, 10]으로부터 임의 표본들을 생성한 뒤, 이 표본들로부터 분할표를 생성할 수 있다. 이 과정을 여러 차례 반복 실행하면 매번 다른 분할표가 임의로 만들어질 것이다. 이 때 각각의 실행을 가리켜 임의 과정의 실현 realization이라고 부른다.

코드 3.21의 R 코드는 그림 3.10의 레벨플롯을 만들어 내는데, 이 그림에서 두 가지 사실을 알 수 있다. 첫째로, 코드 몇 줄만으로 예쁘고 다채로운 박스들을 무작위로 그릴 수 있다. 둘째로, Risk와 Reliability 변수를 작은 값으로 끌어내리는 무언가가 분명히 존재한다. 그 이유는 세상이 원래 위험하지 않고 신뢰하기 어려운 곳이라 그럴 수도 있고, 아니면 표본 추출 방법이나 (위험도 및 신뢰도의) 등급을 매기는 체계에 문제가 있어서 그럴 수도 있다.

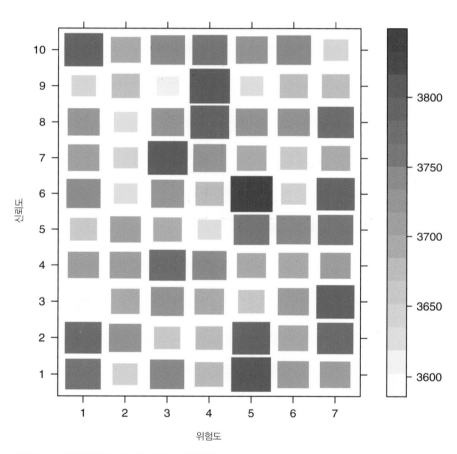

그림 3.10 치우침이 없는 Risk/Reliability 분할표(R)

코드 3.21

```
# 코드 3.4의 av 객체와 3-19의 lattice가 필요
# 그림 3.10과 같은 출력을 보여준다.
# 위험도 & 신뢰도의 표본을 무작위로 생성한다.
set.seed(1492) # as it leads to discovery
# 260,000개의 표본을 무작위로 생성한다.
rel=sample(1:7, 260000, replace=T)
rsk=sample(1:10, 260000, replace=T)
# 테이블을 데이터프레임으로 변환한다.
tmp.df = data.frame(table(factor(rsk), factor(rel)))
colnames(tmp.df) <- c("Risk", "Reliability", "Freq")
levelplot(Freq~Reliability*Risk, data=tmp.df, main="Risk ~ Reliabilty",
          ylab="Reliability", xlab = "Risk", shrink = c(0.5, 1),
          col.regions = colorRampPalette(c("#F5F5F5", "#01665E"))(20))
```

이번에는 Type 변수로 주의를 돌려보자. Type 변수를 자세히 살펴보면, 일부 항목은 두 개 이상의 값을 갖고 있으며 세미콜론으로 구분됨을 알 수 있다(Scanning Host;Malicious Host 값을 갖고 있는 데이터가 215개 있다). 지금 우리의 목적은 레코드의 유형별 비교이므로, 이처럼 값이 둘 이상인 것을 굳이 파싱해서 분리하지 않고, Multiple이라는 별도의 값으로 재분류해 해당 레코드에 둘 이상의 유형이 지정되었음을 가리키도록 하겠다. 이제 Risk, Reliability, Type의 3원[3-Way] 분할표를 생성해, Type 열의 추가로 인해서 그래프가 어떻게 달라지는지 확인할 수 있다.

코드 3.22의 R 코드는 그림 3.11과 같이 격자 그래프 모양의 3원 분할표를 보여준다. 이 그림으로 Type이 Risk 및 Reliability 분류에 미치는 영향의 정도를 시각적으로 비교할 수 있다. 코드 3.23의 파이썬 코드 역시 3원 분할표를 계산하지만, 그림 3.12와 같이 간단한 막대 그래프로 결과를 보여준다.

코드 3.22

```
# 코드 3.4의 av 객체와 3-19의 lattice가 필요
# 그림 3.11과 같은 출력을 보여준다.
# 새로운 변수 simpletype을 생성한다.
# Type에 둘 이상의 값이 있으면 그 값을 Multiples로 바꾼다.
av$simpletype <- as.character(av$Type)
# Type 변수에 둘 이상의 값(범주)을 갖는 레코드를 새로운 값으로 재분류한다.
av$simpletype[grep(';', av$simpletype)] <- "Multiples"
```

```
# 다시 팩터로 전환한다.
av$simpletype <- factor(av$simpletype)

rrt.df = data.frame(table(av$Risk, av$Reliability, av$simpletype))
colnames(rrt.df) <- c("Risk", "Reliability", "simpletype", "Freq")
levelplot(Freq ~ Reliability*Risk|simpletype, data =rrt.df,
        main="Risk ~ Reliabilty | Type", ylab = "Risk",
        xlab = "Reliability", shrink = c(0.5, 1),
        col.regions = colorRampPalette(c("#F5F5F5","#01665E"))(20))
```

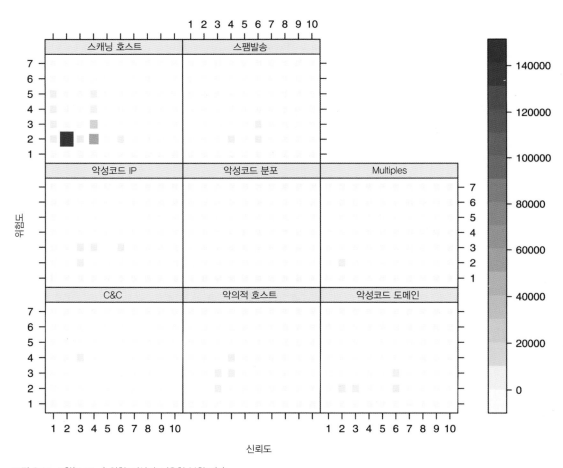

그림 3.11 3원(3-Way) 위험도/신뢰도/유형 분할표(R)

코드 3.23

```
# 코드 3.5의 av 객체가 필요
# 그림 3.12와 같은 출력을 보여준다.
# Risk/Reliability 팩터에 대한 분할표를 계산한다.
# 해당되는 레코드의 개수를 나타내는 행렬이 생성된다.

# Type 열의 복사본으로 새로운 열을 생성한다.
av['newtype'] = av['Type']

# Type에 둘 이상의 값이 있으면 Multiples로 값을 바꾼다.
av[av['newtype'].str.contains(";")] = "Multiples"

# 새로운 crosstab 구조체를 설정한다.
typ = av['newtype']
rel = av['Reliability']
rsk = av['Risk']

# 새로 생성된 type을 행으로 갖는 crosstab을 계산한다.
xtab = pd.crosstab(typ, [ rel, rsk ],
        rownames=['typ'], colnames=['rel', 'rsk'])

# 아래의 print 문은 분할표를 커다란 텍스트로 나타낸다.
# 출력 결과가 너무 커서 책에는 싣지 못하지만
# 여러분이 실습하면서 직접 확인해 볼 것을 권장한다.
# 단순 텍스트 출력만으로도 유용한 시각화가 가능하다는 것을
# 직접 확인할 수 있을 것이다.
print xtab.to_string() # 출력 결과는 생략한다.

xtab.plot(kind='bar',legend=False,
    title="Risk ~ Reliabilty | Type").grid(False)
```

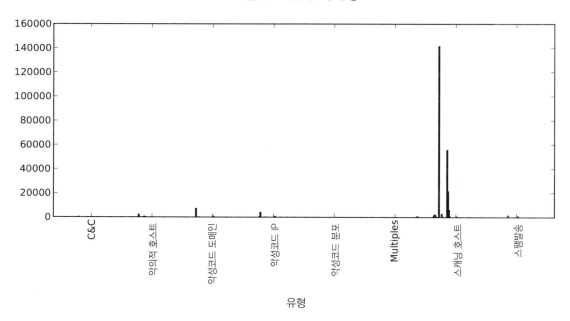

위험도 ~ 신뢰도 | 유형

그림 3.12 3원(3-Way) 위험도/신뢰도/유형 분할표의 막대 그래프 표현(파이썬)

흔히 한 장의 그림이 천 개의 단어의 가치가 있다고들 하지만, 이 경우는 (Scanning Hosts 유형의) 234,000개의 데이터 포인트만큼의 가치가 있다고 말할 수 있다(전체 노드의 약 90%가 Scanning Hosts 유형에 속한다). 이 유형의 비중이 너무 크고 위험도가 낮다 보니 나머지 유형들을 초라하게 만들고 있다. 그래서 이 유형을 Type 팩터에서 제거한 뒤다시 이미지를 생성해 보자. 이것은 Scanning Hosts 유형이 중요하지 않다는 것이 아니다. 다만, 지금 우리의 목적은 정말로 신경을 써야 하는 노드가 무엇인지 판단하는 기준을 정하는 것임을 기억하자. 위험도와 신뢰도가 낮은 노드들은 굳이 자는 사람을 깨워야할 만큼 중요하지 않을 가능성이 높다. Scanning Hosts 유형의 레코드를 제거하는 코드 3.24와 3.25를 실행하면 그림 3.13(R 격자그래프)과 3.14(파이썬 막대 그래프)가 출력된다.

코드 3.24

```
# 코드 3.4의 av 객체와 3-19의 lattice가 필요
# 그림 3.13과 같은 출력을 보여준다.
# 기존의 rrt.df에서 'Scanning Host'를 걸러낸다.
rrt.df <- subset(rrt.df, simpletype != "Scanning Host")
levelplot(Freq ~ Reliability*Risk|simpletype, data =rrt.df,
```

```
main="Risk ~ Reliabilty | Type", ylab = "Risk",
xlab = "Reliability", shrink = c(0.5, 1),
col.regions = colorRampPalette(c("#F5F5F5","#01665E")))(20))
```

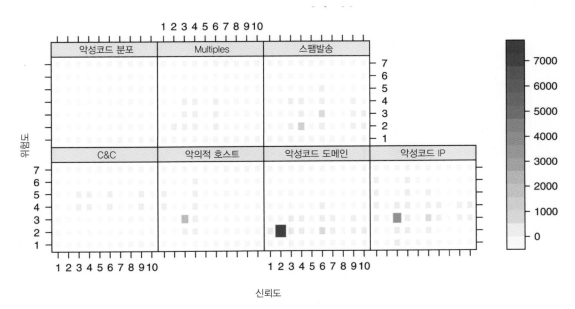

그림 3.13 Scanning Hosts를 제거한 3원(3-Way) 위험도/신뢰도/유형 분할표(R)

코드 3.25

```
# 코드 3.5의 av 객체가 필요
# 그림 3.14와 같은 출력을 보여준다.
# 'Scanning Host'를 걸러낸다
rrt_df = av[av['newtype'] != "Scanning Host"]
typ = rrt_df['newtype']
rel = rrt_df['Reliability']
rsk = rrt_df['Risk']
xtab = pd.crosstab(typ, [ rel, rsk ],
        rownames=['typ'], colnames=['rel', 'rsk'])
xtab.plot(kind='bar',legend=False,
    title="Risk ~ Reliabilty | Type").grid(False)
```

그림 3.13을 보면 Malware domain 타입의 위험도는 2와 3뿐이고, 신뢰도는 2가 두드러지지만 전 범위에 걸쳐 있다. 그림 3.14를 통해서 다른 패턴을 찾을 수도 있지만, 일단은 Malware domain을 제거하고 그래프를 다시 생성해 보자. 또 Malware distribution도 위험도와 관계가 없는 것으로 보이므로 이 팩터도 함께 필터링하자. 그래서 최종적으로 (코드 3.26과 3.27을 실행해) 그림 3.15(R 격자그래프)와 그림 3.16(파이썬 막대 그래프)을 얻을 수 있다.

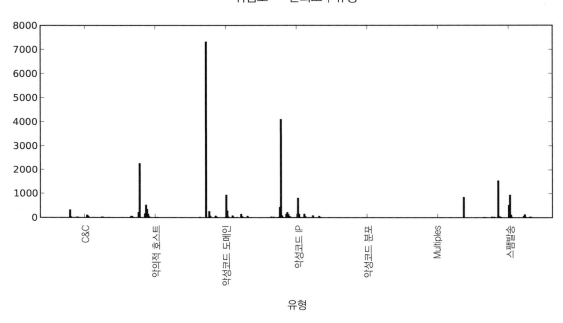

그림 3.14 Scanning Hosts가 제거된 3원(3-Way) 위험도/신뢰도/유형 분할표(파이썬)

코드 3.26

```
# 코드 3.4의 av 객체와 3-19의 lattice, 3-24의 rrt.df가 필요
# 그림 3.15와 같은 출력을 보여준다.
rrt.df = subset(rrt.df,
          !(simpletype %in% c("Malware distribution",
                              "Malware Domain")))
sprintf("Count: %d; Percent: %2.1f%%",
        sum(rrt.df$Freq),
        100*sum(rrt.df$Freq)/nrow(av))
## [1] Count: 15171; Percent: 5.9%
```

```
levelplot(Freq ~ Reliability*Risk|simpletype, data =rrt.df,
         main="Risk ~ Reliabilty | Type", ylab = "Risk",
         xlab = "Reliability", shrink = c(0.5, 1),
         col.regions = colorRampPalette(c("#F5F5F5","#01665E"))(20))
```

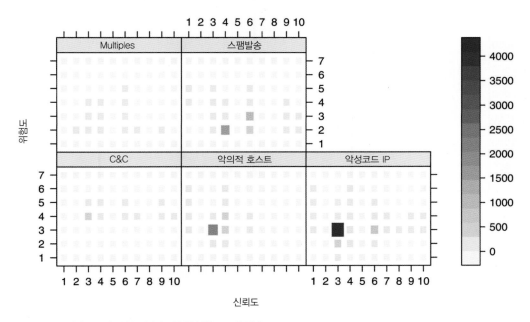

그림 3.15 3원(3–Way) 위험도/신뢰도/유형 분할표 – 최종(R)

코드 3.27

```
# 코드 3.5의 av 객체와 3-25의 rrt_df가 필요
# 그림 3.16과 같은 출력을 보여준다.
rrt_df = rrt_df[rrt_df['newtype'] != "Malware distribution" ]
rrt_df = rrt_df[rrt_df['newtype'] != "Malware Domain" ]
typ = rrt_df['newtype']
rel = rrt_df['Reliability']
rsk = rrt_df['Risk']
xtab = pd.crosstab(typ, [ rel, rsk ],
        rownames=['typ'], colnames=['rel', 'rsk'])

print "Count: %d; Percent: %2.1f%%" % (len(rrt_df), (float(len(rrt_df))
   / len(av)) * 100)
```

```
## Count: 15171; Percent: 5.9%
xtab.plot(kind='bar',legend=False)
```

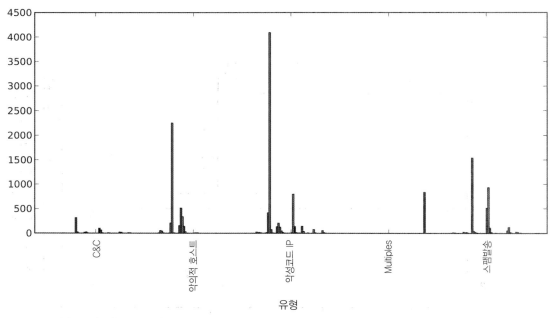

그림 3.16 3원(3-Way) 위험도/신뢰도/유형 분할표 – 최종(파이썬)

필터링을 반복한 결과 최초 대비 6% 미만으로 노드의 수가 감소했다. 따라서 이제 정말로 신경을 써야 하는 노드에 집중하는 것이 가능해졌다. 범위를 더욱 좁히고 싶다면, 다양한 방법으로 위험도와 신뢰도를 조합해 볼 수 있을 것이다. 이 과정에서 아까 필터링으로 제거했던 유형을 다시 가져와야 할 수도 있다.

지금까지의 파싱 및 필터링은 어느 변수가 가장 중요한가를 보여주는 것이 결코 아니다. 단지 변수 간의 관계를 이해하고 그 발생 빈도를 이해하는 데 도움이 될 뿐이다. 아무리 Scanning Hosts 유형의 데이터가 90%를 넘는다고 해도, 그 중에서 위험도가 (예컨대 2보다) 큰 것은 필터링되면 안 된다. 이 분석은 단지 높은 우선순위의 경고 메시지를 생성할 대상 노드를 구별하기 위한 것이다. 나머지 노드들에 대해서는 낮은 우선순위의 메시지 혹은 정보성 로그를 기록할 수 있을 것이다.

에일리언볼트의 IP 평판 데이터는 시간별로 갱신되는데, 새로운 버전을 가져올 때 필터링을 자동으로 수행하는 스크립트를 작성하면 좋다. 필터에 걸리는 노드의 비율을 기록하고, 그 비율이 특정값 이상으로 올라가면 필터링 규칙을 재조정할 기회로 삼을 수 있다. 이러한 탐색적 분석은 자주 수행할 것을 권장한다. 무엇이 진정으로 중요한 노드인지 판단기준을 생각할 기회를 자주 가지는 것은 언제나 바람직하다.

요약

이번 장에서는 파이썬과 R로 수행하는 데이터 분석의 핵심 구조와 개념을 소개했다. 기본적인 통계지식, 기초적인 스크립트 작성 및 분석 패턴, 간단한 시각화 방법을 소개함으로써 적절한 질문을 도출하고 이에 대답할 수 있다. 이번 장의 모든 예제는 (팬더스를 사용한) 파이썬과 R 코드의 유사성을 예시하면서 그래프를 출력했다. 이번 장에서 밟은 단계들은 데이터 분석 과정에서 따를 수 있는 여러 방향의 하나일 뿐이다. 실제 상황에서는 상황에 적절한 도구와 기법을 선택해야 할 수 있다.

4장부터는 주로 R을 사용하며, 파이썬은 가끔씩만 사용된다. 파이썬/팬더스에 익숙한 독자들도 3장까지의 예제를 활용해 R 코드를 파이썬으로 비교적 쉽게 변환할 수 있을 것이다. R과 파이썬에 모두 낯선 독자라면, 4장 이후의 예제들이 R 언어만 사용하므로 예제에 집중하면서 R을 배울 수 있는 좋은 기회가 될 것이다.

추천 읽을거리

다음 목록은 이 장에서 소개했던 주제들을 더욱 깊이 있게 이해하고 싶은 독자들을 위한 추천 읽을거리다. 아래의 문헌 및 이 장에서 언급한 문서의 원본에 관한 자세한 목록은 부록 B에서 확인할 수 있다.

- 요제프 코헨[yosef cohen], 제레미야 코헨[Jeremiah y. cohen], 『Statistics and Data with R: An Applied Approach Through Examples』
- 웨스 맥키니[Wes McKinney], 『Python for Data Analysis』

4

탐색적 데이터 분석 수행

"가끔은, 나쁜 건 나쁜 것이다"

휴이 루이스 앤 더 뉴스(Huey Lewis and the News), Sports, 크리세일 레코드, 1983

'보안 데이터'를 구성하는 것이 무엇인지는 보는 사람에 따라 다르다. 악성코드 분석가는 프로세스, 메모리, 시스템의 이진 덤프가 관심 대상이다. 취약점 연구자는 새로운 패치를 집중 분석하고, 네트워크 보안 전문가는 유무선 네트워크의 노드 간을 이동하는 패킷에서 비밀을 찾으려고 노력한다.

이 장에서는 3장에서 소개했던 에일리언볼트 사의 IP 평판 데이터베이스를 더 자세히 분석하면서 IP 주소에 대한 이해를 높인다. IP 주소 관점에서 (상당히 짜증을 유발시키는 악성코드인) 제우스(ZeuS) 봇넷의 특징을 알아보고, 실제의 방화벽 데이터를 이용한 기초적인 분석을 수행할 것이다. 이번 장의 예제를 제대로 이해하려면 에일리언볼트 사의 IP 평판 데이터베이스를 충분히 숙지하고 있어야 하며 3장까지의 예제도 모두 실습했어야 한다. 이번 장은 또한 R 언어의 핵심적인 프로그래밍 요소들을 이용하는 예제들을 실습함으로써 여러분의 R 구사능력을 더욱 높이는 것도 목표로 한다.

IP 주소(및 도메인명과 라우팅 개념)는 인터넷의 뼈대를 이루는 구성요소다. RFC 791 '인터넷 프로토콜/DARPA 인터넷 프로그램/프로토콜 명세'(http://tools.ietf.org/html/rfc791)에 정의되어 있는데, 이 문서의 우아하고 간결한 정의는 아래와 같다.

이름은 우리가 찾고자 하는 것을 가리킨다. 주소는 그것이 어디에 있는지를 가리킨다. 경로는 거기에 도달하는 방법을 가리킨다.

IP 주소 공간은 공개용 혹은 내부용으로 나뉘어 사용되고 있다. 시스템, 디바이스, 애플리케이션은 참조를 위해서 IP 주소를 기록한다. 네트워크 관리 시스템은 IP 주소에 대해서 검사, 그룹화, 출력, 보고 활동을 한다. 그리고 보안 도구는 IP 주소에 근거해 중요한 의사결정을 한다. 그런데 IP 주소란 정확히 무엇인가? 우리는 IP 주소로부터 무엇을 알 수 있으며, 악성인 활동을 찾아서 피해를 줄이는 데 IP 주소는 어떤 역할을 하는가?

> **노트**
>
> 이 책에서는 IPv6(IP 버전 6)는 전혀 고려하지 않는다. 이 책의 모든 예제는 IPv4를 전제로 한다. IPv6의 확산은 더디게 진행 중이며 여전히 많은 수의 악성코드가 IPv4 네트워크에서 발견될 뿐 아니라 IPv4의 개념을 IPv6로 쉽게 확장할 수 있으므로, IPv6를 고려하지 않는 것이 실질적으로 문제가 되지 않는다.

이번 장의 예제를 실습하기 위해서는 이 책의 웹사이트(www.wiley.com/go/datadrivensecurity)에서 4장의 파일을 다운로드해서 ch04/data 디렉토리에 먼저 저장해야 한다. 그리고 코드 4.0으로 실행 환경을 설정하도록 하자.

코드 4.0

```
# 코드 4.0
# 이 코드는 4장 예제실습을 위한 R 환경을 설정한다.
# 작업 디렉토리를 4장 위치로 설정한다.
setwd("~/book/ch04")
# 이번 장의 실습에 필요한 패키지가 설치되어 있는지 확인하고
# 그렇지 않으면 설치한다.
pkg <- c("bitops","ggplot2", "maps", "maptools",
         "sp", "maps", "grid", "car" )
new.pkg <- pkg[!(pkg %in% installed.packages())]
if (length(new.pkg)) {
  install.packages(new.pkg)
}
```

IP 주소 자세히 뜯어보기

정보보안 실무자 중에는 IP 주소를 단순히 ping, nessus, nmap 등의 명령어와 함께 사용되는 문자열 정도로 생각하는 사람도 있다. 하지만 시스템 및 네트워크 데이터를 보안 관점에서 분석하기 위해서는 금융, 농업, 의학 등 다른 분야가 그렇듯 정보보안 전문가도 보안 분야의 요소를 가급적 많이 알수록 좋다. IP 주소는 아마도 정보보안 분야에서 가장 근본이 되는 구성요소일 것이다. 지금부터 IP 주소를 깊이 이해해 데이터 분석 작업에 완벽히 통합시켜 보자.

IP 주소의 표현 방법

IPv4 주소는 (옥텟이라고도 불리는) 4개의 바이트로 구성되며 일반적으로 (192.168.1.1과 같이) 점으로 구분된 십진 표기법dotted-decimal notation으로 표현된다. 아마 이 책을 읽는 독자 중에 이 표기법을 모르는 사람은 없을 것이다. 이 표기법은 1989년 IETF RFC 1123에서 #.#.#.#와 같이 나타내면서 세상에 알려졌다. 더 명확한 정의는 2005년 IETF의 URI 일반 문법 초안(RFC3986, http://tools.ietf.org/html/rfc3986)에서 찾을 수 있다.

노트

IP 주소가 아닌 다른 보안 요소를 접할 때도 지금처럼 자세한 조사를 통해서 최대한 많은 정보를 갖추는 것이 바람직하다. 정규 표현식을 만들어서 비정형 데이터에서 해당 요소를 찾기 위해서도 필요하다.

1바이트는 8비트이고 8비트는 0부터 255 사이의 값을 가질 수 있으므로, IP 주소의 범위는 0.0.0.0부터 255.255.255.255까지고 길이는 총 32비트다. 주소 공간의 크기를 계산하면 총 4,294,967,296(=2^{32})개의 IP 주소가 가능한데, 바꿔서 생각하면 IP 주소는 (점으로 구분된 십진 표기법이 아니라) 하나의 32비트 정수로도 저장하고 조작할 수 있음을 알 수 있다. 이것은 중요한 사실이다. 하나의 정수로 표현하면 IP 주소 저장에 필요한 공간과 시간이 절약되며, 점으로 구분된 십진 표기법에 비해서 더 쉽게 계산을 할 수 있기 때문이다. 점으로 구분된 십진 표기로 나타내지는 IP 주소를 문자열로 취급하는 경우, 하나의 IP 주소를 표현하는데 (최악의 경우) 15 바이트-120비트가 필요하다. 이것은 하나의 32비트 정수로 표현할 경우 4바이트-32비트면 충분하기 때문에 공간의 낭비를 초래하는 셈이다. 게다가 계산 효율적인 정수 연산과 비트조작 연산이 아니라 속도가 느린 문자열 비교 코드를 사용해야 한다. 둘 사이의 차이가 미미하거나 거의 없을 경우도 있지만, IP 주소 데이터의 크기가 커지고(특히 IPv6에서는 더욱 그렇다) 반복 연산을 자주 수행해야 한다면 이로 인한 영향이 무시할 수 없는 수준으로 커질 수 있다.

IPv4 주소와 32비트 정수 간의 상호변환

IPv4 주소를 정수 연산으로 조작하기 위해서는 점으로 구분된 십진 표기와 정수 표현 간의 상호 변환을 수행할 방법이 필요하다. IEEE 1003.1 표준은 이러한 변환을 수행할 수 있는 저수준 C 언어 함수 inet_addr()와 inet_ntoa()를 정의하고 있다(http://pubs.opengroup.org/onlinepubs/009695399/functions/inet_addr.html). 하지만 이 함수들은 R에서 직접 사용할 수 없다. C 라이브러리 및 이에 대응하는 R 모듈을 작성하는 방법도 있지만, 그보다는 bitops 패키지의 도움을 받아서 순수하게 R로 함수를 작성하는 편이 더 낫다. 코드 4.1은 IPv4 주소 문자열을 32비트 정수 포맷으로 혹은 그 반대로 변환하는 함수를 보여준다.

코드 4.1

```
# 코드 4.1
# bitops 패키지가 필요
```

```r
library(bitops) # bitops 함수들을 불러온다.

# IP 주소와 정수 간의 상호 변환을 수행하는 함수를 정의한다.
# 점으로 구분된 옥텟 형식의 IP 주소를 인수로 받는다.
# (예를 들면 "192.168.0.1"
# 인수로 받은 IP주소를 32비트 정수로 변환한다.(예: 3232235521)
ip2long <- function(ip) {
  # 문자열을 문자 벡터로 변환한다.
  ips <- unlist(strsplit(ip, '.', fixed=TRUE))
  # 비트 이동을 한 뒤 OR 연산을 하는 함수를 정의한다.
  octet <- function(x,y) bitOr(bitShiftL(x, 8), y)
  # Reduce는 어떤 함수를 왼쪽에서 오른쪽 순서로 적용한다.
  Reduce(octet, as.integer(ips))
}

# 32비트 정수 IP 주소를 인수로 받는다. (예: 3232235521)
# 인수로 받은 IP주소를 점으로 구분된 십자 표기로 변환한다.(예: "192.168.0.1").
long2ip <- function(longip) {
  # 역으로 비트를 조작하는 함수를 정의한다.
  octet <- function(nbits) bitAnd(bitShiftR(longip, nbits), 0xFF)

  # Map은 어떤 함수를 인수의 모든 요소에 적용한다.
  # paste는 인수들을 문자로 변환한 뒤 연결한다.
  paste(Map(octet, c(24,16,8,0)), sep="", collapse=".")
}
```

다음과 같이 위 코드가 제대로 실행되는지 확인할 수 있다.

```r
long2ip(ip2long("192.168.0.0"))
## [1] "192.168.0.0"
long2ip(ip2long("192.168.100.6"))
## [1] "192.168.100.6"
```

주의: 파이썬 사용자라면 ipaddr 패키지(https://code.google.com/p/ipaddr-py/)를 사용하면 쉽게 변환할 수 있다. 이 패키지는 파이썬 3 버전에서는 ipaddress 모듈로서 내장되었다.

IP 주소 분할과 그룹화

여러 가지 이유로 IP 주소 공간을 분할하고 그룹화할 때가 많다. 회사 내부적으로 기능 등에 따라 노드들을 분할하는 것은 IP 주소의 개별적 관리로 인한 라우팅 테이블의 비대화를 방지하기 위해서다. TCP/IP의 설계 방식과 IPv4 네트워크의 구현 방식 덕분에, 다양한 방법으로 IP 주소 공간을 분할하거나 그룹화해 개별 네트워크(서브넷)의 관리 및 글로벌 인터넷과의 통합 작업을 쉽게 수행할 수 있다. 최초의 IP 명세에는 최상위 클래스(클래스 A부터 E까지)만 정의되어 있었는데, 클래스에 속한 IP 주소의 네트워크ID와 호스트ID에 사용될 비트를 정의하는 목록에 지나지 않았다. 이 방식은 사용 가능한 주소의 범위를 제한했으며 클래스별로 용도가 고정되었다.

이것보다 포괄적인 분할 방법인 클래스없는^{classless} 분할은 RFC 4632(http://tools.ietf.org/html/rfc4632)에 정의되어 있으며, CIDR$^{Classless Inter-Domain Routing}$ 표기법을 이용하면 주소 중에서 마스크가 적용되는 부분을 좀 더 간소하게 나타낼 수 있다. 예를 들어 마스크가 255.255.0.0인 172.16.0.0은 CIDR 표기로는 172.16.0.0/16이 된다. 이러한 CIDR 블록은 '나쁜 이웃'을 찾는 (즉, 악성인 노드로부터 유입되는 혹은 그러한 노드로 전달되는 네트워크 패킷을 구별하는) 용도로 사용될 수 있다.

클래스없는 IP 주소공간에 대한 이해가 중요한 이유는 보안 데이터와 그 안의 관계를 조사해 의미를 추출할 때 분할과 그룹화의 개념을 이용해야 하기 때문이다. CIDR 표기법을 정확히 이해하면, CIDR로 표현된 주소들이 어떻게 그룹화되고 어떻게 자율 시스템$^{AS, Autonomous System}$으로 정의되는지 이해할 수 있다. 모든 자율 시스템에는 ASN$^{Autonomous System Number}$이라는 식별자가 할당되는데, ASN은 다양한 용도(및 이와 관련된 데이터)를 가진다. 예를 들어, BGP 프로토콜은 ASN을 사용해 인터넷 공간에서 패킷을 효율적으로 라우팅하는데, BGP와 ASN 간의 관계를 이용하면 어떤 ASN에 인접한 '이웃' ASN을 알아내는 것이 가능하다. 그리고 어떤 ASN에 악성인 노드가 많이 존재한다면, 그 ASN 주변의 다른 ASN들도 악성 트래픽의 서식지라고 판단할 수 있는 상당한 근거가 된다. 이 장 후반에서는 ASN의 관점에서 악성 활동의 분포를 바라보는 실습을 할 것이다.

보안 데이터 분석 과정에서 IP 주소가 별로 쓰이지 않더라도 자율 시스템에 관해서는 자세히 알아두면 도움이 될 경우가 많다. 인터넷 공간에서 자율 시스템의 모습을 이해하고 싶다면 CIDR 보고서에 공개된 ASN 정보(http://www.cidr-report.org/as2.0/)를 참조하자. 이 장 후반에서도 ASN 렌즈를 통해서 악성인 트래픽을 조사할 기회가 있다.

CIDR 블록 내에서 IPv4 소속 여부 검사하기

CIDR 및 ASN 기반의 데이터 분석을 할 때 자주 하는 작업 중 하나가 어떤 IP 주소가 주어진 CIDR 블록 내에 해당되는지 판단하는 것이다. 이를 위해서는 IP 주소와 네트워크 블록 주소를 모두 정수로 변환한 후 필요한 비트 연산을 수행하면 된다. 코드 4.2는 어떤 IP 주소가 특정 CIDR 블록 내에 들어 있는지 검사하는 새로운 R 함수를 정의하고 있다.

코드 **4.2**

```
# 코드 4.2
# bitops 패키지가 필요하다.
# 코드 4.1의 객체가 모두 필요하다.
# 어떤 IP가 특정 CIDR에 속하는지 검사하는 함수를 정의한다.
# IP 주소 (문자열)와 CIDR (문자열)을 인수로 받아서
# IP 주소가 CIDR 범위 내에 속하는지 여부를 반환한다.
ip.is.in.cidr <- function(ip, cidr) {
  long.ip <- ip2long(ip)
  cidr.parts <- unlist(strsplit(cidr, "/"))
  cidr.range <- ip2long(cidr.parts[1])
  cidr.mask <- bitShiftL(bitFlip(0),
(32-as.integer(cidr.parts[2])))
  return(bitAnd(long.ip, cidr.mask) == bitAnd(cidr.range,
cidr.mask))
}

ip.is.in.cidr("10.0.1.15","10.0.1.3/24")
## TRUE
ip.is.in.cidr("10.0.1.15","10.0.2.255/24")
## FALSE
```

여러분의 회사에서도 CIDR과 ASN을 내부적으로 사용하고 있을 가능성이 높지만, IP 주소를 논리적으로 그룹화하는 방법이 CIDR만 있는 것은 아니다. 예를 들어, 일반 직원이 사용하며 DHCP로 IP 주소가 할당되는 PC는 '워크스테이션'으로, 단일 혹은 다기능 출력이 가능하며 고정된 IP 주소를 갖는 기기는 '프린터'로 구분될 수 있다. 또 서버들은 용도 혹은 운영체제별로 구분되어 있을 수도 있다. 노드를 '내부용'과 '외부용'으로 그룹화하는 개념은 회사 네트워크에서 오로지 공개적으로 라우팅 가능한 주소만을 사용하는 경우에도 적용될 수 있다. 악성 활동을 찾을 때에 이와 같은 논리적 그룹화는 큰 역할을 할 수 있다. 각각의 그룹과 여러분이 찾고 있는 지표를 연계시킬 수 있기 때문이다. 예를 들어, 일반 직원의 PC가 인터넷상의 노드에 접근하려는 시도는 이상할 것이 없지만, 프린터가 그렇게 한다면 당연히 의심할 만하다. 악성 활동에 관한 학습에서 핵심 중하나가 바로 이러한 메타데이터 및 그 내부의 관계다.

IP 주소의 위치 알아내기

IP 주소는 MAC^Media Access Control 주소를 갖고 있는 디바이스에 각각 매핑된다. 로컬 네트워크에 위치하는 스위치와 포트를 식별하는 것은 매우 쉬운 일이다. 적절한 메타데이터만 존재한다면 물리적 정보에 기반해 논리적으로 그룹화한 뒤 그룹별로 노드의 위치와 같은 속성을 연계시킬 수 있다. 이와 같은 위치정보와 IP 주소의 연계를 통해서 여러분은 문제 발생 시 헬프데스크로부터 전화 세례를 받지 않고도 어느 부서에서 그 문제가 발생했는지 금세 알아낼 수 있다.

회사보다 훨씬 넓은 지역 차원에서 IP 주소를 지리적 위치와 연계하는 방법이 다양하게 존재한다. 가장 널리 쓰이는 것 중 하나는 맥스마인드^Maxmind 사의 GeoIP 데이터베이스와 API(http://dev.maxmind.com/geoip/)로서 freegeoip 프로젝트(http://freegeoip.net/)에서도 이 데이터베이스를 사용하고 있다. Maxmind의 데이터베이스는 무료 버전과 상용 버전 간에 정밀도가 차이가 난다. 하지만 국가 수준의 정밀도만으로 충분하다면 무료 버전을 사용해도 대부분의 경우에 무방하다. freegeoip 프로젝트는 맥스마인드의 무료 데이터베이스에 접근할 수 있는 온라인 질의 인터페이스를 제공하는데, 심지어 이 서비스의 소스 코드도 제공하고 있기 때문에 이 코드를 그대로 갖다 쓸 수 있다. 이렇게 하면 맥스마인드의 저수준 API를 직접 건드릴 필요가 없으며 무료 서비스 사용으로 인한 제약을 벗어날 수 있다. 5장에서 지리 정보 데이터를 다루는 방법을 더 자세히 알아볼 것이다.

일단 악성 노드의 물리적인 위치만 알아내면 지도에 시각화하는 것은 아주 간단한 일이다. 에일리언볼트의 IP 평판 데이터에 25만개 이상의 지리 정보가 들어 있지만, 시각화를 하려면 Coords 필드에서 위도와 경도 쌍을 추출해야 한다. 코드 4.3은 이러한 추출을 수행한다. 실습에 사용되는 PC 사양에 따라서 이 코드가 데이터를 읽고 파싱하는 데 30초에서 60초 정도 걸릴 수 있다.

코드 4.3

```
# 코드 4.3
# AlienValut의 IP 평판 데이터에서 위도/경도 쌍을 추출하는 R 코드
# IP 평판 데이터를 읽어 들인다 (3장 참조)
avRep <- "data/reputation.data"
av.df <- read.csv(avRep, sep="#", header=FALSE)
colnames(av.df) <- c("IP", "Reliability", "Risk", "Type",
                     "Country", "Locale", "Coords", "x")

# ,"을 구분자로 위도/경도 데이터의 벡터를 생성한다.
av.coords.vec <- unlist(strsplit(as.character(av.df$Coords), ","))
# 벡터를 2열 행렬로 변환한다.
av.coords.mat <- matrix(av.coords.vec, ncol=2, byrow=TRUE)
# 데이터프레임으로 저장한다.
av.coords.df <- as.data.frame(av.coords.mat)
# 열 이름을 부여한다.
colnames(av.coords.df) <- c("lat","long")
# 문자를 숫자 값으로 변환한다.
av.coords.df$long <- as.double(as.character(av.coords.df$long))
av.coords.df$lat <- as.double(as.character(av.coords.df$lat))
```

이렇게 얻어진 위도와 경도 정보를 이용하면 (R이나 파이썬 코드 없이) 구글맵에 시각화할 수 있다. 구글 퓨전 테이블(http://tables.googlelabs.com/)에 업로드하고 화면에 나타날 때까지 기다리자. 구글이 온라인 지도 API의 속도는 많이 개선했지만, 마커들 때문에 지도 보기가 불편할 수 있다. 예를 들어 에일리언볼트의 데이터를 구글 지도에 매핑시킨 그림 4.1을 보면, 악성 호스트가 일본을 마치 점령한 것처럼 보인다. 구글에만 의존하지 말고 코드 4.4와 같이 R의 매핑 함수들을 사용하면 좀 더 정밀한 결과물을 얻을 수 있다 (그림 4.2).

> **노트**
>
> 5장에서 더 많은 지리정보 매핑 및 분석 예제를 다룬다.

코드 4.4

```
# 코드 4.4
# ggplot2, maps, RColorBrewer 패키지가 필요
# 코드 4.3의 av.coords.df 객체가 필요
# 그림 4.2를 생성한다.
# AlienValut의 데이터에서 위도/경고 쌍을 추출하는 R 코드
# 점을 찍고 매핑하는 함수들이 필요
library(ggplot2)
library(maps)
library(RColorBrewer)
library(scales)

# RColorBrewer 패키지에서 색 팔레트를 추출한다.
set2 <- brewer.pal(8,"Set2")

# 남극을 제외한 세계 지도에서 폴리곤 정보를 추출한다.
world <- map_data('world')
world <- subset(world, region != "Antarctica")

# 위치정보를 갖는 항목들의 위도/경도를 나타내는 점을 지도에 표시한다.
# 5장에서 매핑에 관해서 자세히 설명
gg <- ggplot()
gg <- gg + geom_polygon(data=world, aes(long, lat, group=group),
                        fill="white")
gg <- gg + geom_point(data=av.coords.df, aes(x=long, y=lat),
                      color=set2[2], size=1, alpha=0.1)
gg <- gg + labs(x="", y="")
gg <- gg + theme(panel.background=element_rect(fill=alpha(set2[3],0.2),
                                               colour='white')))

gg
```

IP 주소와 물리적 위치를 연계해서 지도에 표시하는 방법을 익혀두면 여러모로 쓸모가 많다(5장에서 더 자세히 다룬다). 사내 직원들이 어디서 악성코드에 감염되는지를 '읽는' 것과 지도에서 '보는' 것은 완전히 다르다. 특히 단순히 혼자 분석하는 것이 아니라 다른 사람에게 알리는 것이 목적이라면 더욱 그렇다. 하지만 예쁜 시각화 결과물을 만들기 위해서 지나치게 많은 노력을 투입할 필요까지는 없다.

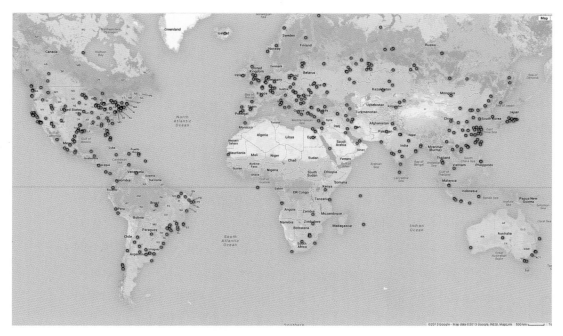

그림 4.1 구글 퓨전 테이블 및 구글 맵으로 시각화한 악성노드 위치

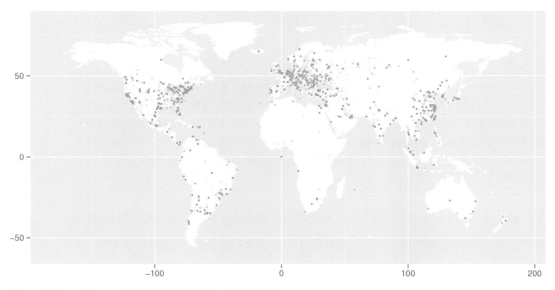

그림 4.2 R의 ggplot/maps 패키지로 시각화한 악성노드의 위치 지도

IP 주소 데이터 보완 계획

분석가가 꿈꾸는 세계는 의뢰받은 데이터에 오류가 전혀 없고, 철저한 분석에 필요한 모든 속성이 갖춰져 있는 곳이다. 하지만 슬프게도 그런 세계는 어디에도 없다. 전달받은 데이터는 불완전하고, 참조 데이터는 여기저기 흩어져 있으며, 메타데이터는 지나치게 많다. 이런 현실은 정보보안 분야뿐 아니라 어느 분야든 마찬가지다. 이처럼 불완전한 데이터로 인해 효과적인 데이터 분석에 난관이 닥칠 수 있지만, 그래도 어떻게든 필요한 데이터를 찾아서 사용할 수 있다.

에일리언볼트의 IP 평판 데이터에 지리 정보가 들어 있지만, 그와 별도로 다양한 방법으로 IP 주소의 물리적 위치정보를 얻을 수 있다. 여러 위치정보 간의 비교를 통해 데이터가 어떻게 다른지 확인하는 것도 흥미로운 일이다. 이번 예제에서는 IANA의 IPv4 주소 공간 레지스트리(https://www.iana.org/assignments/ipv4-address-space/ipv4-address-space.xml)가 제공하는 데이터를 사용하기로 하자. 이 데이터는 IPv4 주소공간 등록 할당을 그룹화한 것인데, 여기서 IP 주소를 등록한 사람들에게 개별 노드의 악성 동작에 대한 책임이 없다는 것을 강조하고 싶다. 따라서 이 정보를 사용해 악성코드 유포의 책임을 물을 수는 없지만, 악성 노드들이 집중되어 있는 위치에 대한 정보를 얻고 운이 좋으면 추가 조사를 위한 실마리도 얻을 수도 있다.

> **노트**
>
> IANA 웹사이트의 '대체 포맷(Alternative Formats)' 탭에서는 전통적인 텍스트 파일뿐 아니라 CSV 포맷으로도 IP 주소공간 할당 정보를 제공하고 있다. 문제는 이 CSV 파일이 불완전해서 CSV 파일로 예제 코드를 실행할 경우 제대로 동작하지 않는다는 점이다. 이 CSV 파일은 어떤 소스 데이터로부터 자동으로 변환된 것으로 보이는데, 이 과정에서 옥텟을 잘못 인식하는 것 같다. 이 문제를 해결하려면 텍스트 데이터로부터 CSV로 변환을 여러분이 직접 하거나, 이 책의 웹사이트에 올라와 있는 CSV 파일을 사용하면 된다.

R과 팬더스의 기초적인 데이터 구조인 데이터프레임을 사용하면 신규 데이터를 쉽게 기존의 분석에 통합시킬 수 있다. 대부분의 작업 흐름은 기본적으로 다음과 같다.

1. (필요한 경우) 신규 데이터를 다운로드
2. 신규 데이터를 파싱하고 데이터프레임으로 변환
3. 신규 데이터의 내용과 구조를 검증
4. 신규 데이터의 소스로부터 관련 정보를 추출하거나 계산

5. 기존의 데이터프레임에 하나 이상의 새로운 열을 생성

6. 분석을 새로 수행

코드 4.5의 예제는 IANA 데이터를 이용해 어느 레지스트리에 악성 노드가 많은지 보여준다. sapply() 함수가 실행되는데 다소 시간이 걸릴 수 있다는 점에 유의하자.

코드 4.5

```
# 코드 4.5
# 4-3의 객체 av.df가 필요
# IANA IPv4 등록 정보를 통합하는 R 코드
# IANA 프리픽스 목록을 가져온다.
ianaURL <- "http://www.iana.org/assignments/ipv4-address-space/ipv4-
address-space.csv"
ianaData <- "data/ipv4-address-space.csv"
if (file.access(ianaData)) {
  download.file(ianaURL, ianaData)
}

# IANA 테이블을 읽어 들인다.
iana <- read.csv(ianaData)

# iana 프리픽스를 정제한다.
# (구식 숫자 포맷을 사용하고 있으므로)number formatting (i.e. allows leading zeroes and
# CIDR 구성요소는 알 필요가 없다.
iana$Prefix <- sub("^(00|0)", "", iana$Prefix, perl=TRUE)
iana$Prefix <- sub("/8$", "", iana$Prefix, perl=TRUE)

# 문자열에서 n개의 문자를 떼어서
# 짧아진 문자열을 반환하는 함수를 정의한다..
# 주의 : 이 함수는 '벡터화'된 함수이다.
# (문자열을 전달할 수도 있고 문자 벡터를 전달할 수도 있다)
rstrip <- function(x, n){
  substr(x, 1, nchar(x)-n)
}

# AlienVault 데이터에서 프리픽스만을 추출한다.
av.IP.prefix <- rstrip(str_extract(as.character(av.df$IP),
                       "^([0-9]+)\\."), 1)

# sapply() 함수보다 속도가 빠른 방법도 있지만
# 일반적인 "apply" 패턴의 동작을 보여주고 싶어서 sapply() 함수를 사용했다.
```

```
# R로 분석을 할 때 매우 자주 사용되는 패턴이기 때문
av.df$Designation <- sapply(av.IP.prefix, function(ip) {
  iana[iana$Prefix == ip, ]$Designation
})
```

```
##         Administered by AFRINIC       Administered by APNIC
##                         322                        2615
##         Administered by ARIN     Administered by RIPE NCC
##                       17974                        5893
##                      AFRINIC                       APNIC
##                        1896                       93776
##                         ARIN      AT&T Bell Laboratories
##                       42358                          24
## Digital Equipment Corporation     Hewlett-Packard Company
##                           1                           3
##                       LACNIC  Level 3 Communications, Inc.
##                       18914                          31
##                 PSINet, Inc.                     RIPE NCC
##                          30                       74789
```

IANA 할당 테이블이 전체적인 블록과 일치하는지 쉽게 확인할 수 있다. 코드 4.6의 코드는 iana$Designation 열의 table() 실행 결과로 데이터프레임을 만든 뒤 AlienVault 의 데이터와 병합한다.

코드 4.6

```
# 코드 4.6
# ggplot2, maps, RColorBrewer 패키지가 필요
# 4-3의 av.coords.df 객체, 4-5의 iana 객체가 필요
# IANA 블록을 추출하고 AlienVault의 그룹과 비교한다.
# iana$designation 팩터로부터 새로운 데이터프레임을 생성한다.
iana.df <- data.frame(table(iana$Designation))
colnames(iana.df) <- c("Registry", "IANA.Block.Count")

# av.df$Designation 팩터로
# 데이터프레임을 만든다.
tmp.df <- data.frame(table(factor(av.df$Designation)))
colnames(tmp.df) <- c("Registry", "AlienVault.IANA.Count")
```

```
# 데이터프레임을 병합한다.
combined.df <- merge(iana.df, tmp.df)
print(combined.df[with(combined.df, order(-IANA.Block.Count)),],
      row.names=FALSE)
##                          Registry IANA.Block.Count AlienVault.IANA.Count
##                             APNIC               45                 93776
##                Administered by ARIN             44                 17974
##                              ARIN               36                 42358
##                          RIPE NCC               35                 74789
##                            LACNIC                9                 18914
##              Administered by APNIC                6                  2615
##          Administered by RIPE NCC                4                  5893
##                           AFRINIC                4                  1896
##            Administered by AFRINIC               2                   322
##       Level 3 Communications, Inc.               2                    31
##            AT&T Bell Laboratories                1                    24
##      Digital Equipment Corporation               1                     1
##           Hewlett-Packard Company                1                     3
##                        PSINet, Inc.               1                    30
```

코드 4.7은 이 데이터로 그림 4.3의 그래프를 생성한다.

코드 4.7

```
# 코드 4.7
# 필요한 패키지: reshape, grid, gridExtra, ggplot2, RColorBrewer
# 필요한 객체: combined.df (4-6), set2 (4-4)
# 그림 4.3을 생성한다.
# IANA 데이터로 그래프를 그린다.
# count 유형별로 하나의 항목을 만든다.
# 데이터프레임의 모습을 바꾸기 위해서
# reshape 패키지의 melt() 함수를 사용한다.
library(reshape)
library(grid)
library(gridExtra)

# 그래프 상에서 서로 비교하기 쉽도록
# IANA와 AV 데이터를 정규화한다.
combined.df$IANA.pct <- 100 * (combined.df$IANA.Block.Count /
                         sum(combined.df$IANA.Block.Count))
```

```
combined.df$AV.pct <- 100 * (combined.df$AlienVault.IANA.Count /
                              sum(combined.df$AlienVault.IANA.Count))

combined.df$IANA.vs.AV.pct <- combined.df$IANA.pct - combined.df$AV.pct

melted.df <- melt(combined.df)
# melt() 함수가 적용된 데이트프레임 값을 그린다.
gg1 <- ggplot(data=melted.df[melted.df$variable=="IANA.pct",],
              aes(x=reorder(Registry, -value), y=value))
# 2개의 그래프의 스케일을 일치시키기 위해서 최솟값/최댓값을 설정한다.
gg1 <- gg1 + ylim(0,40)
gg1 <- gg1 + geom_bar(stat="identity", fill=set2[3]) # 막대를 사용한다.
# y 축에 새로 레이블을 단다.
gg1 <- gg1 + labs(x="Registry", y="%", title="IANA %")
# 수평 막대 그래프로 만든다.
gg1 <- gg1 + coord_flip()
# x 축의 레이블을 회전시키고 범례를 제거한다.
gg1 <- gg1 + theme(axis.text.x = element_text(angle = 90, hjust = 1),
                   panel.background = element_blank(),
                   legend.position = "none")

gg2 <- ggplot(data=melted.df[melted.df$variable=="AV.pct",],
              aes(x=reorder(Registry,-value), y=value))
gg2 <- gg2 + ylim(0,40)
gg2 <- gg2 + geom_bar(stat="identity", fill=set2[4]) # using bars
gg2 <- gg2 + labs(x="Registry", y="%", title="AlienVault IANA %")
gg2 <- gg2 + coord_flip()
gg2 <- gg2 + theme(axis.text.x = element_text(angle = 90, hjust = 1),
                   panel.background = element_blank(),
                   legend.position = "none")
# grid.arrange는 복수의 ggplot 객체를
# 매우 정밀하게 배치할 수 있다.
grid.arrange(gg1, gg2, ncol=1, nrow=2)
```

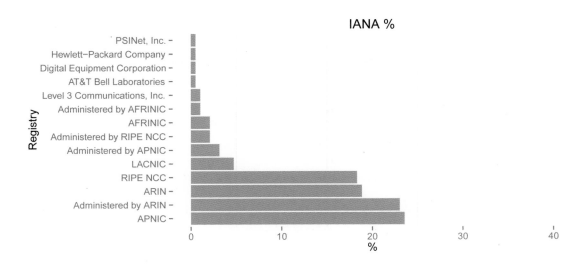

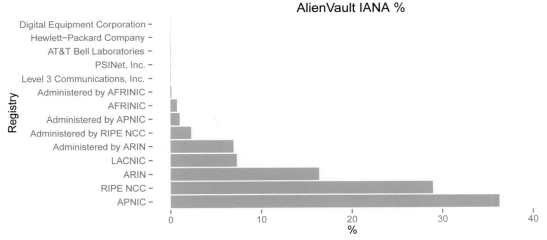

그림 4.3 IANA 블록 할당을 비교하는 막대 그래프(R로 작성)

전반적으로 규모가 큰 블록들이 대부분의 악성 호스트를 갖고 있음을 알 수 있다. 코드 4.6의 출력에서 RIPE NCC, Administered by ARIN, LACNIC가 강조된 이유는 RIPE NCC가 할당 블록의 개수에 비해서 특이하게 많은 수의 악성 호스트를 갖고 있기 때문이다(ARIN의 2배 수준이다). LACNIC와 Administered by ARIN은 악성 호스트의 수는 비슷하지만 할당 블록의 개수는 많이 다르다. 조금 더 분명한 비교 결과를 이끌어 내기 위해서 추가적인 시각화 작업을 해 보자. 코드 4.8은 AlientVault 데이터가 말하는 악성 노드가 1개의 IANA 블록당 몇 개인지 보여준다. 출력 결과는 IANA 블록 개수가 적은 것에서 큰 것 순서대로 정렬되어 있다(그림 4.4).

코드 4.8

```
# 코드 4.8
# 필요한 패키지: ggplot2
# 필요한 객체: combined.df (4-7), set2 (4-4)
gg <- ggplot(data=combined.df,
             aes(x=reorder(Registry, -IANA.Block.Count), y=AV.pct ))
gg <- gg + geom_bar(stat="identity", fill=set2[2])
gg <- gg + labs(x="Registry", y="Count",
                title="AlienVault/IANA sorted by IANA (low-to-high")
gg <- gg + coord_flip()
gg <- gg + theme(axis.text.x = element_text(angle = 90, hjust = 1),
                 panel.background = element_blank(),
                 legend.position = "none")
gg
```

IANA 블록의 개수가 많을수록 대체로 악성노드의 수가 많아진다는 것이 이 그림으로도 드러나지만, 다음 절에서 배울 몇 가지 통계값을 추가하면 더 효과적으로 드러낼 수 있다.

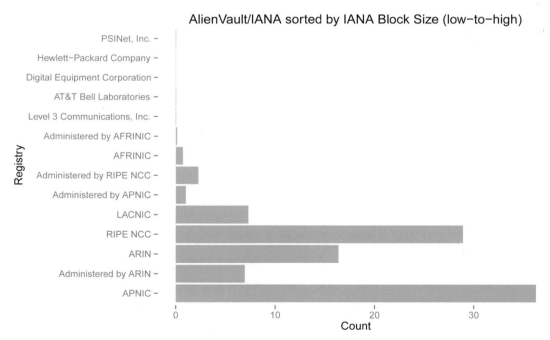

그림 4.4 IANA 블록당 악성노드의 개수(블록 크기 순서)

연관성/상관관계 및 인과관계

이번 장에서는 데이터 요소들(변수)을 그룹화한 다음, 다른 변수와 비교를 수행하는 예제를 다룰 것이므로, 연관성^{association} 혹은 더 일반적인 용어인 상관관계^{correlation}의 개념을 설명할 때가 되었다. 상관관계는 둘 이상의 변수 간의 선형 관계를 측정한 것으로서 다음과 같다.

- 양^{positive}의 상관관계는 둘 이상의 변수의 값이 함께 증가하거나 감소한다.
- 음^{negative}의 상관관계는 한 변수는 증가할 때 다른 변수는 감소하거나 그 반대의 경우를 가리킨다.

　일관된 패턴이 없는 경우는 상관관계가 없다고 말한다. 상관관계의 값(통계학에서는 r값 혹은 상관계수라고 부른다)은 1(완전한 양의 상관관계)과 −1 사이의 값(완벽한 음의 상관관계)을 가질 수 있다. r이 0에 가까울수록 선형 상관관계는 감소한다. 0일 경우 두 값 사이에는 상관관계가 전혀 없다.

　위에서 설명한 단순한 상관관계는 선형^{linear} 비교라는 점을 기억하자. 그림 4.5의 산점도에서는 우산 모양(U자가 뒤집힌 모양)을 볼 수 있다. 이것도 패턴으로서 어떤 관계를 갖고 있지만 선형 상관관계는 아니며, 따라서 r값은 0에 매우 가깝다. 통계학(및 대부분의 복잡한 분야)에서는 하나의 목표를 다양한 방법으로 접근할 수 있는 경우가 많은데 두 변수 사이의 상관관계를 계산하는 경우도 여기에 해당된다. 5장에서 배울 선형회귀^{linear} ^{regression}는 상관관계에 관한 더 세밀한 통찰을 제공하며 예측 모델링을 위한 기반이 된다. 이번 장에서는 가장 기본적인 형태의 상관관계를 사용하기로 하자. 그림 4.5의 산점도를 생성하는 코드는 ch04/R/ch04.R 파일에 들어 있다.

상관관계의 함정

믿거나 말거나, 통계학과 정보보안을 둘러싼 평행이론이 있다. 통계학자들이 이상한 기호와 도구로 흑마술을 보여주듯이, 악성코드 연구자와 네트워크 보안 전문가는 16진수, 8진수, 2진수 행에서 의미를 이끌어낸다. 또 보안 연구자들도 현재 해야 하는 작업에 어떤 도구를 사용해야 하는지 이해하고 있다. 데이터 과학자도 별로 다를 것은 없지만, 불행히도 가장 기초적인 상관관계 기법들을 사용할 때조차도 신경을 써야 하는 몇 가지가 있다.

이 장에서는 피어슨(Pearson) 상관 분석을 이용하는데, 구간이나 비율 척도의 데이터인 경우 사용되며 가장 일반적인 상관 분석 기법이다. 반면에 순서 또는 순위를 갖는 데이터일 경우에는 스피어만(Spearman)이나 켄달 타우(Kendall's Tau) 알고리즘을 사용해야 한다. 이 책에서는 상관 분석 알고리즘을 자세히 다루지 않지만 여러분이 직접 상관 분석을 할 때는 각 기법의 용도 및 한계를 충분히 이해하고 있어야 한다. 상관 분석 기법에 대해서는 http://www.statisticssolutions.com/ academic-solutions/resources/directory-of-statistical-analyses/correlation-pearson-kendall-spearman/에서 자세한 내용을 읽을 수 있다.

상관관계는 추론적 통계가 아니라 기술적 통계 기법이다. 따라서 분석 대상의 모집단에 대해서 어떤 설명을 내놓을 수는 있지만, 분석 결과를 일반화하거나 그 결과에 기초해 예측을 할 수는 없다.

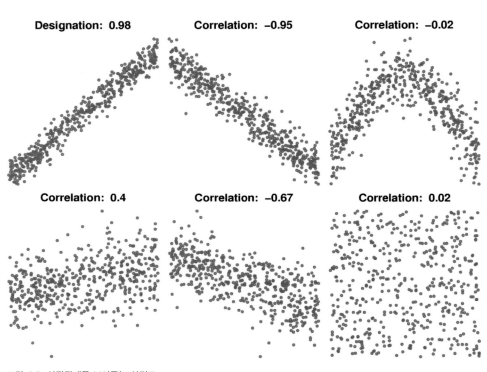

그림 4.5 상관관계를 보여주는 산점도

상관관계는 단지 변수들 사이에 어떤 관계가 있음을 의미할 뿐이며, 인과관계를 의미하지는 않는다. 예를 들어, 어떤 분석가가 보안 사고의 발생 횟수와 관제센터의 직원 수 사이에 어떤 관계가 있음을 발견하고는 "관제센터 분석가의 인원수와 보고되는 보안 사고의 횟수 사이에는 강한 상관관계가 있다."라고 보고했다고 가정하자. 이 보고를 잘못 이해하면, 관제센터 분석가가 보안 사고를 유발한다고 오해할 수 있다. 실제로는 보안 사고가 자주 발생하기 때문에 분석가를 더 많이 고용했을 수도 있고, 분석가를 더 많이 고용했기 때문에 보안 사고를 더 많이 발견한 것일 수도 있다. 어쩌면 이 두 가지 사실 모두 다른 무언가의 결과일 수도 있다. 예컨대 조직의 규모가 클수록 해킹 공격의 목표가 되기 쉬워서 그럴 수도 있다. 그래서 상관관계 분석을 할 때는 전후사정을 반드시 고려해야 한다. 사람들은 (특히 자극적인 기사제목을 원하는 사람들은) 수학적으로 표현된 숫자에 과도한 믿음을 가질 때가 많다. 이러한 과신은 자칫 "연구 결과에 따르면, 보안 사고를 줄이기 위해서는 관제센터 분석가의 수를 줄여야 합니다!"와 같이 잘못된 결론으로 이끌 수 있다. 여러분은 항상 작업의 성격을 분명히 하고, 사용 기법의 신뢰도를 상대방에게 잘 전달해야 한다.

IANA 데이터의 경우, 네트워크 블록의 크기가 클수록 악성 노드가 더 많을 것이라고 생각하는 것이 합리적이다. 이것은 평소에 데이터를 많이 다루는 전문가의 의견이자 직관적인 느낌이다. 이 느낌을 통계적으로 뒷받침하고 싶다면, 코드 4.9로 2개의 변수 `IANA.Block.Count`와 `AlienVault.IANA.Count` 간의 관계를 보여주는 산점도를 그림 4.6과 같이 생성할 수 있다.

코드 4.9

```
# 코드 4.9
# 필요한 패키지: ggplot2
# 필요한 객체: combined.df (4-7), set2 (4-4)
# 그림 4.6을 생성한다.
gg <- ggplot(data=combined.df)
gg <- gg + geom_point(aes(x=IANA.Block.Count,
                          y=AlienVault.IANA.Count),
                       color=set2[1], size=4)
gg <- gg + labs(x="IANA Block Count", y="AlienVault IANA Count",
                title="IANA ~ AlienVault")
gg <- gg + theme(axis.text.x = element_text(angle = 90, hjust = 1),
                 panel.background = element_blank(),
                 legend.position = "none")
gg
```

그림 4.6의 산점도에 따르면 양의 상관관계가 존재하는 것 같다. 이번에는 숫자를 사용한 통계적 비교를 실행해 보자. 2개의 변수 간의 상관 분석을 수행하는 방법은 다양하지만 R 언어의 내장 함수인 cor()를 통해서 3개의 기본 알고리즘을 이용할 수 있다.

```
cor(combined.df$IANA.Block.Count,
    combined.df$AlienVault.IANA.Count, method="spearman")
## [1] 0.9488598
```

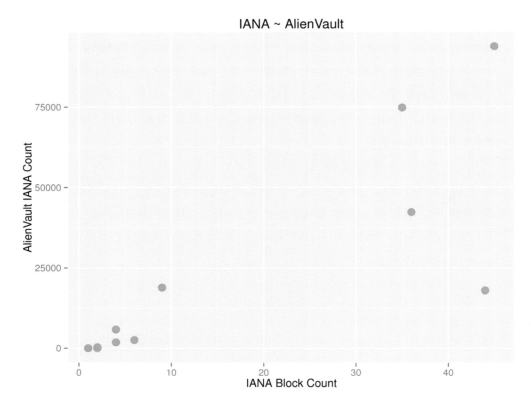

그림 4.6 IANA가 관리하는 블록의 수와 악성 노드의 수 간의 관계를 보여주는 산점도

cor() 함수가 반환하는 값을 상관계수라고 부르며 앞서도 설명했듯이 +1에 가깝다면 두 변수 사이에 강한 양의 선형관계가 있음을 가리킨다. cor() 함수는 앞서 언급했던 3개의 상관 분석 기법을 인수로 받을 수 있다.

- pearson: 인수가 지정되지 않은 경우 기본값으로서 피어슨의 적률 상관 함수를 가리킨다. 특이점이 없고 정규분포를 갖는 연속적 데이터에 가장 효과적이다(정규분포에 관해서는 이 장 후반을 참조).
- spearman: 스피어만의 서열 상관계수를 의미하며, 이름에서 알 수 있듯이 서열 혹은 순서가 있는 데이터에 적용된다. 예를 들어 데이터프레임에 두 개의 열이 있고, 열에 (예를 들면 '1위부터 10위까지'와 같이) 순위 값이 이미 들어 있거나 혹은 앞으로 순위 값이 저장될 수 있는 경우(특히 피어슨 알고리즘의 효과를 반감시키는 특이점 문제를 방지하기 위해) 스피어만 서열 상관 분석이 사용된다. 알고리즘 측면에서 바라보면, 스피어만 계산은 순위가 있는 변수로부터 계산된 피어슨 상관계수

와 다르지 않다.

- kendall: 켄달의 타우^{tau} 상관계수를 의미한다. 서열이 있는 데이터용으로 설계되었으며, 입력 변수의 관점에서 출력 변수가 증가할 확률과 감소할 확률 간의 차이를 나타낸다.

이번 예제에서는 스피어만 알고리즘을 적용한 이유는 이 알고리즘이 순위 상관계수를 생성하며 정규분포를 갖지 않는 변수에 적합하기 때문이다(hist() 함수를 실행해 보면 제거된 데이터 세트들이 정규분포와 얼마나 많이 다른지 직접 확인할 수 있다). 정규분포를 잘 모르는 독자들을 위해, 정규분포를 갖는 데이터를 간단히 설명하자면 다음과 같다.

- 평균과 중앙값이 같다.
- 68%의 값이 평균에서 1 표준편차 이내에 있다.
- 95%의 값이 평균에서 2 표준편차 이내에 있다.
- 99.7%의 값이 평균에서 3 표준편차 이내에 있다.

이제 네트워크 블록이 클수록 악성 호스트가 많음을 보여주는 시각적 패턴 및 논리적(상식적) 관점을 검증하는 통계적 뒷받침을 확보했다. 여러분이 실무에서 데이터 분석을 할 때도 동일한 방법을 사용할 수 있다. 예를 들어 부서의 직원 수와 탐지된 바이러스의 수 사이의 관계를 마찬가지로 검증할 수 있다.

> **노트**
>
> 5장에서 변수 간의 관계를 판단하는 방법들을 더 자세히 설명한다.

더 나은 이해를 위한 시각화의 필요성

악성 노드에 관한 정보를 계산하고 그래프로 나타내는 작업은 조직에서 사용되는 보안 기술을 운영하는 데 있어서 매우 유용하며 핵심적인 역할을 한다. 보안 데이터 과학자는 여기에 그치지 않고, 숨겨져 있는 구조나 패턴을 발견하기 위한 데이터 시각화를 자주 하는 습관을 들이는 것이 좋다. 이러한 시각화의 효과를 알 수 있는 전형적인 예가 그림 4.7에 보이는 앤스콤의 콰르텟$^{Anscombe's\ quartet}$이다.

코드 4.10은 그림 4.7의 그래프를 구성하는 (x, y) 쌍들이다.

코드 4.10

```
# 코드 4.10
# anscombe은 R에 내장된 데이터 세트임
# 쌍으로 보여주기 위해서
# 데이터프레임의 열 인덱싱 기능을 사용한다.
anscombe[,c(1,5,2,6,3,7,4,8)]
```

##	x1	y1	x2	y2	x3	y3	x4	y4
## 1	10	8.04	10	9.14	10	7.46	8	6.58
## 2	8	6.95	8	8.14	8	6.77	8	5.76
## 3	13	7.58	13	8.74	13	12.74	8	7.71
## 4	9	8.81	9	8.77	9	7.11	8	8.84
## 5	11	8.33	11	9.26	11	7.81	8	8.47
## 6	14	9.96	14	8.10	14	8.84	8	7.04
## 7	6	7.24	6	6.13	6	6.08	8	5.25
## 8	4	4.26	4	3.10	4	5.39	19	12.50
## 9	12	10.84	12	9.13	12	8.15	8	5.56
## 10	7	4.82	7	7.26	7	6.42	8	7.91
## 11	5	5.68	5	4.74	5	5.73	8	6.89

```
# 각 열의 평균과 표준편차를 계산한다.
sapply(anscombe,mean)
## x1        x2        x3        x4        y1        y2        y3
## 9.000000  9.000000  9.000000  9.000000  7.500909  7.500909  7.500000
## y4
## 7.500909
sapply(anscombe,sd)
## x1        x2        x3        x4        y1        y2        y3
## 3.316625  3.316625  3.316625  3.316625  2.031568  2.031657  2.030424
## y4
## 2.030579
sapply(anscombe,var)
##       x1        x2        x3        x4        y1        y2
## 11.000000 11.000000 11.000000 11.000000  4.127269  4.127629
##       y3        y4
## 4.122620  4.123249
for (i in 1:4) cat(cor(anscombe[,i], anscombe[,i+4]), "\n")
## 0.8164205
```

```
## 0.8162365
## 0.8162867
## 0.8165214
```

　4개의 데이터 세트는 기술 통계값(평균, 표준편차, 분산, 상관관계)이 모두 같으며, 심지어 동일한 선형회귀(그림 4.7의 파란색 대각선)에 적합하다. 하지만 그림 4.7과 같이 시각화해 보면 서로 다른 패턴이 드러난다. 그림 4.7에서 1번 그래프는 매우 정규적으로 분포된 데이터 세트의 기본적인 선형 관계를 보여준다. 2번 그래프는 선형 관계는 확실히 아니지만, 어떤 관계가 있음은 분명하다. 3번 그래프는 거의 선형 관계이지만, 명백한 특이점이 존재한다. 마지막으로 4번 그래프는 확실한 특이점이 오른쪽 상단에 있으며 선형 관계는 아니지만 강한 상관관계를 존재한다. 이 그림에서 알 수 있듯이 데이터를 좀 더 잘 이해하는 데 시각화가 핵심적인 역할을 할 때가 많다.

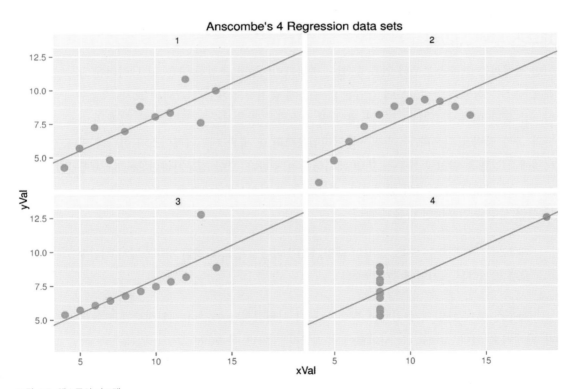

그림 4.7 앤스콤의 콰르텟

앞서 배운 것처럼 지도를 사용해 정보를 시각적으로, 그리고 효과적으로 전달할 수 있지만, 지도 이외의 방법으로도 IP 주소를 논리적 혹은 물리적으로 시각화할 수 있다. 특히 노드 간의 상호연결 관계를 보여주고 싶을 때 널리 쓰이는 것이 그래프 구조graph structure다. 그래프 구조는 통계 데이터를 매우 다양한 방법으로 시각화할 수 있다. 여기서 '그래프 구조'를 그림이나 그래프를 그리는 것과 혼동하지 말자. 그래프 구조는 노드(정점) 및 노드 간의 연결선(간선) 모음을 가리킨다. 노드와 간선은 이름/레이블처럼 고유한 속성을 갖고 있으며, 어떤 노드로 들어가는 혹은 어떤 노드에서 나오는 간선의 수(차수)처럼 계산을 통해서 얻어지는 속성도 가지고 있다. 전통적인 그래프 구조에서는 간선의 방향(진입 혹은 진출)도 지정할 수 있다. 8장에서 살펴보겠지만, 최근 들어 그래프의 용도가 매우 넓어져서 대규모의 그래프 구조를 간단히 저장, 수정 및 분석할 수 있는 커스텀 데이터베이스들도 사용할 수 있다.

제우스 봇넷 시각화

이번 절에서는 IP 주소로부터 얻을 수 있는 메타데이터들을 조합한 다음, 그 데이터에 그래프 구조를 적용해 악성코드에 감염된 IP 주소에 숨겨진 관계를 시각화해 보자. 지금부터 5장 끝날 때까지 그래프 구조의 생성 및 시각화를 집중적으로 설명한 뒤, 그래프 기반의 분석 방법을 다룬다. 이번에는 에일리언볼트의 IP 평판 데이터베이스가 아니라 인터넷에서 악명을 떨쳤던 제우스 봇넷 데이터를 이용한다. 보안 전문가라면 누구나 제우스 봇넷에 대해서 들은 적이 있겠지만, 제우스 추적 사이트(https://zeustracker.abuse.ch/)에 실린 설명을 인용하면 다음과 같다.

제우스Zbot/WSNPoem는 SNS, 온라인 뱅킹, FTP, 이메일 등의 다양한 서비스에서 개인정보를 탈취하는 크라임웨어crimeware다.

제우스 봇넷을 없애기 위해서 많은 노력이 이뤄졌지만 여전히 개인정보를 빼돌리며 활개치고 있다. abuse.ch 사이트에서 제공하는 차단 목록(https://zeustracker.abuse.ch/blocklist.php?download=badips)을 사용하면 제우스에 감염된 노드를 식별 가능하며 봇넷을 지휘하는 C&C(명령 및 제어) 서버와의 통신도 막을 수 있다. 코드 4.11은 차단 목록 파일을 R로 읽어 들인다(지금쯤 여러분이 데이터 읽어 들이기에 매우 익숙해져 있기를 바란다).

코드 4.11

```
# 코드 4.11
# 제우스 차단목록을 R로 읽어 들인다.
zeusURL <- "https://zeustracker.abuse.ch/blocklist.php?\
download=ipblocklist"
zeusData <- "data/zeus.csv"
if (file.access(zeusData)) {
  # https 호환성을 위해서 다운로드 방법을 변경했다.
  download.file(zeusURL, zeusData, method="curl")
}
# 제우스 테이블을 읽어 들인다. 불필요한 내용을 건너뛰고 헤더는 없으며 열 이름을 지정한다.
zeus <- read.table(zeusData, skip=5, header=FALSE, col.names=c("IP"))
```

코드 4.11에서 read.table() 함수를 사용한 이유는 데이터에 열이 하나밖에 없기 때문이다(read.csv()는 read.table() 함수의 변형이다). 그리고 이 데이터 파일은 헤더가 없으며, 처음 5개의 행은 주석이므로 읽어 들일 필요가 없다. 또, colnames()를 별도로 호출하지 않고, 대신에 read.table() 함수 호출 시 열 이름을 직접 포함시켰다.

우선, 제우스 봇의 거주 국가들을 알아보자. 지리정보 서비스를 사용할 수도 있자만, 어차피 분석을 위해 필요한 정보들이 몇 가지 있으므로 여기에서는 다른 접근 방식으로 접근한다. 팀 킴루Team Cymru 사는 IP 기반 검색 서비스(http://www.team-cymru.org/Services/ip-to-asn.html)를 제공 중인데, 이 IP-ASN 매핑 서비스는 43번 이상의 포트에 대한 일괄 질의를 지원하며 아래와 같이 편리한 정보들을 반환해 준다.

- AS 번호
- BGP 프리픽스
- 국가 코드
- 레지스트리
- 할당 시점
- AS 조직명

이 서비스의 국가 코드 데이터는 대륙별 레지스트리 데이터베이스만큼만 정확하다고 명시되어 있는데, 지금 우리의 예제용으로는 이 정도의 정확도면 충분하다. 이 데이터를 사용하기 위해서 필요한 헬퍼 함수들은 이 책의 웹사이트(www.wiley.com/go/datadrivensecurity)에서 제공되는 ch04/R 디렉토리의 ch04.R 파일에 들어 있다.

- `trim(c)`: 문자열을 받아서 맨 앞과 맨 뒤에 위치하는 공백을 제거한 문자열을 반환한다.
- `BulkOrigin(ips)`: IPv4 주소 목록을 인수로 받아서 ASN 오리진의 세부 목록을 반환한다.
- `BulkPeer(ips)`: IPv4 주소 목록을 인수로 받아서 ASN 피어의 세부 목록을 반환한다.

그래프 구조를 생성하기 위해서 아래의 작업을 순서대로 수행한다.

1. ASN 데이터를 검색한다.
2. IP 주소들을 그래프 정점으로 변환한다.
3. AS 오리진 국가들을 그래프 정점으로 변환한다.
4. IP 주소에서 해당 AS 오리진 국가로 연결되는 간선을 생성한다.

이 작업을 수행하는 R 코드는 코드 4.12와 같이 놀라울 정도로 단순하다.

코드 4.12

```
# 코드 4.12
# 제우스 차단목록을 국가별 그래프 구조로 구축한다.
# 필요한 패키지: igraph, plyr, RColorBrewer, colorspace
# 필요한 객체: set2 (4-4)
library(igraph)
library(plyr)
library(colorspace)
# 지금부터 5장 마지막까지 사용될
# 제우스 봇넷 데이터를 가져온다.
zeus <- read.table("data/zeus-book.csv", skip=5, header=FALSE,
                   col.names=c("IP"))
ips <- as.character(zeus$IP)
# BGP 오리진 & 피어 데이터를 얻는다.;
origin <- BulkOrigin(ips)
g <- graph.empty() # start graphing
# Make IP 정점을 생성한다. IP 최종점은 빨간색이다.
g <- g + vertices(ips, size=4, color=set2[4], group=1)
# BGP 정점을 생성한다.
g <- g + vertices(origin$CC, size=4, color=set2[2], group=2)
# 모든 IP 주소에 대해서 AS 오리진을 가져와서
# IP->CC 간선 목록을 생성한다.
```

```
ip.cc.edges <- lapply(ips, function(x) {
  iCC <- origin[origin$IP==x, ]$CC
  lapply(iCC, function(y){
    c(x, y)
  })
})
g <- g + edges(unlist(ip.cc.edges)) # build CC->IP edges
# 공통되는 간선들을 합쳐서 그래프를 단순화한다.
g <- simplify(g, edge.attr.comb=list(weight="sum"))
# 홀로 존재하는 정점을 모두 제거한다.
# 그래프 용어로는 차수가 0인 정점을 제거한다.
g <- delete.vertices(g, which(degree(g) < 1))
E(g)$arrow.size <- 0 # we hate arrows
# ASN에 집중하기 위해서 IP 주소를 공백으로 만든다.
V(g)[grep("\\.", V(g)$name)]$name <- ""
```

이렇게 만들어진 그래프 구조를 plot() 함수에 전달해 그림 4.8과 같이 시각화할
수 있다. 이 때 레이아웃과 레이블이 매개변수로서 전달된다(코드 4.13).

코드 4.13

```
# 코드 4.13
# 제우스 차단목록 국가 그래프를 시각화한다.
# 필요한 패키지: igraph, plyr
# 코드 4.11의 모든 객체가 필요
# 중간 규모 네트워크에 적합한 레이아웃
# 실행 속도가 너무 느리면 niter=10000을 수정할 것
# 값이 클수록 그래프가 깔끔하게 그려진다.
L <- layout.fruchterman.reingold(g, niter=10000, area=30*vcount(g)^2)
# 그래프를 그린다.
par(bg = 'white', mfrow=c(1,1))
plot(g, margin=0, layout=L, vertex.label.dist=0.5,
     vertex.label.cex=0.75,
     vertex.label.color="black",
     vertex.label.family="sans",
     vertex.label.font=2,
     main="ZeuS botnet nodes clustered by country")
```

국가별로 클러스터링된 제우스 봇넷 노드

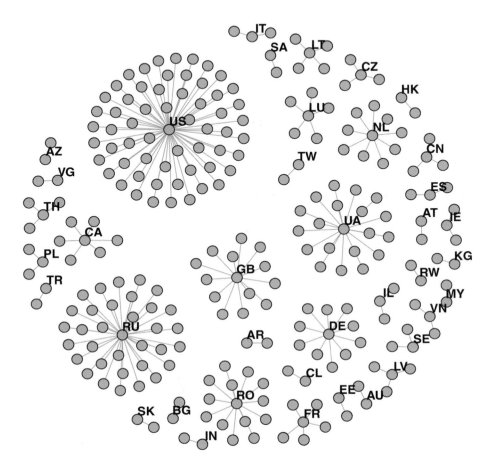

그림 4.8 국가별로 군집화된 제우스 노드들

국가 코드가 나타내는 국가를 분명히 표시하기 위해서 국가 코드 테이블을 사용한다(코드 4.14).

코드 4.14

```
# 코드 4.14
# 필요한 패키지: igraph (4-11)
# 필요한 객체: V() (4-11), g (4-11)
# 국가 코드를 읽어 들여서 변환 테이블을 생성한다.
zeus.cc <- grep("[A-Z]", V(g)$name, value=TRUE)
```

```
zeus.cc <- zeus.cc[order(zeus.cc)]
# 국가 코드 데이터프레임을 읽어 들인다.
cc.df <- read.csv("data/countrycode_data.csv")
# 데이터 세트에 포함된 것만 cc & 이름을 표시한다.
print(head(cc.df[cc.df$iso2c %in% zeus.cc, c(7,1)], n=10),
      row.names=FALSE)
## iso2c    country.name
##    AR       ARGENTINA
##    AU       AUSTRALIA
##    AT         AUSTRIA
##    AZ      AZERBAIJAN
##    BG        BULGARIA
##    CA          CANADA
##    CL           CHILE
##    CN           CHINA
##    CZ  CZECH REPUBLIC
##    DE         GERMANY
```

앞서도 말했지만 막대 그래프와 테이블은 보는 사람으로 하여금 정량적 데이터를 쉽게 이해하도록 도와줄 수는 있지만 시각적으로 눈길을 끄는 힘은 부족한 것이 사실이다. 이럴 때 그래프를 추가로 보여주면 시각적인 영향력 측면에서 큰 효과를 볼 수 있다.

앞서 ASN 예제를 통해서 IP 주소는 물리적 공간과 논리적 공간을 모두 고려할 수 있음을 배웠다. 물리적 공간의 그래프 표현은 이미 해 보았으니, 이번에는 코드 4.15를 실행해 제우스 IP 주소를 ASN 오리진의 관점에서 바라보고 ASN 피어를 포함시키는 진정한 의미의 네트워크로 표현해 보자(그림 4.9).

코드 4.15

```
# 코드 4.15
# 필요한 객체: BulkOrigin() & BulkPeer() from book's web site
# 필요한 패키지: igraph (4-11)
# 제우스 IP, ASN, ASN 피어 네트워크를 생성한다.
# 그림 4.9를 생성한다.
g <- graph.empty()
g <- g + vertices(ips, size=3, color=set2[4], group=1)
origin <- BulkOrigin(ips)
peers <- BulkPeer(ips)
# ASN 오리진 & 피어 정점을 추가한다.
```

```r
g <- g + vertices(unique(c(peers$Peer.AS, origin$AS)),
                  size=3, color=set2[2], group=2)
# IP->BGP 간선 목록을 만든다.
ip.edges <- lapply(ips, function(x) {
  iAS <- origin[origin$IP==x, ]$AS
  lapply(iAS,function(y){
    c(x, y)
  })
})

bgp.edges <- lapply(
  grep("NA",unique(origin$BGP.Prefix),value=TRUE,invert=TRUE),
  function(x) {
    startAS <- unique(origin[origin$BGP.Prefix==x,]$AS)
    lapply(startAS,function(z) {
      pAS <- peers[peers$BGP.Prefix==x,]$Peer.AS
      lapply(pAS,function(y) {
        c(z,y)
      })
    })
  })
g <- g + edges(unlist(ip.edges))
g <- g + edges(unlist(bgp.edges))
g <- delete.vertices(g, which(degree(g) < 1))
g <- simplify(g, edge.attr.comb=list(weight="sum"))
E(g)$arrow.size <- 0
V(g)[grep("\\.", V(g)$name)]$name = ""
L <- layout.fruchterman.reingold(g, niter=10000, area=30*vcount(g)^2)
par(bg = 'white')
plot(g, margin=0, layout=L, vertex.label.dist=0.5,
     vertex.label=NA,
     main="ZeuS botnet ASN+Peer Network")
```

제우스 봇넷 ASN+피어 네트워크

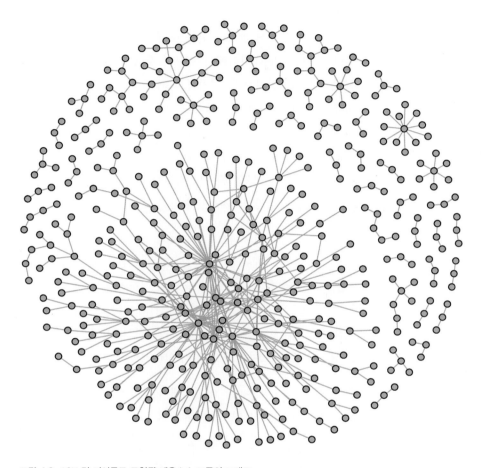

그림 4.9 ASN 및 피어들로 표현된 제우스 노드들의 그래프

　　이 네트워크를 확장해 추가로 탐색할 가치가 있는 ASN 클러스터를 발견할 수도 있다. 하지만 이 단계를 수행하기 위해서는 '추천 읽을거리'에 소개된 문서를 공부할 필요가 있다.

　　그래프 네트워크의 기초적인 개념에 익숙해지면 더욱 실용적인 응용도 가능하다. 여러분 회사의 실제 데이터를 사용해 네트워크 상에서의 악성코드의 활동을 시각화하고, "어떤 잠재적 악성 노드들이 우리 회사의 네트워크로 침입하고자 시도하고 있으며, 또 회사 네트워크 외부로 연결을 시도하고 있는가?"라는 질문에 대한 답을 시각화할 수 있을 것이다.

여러분 회사의 방화벽 데이터 시각화

이번 예제처럼 세상에 공개된 악성 노드 데이터를 조사하는 것도 의미는 있지만, 여러분이 일하는 조직의 데이터를 대상으로 분석 및 시각화를 수행한다면 더욱 의미가 있을 것이다. 이번에는 에일리언볼트의 IP 평판 데이터베이스와 이 장에서 설명한 그래프 기법을 사용해 방화벽을 조사하는 방법을 알아보자. 설명을 위해서 인공적인 데이터를 생성하지 않고, 실제로 어떤 방화벽에서 24시간 동안 얻어진 데이터를 갖고 분석을 진행하기로 한다. 이 데이터 파일은 이 책 웹사이트(www.wiley.com/go/datadrivensecurity)의 ch04/data 디렉토리에 dest.ips라는 이름으로 찾을 수 있다.

이번 예제에서는 다음과 같이 2개의 새로운 함수도 작성한다. 이 함수들은 이 책의 웹사이트의 ch04/R 디렉토리의 ch04.R 파일에 들어 있다.

- `graph.cc(IPS, av.df)`: IPv4 주소 목록과 `AlienVault` 데이터프레임을 인수로 받아서 국가 코드별로 군집화된 그래프 네트워크 구조를 반환한다. 악성 트래픽 유형을 요약한 정보를 그래프와 함께 보여줄 수도 있다(선택 사항).
- `graph.asn(IPS, av.df)`: IPv4 주소 목록과 `AlienVault` 데이터프레임을 인수로 받아서 ASN별로 군집화된 그래프 네트워크 구조를 반환한다. 악성 트래픽 유형을 요약한 정보를 그래프와 함께 보여줄 수도 있다(선택 사항).

우선 IP 주소 목록을 불러온 다음, `AlienVault` 데이터베이스에 없는 IP 주소는 모두 걸러낸다. 필터링된 결과를 대략적으로 살펴보고, 어떤 유형의 악성코드에 집중해야 하는지 결정할 수 있다. (3장에서도 언급했듯이) 데이터에 치우침이 존재할 가능성이 있지만, 신뢰도 변수의 값이 높은 것으로 미루어 해당 노드가 실제로 악성노드일 가능성이 높다. 따라서 신뢰성 변수의 값이 6보다 큰 항목만 고르면 127개의 노드를 `graph.cc` 함수에 전달할 수 있다(코드 4.16)

코드 4.16

```
# 코드 4.16
# 필요한 객체: BulkOrigin() & BulkPeer(), graph.cc(), graph.asn()
#              set2 (4-4)
# 실제 데이터를 사용한다.
# 제우스 IP, ASN, ASN 피어 네트워크를 생성한다.
# 그림 4.10을 생성한다.
# 필요한 패키지: igraph, RColorBrewer
```

```
avRep <- "data/reputation.data"
av.df <- read.csv(avRep, sep="#", header=FALSE)
colnames(av.df) <- c("IP", "Reliability", "Risk", "Type",
                     "Country", "Locale", "Coords", "x")

# 방화벽 로그에서 수집된 목적지 IP주소의 목록을 읽어 들인다.
dest.ips <- read.csv("data/dest.ips", col.names= c("IP"))

# IP 주소 항목의 신뢰도 값을 조사한다.
# (히스토그램을 그리는 것도 좋다.)
table(av.df[av.df$IP %in% dest.ips$IP, ]$Reliability)
##  1   2   3   4   5   6   7   8   9  10
## 16 828 831 170   1 266  92   2  23  24

# 신뢰도 값이 6보다 큰 항목만 추출한다.
# 6 이하인 경우는 정말로 악성 노드라고
# 신뢰하기 어렵기 때문.
ips <- as.character(av.df[(av.df$IP %in% dest.ips$IP) &
                          (av.df$Reliability > 6), ]$IP)
# 그래프를 그린다.
g.cc <- graph.cc(ips, av.df)
```

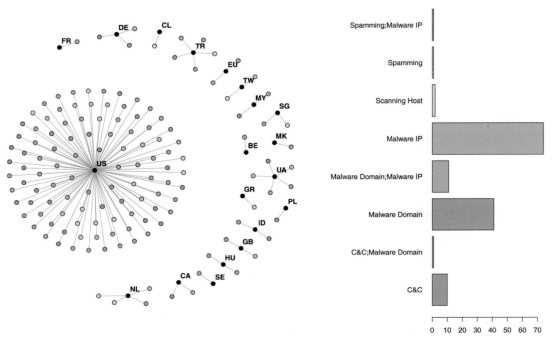

그림 4.10 악성 트래픽의 목적지를 국가별로 나타낸 그래프

그림 4.10 우측의 막대 그래프는 네트워크 노드의 색을 설명하는 범례다. 그림 4.10에서 몇 개의 C&C 서버를 볼 수 있으며, 잠재적인 악성 목적지 주소를 가장 많이 갖고 있는 국가가 미국이라는 것을 알 수 있다. grapg.cc() 함수와 코드 4.16의 예제를 이용하면 여러분 스스로도 악성 트래픽을 바라보는 다양한 관점을 얻을 수 있을 것이다.

요약

이번 장의 목표는 분석 및 시각화 대상 데이터를 완벽히 이해하는 것이 얼마나 중요한지 보여주고, 연구 질문을 정립하고 계산과 시각화를 반복해 답을 향해 나아가는 과정의 중요성을 설명하는 것이었다. 인터넷에는 이번 장에서 사용된 예제 데이터 대신에 사용할 수 있는 유사 데이터들이 많이 있다. 그러한 데이터(혹은 마지막 예제처럼 여러분 회사의 방화벽 데이터)를 자세히 분석하고, 표본 분석을 통해서 자신만의 질문을 확립하는 과정에서 데이터 분석 작업흐름의 패턴을 몸으로 느낄 수 있다.

IP 주소 기반으로 악성 노드를 분석하는 관점은 다양하며 이번 장의 예제는 그중 일부에 지나지 않는다. R은 오직 시각화 및 통계 분석에만 필요하며, 데이터를 정렬하고 분할하는 작업의 대부분은 데이터베이스에서 수행한다. 대규모의 데이터를 분석할 때 필요한 데이터베이스 작업에 관해서는 8장에서 자세히 설명할 것이다.

다음 장에서는 지금까지의 분석 작업을 더욱 확장해 봇넷 데이터를 바라보는 '매우 기발한' 관점을 제시한다.

추천 읽을거리

다음 목록은 이 장에서 소개했던 주제들을 더욱 깊이 있게 이해하고 싶은 독자들을 위한 추천 읽을거리다. 아래의 문헌 및 이 장에서 언급한 문서의 원본에 관한 자세한 목록은 부록 B에서 확인할 수 있다.

- 다이앤 쿡[Diane J. Cook]과 로렌스 홀더[Lawrence B. Holder], 『Mining Graph Data』
- 데이빗 에드워즈[David Edwards]와 스테판 라우리첸[Steffen Lauritzen], 『Graphical Models with R』

지도에서 회귀 분석으로

"미처 이해하기도 전에 여러분의 두뇌는 지도에 그려진다."

켄 제닝스(Ken Jennings), 작가이자 Jeopardy! 퀴즈쇼 챔피언

4장까지 보안 데이터에 관한 기초 지식과 IP 주소로부터 의미를 끄집어내는 방법을 설명했다. 4장에서 다루었듯이 지리정보서비스를 사용하면 IP 주소를 위치데이터와 연계시킬 수 있다. 하지만 IP 주소와 지리 정보의 연계는 무슨 가치가 있을까? 위도와 경도를 IP 주소와 연계시켜서 무엇을 학습할 수 있을까? 이 질문에 대한 답은 IP 주소의 의미를 얼마나 깊숙이 연구하느냐에 달려 있다. 가상의 세계를 현실의 물리적 세계로 매핑하는 작업이 어떤 가치를 지니고 있는지 설명하기 위해서 이번 장에서는 시만텍에 근무하는 지인이 공유해 준 800,000개 이상의 위도/경도 정보를 사용한다. 이 위치데이터는 2013년 7월의 어느 날 24시간에 걸쳐 수집된 것으로서 제로액세스^{ZeroAccess} 루트킷에 감염된 클라이언트 IP 주소로부터 얻어진 것이다.

제로액세스에 감염된 호스트의 위치정보라는 사실로부터 다음과 같은 질문들을 할 수 있다.

- 제로액세스의 지리적 분포 상황은 어떠하며, 이러한 분포에 의미가 있는가?
- 어떤 유형의 사용자가 제로액세스에 감염될 가능성이 높은가? 교육이나 소득 수준 등이 감염율에 영향을 미치는가?
- 제로액세스가 외계인 방문자의 소행인가?

물론, 이번 장에서 최고로 중요한 질문은 마지막 질문이다. 아주 중요해서 진지하게 연구할 가치가 있다(연구비 지원해 주실 분 계신가요?). 실제로, 이번 장의 목적은 1차 데이터를 (외계인 방문자 데이터와 같은) 2차 데이터에 연계했을 때 얻을 수 있는 이점(및 함정)을 연구하는 것이다. 하나의 데이터만 갖고는 알 수 없는 무언가를 다른 데이터와 조합했을 때 학습 가능한 경우는 자주 발생한다. 여러분이 이번 장에서 얻을 교훈을 현업에 적용할 때도 여러분이 수집한 1차 데이터를 외부에서 얻은 다른 데이터와 연관시킴으로써 통찰을 얻을 수 있음을 명심하기 바란다. 예를 들어, 다음과 같이 둘 이상의 데이터 소스를 조합해 질문을 던질 수 있다.

- 피싱 피해자와 그들의 개인정보(교육수준, 급여 등) 간에 관계가 있는가?
- 네트워크 패킷 플로우의 패턴과 호스트 상에서 실행 중인 소프트웨어 및 서비스 사이에 관계가 있는가?
- 직원의 웹서핑 습관과 생산성 또는 고과 점수 사이에 관계가 있는가?

이번 장에는 우선 제로액세스에 감염된 시스템의 위치데이터만 갖고 그 데이터 내에 존재하는 관계들을 탐색한다. 이어서, 이 위치데이터를 다른 정보와 조합하고 선형회귀 분석^{linear regression}으로 알려진 통계적 기법을 적용해 다양한 데이터 간의 관계를 검사한다. 이런 과정을 통해서 유의미한(어쩌면 무의미한) 관계들을 찾을 것이다. 이번 장의 예제를 본격적으로 시작하기 전에 코드 5.0을 실행해 작업 디렉토리 설정과 R 라이브러리 설치가 제대로 되어 있는지 확인한다.

코드 5.0

```
# 작업 디렉토리를 설정한다.
# 5장에 해당하는 위치로 설정
setwd("~/book/ch05")
# 이번 장에 필요한 패키지 설치 여부를 확인하고
# 필요하면 새로 설치한다.
pkg <- c("ggplot2", "scales", "maptools",
         "sp", "maps", "grid", "car" )
new.pkg <- pkg[!(pkg %in% installed.packages())]
if (length(new.pkg)) {
  install.packages(new.pkg)
}
```

지도 단순화하기

공간 데이터(지도)를 시각화하는 작업은 특별하고 복잡하며 많은 노력이 필요하다고 생각하기 쉽다. 하지만 도구만 제대로 갖추면(그리고 세상에는 좋은 도구가 많다) 공간 데이터의 시각화는 간단하면서 재미있기는 일이다. 지도 작업에 관한 거리감을 없애기 위해서 우선 시만텍 데이터의 위도와 경도 정보를 불러온 다음, 이 데이터를 x, y 좌표로 삼아서 간단한 산점도를 그려보자(코드 5.1).

코드 5.1

```
# ggplot2를 이용해 그래프를 그린다.
library(ggplot2)
# 제로액세스 데이터를 CSV 파일로 읽는다.(헤더가 있음)
za <- read.csv("data/zeroaccess.csv", header=T)

# 읽어 들인 데이터로 ggplot 인스턴스를 생성한다.
gg <- ggplot(data=za, aes(x=long, y=lat))
# 점을 추가하고, 투명도를 1/40로 설정한다.
```

```
gg <- gg + geom_point(size=1, color="#000099", alpha=1/40)
# 축 레이블을 추가한다.
gg <- gg + xlab("Longitude") + ylab("Latitude")
# 단순한 테마를 사용한다.
gg <- gg + theme_bw()
# 점의 개수가 800,000개가 넘기 때문에 다소 시간이 걸릴 수 있다.
print(gg)
```

그림 5.1은 특별히 지도처럼 보이기 위한 작업을 하지 않았음에도 충분히 세계지도처럼 보인다. 좌표가 800,000개가 넘고 점 하나가 대도시 한 개 이상을 커버하기 때문이다. 지도를 그릴 때 알파값(색의 투명도)을 1/40으로 설정한 것은 너무 두드러지지 않기위한 것이다. 알파값이 1/40이므로, 40개의 점이 하나의 위치에 중복되어야 비로소 완전 불투명하게 표현된다. 20개가 중복되면 투명도는 50%가 될 것이다.

이 산점도를 보면, 미국 동부 및 서부 해안 그리고 유럽 대부분이 높은 밀도를 보이고 있음을 알 수 있다. 브라질도 어느 정도 높은 밀도를 보여주며, 인도는 거의 점이 없다는 것도 특이하다. 한 가지 흥미로운 점은 중국에 거의 점이 표시되지 않은 반면 일본은 밀도가 매우 높다는 것이다. 현 시점에서는 이와 같은 아시아 국가 간의 차이가 무슨 이유인지는 단지 추측만 할 수 있을 뿐이다.

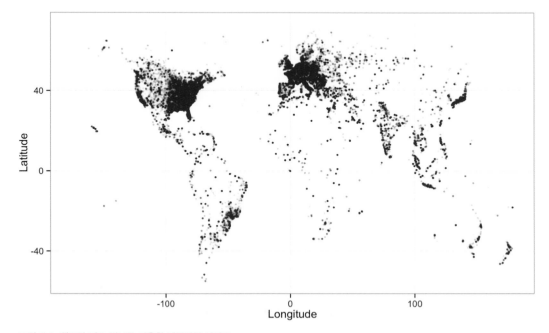

그림 5.1 위도와 경도 정보를 사용한 기본적인 산점도

　　지도는 기본적으로 지구라는 3차원 구형을 2차원 평면 캔버스에 '투영projection'해서 만들어진다. 그리고 이 과정에서 필연적으로 왜곡이 발생한다. 모양이 왜곡될 뿐 아니라 육지 면적이 축소/팽창되며, 거리도 실제와 달라진다. 그러나 정보보안 분야에서 지도의 역할은 단순히 지리적 영역별 특성 혹은 영역 간의 차이를 표현하는 것이므로 투영으로 인한 왜곡은 그리 중요하지 않다. 따라서 어떤 투영 방식을 선택할지는 개인 취향의 문제에 가깝다. 그림 5.2는 몇 가지 지도 투영 방식을 보여주고 있다.

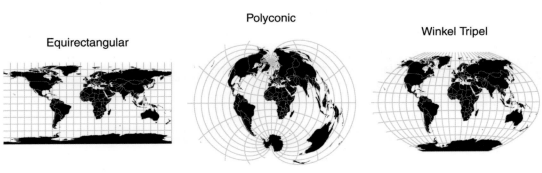

그림 5.2 지도 투영 방식

　　그림 5.1은 고등학교 시절 세계지리 시간에 열심히 공부하지 않은 사람은 그래프 상의 점들이 어느 나라에 속하는지 알기가 쉽지 않다. 그래서 국경선이 표시되도록 지도 이미지를 다시 생성한 뒤 그 위에 점을 추가하도록 코드를 수정해 보자. 다행히 R에 몇 개의 패키지를 설치하면 기본적인 지도 데이터를 쉽게 사용할 수 있다. ggplot2 패키지의 map_data()는 maps 패키지를 감싸는 함수로서 ggplot2와 호환되는 데이터프레임을 반환한다.

　　'world'라는 문자열을 인수로 map_data() 함수를 호출하면 25,000행 이상의 지도 데이터를 하나의 데이터프레임에 넣을 수 있다. 그리고 3장에서 보았듯이 str(), head(), summary() 등의 명령어를 사용해 데이터의 내용을 조사할 수 있다. 지도 데이터 내의 위도/경도를 따라서 경로를 추적하면서 점을 그리면 국경선을 나타내는 것과 같은 효과를 얻을 수 있다. 각각의 경로는 group이라는 이름의 열로 구분되며(여기서 group 은 국가를 의미), 데이터프레임은 반드시 순서대로 정렬되어야 한다. 코드 5.2는 지도를 생성하기 위해서 coord_map() 함수를 호출해 지도 투영 방식을 결정하고(여기서는 메르카토르 투영을 사용한다) theme_bw() 함수로 간단한 흑백 테마를 지정한다. 국가별 경로 추적이 끝난 후에는 코드 5.1처럼 산점도를 그려서 제로액세스 데이터를 그래프에 그리면 된다(그림 5.3).

코드 5.2

```
# 필요한 패키지 : ggplot2
# 필요한 객체: za (5-1)
# maps와 mapproj 패키지는 ggplot2에 의해서 사용된다.
# 세계지도 데이터를 불러온다.
world <- map_data("world")
# 펭귄에 개인적 감정은 없지만, 남극은 지도에서 제외한다.
world <- subset(world, world$region!="Antarctica")
# 세계지도 데이터를 ggplot객체에 넣는다.
gg <- ggplot(data=world, aes(x=long, y=lat))
# 그룹(국가)별 위도/경도 좌표를 따라 추적한다.
gg <- gg + geom_path(aes(group=group), colour="gray70")
# 메르카토르 방식으로 투영한다.
# 다른 투영 방식도 시도해 보면 재미있을 것이다.
gg <- gg + coord_map("mercator", xlim=c(-200, 200))
# 제로액세스 데이터포인트를 불러온다. 이 때 기본 데이터 세트 위에 겹쳐쓴다.
gg <- gg + geom_point(data=za, aes(long, lat),
                      colour="#000099", alpha=1/40, size=1)
# 텍스트, 축, 눈금, 격자선을 제거하고, 흰색 바탕에 회색 경계선을 그린다.
gg <- gg + theme(text=element_blank(),
            axis.ticks=element_blank(),
            panel.grid=element_blank(),
            panel.background=element_rect(color="gray50",
                                          fill="white"))
print(gg)
```

자, 이제 진짜 지도를 얻었다. 하지만 이 지도에서 무엇을 배울 수 있을까? 사실, 별로 건질 게 없다. 이 지도는 제로액세스 봇넷이 전 지구적으로 돌아다닌다는 사실 이외에는 거의 알려주는 것이 없다. 그리고 누구나 다 아는 사실이다. 좀 더 세부적으로 조사해서 지도를 사용한 시각화의 개선 가능 여부를 알아보자.

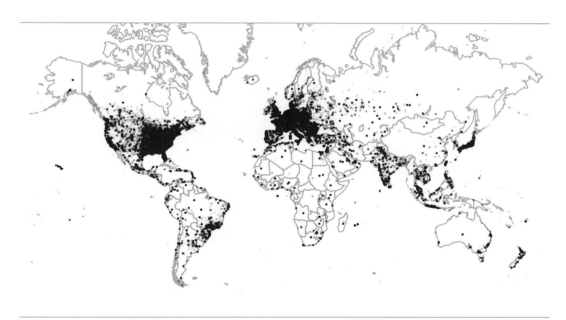

그림 5.3 제로액세스의 국가별 감염 분포

국가별로 제로액세스에 감염된 노드의 숫자는?

그림 5.3을 보고 어느 국가가 제로액세스 봇에 가장 많이 감염되었는지 알아내기는 매우 어렵다. 이 지도를 보고 국가별로 제로액세스 봇 감염 비율을 추출하기는 더욱 불가능하다. 미국과 유럽은 아예 이 봇에 뒤덮인 것처럼 보인다. 그래서 다른 유형의 지도로 시각화를 해 보자. 국가별로 얼마나 감염된 노드의 개수를 얻은 뒤, 그 결과를 코로플레스^{choropleth} 지도로 시각화할 것이다. 코로플레스 지도는 국가별로 감염 개수를 단계별 음영으로 표현할 수 있으며, 혹은 특정한 색상으로 나타낼 수 있다. 먼저 위도/경도 좌표가 어느 국가에 속하는지 알아낸 다음, 그 양을 표현하기 위해서 하나의 연속적인 색 스케일을 사용할 것이다(코드 5.3). 위도/경도 좌표를 국가 정보로 변환하는 작업은 라이언 윌드$^{Ryan Weald}$가 작성한 latlong2map()을 함수로 해결한다. 이 함수는 위도/경도 정보가 들어 있는 데이터프레임과 그 데이터를 표시할지도 이름을 인수로 받는다.

코드 5.3

```
# 필요한 패키지: maps, maptools
# 이 패키지들은 함수 작성에 필요하지는 않지만
# 패키지를 불러오지 않으면 함수가 실행될 수 없다.
```

```
library(maps)
library(maptools)
# Ryan Weald (@rweald)가 작성한 함수를 약간 수정했음
# https://gist.github.com/rweald/4720788
latlong2map <- function(pointsDF, mapping) {
    # 지도 데이터를 불러온다.
    local.map <- map(mapping, fill=TRUE, col="transparent", plot=FALSE)
    # 이름에서 ID를 추출한다.
    IDs <- sapply(strsplit(local.map$names, ":"), function(x) x[1])
    # SpatialPolygons 객체를 준비한다.
    maps_sp <- map2SpatialPolygons(local.map, IDs=IDs,
            proj4string=CRS("+proj=longlat +datum=wgs84"))
    # pointsDF를 SpatialPoints 객체로 변환한다.
    pointsSP <- SpatialPoints(pointsDF,
            proj4string=CRS("+proj=longlat +datum=wgs84"))
    # 데이터 포인트를 포함하는 Polygons 객체의 get _indices_ of를 얻기 위해서 over를 사용한다.
    indices <- over(pointsSP, maps_sp)
    # Polygons 객체의 이름을 반환한다.
    mapNames <- sapply(maps_sp@polygons, function(x) x@ID)
    # 데이터 포인트에 대응되는 이름들의 벡터를 반환한다.
    mapNames[indices]
}
```

이 함수는 (국가) 이름들의 벡터를 반환하며 table() 명령으로 국가별 감염수를 알아낼 수 있다. 코드 5.4는 merge() 함수로 국가별 감염수를 지도 데이터와 병합한 다음, 그래프로 그리기 위한 재정렬을 수행한다. 지도 데이터와의 병합을 통해서 국가의 음영 단계를 데이터 내의 어떤 속성, 즉 국가별 감염수와 연계할 수 있다. 그리고 ggplot2 패키지의 scale_fill_gradient2() 함수를 사용해 감염수와 연계되는 색 그라데이션을 얻을 수 있다. 실행 결과가 그림 5.4에 보인다.

코드 5.4

```
# 필요한 패키지 : ggplot2, maps and maptools
# 필요한 객체: za (5-1), world (5-2), latlong2map (5-3)
# 제로액세스 위도/경도 좌표를 국가 이름으로 변환한다.
zworld <- latlong2map(data.frame(x=za$long, y=za$lat), "world")
# 국가별로 데이터 포인트의 개수를 센 다음, 데이터프레임으로 변환한다.
wct <- data.frame(table(zworld))
```

```
# 지도 데이터와 일치시키기 위해서 국가를 region으로 부른다.
colnames(wct) <- c("region", "count")
# region이 일치하면 world에 count를 더한다.
za.choro <- merge(world, wct)
# 지도 데이터를 원래 순서로 정렬한다.
# 이 작업을 하지 않으면 지도가 엉망이 된다.
za.choro <- za.choro[with(za.choro, order(group, order)), ]
# 그래프를 그린다.
gg <- ggplot(za.choro, aes(x=long, y=lat, group=group, fill=count))
gg <- gg + geom_path(colour="#666666") + geom_polygon()
gg <- gg + coord_map("mercator", xlim=c(-200, 200), ylim=c(-60,200))
gg <- gg + scale_fill_gradient2(low="#FFFFFF", high="#4086AA",
                                midpoint=median(za.choro$count),
                                name="Infections")
# 텍스트, 축 눈금, 격자선을 제거하고, 회색 경계선을 지정한다.
gg <- gg + theme(axis.title=element_blank(),
                 axis.text=element_blank(),
                 axis.ticks=element_blank(),
                 panel.grid=element_blank(),
                 panel.background=element_rect(color="gray50",
                                               fill="white"))
print(gg)
```

와우! 훨씬 개선된(세련되었다고 말해도 될 만한) 지도가 얻어졌다. 이 지도를 보면 미국이 제로액세스 감염 시장을 장악한 것으로 보인다. 그림 5.3에서는 이 정도 수준의 정보를 알아내기 어려웠다. 하지만 여전히 색 농도만으로는 정확한 숫자를 표현할 수 없는 것도 사실이다(6장에서는 이와 관련한 시각화 기법을 자세히 설명한다). 그림 5.4의 지도에서 알 수 있는 것은 미국이 가장 많이 감염된 국가라는 것뿐이다. 구체적으로 얼마나 더 많이 감염되었는지 알려면 wct 변수를 이용해서 미국 내의 감염 비율을 계산해야 한다(코드 5.5).

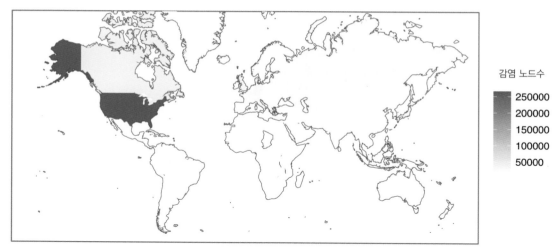

그림 5.4 국가별로 제로액세스 감염수를 나타낸 코로플레스 지도

코드 5.5

```
# 필요한 객체 : wct (5-4)
head(wct)
##        region count
## 1 Afghanistan    53
## 2      Albania  1166
## 3      Algeria  3014
## 4      Andorra     4
## 5       Angola   160
## 6    Argentina  6016
```

```
# 각각의 wct$count를 그 합으로 나누면 비율을 얻을 수 있다.
perc <- wct$count/sum(wct$count)
# 읽기 쉽도록 반올림 후 퍼센트로 변환한다.
wct$perc <- round(perc, 4)*100
# 높은 비율이 위에 오도록 정렬한다.
wct <- wct[with(wct, order(perc, decreasing=T)), ]
# 상위 항목들을 보여준다.
head(wct)
##      region  count  perc
## 148     USA 261627 35.23
## 24   Canada  35607  4.79
## 74    Japan  33590  4.52
## 145      UK  31813  4.28
```

```
## 50   Germany   27336   3.68
## 71     Italy   25717   3.46
```

처음부터 "제로액세스가 지리적으로 어떻게 분포되어 있는가?"라는 질문에 답하기 위해서 이 테이블을 만들 수도 있었다. 하지만 지도를 그린 덕분에 미국과 다른 국가 간에 큰 차이가 나고 있음이 한눈에 들어온다. 이 테이블의 값은 단지 총 감염수를 나타낼 뿐으로서 국가별 인구수를 감안하지 않았음을 명심하자. 35%라는 수치는 제로액세스 데이터 내에서의 비율을 의미할 뿐이며, 추가 분석을 하기 전에는 섣불리 결론을 내려서는 안 된다.

데이터의 범위 변경

우리의 목표는 제로액세스 감염과 (외계인 방문과 같은) 다른 데이터와의 상관관계를 발견하는 것이다. 이 대답에 접근하기 위해서 미국 내 감염 데이터로 범위를 좁히자. 이러한 단순화를 하는 이유는 80만 개 이상의 데이터를 처리하는 데 걸리는 속도 저하를 피하는 것도 있지만, 더 중요한 이유는 미국 지리에 대해서 우리들이 이미 어느 정도의 지식을 갖고 있으며, 상관관계를 알고자 하는 다른 데이터(특히 외계인 방문 데이터)를 쉽게 얻을 수 있기 때문이다.

이처럼 데이터의 범위를 변경할 때는 이러한 변경으로 인해서 지금 답을 얻고자 하는 질문이 어떤 영향을 받을지 고려해야 한다. 미국 내 감염 데이터로부터 알게 된 사실을 다른 국가나 문화에 쉽게 일반화해서는 안 된다. 다시 말하면, 미국 내의 제로액세스 감염에 기여하는 원인이 다른 나라에서도 그러할 것이라고 확신할 수는 없다. 따라서 지금부터 분석을 통해서 얻은 결과를 토대로 광범위한 가정을 하면 곤란하다.

미국 지도를 그린 다음 그 위에 데이터 포인트를 그리면 ggplot의 자동 스케일링 기능으로 인해서 이상한 그림이 만들어진다. 이것은 모든 데이터 포인트를 미국 지도 위에 투영하기 때문이며 미국 내에 데이터가 아닌 데이터는 제거해야 한다. 이번에도 latlong2map() 함수를 사용하되, 두 번째 인수로서 "state"를 전달하자. 이렇게 호출하면 미국으로 매핑되지 않는 데이터는 모두 NA 값으로 반환되며, NA로 반환된 값은 모두 걸러진다.

처리가 끝나면 그림 5.5와 같이 미국 내의 제로액세스 감염 위치를 보여주는 멋진 지도가 얻어진다. 이 때 불필요한 차트정크(에드워드 터프티가 만들어 낸 용어로서, 정보를 전달하지 않는 장식적 요소를 의미한다)를 모두 제거하기 위해서 코드 5.6의 끝부분에서 theme() 함수를 호출하면서 장식적 요소들에 element_blank()를 지정하고 있다.

코드 5.6

```
# 필요한 패키지: ggplot2, maps, maptools
# 필요한 객체: za (5-1), latlong2map (5-3)
zstate <- latlong2map(data.frame(x=za$long, y=za$lat), "state")
# zsate가 NA가 아닌 행을 선택한다.
za.state <- za[which(!is.na(zstate)), ]
# 미국 지도 데이터를 불러온다.
state <- map_data("state")

gg <- ggplot(data=state, aes(x=long, y=lat))
gg <- gg + geom_path(aes(group=group), colour="gray80")
gg <- gg + coord_map("mercator")
gg <- gg + geom_point(data=za.state, aes(long, lat),
                      colour="#000099", alpha=1/40, size=1)
# 차트징크를 제거한다.
gg <- gg + theme(axis.title=element_blank(),
             axis.text=element_blank(),
             axis.ticks=element_blank(),
             panel.grid=element_blank(),
             panel.background=element_blank())
print(gg)
```

　　그림 5.5를 잠시 바라보자. 어딘가.... 이상하지 않은가? 공간 데이터로 분석을 할 때 자주 발생하는 일인데, 그림 5.5는 제로액세스 감염이 아니라 미국의 인구 밀도를 반영하는 것처럼 보이고 있다. 그래서 그림 5.5를 보고나면 스스로 이렇게 자문하게 된다. "제로액세스 감염 분포는 단지 인구 밀도가 다르게 보여지는 것에 불과한가?" 이 시점에서 곧바로 회귀 분석(나중에 다룰 것이다)이라는 통계 기법을 적용할 수도 있지만, 일단 지금은 그림에만 집중하기로 하고 또 다른 코로플레스 지도를 만들어 보자. 이번에는 데이터를 더욱 쪼개서 미국을 구성하는 각 주별로 감염수를 계산할 것이다.

그림 5.5 미국 내의 제로액세스 감염 분포

팟윈 효과

미국 내 감염 데이터를 이용한 분석을 시작하기 전에, 우리가 '팟윈 효과'라고 부르는 현상을 설명하고 넘어가자. 팟윈^{Potwin}은 인구수가 449명에 불과한 캔자스 주의 작은 마을이다. 그런데 감염 데이터를 조사해 보면 팟윈에서 무려 12,643건의 제로액세스 감염 보고가 있었음을 알 수 있다. 저자들은 다른 분석을 진행하면서 이 현상을 발견했으며 이 데이터를 설명하기 위해서 갖은 아이디어를 냈지만 소용이 없었다. 결국 유효하지 않은 데이터라는 결론에는 도달했지만 원인을 도무지 알 수가 없었다. 그 때 문득 기억난 것이 데이터 포인트 중에서 소숫점 이하가 존재하지 않는 데이터들이 있었는데 그 값이 모두 38, -97이었다.

　　이 때 머리를 스치는 것이 있었다. IP 위치정보서비스가 어떤 IP 주소가 어느 국가에 속하는지 아는 것은 IANA 레코드에 기록되어 있기 때문이다. 그런데 국가보다 낮은 단위의 위치정보는 알 수 없을 때, IP 위치정보서비스는 해당 국가의 지리적 중심점 근처의 정수 위치를 반환한다. 미국의 경우 캔자스 주의 팟윈이 바로 지리적 중심점이었던 것이다. 이렇게 '미국 내의 알 수 없는 위치'일 뿐 실제로는 캔자스 주가 아닌 데이터 포인트들은 제거하고 분석을 진행해야 캔자스 주의 감염 횟수가 증가하는 것을 방지할 수 있다.

이번 지도에서는 감염 횟수를 표시하기 위해 다시 색을 사용한다. 하지만 이번에는 하나의 색상을 사용하는 것이 아니라 확산 색 체계(2개의 보색)를 사용하며 이 범위에 속한 중간색을 평균 감염 노드수가 되도록 설정한다(코드 5.7). 이렇게 하면 평균 감염 노드수보다 많은 주와 평균 감염 노드수보다 적은 주가 서로 다른 색으로 표시된다. 참고로, 이번에는 투영 방식을 메르카토르에서 다원추도법^{Polyconic}으로 변경한다. 다원추도법으로 그린 세계 지도는 (앞서 그림 5.2에서 보았듯이) 이상하게 보이지만, 미국 지도는 한결 나아 보인다. 투영 방식을 이것저것 바꿔보는 것은 바람직한(그리고 재미있는) 일이다.

코드 5.7

```
# 필요한 패키지: ggplot2, maps, maptools
# 필요한 객체: za (5-1), latlong2map (5-3)
# 미국의 코로플레스 지도를 생성한다.
# 이 벡터는 모두 동일한 소스(za)에서 나온 것이므로
# 벡터의 인덱스를 교차할 수 있다.
zstate <- latlong2map(data.frame(x=za$long, y=za$lat), "state")
# NA가 아닌 것을 추출한 다음 팟원 효과를 고려한다.
state.index <- which(!is.na(zstate) & za$lat!=38 & za$long!=-97)
# 인덱스로 필터링한다.
sct <- data.frame(table(zstate[state.index]))
colnames(sct) <- c("region", "count")
# 각 주 지도 데이터와 병합한다.
za.sct <- merge(state, sct)
# 확산 색으로 코로플레스 지도를 그린다.
colors <- c("#A6611A", "#DFC27D", "#F5F5F5", "#80CDC1", "#018571")
gg <- ggplot(za.sct, aes(x=long, y=lat, group=group, fill=count))
gg <- gg + geom_polygon(colour="black")
gg <- gg + coord_map("polyconic")
gg <- gg + scale_fill_gradient2(low=colors[5], mid=colors[3],
                                high=colors[1],
                                midpoint=mean(za.sct$count),
                                name="Infections")
gg <- gg + theme(axis.title=element_blank(),
                 axis.text=element_blank(),
                 axis.ticks=element_blank(),
                 panel.grid=element_blank(),
                 panel.background=element_blank())
print(gg)
```

그림 5.6은 그럭저럭 예쁘지만 쓸모는 별로 없다. 왜냐하면 캘리포니아, 텍사스, 플로리다, 뉴욕의 제로액세스 감염수가 평균 이상인 것을 알 수 있지만, 미국에서 인구가 가장 많은 4개의 주가 바로 캘리포니아, 텍사스, 뉴욕, 플로리다 순이기 때문이다.

다시 말해서, 이 지도는 단지 인구 현황을 반영하고 있을 뿐이다. 그래서 우리가 해야 할 일은 인구 데이터를 이용한 정규화^{normalization}를 하는 것이다. 정규화 방법은 여러 가지를 생각할 수 있지만, 간단한 방법은 아래의 질문 중 하나를 선택하는 것이다.

- 감염 노드수당 인구수는?
- 전체 인구 대비 감염자 비율은?
- 인구 1,000명당 감염수는?

그림 5.6 미국의 각 주별로 제로액세스의 감염수

이 질문들은 서로 비슷하고 차이가 크지 않으므로 여기서는 첫 번째 질문을 채택한다. 다른 사람에게 분석 결과를 설명하기가 조금 수월하기 때문이다. 감염당 인구수를 알아내기 위해서는 각 주별 인구수를 그 주 내의 감염수로 나눠야 한다(코드 5.8). 인구 데이터는 http://www.internetworldstats.com/stats26.htm에서 가져왔으며, 이 책의 웹사이트 www.wiley.com/go/datadrivensecurity의 5장 디렉토리에서 state-internets.csv 파일로 제공되고 있다.

코드 5.8

```
# 필요한 패키지: ggplot2, maps, maptools
# 필요한 객체: sct (5-7), colors (5-7), latlong2map (5-3)
# 주의 인구수와 인터넷 사용자수 데이터를 읽어 들인다.
# 데이터 출처 http://www.internetworldstats.com/stats26.htm
users <- read.csv("data/state-internets.csv", header=T)
# 지도 데이터의 주 이름은 소문자이므로 변환해야 한다.
users$state <- tolower(users$state)
# 이전 예제의 sct 데이터와 병합한다.
# sct$region와 users$state를 병합
za.users <- merge(sct, users, by.x="region", by.y="state")
# 감염수당 인구수를 계산한다.
# 인구수 대신 인터넷 사용자수를 사용해도 좋다.
za.users$pop2inf <- round(za.users$population/za.users$count, 0)
# 간단한 데이터프레임을 생성하고 병합한다.
za.norm <- data.frame(region=za.users$region,
                      count=za.users$pop2inf)
za.norm.map <- merge(state, za.norm)
# 코로플레스 지도를 생성한다.
gg <- ggplot(za.norm.map, aes(x=long, y=lat, group=group, fill=count))
gg <- gg + geom_polygon(colour="black")
gg <- gg + coord_map("polyconic")
gg <- gg + scale_fill_gradient2(low=colors[5], mid=colors[3],
                                high=colors[1],
                                midpoint=mean(za.norm.map$count),
                                name="People per\nInfection")
gg <- gg + theme(axis.title=element_blank(),
                 axis.text=element_blank(),
                 axis.ticks=element_blank(),
                 panel.grid=element_blank(),
                 panel.background=element_blank())
print(gg)
```

앞서 캘리포니아, 텍사스, 플로리다, 뉴욕이 제로액세스에 감염된 노드수가 많았던 것을 기억하는가? 코드 5.8로 생성된 za.norm 데이터를 통해서 우리는 좀 더 정확한 기준에서 감염 노드수를 바라볼 수 있다. 각 주의 인구수로 정규화를 한 결과, 캘리포니아와 뉴욕은 각각 1,440명과 1,287명 중 한 명꼴로 제로액세스 봇에 감염된 것을 알 수 있다(그림 5.7 참조). 반면에 와이오밍은 724명 중 한 명이 감염되어 있으므로, 미국에서 가장 높은 비율로 제로액세스에 감염된 주로 나타난다.

> **노트**
>
> state−internets.csv 데이터에는 인터넷 사용자의 수도 포함되어 있으므로, 여러분이 원한다면 (인구수가 아니라) 인터넷 사용자수로 정규화된 코로플레스 지도를 생성할 수 있다(실제로 해 보면 더 깔끔한 지도를 얻을 수 있다).

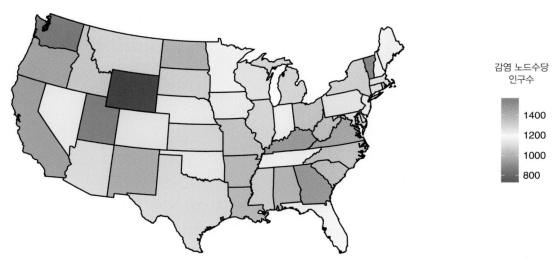

그림 5.7 정규화된 제로액세스 감염 노드수 : 감염노드수 당 인구수

이상한가요?

이제 잠시 커피 한 잔 마시면서 현재까지의 결과를 살펴보자. 정규화된 값을 조사해 보면, 가장 작은 값은 워싱턴 주의 1,550명이고 가장 큰 값은 와이오밍 주의 724명이다. 이것은 와이오밍 사람이 워싱턴 사람보다 더 부주의함을 의미하는 것일까? 어쩌면 워싱턴에 리눅스 사용자가 많아서 그럴 수도 있다. 아니면, 단순히 측정의 한계로 인한 자연적 변이일까? 어떤 극단적인 값이 특이점[outlier]인지 아니면 예상 범위 내인지 판단하는 데 사용되는 방법은 다음 두 가지를 들 수 있다.

- 박스플롯(IQR 기법)
- Z 점수

박스플롯을 사용한 특이값 찾기

박스플롯은 (1장에서도 언급했던) 존 튜키에 의해 고안된 방법으로서 우선 25백분위수에서 75백분위수까지 박스를 그린다. 이 거리를 가리켜 사분위간 범위[IQR, Inter-Quartile Range]라고 한다. 그 다음에 IQR 길이의 1.5배만큼 선을 연장한다. 그리고 이 선 너머에 위치하는 값은 특이점일 가능성이 높은 후보로 분류되며 점으로 표시된다. 이 점의 위치가 멀 수록 특이점일 가능성이 높아진다. 박스플롯을 R에서 생성하려면 R의 내장 함수 boxplot()을 사용하면 된다. 코드 5.9는 이 함수가 반환하는 결과를 popbox 변수에 저장하며, 그 값은 코드 5.10에서 사용될 것이다. 박스플롯을 생성할 때 인수를 다양하게 지정할 수 있지만, 기본적으로는 값들을 벡터 형태로 전달하면 나머지는 boxplot() 함수가 알아서 다 해 준다(그림 5.8 참조).

코드 5.9

```
# 필요한 객체: za.norm (5-8)
# 박스플롯을 생성한다.
popbox <- boxplot(za.norm$count)
```

그림 5.8을 보면 특이점 가능성이 높은 점이 몇 개 보인다. 박스 위에는 3개, 아래에는 2개가 존재하는 것을 볼 수 있다. za.norm의 데이터를 정렬해서 이 5개의 값이 무엇인지 알아낼 수 있지만, 여기서는 boxplot()의 반환 결과가 저장된 popbox 변수를 사용하자. 코드 5.10은 popbox$out 벡터에서 특이점 값들을 검색한다.

코드 5.10

```
# 필요한 객체: za.norm (5-8), popbox (5-9)
# 특이점 가능성이 높은 값들
print(popbox$out)
## [1]  777 1536 1525 1550  724

# 이 값들을 갖고 있는 행을 za.norm에서 추출한다.
za.norm[za.norm$count %in% popbox$out, ]
##                   region count
## 8  district of columbia   777
## 43                 utah  1536
## 44              vermont  1525
## 46           washington  1550
## 49              wyoming   724
```

튜키의 박스플롯 기법에 따르면, 이상의 5개 주를 이상한 것(즉, 특이점)으로 간주할 수 있다.

정규화된 주별 감염노드수의 분포

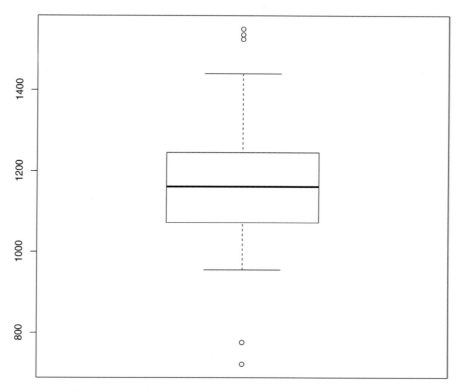

그림 5.8 정규화된 주별 감염노드수의 분포

Z 점수를 계산해 특이점 찾기

괴짜를 판단하는 또 다른 수단이 있으니, 바로 Z 점수를 계산하는 것이다. 어떤 점이 특이값일 가능성을 판단할 때, 그 값이 평균으로부터 얼마나 떨어져 있는지(즉 표준편차가 얼마나 큰 지) 계산하면 도움이 된다. Z 점수는 서로 다른 스케일 상의 분포들을 비교할 때 많이 사용되며, 데이터를 '표준화'하는 기법으로 불리기도 한다. Z 점수를 계산하려면 먼저 분포의 평균과 표준편차를 알아야 한다. 그리고 나서 분포 내의 각각의 값에서 평균을 뺀 다음 표준편차로 나눈다(코드 5.11).

Z 점수의 개념이 머리가 잘 들어오지 않아도 걱정할 필요는 없다. 널리 알려진 표준정규분포의 '경험칙'과 비교하는 간편한 방법이 있기 때문이다. 정규분포(가우스 분포라고

도 부르는 종 모양의 곡선)에서 약 68%의 데이터는 평균에서 1 표준편차 이내에 들어오고, 95%의 데이터는 2 표준편차 이내에 들어오며, 99.7%의 데이터는 3 표준편차 이내에 들어온다.

이 때 주의할 것은 데이터 분포가 명백한 비대칭인 경우 이 방법을 적용할 수 없다는 점이다. 따라서 간단한 히스토그램 검사를 수행해서(za.norm$count를 hist() 함수에 전달), 데이터 분포의 비대칭 여부를 확인해야 한다.

z 점수를 사용할 때는 3 표준편차 바깥에 위치하는 값은 일반적으로 특이점으로 간주된다. 경우에 따라서는 2 표준편차 바깥의 값을 특이점으로 간주하기도 한다.

코드 5.11

```
# 필요한 객체: za.norm (5-8)
# 표준편차를 얻는다.
za.sd <- sd(za.norm$count)
# 평균을 얻는다.
za.mean <- mean(za.norm$count)
# z 점수를 계산하고 반올림한다.
za.norm$z <- round((za.norm$count-za.mean)/za.sd, 1)
# 특정한 z 점수에 해당되는 z 값을 조사할 수 있다.
# z 점수의 절댓값이 2보다 큰 값을 추출한다.
za.norm[which(abs(za.norm$z)>2), ]
##                    region count     z
## 8   district of columbia   777  -2.4
## 43                  utah  1536   2.2
## 44               vermont  1525   2.1
## 46            washington  1550   2.2
## 49               wyoming   724  -2.7
```

코드 5.10의 결과와 똑같은 5개의 주가 3 표준편차 내에 위치하는 것을 알 수 있다. 이 결과를 보면 인구수를 사용한 정규화가 효과적인지 다소 의문스럽다(어쩌면 인구수가 아니라 인터넷 사용자로 정규화하는 게 더 나았을지 모른다).

주 아래의 카운티 수준으로 더욱 내려와서 데이터를 분석하는 것도 가능하다. 이렇게 하면 보다 미세하게 인구를 구분할 수 있으므로 새로운 사실을 알아낼 가능성이 있다.

노트

대체로 3 표준편차 내에 위치하는 값은 예상범위 내로 간주해도 무방하다. 하지만 언제나 측정값의 유효성을 좀더 자세히 조사하는 습관을 갖는 것이 바람직하다. 중요한 것은, "이 데이터 이상한가요?"라는 질문을 받았을 때, "확실하지 않아요"와 같이 보수적인 입장을 취하는 것이다.

p값이란?

어떤 값이 정상인지 아니면 이상한지 여부를 식별하는 일은 통계학에서 매우 중요하다. 그리고 식별 방법이 둘 이상 존재하기도 한다. '통계적으로 유의한'이라는 표현의 핵심은 어떤 값이 특이한 값인지 아니면 단순히 측정에 내재된 자연스러운 변이인지 여부를 안다는 것이다. 이 여부를 판단할 때 널리 쓰이는 방법의 하나가 p값이다. 하지만 p값은 널리 사용되고 있음에도 불구하고 정확한 이해없이 비일관적으로 자주 사용되기도 한다. p값은 매우 특수한 (그리고 기억하기 어려운) 의미를 갖고 있다. p값을 정의하고 계산하기 위해서는 먼저 어떠한 명제(통계학에서는 귀무가설이라고 부른다)를 세우고, 이 가설이 참일 때 데이터가 산출될(즉, 해당 명제가 발생할) 확률을 계산한다. 그리고 이 확률이 바로 p값이다. 그런데 사람들은 흔히 p값의 의미를 오해하고, 명제가 참일 확률이라는 잘못된 가정을 할 때가 많다.

설상가상으로, 0.05 이하의 p값은 '통계적으로 유의미'하다는 인식이 널리 퍼져서 0.05를 컷오프 값으로 남용하기도 한다. p값에 관해서는 이 장 후반에서 회귀 분석을 설명할 때 다시 다루게 될 것이다. 일단 지금은 p값이라는 용어를 유의성 측정수단에서 제껴 두기로 하자.

카운티 단위의 감염 분석

우리는 앞서 주 단위에서의 분석에서 만족스러운 결과를 얻지 못했다. 그것은 아마도 주 단위에서는 개인별 소득수준이나 (더욱 중요한) 외계인 방문 등과 같은 요인이 제로액세스에 미치는 영향을 계산하기 어렵기 때문이라고 생각할 수 있다. 이번에는 카운티 수준에서 `latlong2map()` 함수를 실행함으로써 더욱 세분화된 데이터를 얻어 보자.

　IP 주소의 위치정보를 깊이 파고들기 전에 짚고 넘어갈 것이 있다. 대부분의 IP 위치정보서비스는 국가 이하 단위의 정보에 대한 추정값을 포함하고 있다. 예를 들어 예제 데이터를 제공하는 회사에 따르면, 데이터 항목 중 4/5 정도는 25마일 가량의 오차를 갖고 있으며 약 1/7은 도시 정보가 잘못 들어 있다고 한다. 그렇다면 이 데이터는 사용하기 힘든 데이터인 것일까? 이 질문에 대답하기 위해서는 어떤 통계 개념을 이해할 필요가 있다. 즉, 자연적 변이는 누적되기보다는 상쇄되며, 데이터의 수가 많을수록 더욱 그렇다(그리고 카운티는 3000개가 넘으므로 많은 데이터라고 말할 수 있다).

변이는 누적되는가 아니면 상쇄되는가?

통계학에서 자연 변이는 일반적으로 상쇄된다. 반면에 (컴퓨터 과학 등의) 공학 분야에서는 작은 변이가 있는 요소들이 더해지면 그 효과가 누적되어 결과값의 범위가 커진다고 가르친다. 왜 이런 차이가 있을까? 어느 관점이 옳은 것일까?

이것은 다소 까다롭기 때문에 예를 들어 생각해 보자. 여러분이 어떤 물리적인 부품을 생산하고 있는데, 부품의 길이를 100mm로 하고 싶다. 재료 품질 및 제조 공정 내의 자연 변이로 인해서, 생산되는 부품들은 98mm와 102mm 사이의 길이를 갖는다. 이 때 엔지니어들은 이러한 부품 100개가 누적되면 부품의 개수만큼 범위가 커진다고 배운다. 다시 말하면, 100개 모두 98mm일 수도 있고, 반대로 100개 모두 102mm일 수도 있기 때문에 결과 범위가 커질 것으로 예상하는 것이다. 누적될수록, 결과 범위도 커진다.

반면에 통계학에서는 어떤 부품의 길이가 범위 내의 어떤 값일 확률이 모두 똑같다고 가정할 수 있다면(실제로 이 가정이 맞는지 현실 응용에서는 확인해야 한다), 부품 간의 길이 차이가 상쇄된다. 이를 프로그램으로 모델링해 직접 확인해 보자.

아래 예제(코드 5.12)는 100개의 부품을 생산하는데, 부품의 길이는 균일하게 98mm와 102mm 사이에 있다. 그 다음에는 길이를 평균한다(평균 대신에 총합이나 다른 측정값을 사용해도 되지만 여기서는 평균을 사용하기로 하자). 엔지니어의 두뇌로 생각하면, 평균값은 98과 102 사이일 것으로 예상된다. 실제 결과를 보자

코드 5.12

```
# 난수 씨드를 설정한다.
set.seed(1492)
# 98과 102 사이의 임의의 값을 100개 얻은 뒤 평균을 계산한다.
mean(runif(100, min=98, max=102))
## [1] 100.0141
```

실행 결과, 평균값은 100.0141이었다. 이번에는 100개가 아니라 100개까지 10,000세트를 생성해서 평균값이 얼마나 이동하는지 보자(코드 5.13). 개수가 늘어났으니 평균이 적어도 어느 정도는 98이나 102쪽으로 이동했을 것으로 예상되는가?

코드 5.13

```
# 난수 씨드를 설정한다.
set.seed(1492)
# seq(10000)번 반복 실행한 다음 평균을 계산한다.
```

```
parts <- sapply(seq(10000), function(x) mean(runif(100, min=98,
max=102)))
# 결과값은 10,000 세트의 벡터이다.
# 부품 길이의 최솟값과 최댓값을 표시한다.
range(parts)
## [1]   99.57977 100.47559
```

이게 어떻게 된 것일까? 부품 100개를 10,000번 반복했음에도 불구하고 98이나 102쪽으로 거의 이동하지 않았다. hist(parts)를 실행하면 간단한 히스토그램을 그릴 수 있는데, 100을 중심으로 하는 멋진 대칭분포를 볼 수 있을 것이다. 모든 부품이 98이거나 102일 수도 있지만, 변이가 서로 상쇄되며 특히 세트(반복)의 수가 늘어날수록 상쇄 효과는 더욱 커진다(runif 함수에서 한 세트 내의 부품수를 100개 대신에 1,000개와 10,000개도 시도해 보라). 부품을 더 많이 추가할수록, 결과값은 평균 주위로 더욱 가깝게 모인다.

여기서 얻을 수 있는 결론은 다음과 같다. 우선, "이렇게 하면 어떻게 될까?"라고 시나리오를 세우고 답을 얻기 위한 데이터를 생성하는 일은 꽤 재미있다. 둘째, 변이가 자연적인 혹은 임의적인 원인으로 인한 것이라면, 누적 효과보다는 상쇄 효과가 더 크다고 가정해도 좋다. 이것은 변이를 무시해도 좋다는 뜻이 아니다. 다만, 변이가 분석 결과에 미치는 영향은 생각만큼 크지 않다. 실제 현업에서 분석 작업을 할 때는 여전히 변이를 충분히 고려해야 한다.

다시 원래의 분석으로 돌아가면, 우리의 공간 데이터에는 계산을 망칠 수 있는 모든 종류의 항목들이 들어 있다. 모든 위치정보는 반경 25마일의 오차범위를 갖고 있다(따라서 남부 메인 주가 뉴햄프셔 주로 잘못 분류될 수도 있다). 그보다 더 오차가 큰 것도 있을 것이다. 하지만 이러한 영향은 변이가 임의적인 것이라면 서로 상쇄된다(즉, 뉴햄프셔 내의 데이터 포인트가 실제로는 메인 주에 있을 수도 있다). 이것은 데이터가 쓸모 없음을 의미하는 것이 아니라, 좀 더 고급 통계 기술을 배울 때까지는 이러한 오류는 사소한 것으로 취급해도 좋다는 것이다. 다시 말하면, 이 데이터로 외계인 방문이 제로액세스 감염에 미친 영향을 추정해도 좋지만, 여러분 회사의 운명을 결정할 때는 (적어도 좀 더 엄밀한 데이터 조사가 없이) 이 데이터를 사용하지 않는 것이 좋다.

카운티로 이동

카운티 단위 데이터를 얻기 위해서 이번에도 제로액세스 데이터로 latlong2map() 함수를 호출하되, 결과 출력 시 카운티 이름을 사용한다(코드 5.14). 미국 내 카운티는 3,000개가 넘으며 위도/경도 쌍은 800,000개 이상이므로, 이번에도 PC 사양에 따라서는 모두 출력될 때까지 시간이 걸릴 수 있다. 지난 번과 마찬가지로 미국 이외의 데이터는 모두 무시하며(NA로 설정), 팟원 효과도 고려된다. 하지만 이번에는 table() 함수로 얻은 개수를 바로 데이터프레임으로 전달하지 않고, 반환된 이름에 몇 가지 작업을 할 것이다.

latlong2map() 함수는 카운티 이름을 '주, 카운티' 포맷의 단일 텍스트 문자열로 반환하므로 strsplit() 함수로 카운티 이름을 분리한다. 이 함수는 리스트 객체를 반환하며, 반환된 객체는 unlist() 함수를 사용해 벡터로 변환할 수 있다. 결과값은 주 이름과 카운티 이름이 번갈아 나타나는 하나의 벡터값이 되는데, ncol=2 인수를 사용해서 이 벡터를 2개의 열(주, 카운티)을 갖는 행렬로 변환하면 행 단위로 카운티 이름을 얻을 수 있다. 이렇게 얻은 행렬을 다시 데이터프레임으로 변환하고, 이 때 카운티별 제로액세스 감염 노드수도 함께 데이터프레임에 저장된다. 이런 작업을 거친 데이터로 얼마나 재미있는 그림이 얻어지는지 확인해 보자.

코드 5.14

```
# 필요한 패키지: maps, maptools
# 필요한 객체: za (5-1), latlong2map (5-3)
## 위도/경도를 카운티로 매핑한다.
county <- latlong2map(data.frame(x=za$long, y=za$lat), "county")
za.county <- county[which(!is.na(county) & za$lat!=38 & za$long!=-97)]
# 노드수를 센다.
county.count <- table(za.county)
# "카운티, 주"를 데이터프레임으로 변환해야 하므로
# 콤마를 구분자로 분할한다.
temp.list <- strsplit(names(county.count), ",")
# 리스트를 벡터로 변환한다.
temp.list <- unlist(temp.list)
# 벡터를 2열 행렬로 변환한다.
temp.matrix <- matrix(temp.list, ncol=2, byrow=T)
# 카운티별 감염 노드수를 포함하는 데이터프레임을 생성한다.
za.county <- data.frame(temp.matrix, as.vector(county.count))
# 필드에 이름을 부여한다.
# map_data 의 필드 이름과 일치시킨다.
colnames(za.county) <- c("region", "subregion", "infections")
head(za.county)
##    region subregion infections
## 1 alabama   autauga         44
## 2 alabama   baldwin        184
## 3 alabama   barbour         13
## 4 alabama      bibb         13
## 5 alabama    blount         26
## 6 alabama   bullock         11
```

이제 주, 카운티, 감염 노드수의 3개의 열을 갖는 데이터프레임이 생성되었다. 설명을 계속 하기 전에, "그래서 어쩌라고?" 질문에 대답할 필요가 있다. 멋진 지도를 생성하면 처음에는 "와 대단한데"라는 감탄사가 나오지만, 실상 이 지도로 학습할 수 있는 것은 거의 없다. 집중발생 지역이 몇 개 있고, 재미삼아 지도 여기저기를 비교할 수도 있겠지만 그다지 도움이 되는 정보를 추출할 수는 없다. 이 데이터로 지도를 그리는 데 그치지 않고, 지금부터 실질적인 분석을 수행해 제로액세스 감염에 관한 통찰을 얻기 위해 시도해 보자.

앞서 주 단위 분석할 때 그랬듯이, 이번에도 다른 데이터를 가져와서(그리고 카운티 단위로 분할해서) 작업을 해야 한다. 이를 통해서 제로액세스 봇에 대한 이해를 높일 수 있기 때문이다. 아마도 감염 데이터 내의 변이를 설명하는 데 도움이 될 외부 데이터를 찾을 수 있을 것이다.

저자들은 인터넷을 뒤져서 쓸만해 보이는 데이터를 고른 다음, 예제에서 사용하기 편하도록 가공했다. 다양한 곳에서 얻은 카운티 관련 통계를 추출 및 가공해서 얻은 county-data.csv 파일을 이 책의 웹사이트 www.wiley.com/go/datadrivensecurity의 5장 디렉토리에서 받을 수 있다.

- region와 subregion은 주와 카운티다.
- pop은 카운티의 추정 인구수다.
- income은 카운티의 소득의 중간값이다.
- ufo2010은 2010년에 카운티에서 보고된 UFO 목격 횟수다(UFO 신고센터 nuforc.org에서 인용).
- ipaddr은 해당 카운티 내의 것으로 추정되는 IP 주소의 개수다(freegeoip.net에서 인인용).

예제를 위해서 가공된 데이터이기 때문에, 간단히 읽어 들여서 앞서 만든 카운티별 제로액세스 감염 데이터와 합칠 수 있다. merge() 함수 사용 시 한 가지 주의할 것이 있는데, 기본적으로 이 함수는 양쪽에 데이터가 모두 있지 않으면 병합을 하지 않고 건너뛴다. 제로액세스 데이터에는 160개의 카운티가 들어 있지 않은데, 그 이유는 여러 가지를 생각할 수 있다. 해당 카운티와 관련해서 IP 위치정보서비스가 부정확한 것일 수도 있고, 아니면 인구밀도가 매우 낮아서 감염 보고가 없어도 이상하지 않은 것일 수도 있다.

감염 보고가 없는 카운티의 90%는 인구가 10,000명 미만이다. merge() 함수 호출 시 all.x=T로 지정하면, 병합을 수행하면서 x 데이터에서 아무 것도 건너뛰지 않는다. 여기서 x 데이터는 merge() 함수에 전달되는 첫 번째 인수인 county.data다. 이를 분명 히 보이기 위해서 코드 5.15에서는 merge()를 호출할 때 인수 레이블을 포함하고 있다.

코드 5.15

```
# 필요한 객체 (5-14)
# 카운티별인구통계 데이터를 읽어 들인다.
county.data <- read.csv("data/county-data.csv", header=T)
# all.x의 값에 주목한다.
za.county <- merge(x=county.data, y=za.county, all.x=T)
# NA를 모두 0으로 바꾼다.
za.county$infections[is.na(za.county$infections)] <- 0
summary(za.county)
##      subregion          region          pop             income
## washington: 32   texas  : 254   Min.  :     71   Min.  : 19344
## jefferson : 26   georgia : 159   1st Qu.:  11215   1st Qu.: 37793
## franklin  : 25   kentucky: 120   Median :  26047   Median : 43332
## jackson   : 24   missouri: 115   Mean   : 101009   Mean   : 45075
## lincoln   : 24   kansas  : 105   3rd Qu.:  67921   3rd Qu.: 50010
## madison   : 20   illinois: 102   Max.   :9962789   Max.   :120096
## (Other)   :2921  (Other) :2217
##      ipaddr            ufo2010           infections
## Min.  :        0   Min.  :  0.000   Min.  :    0.00
## 1st Qu.:     5367   1st Qu.:  0.000   1st Qu.:    6.00
## Median :    15289   Median :  2.000   Median :   17.00
## Mean   :   387973   Mean   :  7.943   Mean   :   83.33
## 3rd Qu.:    62594   3rd Qu.:  6.000   3rd Qu.:   55.25
## Max.  :223441040   Max.  :815.000   Max.  : 7692.00
```

summary(za.county)를 실행하면 대략적인 정보를 훑어볼 수 있다(그리고 카운티의 이름을 지은 사람들이 건국의 아버지들을 존경했음도 알 수 있다).

데이터를 검토해 보니 UFO 방문과의 관계를 찾아낼 수 있는가? 아직인가? 이 데이터에서 어떻게 하면 관계 정보를 끄집어 낼 수 있을까? 통계학자들의 업적 덕분에 우리는 선형회귀$^{linear\ regression}$라는 매우 강력하고 동시에 위험한 통계기법을 사용할 수 있다.

선형회귀 소개

이번 절에서는 선형회귀라고 불리는 통계 기법을 설명한다. 다만, 대학의 학부과정에서는 선형회귀를 한 학기 내내 배우며 그래도 선형회귀의 모든 내용을 완벽히 다루지 못한다는 것을 기억하자. 존 네터^{John Neter}, 윌리엄 와서맨^{William Wasserman}, 마이클 쿤터^{Michael H. kutner}가 쓴 『Applied Linear Statistical Models』 같은 책은 무려 1,300페이지 이상의 분량을 자랑한다. 이 모든 것은 회귀 분석이 아주 풍부하고 깊이 있는 주제며, 이 절에서 다루는 내용은 극히 일부분에 지나지 않음을 의미한다. 이 절의 목표는 회귀 분석을 둘러싼 몇 가지 의문을 해소하고, 어떤 맥락에서 회귀 분석이 사용되는지 소개하며, 이 강력하고도 유연한 기술로 자살골을 넣지 않기 위한 경고를 하는 한편, 회귀 분석 시 자주 접하는 함정을 소개하는 것이다.

> **노트**
>
> 이번 절에서는 여러분이 가볍게 접근할 수 없는 몇 가지 기법이 적용된다. 이번 절의 초점은 통찰력 있는 연구를 수행하는 것이 아니라 주요 개념 및 기법들을 소개하는 것이다. 완벽한 이해 없이 통계적 방법을 사용하는 것은 면허증 없이 자동차를 몰고 나가는 것과 비슷하다.

회귀 분석은 수많은 과학적 발견의 뒤에서 지대한 공헌을 했다. "과학자들이 무엇과 다른 무엇 사이에서 어떤 연결고리를 발견했습니다."라는 말을 들어본 적이 있다면, 거의 틀림없이 회귀 분석에 근거한 것이다. 과학자들은 두 가지 목적을 위해서 회귀 분석을 사용한다.

- 첫째로, 관찰 가능한 입력값들이 관찰 가능한 어떤 출력값에 얼마나 기여하는지 추정하기 위해 사용된다. 이 장의 예제의 경우, 어떤 카운티에 도착했던 외계인의 방문 횟수(관찰가능한 입력값)가 그 카운티에서의 제로액세스 감염 노드수(관찰 가능한 출력값)에 어떻게 기여하는지 추정하는 데 사용될 수 있다. 회귀 분석을 사용하면 각 변수의 유의성을 추정할 수 있을 뿐 아니라, 기여 정도가 얼마나 큰지도 추정할 수 있다. 지금 당장은 잘 이해가 가지 않아도 앞으로 계속 다뤄질 것이므로 걱정할 필요는 없다. 지금은 일단 회귀 분석이 여러 관찰값 사이의 관계를 설명하는 강력한 도구라는 점만 기억하자.
- 회귀 분석의 두 번째 목적은 예측이다. 회귀 분석의 출력은 식^{formula}이다. 따라서 입력값이 주어지면 출력값을 예측할 수 있다. 가장 흔한 예는 신장과 체중 사

이의 관계인데, 키가 클수록 체중도 많이 나간다는 것은 직관적으로 받아들여진다. 여기에 남성과 여성, 나이 등의 다른 변수를 추가해 어떤 사람의 체중의 기대 범위를 설정할 수 있다. 의사들은 이 방법으로 환자가 기대 신장 혹은 체중보다 많거나 작다고 말하는 것이다. 회귀 분석은 출력값을 추정하고 비교할 수 있는 강력한 도구다

앞에서 설명한 회귀 분석의 두 가지 목적을 예시하기 위해서 가상의 (다소 단순한) 데이터를 생성해 보자. 우선, 하나의 입력 변수를 사용하며 정규 분포로부터 임의로 데이터 포인트들을 생성한다(정규분포가 아닌 다른 분포도 상관없다. 정규분포를 선택한 것은 정규분포가 깔끔하기 때문일 뿐이다). rnorm() 명령을 사용해 평균이 10이고 표준편차가 1인 200개의 포인트를 생성한다(코드 5.16).

코드 5.16

```
# 씨드 설정
set.seed(1)
# 10 근처의 수를 200개 생성한다.
input <- rnorm(200, mean=10)
summary(input)
##  Min. 1st Qu.  Median    Mean 3rd Qu.    Max.
## 7.785   9.386   9.951  10.040  10.610  12.400
```

코드 5.16을 보면 입력값의 범위가 7.7에서 12.4 사이인 것을 알 수 있다. 이제 출력 데이터를 만들자. 입력과 출력 사이에 선형 관계를 만들고 싶으므로, 평균을 입력 변수의 2배로 설정한다. rnorm() 함수로 인한 변이가 발생하되므로 완벽하게 선형은 아니지만, 이 정도면 충분한 수준의 선형 관계가 모델링된다. 그 다음에는 데이터 조작 및 그래프 작성의 편의를 위해서 입력값 및 출력값으로부터 데이터프레임을 생성한다.

생성된 입력값과 출력값을 모두 ggplot으로 전달하고, 관계를 시각화한 산점도를 생성한다(코드 5.17). geom_smooth() 함수를 호출하면서 선형 모델을 사용하도록 method 인수에 lm 값을 전달하면, 입력 데이터와 출력 데이터 사이의 관계를 잘 드러내는 직선이 그래프 위에 그려진다(그림 5.9).

코드 5.17

```
# 평균이 2 x input 인 데이터를 200개 생성한다.
output <- rnorm(200, mean=input*2)
```

```
# 데이터프레임에 넣고 그래프를 그린다.
our.data <- data.frame(input, output)
gg <- ggplot(our.data, aes(input, output))
gg <- gg + geom_point()
gg <- gg + geom_smooth(method = "lm", se=F, color="red")
gg <- gg + theme_bw()
print(gg)
```

그림 5.9를 보면 (rnorm() 함수를 사용해서) 완벽한 선형관계는 아니지만 분명히 추세가 있다는 것은 알 수 있다. 입력 변수의 값이 커지면 출력 변수도 커지고, 데이터는 좌측 하단에서 우측 상단으로 향하고 있다. 어떤 관계가 있는 것은 확실한데, 그 이상 자세하게 기술하기가 어렵다. 그래서 회귀 분석이 필요하다.

선형회귀를 실행하는 명령은 아주 간단하다(코드 5.18).

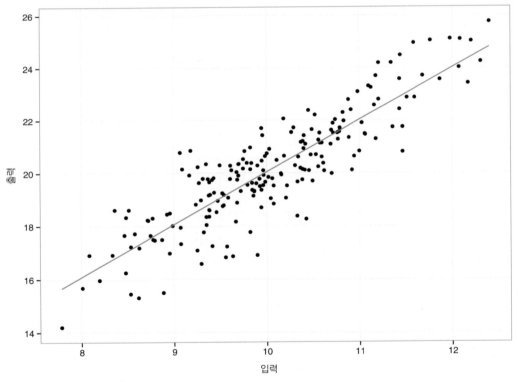

그림 5.9 회귀선이 표시된 표본 데이터

코드 5.18

```
# 필요한 객체: input (5-16), output (5-17)
model <- lm(output ~ input)
```

축하한다! 여러분은 지금 첫 번째 선형회귀 분석을 실행했다. summary()를 실행해서 결과를 살펴보자.

```
summary(model)
## Call:
## lm(formula = output ~ input)
##
## Residuals:
##       Min       1Q    Median       3Q      Max
## -2.93275 -0.54273 -0.02523  0.66833  2.58615
##
## Coefficients:
##             Estimate Std. Error t value Pr(>|t|)
## (Intercept)  0.27224    0.77896   0.349    0.727
## input        1.97692    0.07729  25.577   <2e-16 ***
## ---
##  Signif. codes:  0 '***' 0.001 '**' 0.01 '*' 0.05 '.' 0.1 ' ' 1
##
## Residual standard error: 1.013 on 198 degrees of freedom
## Multiple R-squared:  0.7677,  Adjusted R-squared:  0.7665
## F-statistic: 654.2 on 1 and 198 DF,  p-value: < 2.2e-16
```

꽤 많은 정보들이 보이고 있다. 우선, Call:에서는 호출된 함수(lm)가 표시되고 있고, 그 아래에서는 잔차^{residual} 정보가 보인다. 잔차는 모델이 예측한 값과 실제로 관찰된 출력값과의 차이를 말한다. 추세선은 잔차의 평균이 0이 되도록(데이터에 '최량 적합'되도록) 그려진 것이다. 앞으로 가끔 잔차에 대한 설명을 건너뛸 때도 있다. 잔차를 해석하는 더 나은 방법이 있기 때문이다.

그 다음에는 계수^{coefficient}가 표시되는데, 이 모델에서는 절편^{intercept}과 입력 변수$^{input\ variable}$가 보인다. 더 많은 입력 관찰값이 존재한면 이 부분에서 한 줄에 하나씩 표시된다. 첫 번째 열은 계수의 추정값이다. 대부분의 선형 모델에서 절편은 거의 혹은 전혀 의미가 없으며, 이 모델의 경우 입력이 0일 때 출력값이 약 0.27임을 가리키고 있다(앞서 언급했던 신장과 체중의 예를 생각하면 왜 의미가 없는지 금세 알 수 있을 것이다).

계수를 통해서 우리는 모델의 식을 수립할 수 있다.

출력값 = 0.27224 + 1.97692 × 입력값

이제 이 식을 사용해서 새로운 입력값이 관찰되었을 때의 출력값을 추정할 수 있다(아니면 새로운 입력값을 predict.lm() 명령에 인수로 전달하든가). 그런데 앞서 입력값에 2를 곱해서 출력 데이터를 생성했던 것을 기억하는가? 위 식을 보면 2와 매우 가까운 1.97692를 곱한 것으로 되어 있다. 이와 같이 입력 변수의 계수는 회귀 분석으로 입력변수에 대한 추론을 할 때 회귀 분석의 힘을 가장 먼저 느끼는 부분이다. 이것은 아래와 같이 해석할 수 있다.

다른 입력 변수들이 모두 일정하다고 가정할 때, 이 입력 변수가 한 단위만큼 변화되면 출력 변수는 평균적으로 1.97만큼 변화한다.

여기서는 입력 변수가 하나뿐이기 때문에, 일정하게 유지되어야 할 다른 변수가 없다. 하지만 변수가 수십 개일 때도 회귀 분석을 사용해서 개별 변수의 영향력을 분리할 수 있다. 다음 절에서는 제로액세스 감염 데이터에 회귀 분석을 적용해 외계인 방문이 제로액세스 감염에 미친 효과를 추론할 것이다.

계수 영역의 두 번째 열은 표준 오류이다. 표준 오류와 추정값을 이용하면 해당 계수의 신뢰 구간을 얻을 수 있다. 혹은 lm() 명령의 출력을 confint() 함수로 전달해서 신뢰구간을 계산할 수 있다.

코드 5.19

```
# 필요한 객체: model (5-18)
confint(model)
##                 2.5 %    97.5 %
## (Intercept) -1.263895 1.808368
## input        1.824502 2.129343
```

실행 결과를 보면, 입력 계수는 95% 신뢰도로 1.82와 2.13 사이에 존재한다(2는 이 범위 내에 들어 있다).

계수 영역의 세 번째 및 네 번째 열은 변수가 모델에 기여하는 정도를 측정한 값이다. 마지막 열의 p값은 앞에서 간단히 소개했었다. 다시 설명하자면 p값이 작을수록 전체 모델에 많이 기여하는 것이고, p값이 크다면 입력 변수와 출력 변수 사이의 관계는 단지 우연일 가능성이 높다. 따라서 p값이 큰 변수는 제거하고 다른 설명 변수를 찾는 것이 좋다.

대부분의 경우 p값의 임계값으로 0.05를 채택한다. 다시 말하면, p값이 0.05 미만인 경우(예제에서도 0.05보다 작다) 변수는 의미가 있으며 모델에 부합한다. 반면에 0.05 이상일 경우 해당 변수는 버릴 것을 고려해야 한다. 하지만 최근에는 임계값을 0.05 하나만 사용하지 않고 0.1, 0.05, 0.01의 3개를 사용하는 게 일반화되고 있다. 모델을 유연하게 운영할 수 있으며, 과거 많은 논문에서 임의로 변수를 버린 오류를 반복하지 않기 위해서이다. 코드 5.18의 실행 결과를 보면 p값이 0.001이므로 유의미한 것으로 간주할 수 있다.

코드 5.18의 선형회귀 분석의 실행 결과를 보면, 뒤에서 두 번째에 조정 결정계수(Adjusted R-Squared(R^2)) 값이 있다. 이 값은 모델에 의해 설명되는 변이의 정도를 의미하는데, 0부터 1 사이의 값을 가질 수 있으며 0은 모델이 출력값의 평균을 사용하는 것보다 전혀 나을 것이 없음을 의미하고 1은 모델이 출력값을 완벽하게 기술하고 있음을 의미한다. 예제의 경우 0.76으로 계산되었는데 이 선형 모델이 출력 데이터 내의 변이의 76%를 합리적으로 설명할 수 있다는 뜻이다. 결정계수 R^2은 상대적이기 때문에, R^2값에 정답은 없다. 만일 이제 막 출력값을 추측하기 시작하는 단계라면(다시 말해 출력값 내의 변이를 전혀 설명하지 못하고 있다면) R^2이 0.05라도 약간의 도움은 된다. 하지만 기존 모델의 R^2값이 0.76이라면 0.05는 엄청난 퇴보일 뿐이다.

노트
많은 사람들이 어떤 모델을 신속하게 이해하고 싶을 때 R^2 값에 우선적으로 관심을 두는 경향이 있다.

마지막으로 코드 5.18의 마지막 줄에 있는 p값은 전체 모델의 p값이다. 지금쯤이면 여러분도 예제의 모델이 좋은 모델인지 아닌지 어느 정도 느낌이 있겠지만, p값에는 항상 주의를 기울이는 것이 좋다. 예제 모델의 p값은 충분히 작기 때문에 신뢰를 가질 만하다.

회귀 분석에서 빠지기 쉬운 함정

우리가 처음 책을 집필할 때 회귀 분석을 포함시킬지를 놓고 망설였던 적이 있다. 회귀 분석 때문에 데이터 분석을 망치는 경우가 매우 많으며, 회귀 분석을 하기 전에 확인해야 할 전제도 매우 많다. 하지만 저자들이 회귀 분석을 책에 포함시킨 이상, 회귀 분석 과정에서 피해야 할 함정도 설명하지 않는다면 무책임한 처사일 것이다.

데이터의 범위를 넘어서 추론할 수 없다

여러분이 갖고 있는 데이터는 지금 알고 있는 지식의 전부다. 데이터 내 선형 관계의 존재를 확신할 수는 있지만, 그 믿음을 입력값 너머로 확장해서는 안 된다. 예를 들어, 보안 사고로 손실된 레코드의 개수(입력)로부터 데이터 침해의 비용(출력)을 추정하는 단순한 모델을 개발했다고 가정하자. 이 때 모델을 만들 때 사용된 입력 데이터(손실된 레코드의 개수)가 1,000개에서 100,000개 사이였다면, 이 모델을 손실 레코드의 개수가 100,000개 이상 혹은 1,000개 미만인 보안 사고에 적용할 수 없다. 여러분이 갖고 있는 데이터의 범위를 넘어서 관계가 유효할지 신뢰할 수 없기 때문이다(여러분이 개발한 모델의 수준이 엉망이라면 R2 값이 작게 나올 것이므로 다른 사람들은 여러분의 모델을 기각할 가능성이 높다).

특이점은 아주 큰 영향을 미친다

회귀 분석을 수행하기 전에, 데이터의 유효성을 검사해 실수나 오류가 원인인 특이점들을 미리 확인하는 것이 바람직하다. 특이점은 모델의 출력값에 영향을 미치며, 모델 선택에 크게 영향을 미친다. 괴상스러운 관찰값은 모두 제거해야 한다는 뜻이 아니다(사실 과거에는 모두 제거하는 것이 관행이었지만). 특이점처럼 보이는 관찰값은 분석을 진행하기 전에 유효성을 확인하는 습관을 들이는 것이 좋다는 뜻이다. 유효한 특이점도 있을 수 있으며, 이런 값은 당연히 모델에 포함시켜서 모델 내에서 설명해야 한다. 반대로 특이점이 단지 오타의 결과이거나 측정할 때 단위를 잘못 기입한 것이 원인이라면, 이러한 유형의 특이점은 사전에 수정하거나 제거해야 한다.

숨겨진 관계는 잘 숨는다

변수들을 잔뜩 모아서 선형회귀로 던져버리고는 그 변수들이 유의미하다고 결론내리기는 쉽다. 하지만 이러한 관계를 다룰 때는 어느 정도의 상식을 갖고 접근해야 한다. 일반적으로, 변수의 개수는 최소한으로 유지하는 것이 확립된 관행이다(다음 절을 참조). 하지만 데이터 내부에 존재하는 관계로 인한 잘못된 결론 유도를 조심해야 하는데 이를 다중공선성multicolinearility이라고 부른다. 서로 간에 상관관계가 매우 높은 입력 변수가 둘 이상일 경우, 아무 의미가 없음에도 불구하고 의미가 있는 것으로 잘못된 결론이 내려지는 것이다. 이 장 후반에서 제로액세스 데이터를 다루면서 실제 예를 보게 된다.

변수가 너무 많으면 좋지 않다

충분한 개수의 변수를 수집하고 이 변수들을 회귀 분석으로 던지면, 거의 틀림없이 높은 상관관계를 갖는 무언가가 나타나게 된다. 사실 이것은 회귀 분석뿐 아니라 다른 개념에도 대부분 적용된다. 이러한 잘못된 결과는 모델에 변수가 많이 추가될수록 거짓된 관계(순전히 우연하게 통계적으로 유의미한 상관관계)의 가능성이 높아지기 때문이며, 분석이 복잡하거나 어느 정도의 도메인 전문지식 없으면 더욱 악화된다. 따라서 선형회귀 분석을 할 때는 입력 변수의 개수를 최소화하면서 모델에 간신히 기여하는 변수를 (p값이 작더라도) 제외하는 것이 좋은 습관이다. 이 주제는 과적합overfitting 문제와도 관련이 있다. 과적합이란 최초 데이터는 아주 잘 설명하지만 현실 데이터에 적용했을 때는 성과가 저조한 것을 의미한다.

> **노트**
>
> 과적합의 문제점 및 과적합을 줄이는 방법에 관해서 9장에서 설명한다.

시각화하고 간단한 검사를 적용한다

회귀 분석으로 곧장 넘어가기 전에 먼저 데이터를 시각적으로 조사하면 좋다. 이 장의 예제에서도 간단한 산점도를 먼저 작성한 다음에 회귀선을 추가했다. 이 과정에서 변수들이 추가되기 때문에 다소 복잡해진다는 단점은 있지만, 변수에 다양한 논리를 적용해보면서 모델에 포함되어야 할 이유를 확인할 수 있다. 이렇게 하면 변수의 총 개수를 줄이는 데도 도움이 되며, 시각화를 하지 않았다면 알 수 없었을 정보를 알게 되기도 한다.

제로액세스 감염 데이터를 이용한 회귀 분석

회귀 분석의 개념 및 주의점을 이해했으니, 공간 데이터로부터 이전의 지도 시각화보다 더 많은 의미를 끄집어내 보자.

간단한 회귀 분석을 통해서 '외계인 방문'이 제로액세스 감염을 얼마나 잘 설명하는지 확인할 것이다. 웬 엉뚱하고 비합리적인 질문이냐고 생각하는 사람도 있겠지만, 과학자는 모든 가능성을 열어 놓아야 한다. 저자들은 외계인 방문에 관한 본격적인 데이터는 찾을 수 없었지만, 다행히도 국립 UFO 신고 센터 사이트에는 외계인 목격 사례를 수집한 데이터가 올라와 있었다. 그래서 이 데이터 내의 ufo2010 변수에 들어 있는 값을 사용하기로 한다. 선형회귀 분석을 실행하기 위해서 이번에도 lm() 함수를 호출하되, 출력 변수(za.county 데이터프레임의 infections), 틸드(~) 문자, 외계인 목격 데이터(ufo2010)로 인수값을 전달한다(코드 5.20). 변수를 더 추가하고 싶으면 + 기호를 사용하면 된다. 가장 바깥을 summary()로 감싸서 호출함으로써 즉시 실행 결과를 확인하고 있다. 코드 5.20에는 이번 예제와 관계 있는 내용만 표시된다.

코드 5.20

```
# 필요한 객체: za.county (5-14와 5-15)
summary(lm(infections ~ ufo2010, data=za.county))
## Coefficients:
##              Estimate Std. Error t value Pr(>|t|)
## (Intercept) 17.97998    2.63775   6.816 1.12e-11 ***
## ufo2010      8.22677    0.08843  93.029  < 2e-16 ***
## ---
## Signif. codes:  0 '***' 0.001 '**' 0.01 '*' 0.05 '.' 0.1 ' ' 1
##
## Residual standard error: 140.9 on 3070 degrees of freedom
## Multiple R-squared:  0.7382,  Adjusted R-squared:  0.7381
## F-statistic:  8654 on 1 and 3070 DF,  p-value: < 2.2e-16
```

p값이 〈2.2e-16으로서 매우 작다. 이것은 유의미한 관계라는 뜻이며, R^2값은 0.74으로서 매우 인상적이다. 또 (8보다 큰) ufo2010 계수 추정값은 UFO 1회 목격 시마다 8회 이상의 제로액세스 감염을 기대할 수 있음을 의미한다. 이것은 믿을 수 없을 만큼 강력한 모델이다. 콧대 높은 학술 저널에 UFO가 제로액세스 악성코드의 확산을 일으키고 있음을 여러분이 얼마나 과학적으로 입증했는지 설명하며 논문을 제출하기에 충분하다! 기사 제목은 다음처럼 뽑으면 좋을 것 같다.

과학자들이 제로액세스 감염과 외계인 방문 사이의 관계를 밝혀내다

자, 흥분을 잠시 가라앉히고, 다른 변수들도 한 번 살펴보자. 변수를 너무 많이 추가하면 좋지 않다고 말했지만, 다양한 모델을 고려하는 것도 필요한 일이다. 9장에서 변수 선택을 위한 몇 가지 기법을 설명할 것이다. 일단 지금은 전체 변수들을 갖고 회귀 분석을 실행해 보고 그 결과를 검토해 보자(코드 5.21).

코드 5.21

```
# 필요한 객체: za.county (5-14와 5-15)
summary(lm(infections ~ pop + income + ipaddr + ufo2010,
          data=za.county))
## Coefficients:
##                Estimate Std. Error t value Pr(>|t|)
## (Intercept)   1.091e+01  5.543e+00    1.968   0.0492 *
## pop           7.700e-04  9.072e-06   84.876  < 2e-16 ***
## income       -2.353e-04  1.215e-04   -1.937   0.0528 .
## ipaddr        2.281e-06  3.027e-07    7.534 6.41e-14 ***
## ufo2010       5.495e-01  9.943e-02    5.526 3.54e-08 ***
## ---
## Signif. codes:  0 '***' 0.001 '**' 0.01 '*' 0.05 '.' 0.1 ' ' 1
##
## Residual standard error: 74.9 on 3067 degrees of freedom
## Multiple R-squared:  0.9261,   Adjusted R-squared:  0.926
## F-statistic:  9610 on 4 and 3067 DF,  p-value: < 2.2e-16
```

P값들을 훑어보면 소득income을 제외하고는 모두 값이 작기 때문에, 소득을 제거한 다음 회귀 분석을 재실행할 수 있다. 하지만 그래도 IP 주소와 UFO 방문의 영향은 매우 강해 보인다. 다만, 더 많은 변수를 추가했기 때문에 UFO 방문의 영향력은 감소했다는 것에 주의하자(계수는 작아지고 p값은 증가했다).

이 모델에는 변수들이 모두 들어 있지만, '회귀 분석에서 빠지기 쉬운 함정' 절에서 언급했던 다중공선성 변수multicolinear variables 문제를 조사할 필요가 있다. 이것은 둘 이상의 입력 변수가 서로 상관관계가 있어서 어떤 변수의 유의성(혹은 무의성)을 가리는 현상을 의미한다. 이 문제를 확인하려면 분산 팽창지수Variance Inflation Factor를 조사하면 된다. 그리고 R의 car 패키지의 vif() 함수로 확인할 수 있다(코드 5.22). 일반적으로 분산 팽창지수의 제곱근이 2보다 크면 변수들은 서로 상관관계를 갖고 있는 것이므로, 그 변수들이 모두 유의하게 모델에 기여하고 있다고 믿어서는 안 된다.

코드 5.22

```
# 필요한 객체: za.county (5-14와 5-15)
library(car) # vif() 함수를 사용하기 위해서
model <- lm(infections ~ pop + income + ipaddr + ufo2010,
            data=za.county)
sqrt(vif(model))
##      pop   income   ipaddr  ufo2010
## 2.165458 1.038467 1.046051 2.115512
```

오, 인구수와 ufo2010이 상관관계를 가지고 있음을 확인할 수 있다. 이럴 수가! UFO 목격수는 단지 인구수의 함수였던 것인가? 확인해 보기 위해서는 인구수로 정규화 해야 한다. 두 값을 모두 인구수로 나누어 1인당 감염 노드수와 UFO 목격 횟수를 얻은 다음, 회귀 분석을 다시 실행한다(코드 5.23).

코드 5.23

```
# 필요한 객체 : za.county (5-14와 5-15)
za.county$za.by.pop <- za.county$infections/za.county$pop
za.county$ufo.by.pop <- za.county$ufo2010/za.county$pop
summary(lm(za.by.pop ~ ufo.by.pop, data=za.county))
## Coefficients:
##              Estimate Std. Error t value Pr(>|t|)
## (Intercept) 7.050e-04  1.213e-05  58.106  < 2e-16 ***
## ufo.by.pop  2.679e-01  6.956e-02   3.852  0.00012 ***
## ---
## Signif. codes:  0 '***' 0.001 '**' 0.01 '*' 0.05 '.' 0.1 ' ' 1
##
## Residual standard error: 0.0005793 on 3070 degrees of freedom
## Multiple R-squared:  0.004809,  Adjusted R-squared:  0.004485
## F-statistic: 14.84 on 1 and 3070 DF,  p-value: 0.0001197
```

다행히도 p값이 여전히 0.05보다 작다! 그런데, R^2값이 0.004이다. 다시 말하면 이 모델은 데이터의 0.4%만을 설명하고 있다는 것이며, 거의 쓸모가 없다는 뜻이다. 아쉽지만 우리는 UFO 방문과 제로액세스 감염 간에는 관계가 없다고 결론을 내려야 겠다.

이제 한 번만 더 회귀 분석을 실행해 보자. 이 장에서 사용된 데이터와 R 코드는 모두 이 책의 웹사이트에서 다운로드할 수 있다. 그러니 여러분 스스로 다양하게 탐색을 할 수 있을 것이다.

무엇이 제로액세스 감염과 상관관계를 갖고 있는가?

어떤 카운티에서 제로액세스에 감염된 노드수를 예측하는 가장 유의미한 변수가 그 카운티의 인구수라는 강한 의심을 갖고 있다고 하자(혹은 9장에서 설명하는 변수 선택 기법에 의해서 인구수 변수를 선택했다고 하자).

코드 5.24

```
# 필요한 객체: za.county (5-14와 5-15)
summary(lm(infections ~ pop, data=za.county))
## Coefficients:
##                Estimate Std. Error t value Pr(>|t|)
## (Intercept) 4.545e-01  1.435e+00    0.317    0.752
## pop         8.204e-04  4.247e-06 193.199   <2e-16 ***
## ---
## Signif. codes:  0 '***' 0.001 '**' 0.01 '*' 0.05 '.' 0.1 ' ' 1
##
## Residual standard error: 75.92 on 3070 degrees of freedom
## Multiple R-squared:  0.924,  Adjusted R-squared:  0.924
## F-statistic: 3.733e+04 on 1 and 3070 DF,  p-value: < 2.2e-16
```

R^2의 값이 0.94이기 때문에 변수를 추가할 필요성이 거의 없어 보인다. 실제로 다른 변수들로 실행해 보면, 소득이나 카운티 내 IP 주소의 수는 모델에 별로 기여하지 않는다. 인구수로 회귀 분석을 한 결과를 보면, 계수가 0.0008204(8.204e-04은 공학식 표기법)다. 이 수의 역수(1/0.0008313)를 취하면 카운티 인구 1200명당 한 명꼴로 1개 이상의 노드가 제로액세스에 감염될 것이라고 기대할 수 있음을 알 수 있다.

카운티 단위의 시각화를 위해서 다시 지도로 돌아가자. 감염 노드수와 인구수를 보여주는 코로플레스 지도를 생성할 수 있다. 회귀 분석을 정확하게 수행했다면, 둘 사이에 분명한 관계가 존재하고 있음을 보여주는 지도가 나타난다(그림 5.10).

제로액세스 감염수

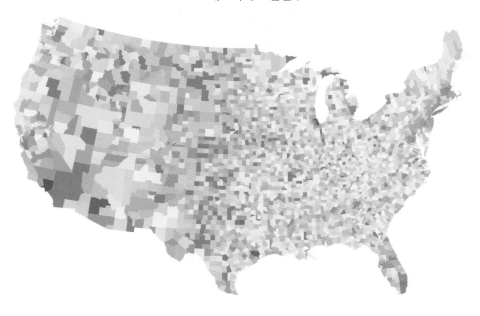

미국 인구수

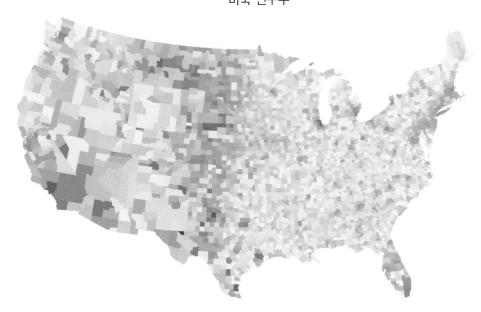

그림 5.10 제로액세스 감염수와 인구수 간의 관계를 시각화한 지도

요약

이 장에서는 산점도와 코로플레스 지도 등 다양한 지도를 작성해 보았다. 지도를 사용한 시각화는 여러 지도 간의 차이점을 한눈에 알 수 있다는 장점이 있지만, 시각화에만 의존하는 것은 바람직하지 않다. 지도는 단지 차이점을 보여줄 뿐이지만, 선형회귀 분석은 그 차이의 원인이 대체로 인구수 때문임을 보여준다. 지도를 작성할 때는 항상 이런 부분을 고려해야 한다(지도가 아닌 다른 시각화의 경우도 마찬가지다). 지도에서 한 걸음 물러서서, 연구자가 평생 해야 할 질문 "그래서 어쩌라고?"를 자문해야 한다. 그 질문에 대답할 수 없다면 여러분에게 필요한 건 지도가 아니므로, 연구의 방향을 달리 해야 한다.

추천 읽을거리

다음 목록은 이 장에서 소개했던 주제들을 더욱 깊이 있게 이해하고 싶은 독자들을 위한 추천 읽을거리다. 아래의 문헌 및 이 장에서 언급한 문서의 원본에 관한 자세한 목록은 부록 B에서 확인할 수 있다.

- 네이썬 야우^{Nathan Yau}, 『Data Points: Visualization That Means Something』 – 아름다운 지리공간 시각화 사례를 보여주며, 그 뒤에 숨어 있는 설계 원칙에 대해 설명한다. 예제 코드는 없지만 많은 영감을 얻을 수 있으며 UFO 목격 지도도 포함되어 있다.
- 윈스턴 챙^{Winston Chang}, 『R Graphics Cookbook』 – 여러분이 R을 이용한 시각화를 준비 중이라면, 이 책은 반드시 곁에 두어야 한다. 이 책보다 훨씬 깊이 있게 지도 작성에 관해서 다루고 있으며 다양한 예제 코드를 포함하고 있다.
- 찰스 윌런^{Charles Wheelan}, 『Naked Statistics: Stripping the Dread from the Data』 – 통계학 입문서로서 이 책보다 나은 책은 없다. 어려운 수학을 사용하지 않고도 통계학 개념들을 제시하며, 회귀 분석에 관해서도 한 장을 할애한다. 물론, 회귀 분석의 많은 가정과 함정에 대해서도 소개하고 있다.

6

보안 데이터 시각화

"인간의 시각 시스템은 엄청난 힘과 섬세함의 패턴을 탐색한다.
눈과 뇌의 시각 피질은 인간의 인지 중심부에 가장 높은 대역폭 채널을 제공하는
대규모 병렬 프로세서를 형성한다."

콜린 웨어(Collin Ware), 『정보 시각화』

1장에서 데이터 분석은 아주 작은 단서라도 발견하기 위해서 소도구를 갖고 수많은 인내의 시간을 감수해야 한다는 점에서 고고학과 비슷하다고 말한 적이 있다. 둘 사이의 유사점은 내러티브^{narrative}를 만들기 위한 노력에서도 찾을 수 있다. 고고학자는 어떤 이야기의 조각들을 발굴해 역사의 이야기를 재창조하려고 시도한다. 데이터 분석가도 마찬가지다. 이야기는 데이터 안에 묻혀 있다. 그 이야기를 발견해 내고 조각을 맞춰서 사람들에게 알리는 역할은 데이터 분석가의 몫이다. 그리고 잘 만들어진 시각화만큼 데이터의 이야기를 데이터 특유의 복잡함 및 미묘함과 함께 전달할 수 있는 것은 없다.

데이터의 이야기는 몇 개의 특성에 기초하는데, 그중에서 가장 중요한 두 개는 진실과 관련성이다. 진실 없이 좋은 이야기를 만들 수는 있지만, 진실 없이 좋은 데이터 이야기를 만들 수는 없다. 이야기가 거짓 또는 절반의 진실에 기반한다면, 의미 있고 성공적인 영향을 기대할 수 없다. 여러분은 데이터에 포함된 진실을 밝히기 위한 모든 스킬을 연마해야 하고, 그 다음에는 여러분이 발견한 이야기를 관객에게 정확히 전달하기 위한 시각화 스킬을 갖춰야 한다. 시각적 언어는 진실을 감싸는 포장지와 같다. 투명해야 하고 모호해서는 안 된다. 여러분이 배치하는 모든 점, 선, 색상, 모양은 데이터 이야기의 진실을 뒷받침하는 정보 조각을 전달할 수 있어야 한다.

좋은 이야기는 그 이야기를 읽는 사람과 관련이 있을 때만 좋다. SIEM 오퍼레이터 대상으로 만든 보고서와 똑같은 내용으로 이사회 임원용 대시보드를 만들고 싶은 사람은 아무도 없을 것이다. 이야기를 보는 사람이 자기와는 해당 사항이 없는 이야기라고 생각한다면, 제대로 전달이 될 리가 없다. 따라서 여러분은 여러분이 만든 시각화 결과물의 관객을 정확히 인식해야 한다. 여러분의 목적이 예산 증액인가 아니면 방화벽 설정 변경인가? 여러분은 메시지를 작성할 때, 스스로에게 "그래서 뭐?"라고 물어봐야 한다. 그래서 이 질문에 만족할 만한 대답을 하지 못한다면 현재의 접근 방식을 재고하는 것이 바람직하다. 또, 머릿 속으로 이야기의 여러 가지 결과들을 상상하는 연습도 필요하다. 그래서 관객의 관점에서 볼 때 결과물이 다를 것이 없다면 시각화를 다시 생각해 봐야 한다. 예를 들어 명백히 우상향하는 선 그래프가 있을 때, 그 선이 우하향한다면 관객의 반응은 어떻게 될까? 혹은 기울기가 훨씬 가팔라질 경우, 그래서 어떻다는 것인가?

모든 데이터를 시각화할 필요는 없다. 데이터의 이야기를 이메일 내에 한 문장으로 요약할 수 있다면, 그렇게 하자. 데이터가 간단한 테이블로 표현될 수 있다면, 역시 그렇게 하자. 우리의 목표는 데이터의 의미를 타인에게 전달하는 것이다. 다른 방법으로 더 낫고 간결하게 의사소통할 수 있다면, 그 방법으로 가야 한다. 또, 시각화가 이야기의 중심이 될 필요도 없다. 모든 데이터는 어떤 맥락 내에서 존재하며, 모든 이야기는 시작, 중간, 끝을 가져야 한다. 시각화는 의사소통 전반에서 중요한 뒷받침 역할을 할 수 있지만, 유일한 전달 수단이 되어서는 안 된다. 중요한 것은 내러티브의 성공적인 전달이며, 전달 방법은 단지 이를 위한 수단에 불과하다.

왜 시각화를 하는가?

인간이 무언가를 이해하는 가장 효율적인 경로는 시각을 통하는 것이다. 따라서 시각에 대해서 배우고 시각이 어떻게 동작하는지(또는 동작하지 않는지) 이해하면 우리의 목표를 달성하는 데 도움이 될 수 있다. 지금 우리의 목표는 데이터에서 발견한 이야기를 효과적이고 효율적으로 전달하는 것이다. 다른 방법들과 비교했을 때, 전달 도구로서 데이터 시각화를 사용하는 것은 많은 장점이 있다. 6장 처음에 인용했던 콜린 웨어에 따르면 데이터 시각화의 장점은 다음과 같다.

- **데이터 시각화는 복잡한 내용을 신속하게 전달한다.** 기술적 통계(평균, 중앙값, 분산 등)는 데이터를 기술하고 단순화하기 위해 존재하지만, 세부 정보를 없애버리는 경향이 있다. 하지만 데이터 시각화를 이용하면 세부 사항의 손실을 최소화하면서 수백만 개의 데이터 포인트를 몇 초 내에 전달하는 것이 가능하다.
- **데이터 시각화는 숨어 있는 패턴을 인식할 수 있다.** 통계적 방법이나 데이터 스캔으로는 분명히 보이지 않는 패턴이 시각화를 통해서 드러나기도 한다. 데이터가 시각적으로 표현될 때, 단일 변수 혹은 여러 변수 간의 관계 내에 존재하는 패턴이 화면 밖으로 뛰쳐 나오기도 하기 때문이다.
- **데이터 시각화는 데이터의 품질 관리에 도움이 된다.** 데이터 수집이나 준비 과정에서의 실수와 오류들이 시각화를 통해 드러날 수도 있다. 데이터 시각화는 신속한 위생 검사의 역할을 할 수 있는 것이다.
- **데이터 시각화는 영감을 제공할 수 있다.** 과학사에서 대부분의 획기적인 발견은 "유레카!"보다는 "어, 이상한데"에서 시작되었다. 데이터를 시각적으로 배치하는 것은 새로운 관점을 제시할 수 있으며, 여러분의 생각과 발견의 프로세스를 촉진한다.

시지각의 비밀

인간이 시각 정보를 처리하는 시스템은 믿을 수 없을 만큼 복잡하며, 이에 대한 인류의 지식은 여전히 진행형이다. 이 절에서는 몇 가지 핵심적인 (그리고 바라건대 이해하기 쉬운) 개념들을 소개한다. 우리의 뇌가 시각 정보를 어떻게 처리하는지 이해한다면 별로 효과가 없거나 유용하지 않은 시각화 결과물을 미연에 방지하는데 도움이 될 것이기 때문이다.

우리의 눈은 빛의 형태로 받아들이는 시각적인 자극을 우리의 뇌를 위한 전기 신호로 변환한다. 이 정보는 우리의 시각 기억visual memory의 여러 단계를 통과하는 데, 단계마다 특정한 강도, 한계, 기능을 갖고 있다. 시각 정보를 의식적으로 인지하기 전에 우리의 뇌는 신속하게 훑어 보는 과정을 수행하는데, 이를 가리켜 전주의 처리preattentive processing라고 부른다. 최종적으로 뇌는 눈에게 다른 곳을 바라보도록 지시하고, 일련의 단속적 안구 운동saccadic movement을 통해서 얻는 특징들을 바탕으로 대상의 이미지가 마음 속에 구축된다. 우리의 목표는 이러한 시각 처리 시스템의 개념을 이해하고, 이를 활용해 좋은 시각화와 대시보드를 만들기 위한 기초를 쌓는 것이다.

시각적 사고

이번 절에서는 우리의 시지각 인식 내의 기억을 영상 기억, 작업 기억, 장기 기억의 순서대로 알아본다.

- 영상 기억iconic memory은 시각 정보가 거쳐 가는 첫 번째 정류장이다. 머무르는 기간이 매우 짧아서 0.5초 정도에 그치거나 새로운 정보가 들어올 때까지만 지속된다. 하지만 이 짧은 기간에 일어나는 것은 좋은 시각화와 대시보드를 생성하는 데 매우 중요한 역할을 한다. 우리의 뇌는 영상 기억에 저장된 정보를 사용해 (어떤 의식적인 주의를 기울이기 전에) 이미지를 전처리preprocess하기 때문이다. 진화론의 관점에서 전처리는 매우 유용하다. 전주의 처리 덕분에 우리를 둘러싼 환경 내에서의 가능한 위협요인들을 신속하게 식별할 수 있기 때문이다. 예를 들어, 운전 중에 어떤 동물이 갑자기 차의 전방에 나타났을 경우, 운전자는 (잠재적 위협을 인식했을 때) 뇌가 보내는 긴급 메시지를 느낀다. 우리는 위협을 완벽하게 인식하기도 전에 즉각적으로 반응을 하기 시작한다. 물론 시각화 결과물은 다른 사람에게 위협으로 받아들여지면 곤란하겠지만, 색이나 모양 등의 사용을 통해서 이러한 전주의 처리를 유발할 수 있다면 보는 사람의 주의를 끌면서 데이

터의 기본 속성을 신속히 전달할 수 있게 된다. 시각화 결과물을 보는 사람 입장에서도 좀 더 수월하게 정보를 받아들일 수 있다. 전주의 처리에 관해서는 이 장 후반에 자세히 설명할 것이다.

- 작업 기억working memory은 그 다음 정거장으로서 처리 과정이 좀 더 복잡하다. 우선, 뇌는 시각적 요소들을 의미 있는 객체로 그룹화하고 이를 작업 기억에 저장한다. 작업 기억은 유연성이 매우 높다. 정보가 더 들어오면 신속하게 기존 객체를 교체하거나 버릴 수 있는데, 다만 이러한 유연성은 용량의 희생이 따른다. 작업이나 객체에 따라 다르지만, 대체로 우리는 3개에서 5개까지의 객체를 작업 기억에 저장할 수 있다. 이러한 사실은 시각화나 대시보드를 설계할 때 반드시 기억하고 있어야 한다. 예를 들어 10개의 범례를 갖는 그래프를 보는 사람은 수시로 범례로 시선을 옮겨야만 그래프의 내용을 제대로 이해할 수 있다. 따라서 여러분이 데이터 스토리를 전달할 때 객체의 수가 5개(혹은 4개)를 넘지 않도록 주의하는 것이 좋다.

- 장기 기억long-term memory은 시각 처리와 직접적으로 관계는 없지만, 장기 기억 내에 구축된 기대와 규범을 통해 시각적 의사소통에 영향을 미친다. 무언가가 장기 기억으로 이동하려면, 그 정보를 단기 기억에서 장기 기억으로 옮기기 위한 '시연'을 반복해야 한다. 예전에 시각화 결과물을 본 적이 있는 사람은(실제로 그럴 가능성이 매우 높다), 지금 보고 있는 것에 대해서도 일정 수준의 예상을 하게 된다. 예를 들어 여러분이 작성한 산점도를 보는 사람은 그래프의 원점이 좌측 하단에 위치하고 양 축은 오른쪽과 위쪽으로 향할 것이라고 예상한다. 색이 여러 개 사용되었다면 색마다 의미가 있을 것으로 예상하면서 그 정보를 찾으려 시도할 것이다. 이러한 규범이나 기대가 무엇인지 미리 아는 것은 매우 중요하다. 이러한 규범을 지키지 않을 때는 충분한 이유가 있어야 하며, 사람들이 쉽게 이해할 수 있도록 시각적인 단서를 반드시 제공해야 한다.

눈의 움직임을 추적하기

우리가 컴퓨터 화면 상의 대시보드나 그래픽에 바라볼 때, 한 군데에 시선을 집중하는 것이 아니라 이미지를 전체적으로 받아들인다. 사람의 눈은 짧은 순간순간마다 화면 여기저기의 특정 부분을 집중적으로 바라보는 일을 반복하며, 이 과정을 통해서 마음 속에 이미지를 형성한다. 이처럼 눈의 빠른 움직임을 가리켜 단속적 안구 운동saccades이라고 부른다. 이 때 안구는 결코 임의로 움직이는 것이 아니다. 뇌는 다음으로 시선을 두어야할 것이 무엇인지에 관해서 일련의 규칙(지침)을 갖고 있다. 예를 들어 어떤 사람이 여러분에게 인사를 할 때, 여러분의 눈은 그 사람의 얼굴 각 부위(눈, 코, 입 등)의 특징을 빠르게 파악하고 윤곽을 그려가면서 얼굴 전체를 조사하는 과정을 수행한다. 안구의 이러한움직임은 그 사람을 인식하는 역할뿐 아니라 그 사람의 감정 상태를 판단하는 단서를 얻기 위한 것이기도 하다.

시각화 및 대시보드에도 동일한 원리가 적용된다. 눈은 대상의 두드러진 특징에 가장 먼저 시선을 둔 다음, 중요하다고 생각되는 다른 부분을 이리저리 훑어본다. 그리고관객은 일련의 안구 운동을 거쳐서 전체적인 그림을 그린다. 따라서 안구 운동을 제대로이해한다면 자연스러운(적어도 긴장되지 않은) 시각화 흐름을 구축할 수 있다.

단속적 안구 운동은 대체로 무의식적이며 탄도 운동^{ballistic movement}으로 여겨지고 있다. 즉 뇌가 단속적 안구 운동을 일단 시작하면 근육이 통제권을 넘겨 받아서 처음부터끝까지 안구 운동의 가속과 감속을 조절한다. 이것은 두 가지 이유에서 중요하다. 일단단속적 안구 운동이 시작되면 변경되거나 중단될 수 없으며, 움직임이 지속되는 동안에는 다른 시각적 입력이 억제되기 때문이다. 따라서 우리는 시각화와 대시보드의 크기를일정 수준 이하로 억제함으로써 안구 운동의 이동거리를 제한하는 것이 바람직하다.

우리는 단속적 안구 운동으로부터 몇 가지 중요한 점을 배울 수 있다. 눈이 대상의여러 특징 사이를 이리저리 훑어본다는 사실, 그리고 안구 운동이 탄도 운동임을 이해한다면, 대시보드와 그래픽을 생성할 때 아래와 같은 점들을 유의해야 한다.

- **대시보드에 시각적 특징을 너무 많이 담으면 좋지 않다.** 눈길을 끄는 특징의 개수를 일정 개수 이하로 유지한다. 모든 것이 시각적으로 중요하다는 말은 아무 것도 시각적으로 중요하지 않다는 말과 같다. 너무 많은 특징이 있는 대시보드를 이해하려면 보는 사람은 더 많은 노력을 투입해야 한다.
- **중요한 메시지를 시각적으로 명확한 특징으로 삼는다.** 우리는 사람의 얼굴의 중요한 부분들을 훑어볼 때처럼 모니터 화면을 볼 때도 주의를 끄는 특징들을 찾는 경향이 있다. 이러한 특징은 보는 사람에게 분명하고도 중요한 것이어야 한다.
- **단속적 안구 운동에 소요되는 시간을 제한한다.** 먼 거리를 이동해야 하는 안구 운동은 그만큼 더 오래 걸린다. 따라서 특징적인 요소를 구석이나 모서리로 몰아넣지 말자. 보는 사람의 시선이 많이 움직이면, (안구 운동에 드는 시간이 늘어나기 때문에) 실제로 중요한 특징을 보는 데 드는 시간이 감소하게 된다.

단속적 안구 운동의 역할은 정적인 데이터의 시각화보다는 대시보드의 설계에 더 중요한 역할을 한다. 정적인 시각화는 일반적으로 주의를 끌고자 하는 특징이 하나 혹은 두 개 정도에 그치므로 안구 운동은 상대적으로 작은 공간으로 한정된다. 하지만 대시보드는 다양한 수준의 긴급성을 갖는 여러 개의 독립적인 메시지를 동시에 전달하기 위한 것이다. 10장에서 배우게 될 좋은 대시보드 설계에서는 안구 운동에 소요되는 시간을 제한하고 안구 운동의 효율성을 제고하는 방법을 배운다.

전주의 처리

전주의 처리를 이해하기 위해서는 그림을 이용하는 것이 가장 효과적이다. 그림 6.1을 보고, 이 문자와 숫자가 임의로 섞인 그림 속에 대문자 X가 몇 개인지 세어 보자.

V3JpdGluZyBhIGJvb2sgaXMgaGFyZCB3b3JrLCBidXQgb25lIHNpZGUgcGVyayBpcyB3ZSBnZXQgdG8gaW5qZWN0IGBIVhc3RlciBIZ2dz IGxpa2UgdGhpcy4gIEltIHIvdSd2ZSBmb3VuZCB0aGlzLCBCZW5kIHVzIGGW5lIHVzIGEbWzc2FnZSBvbiB0d2l0dGVyIChhaHJicm1zdHIgYW5klEBqYXlqYWNvYnMplHNheWluZyAiSGFwcKgRWFzdGVyIiE=

그림 6.1 X의 개수를 세어 보자

모든 문자가 색이 똑같고 차지하는 공간도 같기 때문에 눈에 확 들어오는 문자가 없다. 우리의 뇌는 단순히 도형들의 집합으로 인식한다. X의 개수를 세기 위해서는 4개의 줄을 차례대로 훑어 가면서 하나하나 문자를 확인해야 한다. 게다가 조사하면서 그때까지 발견된 X의 개수도 기억하고 있어야 한다. 이와 달리, 그림 6.2를 보자. 이 그림은 마찬가지로 문자와 숫자가 임의로 섞여 있지만 이번에는 X가 강조되어 있다.

X가 한눈에 들어오고 4개인 것도 알 수 있다. 이 그림을 처음 볼 때 우리의 뇌는 회색 기호들로 이뤄진 배경 위에 이와는 완전히 다르면서 서로 간에는 비슷한 4개의 객체를 인식한다. 즉, 전주의 처리를 통해서 2개의 그룹이 마음 속에 만들어진다. 하나는 모두 회색 기호이고, 나머지 하나는 빨간색 X들이다. 그리고 순식간에 두 번째 그룹이 우리의 관심사(대문자 X)임을 인식한다. 이제, 회색 문자들은 시각적으로 제외하고 두 번째 그룹만을 조사하며 X의 개수를 세는 것은 간단한 일이다.

V3JpdGluZyBhIGJvb2sga**X**MgaGFyZCB3b3JrLCBidiB d**X**Qgb25lIHNpZGUgcGVyayBp cyB3ZSBnZ**X**QgdG8gaW5qZWN0IGVhc3RlciBlZ2dzIGxpa2UgdGhpcy4gIEltIHIvd dSd2ZSBmb3VuZCB0aGlzLCBzZW5kIHVzIGEgbWVzc2FnZSBvbiB0d2l0dGVyIChA aHJicm1zdHIgYW5kIEBqYX**X**IqYWNvYnMplHNheWluZyAiSGFwcHkgRWFzdGVyIiE=

그림 6.2 다시 한 번, X의 개수를 세어 보자

이 사례와 같은 그룹화 및 집중이 바로 우리가 추구하는 것이다. 전주의 처리를 통해서 비슷한 객체들을 손쉽게 분류하고, 주의를 끌어야 하는 것을 강조하도록 하자. 다만, 전주의 처리가 그렇게 똑똑하지만은 않다는 것을 기억해야 한다. 전주의 처리는 의미를 투영할 수 없고, 객체를 해석할 수 없으며, (단순한 시각적 그룹화를 넘어서) 의미 있는 연계를 만들 수도 없다.

수많은 연구를 통해서 과학자들은 전주의 처리를 통해서 식별될 수 있는 것에 기반한 시각적 특성과 그렇지 않은 시각적 속성을 구별할 수 있게 되었다. 물론 이러한 연구 중의 일부는 다소 이상하거나 지나치게 추상적이지만, 전체적으로 보면 전주의 처리될 수 있는 시각적 속성을 다음과 같이 몇 가지 범주로 구분할 수 있다.

- 형태(선, 모양, 크기)
- 색(색상, 강도)
- 공간적 위치(2차원, 입체)
- 움직임(깜박임, 방향)

각 범주에 속하는 속성들을 구체적으로 실험하면서 여러분의 시각화 프로젝트에서 효과적인 것을 찾아낼 수 있다. 다양한 조합을 시도하면서 데이터를 가장 효과적으로 강조하는 조합을 찾도록 하자. 여러분이 보기에 어떤 특징이 금세 눈에 뜨였다면, 다른 사람 눈에도 그럴 가능성이 매우 높다. 물론, 다른 사람에게 보여줘서 의견을 묻는 확인 절차를 거치는 것은 언제나 바람직한 습관이다. 그림 6.3은 전주의 처리되는 속성에 근거해 차별화하는 몇 가지 방법을 보여주고 있다.

모든 전주의 속성의 효과가 똑같지는 않는다. 그림 6.3을 다시 보자. 그림 6.3의 사례들은 모두 3개의 데이터 포인트를 강조하고 있지만, 그 효과에 있어서는 약간 차이가 난다. 그림 6.3(e)에서 만일 (보라색과 빨간색 대신) 분홍색과 빨간색을 사용했다면, 강조하고자 하는 포인트가 눈에 뜨는 정도가 감소했을 것이다. 전주의 처리의 효과는 속성이 얼마나 서로 다른지에 달려 있다. 그림 6.3(a)는 원과 X 표시를 이용했는데, 그림 6.3(b)의 원과 사각형보다 차이가 더 크기 때문에 눈에 더 잘 들어온다. 물론 그림 6.3(b)에서도 모양의 차이를 구별할 수는 있지만, 그림 6.3(a)만큼 분명하지는 않다.

이러한 전주의 처리의 개념은 어디까지나 개념으로서 받아들여야 한다. 전주의 처리와 의식적 처리 간의 경계는 모호하다. 반복적으로 노출되면 전주의 처리도 실제로는 훈련될 수 있는 것이다. 따라서 아무리 엉망으로 설계된 대시보드라고 해도, 어느 정도 시간이 지나면 보는 사람은 대시보드 상의 중요한 특징을 빠르게 식별하는 스킬을 갖게 될 것이다. 하지만 그럼에도 불구하고, 보는 사람의 초점과 주의를 어떤 방향으로 유도하고 싶다면 형태나 색상과 같은 기본적인 요소를 활용해 여러분이 발견한 내용을 강조하도록 해야 한다는 사실은 변함이 없다.

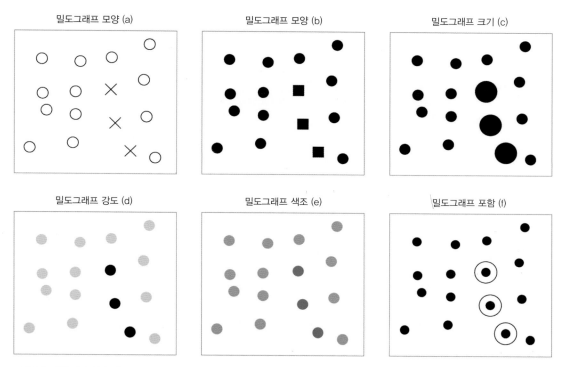

밀도그래프 모양 (a) 밀도그래프 모양 (b) 밀도그래프 크기 (c)

밀도그래프 강도 (d) 밀도그래프 색조 (e) 밀도그래프 포함 (f)

그림 6.3 전주의 속성의 예

마지막으로 전주의 처리와 관련해 주의할 것이 있다. 전주의 처리에 과부하가 걸리면 아무런 효과가 없을 수도 있다는 점이다. 그림 6.4를 보자.

- 그림 6.4(a)는 3개의 그룹으로 데이터를 분리했으며, 각 그룹은 서로 다른 색을 갖고 있다. 각 그룹을 구분하기는 매우 쉽다. 공간적으로 모여 있을 뿐 아니라, 색으로도 강조되고 있기 때문이다.

- 그림 6.4(b)는 데이터를 2개의 그룹으로 분리했으며(6-4(a)와 다르다), 각 그룹은 서로 다른 도형의 모양을 하고 있다. 그림 6.4(a)보다는 구분하기가 조금 더 어렵지만, 그래도 여전히 구분은 가능하다.

- (a)와 (b)의 방법을 결합한 것이 (c)인데, 너무 복잡해졌다. 도형 모양을 기준으

로 구분하기 위해서 일일이 집중해서 데이터를 관찰하고 의식적으로 구분해야 한다.

여기서의 교훈은 시각화는 가능한 단순하게 유지함으로써 전주의 처리의 장점을 활용할 수 있도록 세심하게 설계해야 한다는 점이다.

> **노트**
>
> 이 장에는 시각화 그림은 많지만, 소스 코드는 별로 포함되어 있지 않다. 이 장에 게재된 그림을 어떻게 만들었는지 궁금하다면, 이 책의 웹사이트(www.wiley.com/go/datadrivensecurity)에서 6장 디렉토리에 있는 소스 코드를 참조하자.

밀도그래프 색 (a)   밀도그래프 모양 (b)   밀도그래프 모양과 색 (c)

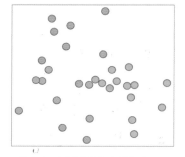 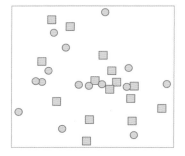 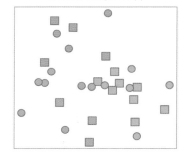

그림 6.4 지나치게 많은 속성의 예

시각적 전달의 구성요소 이해

이번 장은 뇌가 시각 정보를 처리하는 방법을 설명하면서 전주의 처리와 단속적 안구 운동을 활용해 보는 사람의 시지각을 향상시키는 방법도 소개했다. 이 절에서는 앞으로 여러분이 알아야 할 기초적인 시각적 구성요소와 재료를 중심으로 설명한다. 여러분은 데이터의 값을 위치, 형상, 길이, 크기 등의 다양한 특성을 통해서 표현해야 한다. 또, 시간의 흐름에 따른 변화는 기울기나 각도로 표현할 수 있고, 서로 다른 범주는 색상, 색조, 채도, 명도 등으로 구분할 수 있다. 그리고 이러한 요소들을 결합하면 관계와 그룹을 표현하고 전달할 수 있다. 여러분이 시각화 과정에서 내리는 모든 선택은 보는 사람이 데이터의 의미를 해석하는 방법에 영향을 미친다.

3차원은 가급적 피할 것

만일 여러분이 물리적으로 무엇을 만들어야 하거나 3차원 모델링 기능을 제공하는 특별한 소프트웨어를 사용하는 것이 아니라면, 2차원만 취급하도록 하자. 여러분이 바라보는 화면, 인쇄하는 보고서, 벽에 비추는 슬라이드 모두 폭과 높이로 제한되는 것들이다. 물론, 깊이를 3차원으로 시뮬레이션할 수 있지만, 만만한 작업이 아니다. 3차원을 시뮬레이션하는 것은 말 그대로 시뮬레이션(모의훈련)이기 때문이다.

깊이를 시뮬레이션하기 위해서는 여러분이 지금 데이터의 의미를 전달하기 위해서 사용 중인 속성들을 변경해야 한다. 시뮬레이션에서 더 가까운 요소들은 크기를 키워야 하고, 멀리 떨어져 있는 요소들은 더 작아질 것이다. 시뮬레이션 시점으로 인한 효과는 보는 사람의 데이터를 정확히 비교하는 능력에 영향을 미친다. 이러한 이유로 저자들은 3차원으로 그래프를 그리지 말 것을 강력히 권장한다. 게다가 2차원은 상당한 유연성을 제공한다. 엑셀처럼 쉽게 사용할 수 있는 3차원 차트를 아주 쉽게 만들어 주는 데스크톱 도구가 있지만, 여러분의 목표가 여러분의 데이터를 다른 사람에게 전달하는 것이라면 3차원으로 만들고 싶은 충동을 참아내야 한다.

2차원으로 작업하는 것을 제약 요인으로 받아들일 필요는 없다. 2차원을 사용한 의미 전달에 관해 많은 연구가 수행되었는데, 여기서는 1980년대 중반에 2명의 통계학자(윌리엄 S. 클리블랜드, 로버트 맥길)에 의해 공개된 2개의 세미나 논문을 소개하고자 한다. 첫 번째 논문 'Graphical Perception: Theory, Experimentation, and Application to the Development of Graphical Methods'의 서두는 "데이터 분석과 데이터 표현을 위한 그래픽 방법론은 과학적인 기초를 필요로 한다."이다. 그리고 이 저자들은 실제로 그렇게 했다. 그들은 실험을 통해서 다양한 그래픽 요소들이 정량적 정보를 얼마나 정확히 시각적으로 이해될 수 있는지 측정했다. 두 번째 논문 'Graphical Perception and Graphical Methods for Analyzing Scientific Data'에서는 실험의 결과를 공개하고, 시각적 요소들을 이해할 때의 상대적인 정확도를 제시했다. 그림 6.5를 보자.

이 그림에서 제시하는 표현 방법들은 상호 배타적이지 않으며, 서로 간의 구분은 다소 모호할 수 있다. 예를 들어 간단한 막대 그래프를 해석할 때, '공통 스케일 상의 위치'를 사용해 양을 판단한 다음 '길이'를 사용해 동일 그래프 내의 2개의 막대를 비교할 것이다. 원형 그래프에서는 주로 각도를 사용하지만, 각 영역의 면적과 호의 길이 역시 지각 요인으로 작용할 수 있다. 이 그림에서 제시하는 연구 결론은 일종의 지침 역할을 할 수 있다. 여러분의 목표가 정량적 데이터를 정확히 전달하는 데 있다면, 막대 그래프가 원형 그래프보다 언제나 더 나은 선택이며 그룹 막대 그래프가 누적 막대 그래프보다 더 낫다.

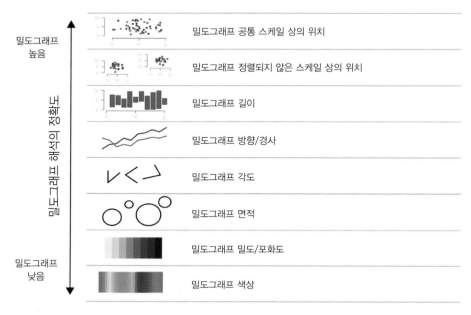

그림 6.5 해석의 정확도 순서

모든 지침이 그렇듯이 가끔 지키지 않아도 될 때가 있다. 가끔은 데이터의 수치를 정확히 전달하지 않으면서 정확도를 의도적으로 낮추고 싶을 때가 있다. 예를 들어 그림 6.6을 보자. 좌측의 원형 그래프를 보면, 5개의 영역 간의 면적 차이를 측정하기가 쉽지 않다. 따라서 이 원형 그래프만 보면 5개가 모두 거의 같다고 결론을 내리기 쉽다. 하지만 우측의 막대 그래프를 보면, 공통 스케일 상의 위치를 사용하고 있기 때문에 상대적인 크기 차이를 쉽게 알아 차릴 수 있다. 데이터의 정확성에 자신이 있다면, 말할 것도 없이 우측의 막대 그래프가 더 나은 전달 방법일 것이다. 하지만 예컨대 소규모의 설문조사로 얻은 데이터라면? 정확한 수치를 제시할 수는 있지만, 표본 오류를 극복할 수 있을 만큼의 의미 있는 차이가 아닐 수도 있다. 이런 경우는 의도적으로 데이터 의미 전달의 정확도가 떨어지는 방법을 사용하는 것을 정당화할 수 있다.

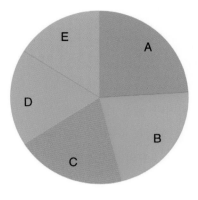
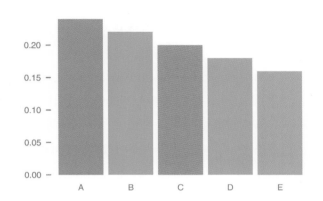

그림 6.6 원형 그래프와 막대 그래프 비교하기

파이는 디저트용으로 아껴둡시다

그림 6.5의 정확도 순서에서 아래쪽에 있는 요소를 사용해 시각화를 하는 것에 관해서, 사실은 2개의 매우 다른(그리고 가끔은 열정적인) 의견 간의 대립이 존재한다. 원형 그래프(파이 차트)는 자주 논쟁의 중심에 서는데, 원형 그래프가 다른 것들보다 더 자주 사용(그리고 남용)되기 때문이다. 원형 그래프에 반대하는 주장의 핵심은 원형 그래프가 아닌 다른 방법을 사용하면 언제나 데이터를 더 정확하게 표현할 수 있다는 것이다. 스테판 퓨는 2007년 'Save the Pies for Dessert'라는 제목의 논문에서 "정량적 전달 수단으로 사용되는 모든 그래프 중에서 원형 그래프가 가장 비효율적이다. 원형 그래프가 내는 목소리는 들리기는 하지만 이해는 되지 않는다. 원형 그래프는 말할 때 언제나 웅얼거린다."라고 말한 바 있다. 반면에, 앞서 언급했듯이 시각화의 목적이 정확도에 있지 않은 경우는 원형 그래프는 의의가 있다는 관점도 존재한다. 이 밖에도 원형 그래프를 옹호하는 다른 (그다지 신뢰는 가지 않는) 주장들도 있지만, 한 가지는 확실하다. 충분한 심사숙고 끝에 시각화 방법을 선택하고, 여러분이 알리고자 하는 메시지를 제대로 전달하는지 확인해야 한다.

색 사용

여러분이 지금까지 프로젝트를 하면서 색상을 선택해 본 적이 없다면 이번 절의 간단한 소개가 색 선택에 도움이 될 것이다. 어떤 유형의 색 팔레트가 어떤 유형의 변수와 어울리는지에 관한 몇 가지 지침이 있으며, 색에 관한 여러 연구 덕분에 팔레트 생성에 관한 몇 가지 간단한 규칙들이 만들어 졌다. 하지만 여러분이 직접 시각화를 수행하면서 다양한 색 선택을 해 보지 않으면, 에드워드 터프티의 책 『Envisioning Information』에 언급되는 다음 문장을 진정으로 이해할 수는 없을 것이다. "재앙을 피하는 것이 색을 사용해 정보를 표현할 때의 첫 번째 원칙이다. 무엇보다도, 해를 끼쳐서는 안 된다."

색 이론을 적용해 그다지 어렵지 않게 팔레트 선택을 도와주는 웹사이트와 도구들이 많이 있다(부록 A 참조. 우리가 가장 좋아하는 것은 ColorBrewer[http://colorbrewer2.org/]와 HCL Picker[http://tristen.ca/hcl-picker/]이다). 현재 표현하고자 하는 데이터에 대한 어느 정도의 이해를 갖고 있다면, 적절한 색을 선택하는 것은 쉬운 일이다. 색은 메시지를 뒷받침 및 강조해야 하며 눈으로 보기에 편안해야 하는데, 이 부분은 상당히 주관적이며 시각화를 할 때마다 고유한 부분이 있다. 이 때문에 색을 취급할 때는 소수의 색으로 기능, 미학, 이론 간의 균형을 잡는 것이 어려운 과제가 된다.

색은 상대적이다

색을 선택할 때 고려할 가장 중요한 측면은 색은 언제나 색을 둘러싼 주변 환경에 대해서 상대적으로 해석된다는 것이다. 예를 들어 그림 6.7을 보면 그라데이션 배경에 2줄의 회색 상자들이 보인다. 각 줄의 상자들은 동일한 음영을 갖고 있지만, 좌측의 상자와 우측의 상자의 음영도가 다르게 보인다. 좌측 상단의 상자와 우측 하단의 상자가 똑같은 색을 갖고 있는 것처럼 보이는 사람들도 있다. 이것은 우리가 상자의 음영을 주변 배경에 상대적으로 보기 때문이다. 흰색 배경에서는 더 어두워 보이고, 어두운 배경에서는 더 밝아 보인다. 여러분은 이러한 사실을 실제 업무에 활용할 수 있다. 어떤 변수를 다른 변수들보다 강조하고 싶다면, 그 변수만 다른 변수들과 대조적인 색으로 표현하는 것이다. 예를 들어 밝은 파란색의 도형들 중에서 빨간색 도형은 눈에 확 띄겠지만, 분홍색이나 오렌지색 도형들 사이에서는 그다지 두드러지지 않을 것이다.

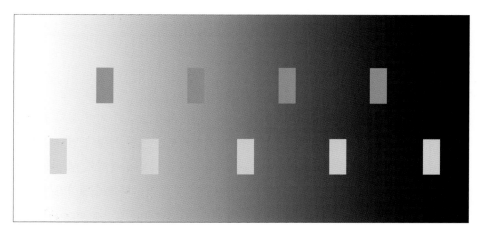

그림 6.7 시각적 신호와 잡음 탐지

우리는 99퍼센트 10퍼센트다

대략 남성의 10%와 여성의 1%는 색맹이다. 이 말은 곧 여러분이 만든 시각화 결과물과 대시보드를 보는 사람이 무지개의 모든 색을 볼 수 없는 누군가인 날이 언젠가 (아마도 여러분 생각보다 일찍) 온다는 뜻이다. 따라서 색맹의 종류에 대해서 미리 알아두면, 누구나 정확히 볼 수 있도록 색을 선택하는 데 도움이 된다. 가장 흔한 색맹은 제1색약(적색약)이거나 제2색약(녹색약)이기 때문에, 빨간색과 녹색을 하나의 그래픽에 함께 포함시키는 것은 좋은 선택이 못 된다. 일부 색상 선택 도구(ColorBrewer 포함)는 색맹을 고려해 팔레트를 선택할 수 있는 옵션을 제공한다. 여러분의 도구가 무엇이든, 항상 10%를 고려하자.

팔레트는 데이터에 의존한다

앞서 3장의 "데이터는 단순히 '데이터'가 아니다?"라는 관련 기사에서 데이터 타입에 대해서 간단하게 설명했었다. 시각화 관점에서 고려해야 할 데이터 타입은 범주형 데이터와 정량적 데이터다.

- 범주형 데이터는 운영체제나 프로그래밍 언어 목록과 같이 범주 이름으로 표현되는 데이터다. 범주형 데이터는 종종 자연스럽게 순서를 갖기도 한다. 예를 들어 '첫 번째', '두 번째', '세 번째' 혹은 '고', '중', '저'와 같은 순위는 범주형 값으로 취급되지만 순서의 의미도 가지고 있다.
- 정량적 데이터는 수치 값으로서 바이트, 패킷, 세션, 서버 대수 등과 같이 세거나 측정할 수 있는 것이다.

범주형 데이터와 정량적 데이터의 구분이 모호할 때가 있다. 예를 들어, TCP/UDP 포트 번호는 65,535까지 증가하는 순차적인 번호이기 때문에 정량적 데이터처럼 보이기 쉽지만, 실제로는 범주형 데이터로 취급해야 한다. echo 포트와 2개의 telnet 포트를 더해서 DNS 포트를 얻을 수는 없기 때문이다. 날짜/시간 데이터도 혼동하기 쉬운 데이터이다. 대부분의 경우는 (연도, 월, 요일 등과 같이) 순서 있는 범주형 변수로 취급할 수 있지만, 어떤 경우는 시간이나 시계열 데이터에 대해서 계산을 수행하기 위해서 정량적 데이터(기준시점 이후 경과한 초 단위 시간)로서 취급해야 한다.

색을 사용해서 어떤 양을 표현할 때는 주의해야 한다. 일반적으로 사람은 색을 기준으로 표현된 수치를 해석할 때 정확성이 떨어지는 경향이 있기 때문이다. 하지만 대략적인 비교만으로도 충분한 상황에서는 색을 사용해도 좋다. 예를 들어 5장의 그림 5.7에서 와이오밍 주민이 정확히 724명당 한 명씩 제로액세스에 감염되었음을 알 필요는 없다. 단순히 와이오밍 주가 다른 주보다 1인당 감염수가 많다는 것만 전달하면 되기 때문이다.

그림 6.8은 컬러브루어^{ColorBrewer} 웹사이트에서 제시하는 3가지 유형의 색 팔레트를 보여주고 있다.

- 수량 혹은 순서 있는 범주형 데이터를 표현할 때는 순차색^{seqeuntial color}의 팔레트를 선택한다. 순차 색상 팔레트는 단일한 색조(예를 들면 파랑)를 사용해 만들어진 다음, 그 색의 명도나 채도를 조정해 일정 범위의 정량적 데이터를 표현한다.
- 발산색^{divergent color} 역시 정량적 데이터나 순서 있는 범주형 데이터를 표현하는 데 사용되지만, 어떤 중간값보다 큰지 혹은 작은지를 전달하는 데 효과적이다. 일반적으로 중간값은 흰색이고, 2개의 발산하는 색조가 양쪽에서 사용된다. 발산색은 데이터 내의 2개의 방향을 전달하는데도 사용될 수 있는데, 예컨대 평균보다 큰 쪽과 작은 쪽을 표현하는 데 효과적이다(그림 5.7에서 사용되었다).
- 마지막으로, 정량색^{quantitative color}은 범주형 데이터 표현에 적합한 것으로서, 데이터를 서로 구별하는 데 효과적이다.

밀도그래프 순차색   밀도그래프 발산색   밀도그래프 정량적

Blues	RdBu	Set1
RdPu	PiYG	Set2
YlGnBu	BrBG	Accent

그림 6.8 컬러브루어의 색상 팔레트 표본

지금까지 배운 것을 종합하기

데이터의 의미를 효과적으로 전달하기 위해 지금까지 배운 내용들이 어떻게 조합되는지 살펴보자. 이번 절에서는 어떻게 만드는지보다 왜 만드는지를 중점적으로 설명할 것이다. 이 장의 시각화를 생성하는 데 필요한 소스 데이터와 코드는 모두 이 책의 웹사이트에서 찾을 수 있다. 기본적인 유형의 그래프를 그리는 것은 R 언어와 ggplot2 패키지를 사용하면 별로 어렵지 않다. 또, 대부분의 그래프는 엑셀과 같은 좀 더 친숙한 도구에서도 옵션으로 제공된다.

점 사용

2개의 정량적 변수 비교를 표현하는 가장 쉬운 방법은 산점도를 사용하는 것이다. 산점도는 공통 스케일 상에 (x축과 y축 모두) 점을 배치함으로써, 보는 사람이 각 데이터 포인트마다 변수의 값을 아주 정확하게 판별하고 다른 변수의 값과 비교할 수 있도록 한다. R에서 산점도를 그리는 것은 너무나 간단하다(plot(x, y)). 자신이 현재 분석 중인 데이터가 어떻게 생겼는지 그냥 한 번 보기 위해서 산점도를 그려보면 좋을 때가 많다. 예를 들어, 그림 6.9는 8시간 동안의 방화벽 트래픽을 보여주고 있다. 각각의 점은 5분 단위로 방화벽에 의해 처리된 패킷의 총 개수(x축)와 전송된 바이트의 총 개수(y축)를 나타내고 있다.

이 그림은 그래프에서 금세 패턴을 유추할 수 있는 좋은 예다. 방화벽 트래픽은 7~19기가바이트 범위고, 패킷은 1,200만~2,700만 범위다. 선형 관계가 명백해서 패킷이 많으면 바이트도 크다. 물론 이것이 새롭거나 대단한 정보는 아니지만, 적어도 분석 초기단계에 이러한 간단한 산점도를 그려보면 어떤 관계가 존재하고 있음을 확인할 수 있다. 그림 6.10의 산점도는 숨겨져 있던 사실을 드러내고 있다. x축은 하루의 시간대이고 y축은 세션의 수다.

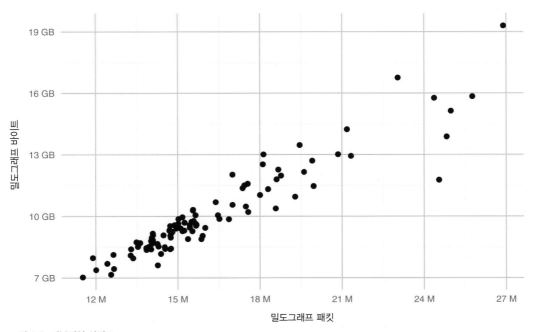

그림 6.9 기본적인 산점도

그림 6.10의 산점도는 몇 가지 특징이 있다. 각각의 데이터 포인트마다 아래로 희미한 선이 그려져 있는 걸 볼 수 있다. 이 선은 (x축보다 많이 높은 곳에 위치하는) 데이터 포인트가 x축의 어느 값에 해당되는지 분명히 보여주기 위한 것이다. 그리고 매 시각을 강조하기 위해서 매 시각을 나타내는 선은 두께가 굵다. 또 30분마다 포인트의 색이 빨간색으로 표현되어 있다. 이러한 표현 덕분에 매 시각마다 세션의 수가 큰 폭으로 하락하는 반면 매 시 30분에는 별로 변하지 않는 것이 한눈에 들어온다. 이 그래프와 같이, 보는 사람이 쉽게 값을 비교할 수 있도록 중요한 시간을 강조하는 것은 중요하다(앞서 배운 전주의 처리 기억하는가?). 매 시각마다 발생하는 큰 폭의 하락은 무엇 때문일까? 이 회사의 조직 문화가 회의를 많이 여는 문화이고, 직원들이 다음 회의로 이동하는 동안에 네트워크 활동이 감소하는 것일까? 이 데이터만 갖고 원인을 알 수는 없다. 하지만 이 간단한 산점도로 패턴이 추출되었음은 분명하다.

그림 6.10 산점도: 시간에 따른 패킷 변화

선으로 방향 만들기

"선은 단지 움직이고 있는 점들에 불과하다."라는 말을 들은 적이 있는가? 이 말은 사실이다. 일반적으로 선은 어떤 방향을 갖고 있는 것처럼 보일 때가 많다. 이번 절에서는 앞서의 방화벽 트래픽을 다음과 같은 디바이스 유형별로 분리할 것이다.

- 데스크톱 PC
- 서버
- 프린터
- 네트워킹 장비

그림 6.11에서는 2개의 그래프를 볼 수 있다. 하나는 시계열과 동일한 유형의 산점도이고, 다른 하나는 선 그래프다.

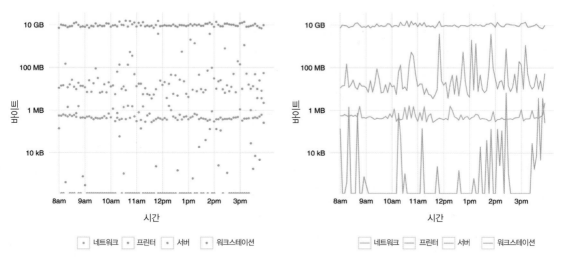

그림 6.11 선 그래프: 디바이스 유형별 트래픽

둘 중에서 무슨 일이 일어나고 있는지 분명하게 보여주고 있는 쪽은 우측의 선 그래프로서 4개의 디바이스 유형별로 시간에 따른 트래픽 변화를 쉽게 추적할 수 있다. 좌측의 산점도는 비록 추세를 파악하고 디바이스 유형별 차이를 아는 것이 불가능하지는 않지만 다소 불편한 것이 사실이다. 선 그래프는 데이터를 정확히 전달하는데 매우 효과적이다. 공통 스케일을 따라가면서 선 위의 점을 쉽게 비교할 수 있고 선의 기울기는 변화의 정도를 알려주기 때문이다. 예컨대 그림 6.11에서는 프린터가 가장 심한 기울기를 보여주고 있다. 일반적으로 선 그래프의 수평 축에는 순서 있는 변수("시간"이 가장 일반적)가 오고 수직 축에는 하나 이상의 정량적 변수가 위치한다(프리젠테이션 상황에 따라서 이를 반대로 표현할 수도 있다). 그림 6.11의 경우, x축은 5분 단위의 시간을 나타내고 y축은 (정량적인) 패킷의 수를 나타내고 있다. 그리고 디바이스 유형별로 다른 선으로 표현되어 있다.

로그 스케일

그림 6.11에서 y 축은 로그 스케일이다. 즉, y축 상의 값은 그래프 상의 거리에 대해서 10의 멱수로 증가하고 있음에 주의하자. 만일 이 그래프를 선형 스케일로 나타냈다면, 워크스테이션의 트래

픽이 최상단에 오고 나머지 3개 유형의 선은 거의 0에 가까운 위치에 표시되었을 것이다. 여기서 로그 스케일을 선택한 것은 각 유형별 데이터들을 하나의 그래프 상에 보여주어야 하는데 데이터 간의 크기 차이가 너무 컸기 때문이다. 하지만 로그 스케일을 사용할 때는 주의해야 한다. 대부분의 사람들은 선형 스케일에 익숙하며, 무의식적으로 선형 스케일이라고 생각하면서 비교를 한다. 예를 들어, 그림 6.11을 보는 사람들은 이 그래프에서 네트워킹 장비의 트래픽이 워크스테이션 트래픽의 절반 정도라는 잘못된 결론을 내릴 수 있다. 하지만 실제로는 워크스테이션은 네트워킹 장비보다 거의 10,000배나 많은 트래픽을 생성하고 있다. 그래프를 보는 사람에게 로그 스케일이라는 사실을 분명히 전달하지 않으면, 정확하지 않은 결론으로 유도할 수 있는 것이다.

막대 그래프 작성

막대 그래프는 한 변수는 정량적 데이터고 다른 변수는 범주형 데이터일 때 가장 효과적인 표현 수단이다. 기본적인 막대 그래프는 몇 가지로 변형될 수 있다. 그림 6.12는 디바이스별로 취약점 수와 심각성 분류를 3가지 방법으로 보여주고 있다. 가장 왼쪽에 보이는 것은 수직 막대를 갖고 있는 전형적인 막대 그래프다. (그림 6.12에는 보이지 않지만) 이것을 90도 전환해서 막대를 수평으로 표시하는 방법도 있다. 수직 막대와 수평 막대 중 무엇을 선택할지는 어느 쪽이 더 그래프가 예쁘게 보일지에 달려 있다. 수직 막대 그래프는 단순하며, 막대의 길이는 디바이스 유형별 취약점의 수에 비례한다. 워크스테이션이 가장 많은 취약점을 가지고 있고, 서버가 그 다음으로서 20% 정도 덜 갖고 있다. 이와는 대조적으로 네트워킹 장치와 프린터의 취약점의 수는 매우 적다.

다른 두 개의 막대 그래프는 취약점의 심각성을 나타내는 추가적인 범주형 변수를 갖고 있다. 심각성은 높음High, 보통Medium, 낮음Low으로 구분된다. 누적 막대 그래프와 그룹 막대 그래프는 순차색 체계를 사용해 심각성 수준을 나타내고 있다. 누적 막대 그래프에서도 총 개수를 비교할 수 있으며, 워크스테이션이 가장 많은 취약점을 갖고 있다는 것도 알 수 있다. 하지만 공통 스케일 상에 표시되지 않기 때문에 동일한 심각성 수준 간의 비교는 어렵다. 예를 들어 워크스테이션의 심각성 높음의 취약점과 서버의 심각성 높음의 취약점 수를 시각적으로 비교해 보라. 정렬되지 않은 스케일 상에서 길이만 갖고 판단해야 하기 때문에 정확한 비교가 어려울 것이다.

이제 그룹 막대 그래프를 보자. 워크스테이션이 서버보다 더 많은 심각성 높음의 취약점을 갖고 있음이 한눈에 들어온다. 그룹 막대 그래프의 한 가지 단점은 총 개수를 비교하는 것이 불가능하다는 점이다. 총 개수가 비슷할 경우, 그룹 막대 그래프를 보고서 워크스테이션이 다른 디바이스보다 더 많은 취약점을 갖고 있다고 말하기가 어렵다. 이와 같이 어떤 유형의 막대 그래프를 선택할지는 대체로 여러분이 전달하고자 하는 메시지에 달려 있다.

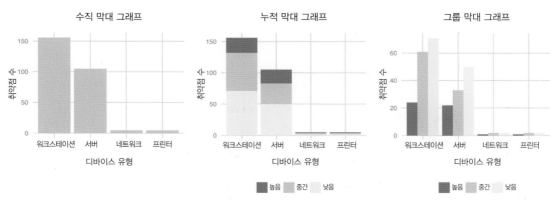

그림 6.12 막대 그래프: 취약점 개수

불투명도 활용

변수 값들 사이의 차이를 전달할 수 있는 또 다른 방법은 색의 불투명도 또는 투명도를 이용하는 것이다. 밀도가 높거나 중복되는 데이터가 많은 경우에 투명도가 전혀 없는 색을 사용한다면, 데이터 포인트들이 얼마나 누적되어 있는지 알 수 있는 방법이 없다. 하지만 다행스럽게도 반투명 색을 이용하면 이 문제를 간단히 해결할 수 있다. 다른 데이터 포인트의 아래에 위치하는 데이터 포인트도 나타낼 수 있기 때문이다. R에서 반투명 색을 사용하는 방법은 2가지다. 첫 번째로, ggpolt2에서 제공하는 대부분의(어쩌면 모든) 유형의 그래프는 알파값을 0부터 1 사이에서 설정할 수 있도록 허용한다(알파alpha는 불투명도를 정의하는 용어이다). 혹은 직접 4번째 바이트에 알파값을 지정해 넣을 수 있다. 예컨대 빨간색 #FF0000은 #FF0000FF와 동일하다(끝에 추가된 FF는 불투명도를 최대로 지정한 것이다). 불투명도를 50%로 지정하고 싶다면, 255/2=128=0x80이므로 #FF000080으로 색을 지정하면 된다. 이렇게 하면 빨간색은 이제 50% 불투명한 색이 된다. 알파값을 지정했을 때의 효과는 그림 6.13에서 확인할 수 있다.

이 2개의 그래프는 동일한 데이터를 보여주고 있다. 8시간 동안 5분 단위로 기록된 네트워킹 장치의 방화벽 데이터다. 네트워크 세션의 수는 x축을 따라 표시되었고, 바이트 수는 y축에 표시되었다. 각 포인트의 크기("버블")는 패킷의 수에 비례한다. 이 시각화에서 어려운 점은 많은 수의 포인트들이 겹친다는 점이다. 그런데 우측 그래프에서는 알파값을 1/3로 지정함으로써 버블 아래에 위치하는 버블도 볼 수가 있다.

알파값은 분수로 지정하는 것이 편리하다(예를 들면 0.33이 아니라 1/3). 몇 개의 포인트 또는 버블이 누적되면 최대의 색상 값(즉, 완전 불투명한 색)과 같아지는지 금세 알 수 있기 때문이다. 이렇게 하면 표현해야 할 레이어 수에 맞춰서 알파값을 지정하기가 용이하다. 예를 들어 레이어가 50개라면, 알파값을 (굳이 0.02로 변환하지 않고) 1/50으로 지정하면 된다(5장에서 보여준 지도 중에는 이 정도로 작은 알파값을 사용한 것이 있었다).

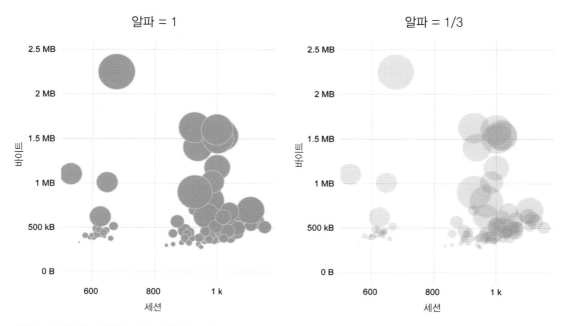

그림 6.13 버블차트: 불투명도가 누적 상태를 보여준다

크기로 나타내기

그림 6.13은 원(버블)의 크기를 5분 주기로 수집된 패킷의 수에 매핑하는 방법으로 정량적 변수를 표현하고 있다. 그림 6.5의 정확도 목록을 보면, 면적^{area}이 상대적으로 낮은 순위에 있는데 그림 6.13에서는 이러한 단점이 더욱 부각된다. 버블의 크기를 설명하는 범례가 없기 때문이다. 범례를 추가하지 않은 것은 설명 편의상 의도적인 것으로서, 여기서는 버블의 크기에 따른 상대적인 값의 차이에 주목하자. 본격적인 그래프라면 설명을 추가하거나 혹은 다른 방법으로 '버블' 크기의 의미를 알려야 할 것이다. 다만 단순히 어떤 패턴을 찾고 있는 중이라면 이러한 유형의 그래프도 상대적인 크기를 보여주고 있기 때문에 대략적인 추정에는 적합하며 이런 측면에서는 원형 그래프와 비슷한 정도의 전달 능력을 보여준다.

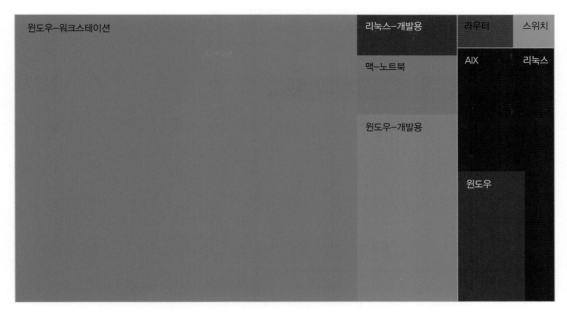

그림 6.14 트리맵: 네트워크 상의 디바이스와 트래픽

　　버블차트와 비슷한 특성을 가진 또 다른 시각화 방법으로서 트리맵treemap을 들 수 있다. 트리맵은 면적과 색을 사용해 2개의 정량적 변수를 표현할 수 있다(그림 6.14). 트리맵은 면적을 이용하기 때문에 시각적인 정확도는 상대적으로 낮은 편이다.

　　그림 6.14은 네트워크 상의 디바이스의 수와 각 디바이스 유형별로 트래픽의 양을 보여주고 있다. 사각형의 크기는 어떤 양을 나타내며, 사각형의 색은 다른 정량적 변수를 전달하고 있다. 그림 6.14에서 사각형의 크기는 네트워크 상에서 (워크스테이션, 서버, 네트워킹 장치 등) 유형별로 디바이스 수에 비례하며, 사각형의 색의 명도는 그 디바이스 유형이 만들어 내는 트래픽의 (정규화된) 양에 비례한다.

　　다시 한번 말하지만, 트리맵은 상대적으로 정확성이 떨어지는 2가지 방법을 조합하는 시각화 수단이다. 이 때문에 효과가 떨어지고 보는 사람을 혼란스럽게 만들기 쉽다. 원형 그래프 나 버블차트와 마찬가지 원리가 트리맵에도 적용되기 때문이다. 일반적으로, 트리맵보다 의미를 더 잘 전달할 수 있는 시각화 수단이 있을 것이다.

분포 전달

때때로 하나의 변수의 값들이 어떻게 분포되어 있는지 보여주고 싶을 경우가 있다. 고전적인 통계학에서는 이러한 값의 분포를 몇 개의 기술 통계값으로 나타내고자 시도한다.

예를 들어 그림 6.9와 6.10에 표현된 8시간 동안의 방화벽 데이터의 경우, 각 5분 주기마다 세션 수의 분포를 다음과 같이 기술할 수 있다.

설명	통계
최솟값	265,800
중앙값	356,500
평균	350,500
표준편차	32,093
최댓값	410,700
왜도	-0.5
첨도	-0.457

대부분의 사람들은 이 숫자를 보고 데이터가 의미하는 바를 이해할 수 없을 것이다. 또 어떤 패턴도 발견할 수 없다. 기술 통계값은 단지 값의 분포를 몇 개의 개별 수치로 요약할 수 있을 뿐이다. 이 때 시각화가 상당히 유용하게 사용될 수 있다.

히스토그램과 밀도그래프

어떤 변수의 값의 분포를 몇 개의 기술 통계값으로 요약하느니, 그 변수의 값을 전부 표현하는 것이 더 나을 수 있다. 그림 6.15는 동일한 데이터 세트에 대해 좌측에는 기본적인 히스토그램을, 우측에는 밀도그래프를 보여주고 있다.

히스토그램은 비닝^{binning}이라는 간단한 과정을 사용한다. 이것은 동일한 크기의 구간(빈, bean)을 생성한 다음, 각각의 구간에 측정값이 얼마나 포함되는지를 세는 과정이다. 그림 6.15에서는 한 구간의 크기가 12,000(12K) 세션이다. 세션 수가 약 350,000개일 때가 피크^{peak}로서 그 때의 도수는 18인 것을 볼 수 있다. 히스토그램을 비판하는 사람들은 구간의 크기와 위치를 조절함으로써 히스토그램을 조작할 수 있다는 점을 지적한다. 하지만 그럼에도 불구하고 어떤 분포의 대략적인 모습을 이해할 때 히스토그램은 필수적이며, 기본적인 분포의 모습을 전달하기에 매우 효과적이다.

그림 6.15의 우측에 보이는 그림은 밀도그래프이다. 밀도그래프는 히스토그램과 동일한 방법으로 만들어지지만, 구간의 크기가 매우 작아서 평활화^{smoothing}되는 효과가 발생한다. 원래의 히스토그램을 뒤에 겹쳐 보이게 함으로써, 히스토그램의 피크와 밸

리^{valley}가 얼마나 평평해졌는지 알 수 있다. 히스토그램과 밀도그래프 중에 무엇을 사용해야 하는지에 관한 정답은 없다. 둘 다 어느 정도 근사값이 포함되기 때문이다. `hist()` 함수를 사용하면 (별로 예쁘지는 않지만) 간단하게 히스토그램을 확인할 수 있다.

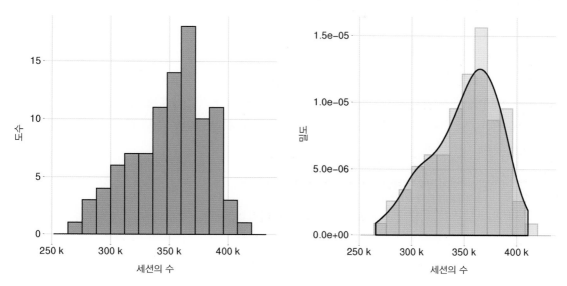

그림 6.15 방화벽 세션의 히스토그램과 밀도그래프

박스플롯으로 나타내기

(1장에서 소개했던) 존 튜키에 의해 개발된 방법으로서 박스플롯^{box plot}이 있다. 앞서 5장에서는 특이점을 논의하면서 박스플롯을 다룬 적이 있었다. 박스플롯은 사전에 해석 방법을 알고 있지 않다면, 직관적으로 이해할 수 있는 방법은 아니다. 그래서 박스플롯으로 시각화를 할 때는 해석 방법을 설명하는 보조 자료가 필요할 때가 많다. 2012년 가을 저자 중 한 명^{Jay}은 인터넷 상의 패킷을 기록하는 간단한 허니팟^{honey pot}을 설정했는데, 인터넷에 연결된 어떤 호스트가 얼마나 자주 스캔을 당하는지 조사하기 위한 것이었다. 그리고 그림 6.16의 박스플롯에서 이에 대한 답을 어느 정도 알 수 있다.

박스플롯은 우선 중앙값을 계산해서 그 위치에 중심 막대를 그린다. 그 다음에 25백분위수와 75백분위 수를 계산한다. 이 값들이 의미하는 바는 데이터 중 25%는 25백분위수보다 아래에 위치하고, 데이터 중 25%는 75백분위수보다 위에 위치하며, 나머지 50%는 이 두 값 사이에 위치한다는 것이다. 이 두 점이 상자의 길이가 되며, 이를 IQR^{Inter-Quartile Range}이라고 부른다.

선을 그리는 방법은 여러 가지가 있지만, 가장 일반적인 방법은 박스에서 IQR의 1.5배 떨어진 곳에 그리는 것이다. 또 다른 방법으로는 데이터의 최솟값과 최댓값에 그리는 방법도 있다. 그림 6.17은 박스플롯을 사용해 한 개의 그래프로 많은 의미를 전달하고 있다.

그림 6.17에서 흥미로운 점은 1억 개 이상의 값이 사용되었다는 것이다. 이것은 대량의 데이터를 전달한다는 사실 자체보다는 어느 정도 데이터의 신뢰성을 나타낼 수 있다는 점에서 중요하다. 이 예제의 경우 단순히 평균이나 평균을 제시하는 것은 별 도움이 되지 않는다. 관찰 가능한 값의 범위가 매우 넓기 때문이다. 박스플롯과 같이 분포를 시각화하는 수단을 사용하지 않는다면, 어떻게 이와 같이 다양한 값과 그 변화를 설명할 수 있겠는가?

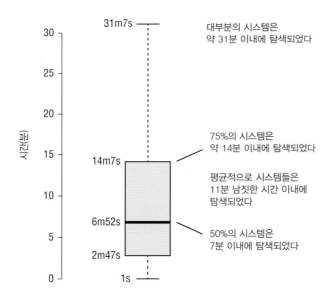

그림 6.16 허니팟 트래픽: 박스플롯

시계열을 시각화하기

이번 장에서는 지금까지 (대부분의 예제에서 사용했음에도 불구하고) 시계열 데이터를 대충 설명하고 넘어갔었다. 시계열 데이터는 같은 주기로 오랜 시간에 걸쳐 수집된 데이터를 의미한다. 이번 장에서 사용된 방화벽 데이터를 얻기 위해서 저자들은 로그 파일을 파싱해 5분 단위로 바이트, 세션, 패킷의 수를 계산했고 이런 과정을 통해서 개별 항목들을 좀 더 다루기 쉬운 데이터 포인트로 병합했다. 하지만 시간을 분할하고 데이터를 병합하는 방법을 다르게 한다면, 얻어지는 결과도 달라질 수 있다.

그림 6.18은 21일 동안 얻어진 방화벽 트래픽으로서 5분 단위로 분할되어 있다. 데이터 포인트의 개수가 꽤 많기 때문에(6,000개가 넘는다), 이 데이터를 그림 6.18의 맨 위 그림처럼 선 그래프로 표현하면 여러 선들이 교차하면서 하나의 굵고 산만한 선처럼 보이게 된다. 이 문제를 해결하기 위해 그림 6.18의 중간 그림처럼 1시간 단위로 데이터를 단순화하면, 극단에 위치하는 경계값과 세부 정보를 잃게 되기 때문에 정보보안 분야처럼 경계값이 중요한 의미를 갖는 분야에서는 일반적으로 바람직한 방법이 아니다. 그래서 맨 위 그림의 그래프에서 선을 점으로 교체한 것이 맨 아래의 그래프다. 복잡함이 많이 제거되었고, 일반적인 추세와 극단적인 값이 모두 표현되었다.

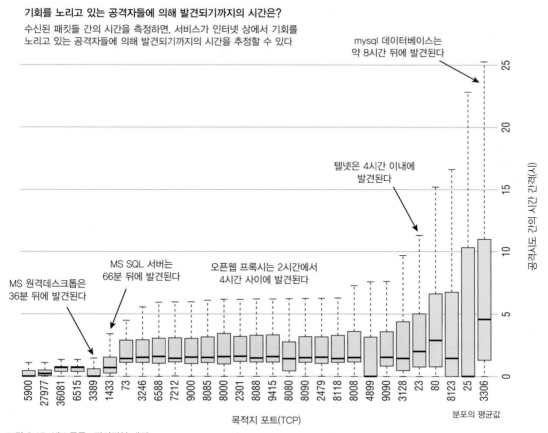

기회를 노리고 있는 공격자들에 의해 발견되기까지의 시간은?

수신된 패킷들 간의 시간을 측정하면, 서비스가 인터넷 상에서 기회를 노리고 있는 공격자들에 의해 발견되기까지의 시간을 추정할 수 있다

mysql 데이터베이스는 약 8시간 뒤에 발견된다

텔넷은 4시간 이내에 발견된다

오픈웹 프록시는 2시간에서 4시간 사이에 발견된다

MS SQL 서버는 66분 뒤에 발견된다

MS 원격데스크톱은 36분 뒤에 발견된다

공격자들 간의 시간 간격(시)

목적지 포트(TCP)

분포의 평균값

그림 6.17 박스플롯: 편의적인 패킷

시계열 데이터는 시각화를 하면 밀도가 너무 높아질 때가 많다. 심지어 예제 데이터는 1분이 아니라 5분 단위로 계산함으로써 어느 정도 단순화한 것임에도 그렇다. 데이터를 준비하고 시각화하는 방법은 데이터 내에서 찾고자 하는 것이 무엇이냐에 따라 달라진다. 예를 들어 트래픽이 급증 혹은 급감하는 구간을 찾고 있다면, 평균을 사용하는 것은 피해야 한다. 하지만 일반적인 패턴을 이해하고 싶다면 평균을 사용해도 무방할 것이다.

스스로 실험해 보기

이 장에서는 꽤 많은 시각화 기법을 다루었다. 여러분은 이제 창의력을 발휘해 여러분이 갖고 있는 시계열 데이터에 지금까지 배운 기법들을 적용해 볼 수 있다.

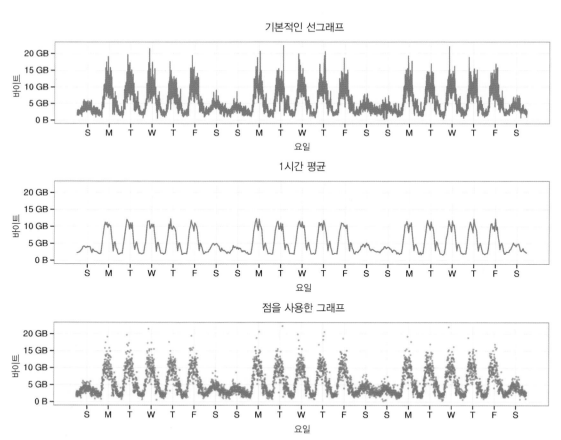

그림 6.18 시계열: 21일간의 트래픽

박스플롯으로 시간별 데이터를 보여주면 어떻게 될까? 크기별로 다양한 색을 사용하고 알파값을 낮춘다면? 좋은 시각화를 생성하는 일은 거의 언제나 반복 작업을 수반한다. 그러니 이번 장에서 배운 내용들을 여러분이 직접 실험을 하기 위한 면허증으로 생각하면 좋을 것이다. 시각화는 반드시 정적인 데이터의 시각화로 한정되지 않는다. 대화식 시각화(11장에서 다룬다)를 생성할 수도 있고, 다음 절에서 다루는 것처럼 시계열 데이터를 유튜브에 적합한 동영상으로 변환하는 것도 가능하다.

여러분의 데이터를 영화 배우로 변신시키기

이 장에서는 지금까지 주로 데이터 시각화의 기초적인 구성요소들을 초점을 맞추었다. 이러한 구성요소들은 정적 혹은 대화식 그래픽, 대시보드 등에 적용되며, 지금부터 소개할 동영상에도 마찬가지로 적용될 수 있다. 저자들이 지금까지 배운 가장 재미있는 '트릭' 중 하나가 바로 데이터를 동영상으로 변환하는 것이다. 이를 수행하기 위해서는 두 가지 기법을 결합할 필요가 있다. 자동화된 순차 그래픽과 스톱모션 소프트웨어다.

스톱모션이라는 단어에 익숙하지 않다면, 눈으로 직접 보면 금세 알 수 있을 것이다. 이것은 클레이 애니메이션에서 사용되는 기법으로서, 어떤 장면을 설치하고 그 장면을 촬영한 후, 그 장면에 약간만 변화를 준 후 다시 촬영을 하는 작업을 반복하는 기법을 의미한다. 이렇게 촬영된 장면들을 연달아 재생하면 움직이는 것처럼 보이게 되고 동영상이 얻어진다. 데이터 애니메이션도 마찬가지 개념인데, 다만 촬영을 하는 대신에 어떤 그래프를 생성하고 이를 그림으로 저장을 한 다음, (mencoder, avconv, FFmpeg, iMovie 등의) 스톱모션 소프트웨어를 사용해 이 그림들로부터 동영상을 만드는 것이다. 만들어진 동영상에 음악이나 음성을 추가해 데이터가 어떻게 변화하는지 설명을 곁들인다면 더욱 환상적일 것이다.

실제로 동작하는 모습을 보고 싶다면 코드 6.1의 R 코드를 실행해 보자.

코드 6.1

```
# 난수 발생
set.seed(1)
# 아홉 방형을 설정한다
dirs <- matrix(c(rep(seq(-1, 1), 3),
rep(seq(-1, 1), each=3)), ncol=2, byrow=T)
# 가운데에서 시작
```

```
cpos <- matrix(c(0, 0), ncol=2)
# 전체 화면 설정
par(mar=c(0,0,0,0))
# 200 단계를 수행한다.
for(i in seq(200)) {
  plot(cpos, type="p", col="gray80", xlim=c(-20, 20), ylim=c(-20,20),
yaxt="n", ann=FALSE, xaxt="n", bty="n")
  cpos <- rbind(cpos, cpos[nrow(cpos), ] + dirs[sample(1:9, 1), ])
  points(cpos[nrow(cpos), 1], cpos[nrow(cpos), 2],
type="p", pch=16, col="red")
  Sys.sleep(0.1)
}
# 기본 화면으로 재설정
par(mar=c(5.1,4.1,4.1,2.1))
```

이 코드는 9 방향의 행렬을 설정한다. 200번 반복 실행되는데, 매번 포인트를 임의의 방향으로 수정하고 그에 맞춰서 새로운 그래프를 그린다. 그리고 바뀐 그래프를 볼수 있도록 중간에 0.1초씩 일시 중단되었다가 다시 실행하기를 반복한다. PC에서 직접실행해 보면 화면 상에서 포인트가 제멋대로 움직이는 것을 볼 수 있다. 난이도를 더 높인다면 이미지를 모두 생성한 다음에(힌트: help(png)를 실행해서 도움말을 참고할 것), 그 이미지들로 동영상을 만들도록 코드를 수정할 수도 있다. 지금 바로 보고 싶다면, 저자들이 이미 해 놓은 것을 http://datadrivensecurity.info/book/ch06/movie/chapter6-movie.mov에서 확인할 수 있다(이 책의 웹사이트 www.wiley.com/go/datadrivensecurity의 6장 디렉토리에서도 찾을 수 있다).

요약

데이터를 시각적으로 표현하면 복잡한 데이터와 관계를 다른 사람에게 신속하게 전달할 수 있다. 또 패턴을 인식할 수 있고 특이점을 특정할 수 있을 뿐 아니라 새로운 관점을 얻을 수도 있다. 우리의 뇌가 어떻게 정보를 처리하고 저장하는지 이해하면, 전주의 처리를 활용하고 안구 운동을 최소화함으로써 효율적인 시각화를 할 수 있다. 클리블랜드와 맥길의 연구 덕분에 우리는 어떤 시각화 방법들이 데이터의 양을 표현하고 전달하는 데 좀 더 효과적인지(그리고 반대로 어떤 방법들은 '모호한지') 알게 되었다. 이 장에서 배운 내용을 조합해 여러분은 데이터의 이야기를 효과적으로 전달할 수 있는 색, 점, 선, 도형을 생성할 수 있을 것이다.

추천 읽을거리

다음 목록은 이 장에서 소개했던 주제들을 더욱 깊이 있게 이해하고 싶은 독자들을 위한 추천 읽을거리다. 아래의 문헌 및 이 장에서 언급한 문서의 원본에 관한 자세한 목록은 부록 B에서 확인할 수 있다.

- 네이선 야우Nathan Yau, 『Data Points: Visualization That Means Something』 – 네이썬 야오가 시각화를 주제로 집필한 두 번째 책이다. 시각화라는 주제를 가볍게 소개하고 있으며, 첫 번째 책『Visualize This』가 예제와 소스코드를 제공하는 것과 대조적이다. 둘 다 시각화 공부를 시작하기에 좋은 책이다.

- 스테판 퓨Stephen Few, 『Show Me the Numbers: Designing Tables and Graphs to Enlighten』 – 스테판 퓨는 시각화 분야에 많은 공헌을 한 것으로 유명하다. 이 책은 다소 기술적인 측면에 치우쳐 있지만, 그럼에도 데이터 시각화를 통한 전달에 유용한 내용을 일관되게 기술하고 있다.

- 에드워드 터프티Edward R. Tufte, 『Envisioning Information』 – 역시 시각화 분야에 널리 알려진 저자의 책. 디자인 중심적인 접근 방식을 취하고 있으며 미학과 기능에 좀 더 중점을 둔다. 터프티의 책은 모두 제 값을 하며, 책 값에는 그의 세미나 등록비가 포함되어 있으므로 세미나에 참석할 수 있다면 더욱 좋다.

- 콜린 웨어Colin Ware, 『Information Visualization』 – 시각화의 이론적 배경이 되는 역학과 인지과학을 본격적으로 다루는 하드코어 책이다. 인간이 데이터를 시각적으로 해석하는 방법이 진정으로 궁금하다면 이 책을 읽으면 된다.

7

보안 사고 데이터에서 배우기

"실업률이 13%에 육박하고 소득은 5%나 감소했으며
자살률이 오르고 있는 요즘과 같은 시기에 정부가 통계 수집 같은 것에
돈을 낭비한다는 사실이 나는 정말 화가 납니다!"

한스 로슬링(Hans Rosling), 어느 라디오 토크쇼에서 청취자의 말을 인용, 통계의 기쁨

보안 사고가 발생한 조직의 자연스러운 반응은 가능한 빨리 정상 상태로 돌아가는 것이다. 사고 발생은 곧 조직의 실패를 의미하며, 사고 영향을 최소화하면서 가급적 빨리 벗어나는 데 모든 노력을 집중한다. 이러한 상황에서는 중요한 일 하나가 간과되는 경우가 많다.

보안 사고가 발생했을 때는 수집 및 분석에 적합한 양질의 데이터가 셀 수 없이 생성된다. 생각해 보자. 사고 데이터를 수집해 이해도를 높인 뒤 다른 보안 사고에서 얻어진 데이터와 비교 및 대조할 수 있다면, 이후에 발생할 공격을 예방하는 방법을 배울 수 있다. 어쩌면 공격의 추세와 패턴을 식별함으로써 한 번의 예방적 제어만으로도 다수의 공격을 예방하는 멋진 일이 가능할지도 모른다. 이러한 효과를 누릴 수 있는 방법의 논의가 이번 장의 학습 목표다. 수집해야 할 데이터를 결정하고, 그 데이터를 어떻게 관리할지도 설명한다. 또 데이터를 분석하고 공유하는 방법도 논의한다.

데이터 침해 사고로부터의 학습이라는 어려운 문제를 해결하기 위해서 이 장에서는 VERIS[Vocabulary for Event Recording and Incident Sharing] 프레임워크를 활용한다. 이 책의 저자인 제이[Jay]와 버라이즌 소속의 RISK 팀은 DBIR[Data Breach Investigation Report] 리포트 작성의 바탕으로 삼기 위해서 꾸준히 VERIS를 개발 및 발전시켜 왔다. VERIS 프레임워크의 확산을 촉진하기 위해서 버라이즌은 VERIS를 무료로 공개했으며, VERIS의 사용 및 구현에 관한 자세한 사항은 http://veriscommunity.net에서 확인할 수 있다. VERIS는 공개 프레임워크이기 때문에 어떤 조직이든 이 프레임워크를 채택해 자체 보안 사고 발생 시 데이터 수집 방법으로서 이용할 수 있다. 그리고 이렇게 수집된 데이터는 간단하게 공개 및 교환 가능하다.

> 버라이즌의 DBIR 리포트는 VERIS 프레임워크를 데이터 수집과 분석에 활용하므로 DBIR 리포트를 읽어 보면 이번 장의 맥락을 파악하는 데 도움이 될 것이다. 가장 최근의 보고서는 http://www.verizonenterprise.com/DBIR/에서 확인할 수 있다

공개 프레임워크라는 것 이외에 VERIS는 다른 장점도 갖고 있다. 대외적으로 공개된 보안 사고의 데이터를 무료로 다운로드할 수 있는, VCDB라는 이름의 시작된 지 그리 오래 되지 않은 프로젝트가 있다. 이 데이터는 모두 VERIS 포맷으로 기록되어 있으며, 누구나 수천 개에 달하는 VCDB를 다운로드 및 분석할 수 있다. 이 글을 쓰는 현재, VCDB 데이터는 깃허브[GitHub]를 통해 제공되고 있다(https://github.com/vz-risk/VCDB).

연구방향 설정

이 장에서 설명하는 침해 사고 데이터 분석은 일종의 연구 프로젝트로 접근해야 한다. '측정 프로그램' 또는 '보안 프로젝트'로 생각하면 마치 정보보안 분야 고유의 성격을 가진 무언가로 생각하기 쉽지만 사실은 그렇지 않다. 데이터 수집과 분석을 주제로 하고 있을 뿐이며 이러한 작업은 다양한 분야에서 오랫동안 해 온 일에 지나지 않는다. 이 장의 내용을 특별한 프로젝트로 간주하고 여기서 무언가를 발견하려고 시도한다면, 그건 시간과 자원의 낭비일 뿐아니라 심지어 다른 데이터 과학자들의 비웃음을 살 수도 있다. 다시 한 번 말하지만, 이 장의 침해 사고 분석은 연구 프로젝트라는 점을 분명히 하자.

지금까지 이 책에서 다룬 작업은 대부분 탐색적 성격을 갖고 있었다. 다시 말하면, 데이터에 무엇이 포함되어 있는지 발견하기 위한 작업을 먼저 하고 나서, 답을 얻고자 하는 질문을 결정하고, 다시 데이터 분석으로 돌아갔다. 하지만 이번 장은 데이터 탐색 없이 시작한다. 아무 사전지식 없이 곧바로 침해 사고 데이터 수집을 시작하는 것은 수많은 자원의 낭비와 나중에 결국은 무의미한 것으로 판정되는 데이터 수집을 이어질 수 있으며, 심지어 수집되지 않은 데이터가 필요한 상황에 직면할 수도 있다. 그러므로 데이터 수집 노력을 위한 틀을 먼저 설정함으로써 탐색할 질문의 범위를 좁히는 것이 바람직하다. 그래야 어떤 데이터 포인트를 수집해야 할지 판단할 수 있다.

VERIS는 전략적 의사결정 프로세스를 뒷받침하기 위해 개발되었다. 제한된 자원과 예산을 어디에 중점적으로 투입해야 최대의 편익을 얻을 수 있을 것인가? 감사 결과나 개선 프로젝트 목록이 주어졌을 때, 가장 중요한 부분부터 해결하기 위해서는 우선순위를 어떻게 조정해야 하는가? 이와 반대 방향의 질문에 대답하는 것이 더 중요할 수도 있다. 시간과 비용을 투입하지 않아도 되는 영역을 어떻게 식별할 수 있을까? 이러한 질문들을 뒷받침하는 것이 이번 장의 목표이며, 요약하면 다음과 같다.

침해 사고 데이터를 수집하고 분석하는 목적은 보안 책임자의 의사결정 프로세스를 뒷받침하는 것이다.

여기서 뒷받침이라는 단어에 주목하자. 이 연구는 의사결정 프로세스를 뒷받침하기 위해 존재한 것이다. 의사결정 프로세스가 되거나 기존의 프로세스를 대체하기 위한 것이 아니다. 보안 우선순위는 복잡한 이슈임에도 불구하고 보안 업계에서 우선순위 결정 문제는 이제 막 논의되기 시작했을 뿐이다. 초기 단계라서 데이터가 많이 축적되어 있지 않은 상황을 감안하면, 100% 완벽한 연구를 기대하기는 어렵다. 현재 어느 정도의 불확실성이 존재하는지 이해하고, 연구를 통해서 불확실성을 제거하기 위해 노력하는 것이 중요하다. 지금까지 보안 관련한 의사결정은 데이터에 대한 면밀한 분석 없이 내려져 왔다. 하지만 앞으로는 수집할 수 있는 모든 정보를 사용해 의사결정 프로세스를 뒷받침하는 시대로 나아갈 필요가 있다.

침해 사고 데이터는 불확실성을 감소시킨다

침해 사고 데이터를 수집함으로써 100% 완벽하게 사고를 예방할 수 있는 우선순위 작업 목록을 뽑을 수 있다면 정말 좋겠지만, 현실에서 그런 일은 일어날 수 없다. 침해 사고 데이터는 단지 여러분이 지금 알고 있는 것보다 더 많은 것을 알려주는 역할을 할 뿐, 앞으로의 진로를 절대적으로 보여주지는 못한다. 그러면 데이터 수집에 무슨 가치가 있는 것일까? 정확히 무엇을 해야 되는지 알려주지도 못하는데도 시간과 자원을 투입하며 침해 사고 데이터를 수집하고 분석해야 할까?

이 질문에 대한 답은 절대적으로 "그렇다"다.

불확실성은 현재 우리가 알고 있는 것과 최선의 의사결정을 내리기 위해서 우리가 알아야 하는 것 사이의 간극 때문에 발생하는 것이다. 불확실성을 포함하는 불완전한 정보를 버리고 싶은 유혹이 항상 있기 마련이지만, 우리는 정보의 가치를 판단할 때 상대적 관점에서 평가해야 한다. 우리가 원하는 완벽한 정보와 실제로 우리가 얻게 되는 정보를 비교하는 것이 아니라, 우리가 현재 갖고 있는 정보와 앞으로 얻게 될 정보를 비교해야 하는 것이다. 침해 사고 데이터 분석의 가치는 여기에 있다. 데이터는 현재 우리가 알고 있는 것과 우리가 알아야 하는 것 사이의 간극을 좁혀서 불확실성을 감소시킨다. 그리고 우리는 과거의 위치보다 나은 위치에서 의사결정을 내릴 수 있다. 이 과정에서 진보가 이뤄지고 다음 번에는 불확실성을 더욱 감소시킬 수 있는 토대가 마련된다. 모든 과학적 지식은 이렇게 발전해 왔다. 일련의 반복되는 작은 발걸음이 쌓이면서 불확실성은 꾸준히 감소되는 것이다. 따라서 우리의 목표는 완벽한 정보를 얻는 것이 아니다. 그런 생각은 포기하는 것이 좋다. 그보다는 지금 알고 있는 것보다 더 많이 알게 되는 것을 목표로 삼자. 거기서 여러분은 가치를 발견할 수 있다.

데이터 수집 프레임워크의 고려 사항

데이터를 수동으로 수집할 때 빠지기 쉬운 함정들이 있다. 신중히 접근하지 않아서 불완전한 데이터가 수집되면 계속 두통거리가 될 수 있다. 우리가 VERIS의 발전(및 두통거리)을 내부에서 바라보면서 얻은 교훈을 바탕으로, 수동 데이터 수집에 유용한 지침을 정리한 것이 이번 절의 내용이다. 이 지침들은 보안 사건 데이터의 수집뿐 아니라 모든 유형의 데이터 수집에 보편적으로 적용할 수 있을 것이다.

객관적인 답을 지향한다

무엇보다도, 질문이 물어보는 답은 가급적 객관성을 갖춰야 한다. 의견을 묻는 질문에 대한 응답은 너무 다양하게 돌아올 수 있으며, 오늘의 날씨나 데이터 분석가가 먹은 점심 메뉴와 같이 이상한 것의 영향을 받을 수도 있다. 어떤 경우에는 그래도 괜찮다. 일관성 없는 답이라도 아예 답이 없는 것보다는 낫기 때문이다. 또 전문가의 의견을 일정 조건 하에서 반영하고 싶을 때도 있다. 하지만 대부분의 경우, 질문은 관찰 가능하거나 혹은 관찰로부터 추론할 수 있는 사실에 집중해야 한다.

예를 들어, 악성코드가 해킹 공격과 관계가 있는지 그리고 어떤 동작을 수행했는지 묻는 것이 그 악성코드가 얼마나 진보된 악성코드인지 묻는 것보다 훨씬 낫다. 침해 사고를 조사하는 조사관은 악성코드가 사용되었는지 여부에 대해서는 예/아니요로 응답할 수 있다. 조사관이 악성코드를 분석할 수 있는 자원을 갖고 있다면(즉, 악성코드를 식별할 수 있다면), 그 악성코드의 동작에 관해서 추측을 할 일이 없다. 그저 알거나 아니면 모르는 것이다.

가능한 답변의 수를 제한한다

그 다음으로 중요한 것은 답변자가 선택할 수 있는 선택지의 수를 제한하는 것이다. 질문에 대한 답을 문장이나 설명으로 작성해야 한다면, 그 응답은 추가적인 노력 없이는 데이터 분석에 별 도움이 되지 못한다. 물론, 자유 입력을 허용하는 텍스트 필드도 사고의 특성이나 데이터의 맥락을 기술하는 데 필요하기 때문에 데이터 수집 시 노트Notes나 요약Summary 필드를 활용하는 것은 좋은 일이다. 하지만, 데이터 분석은 결국은 응답 개수가 제한되는 목록이나 어떤 수치에 포함된 데이터를 사용하는 것이다. 데이터가 가질 수 있는 값을 특정 목록 내의 값으로 제한하는 것은 분석 작업을 용이하게 만들어 준다.

'기타'와 '알 수 없음'을 선택할 수 있도록 허용한다

일반적으로, 제한된 답변 목록에는 '알 수 없음Unknown'과 '기타Other' 항목이 포함되어야 한다. 답변을 입력하는 사람이라면 누구나 답을 알 수 있을 것으로 예상되는 질문조차도 세상에는 별일이 다 있다는 생각이 들 때가 있기 마련이다. '알 수 없음' 선택지를 포함시키면, 정말로 모르는 경우와 적용 불가능한 질문인 경우를 구별할 수 있다. 이것은 미묘한 차이지만, 작은 차이가 분석 작업의 희비를 엇갈리게 만들 수 있다. '알 수 없음' 선택지가 필요 없는 희귀한 질문도 간혹 존재하지만, 이런 질문은 말 그대로 희귀하기 때문에 경우에 따라 대처하면 된다.

예를 들어, 서버의 가상화 여부를 물어볼 때 단순히 가상화 여부를 묻는 체크박스 1개만 제시하기 쉽다. 하지만 이렇게 하면 응답자가 가상화 여부를 알 수 없는 경우를 포괄할 수가 없다(그리고 그런 경우는 언제나 발생하기 마련이다). 그래서 '예'와 '기타 모든 것' 중 1개를 선택할 수 있도록 수정했다고 하자. 하지만 '기타 모든 것'은 '아니요'와 '알 수 없음'을 포괄하기 때문에 가상화된 호스트의 비율을 정확히 계산할 수 없다. '아니요'와 '모릅니다'를 구별할 수 없기 때문이다.

'기타' 선택지도 필요할 때가 많다. 경우에 따라서는 '해당사항 없음Not Applicable'이 될 것이다. 하나의 목록에 선택 가능한 선택지를 모두 넣는 것은 바람직하지 않다. 지나치게 포괄적인 목록은 금세 관리가 힘들어지기 때문이다(데이터 입력 속도를 떨어뜨리기도 한다). 따라서 하나의 목록에는 가능한 답변의 대부분만 포함시키는 것이 좋다. 데이터 수집을 하다 보면, 특히 보안 사건의 경우에는 몇 개의 공통적인 답이 계속 반복되는 경향이 있다. 공통적인 응답은 추세를 이해하고 통계값에 많은 기여를 하지만, 드물게 나타나는 응답은 단지 재미있는 이야기 이상의 역할을 하지 못한다. 따라서 데이터 분석에 공통적인 응답을 주로 포착하고 나머지 응답은 '기타' 항목이나 노트 필드로 이동시키는 것이 효율적이다. '기타' 응답에 대한 관심을 완전히 놓아서는 안 되지만, 제대로 만들어진 선택지 목록이라면 '기타'는 아주 간헐적으로만 눈에 띌 것이다.

노트

선택지 목록을 여러분이 직접 만들지 않고, 참조할 만한 표준을 사용하는 것이 좋다. 예를 들어 산업분류 목록은 여러분이 직접 작성할 필요없이 미국 인구조사국의 NAICS(표준산업분류)를 사용할 수 있다. NAICS는 산업 내부의 포함 관계를 포괄하는 일반적인 코드 체계로서 6자리 코드를 사용하는데 자릿수가 늘어날 때마다 가리키는 산업의 세부 정보가 추가된다. NAICS 코드 체계에 대한 자세한 설명은 http://www.census.gov/eos/www/naics/를 참조하자.

융합은 회피하고 사소한 것은 병합하라

마지막으로 기억할 지침은 가능하면 융합은 회피하고 사소한 것은 병합해야 한다는 것이다. 서로 반대되는 두 개념 사이에서 적절한 타협점을 찾는 것이 중요하다. 우선, 융합은 어떤 질문(및 그 대답)이 둘 이상의 개념이 결합된 것임을 의미한다.

예를 들어, 데이터로스DB(http://datalossdb.org/analysis) 프레임워크의 침해 사고 타입은 행위자, 행위, 자산의 개념이 결합된 것이 많다. 핵^Hack 타입에 대해서는 '컴퓨터 기반의 불법침입'이라고 정의하는 반면(여기서 행위자나 자산은 정의되어 있지 않다), 스누핑^snooping 타입에 대해서는 '대외비 자료에 접근하는... 직원'으로 정의한다(행위자와 행위가 융합되어 있다). 또 '도난된 매체', '도난된 드라이브', '도난된 테이프'가 모두 별개의 선택지가 될 수 있으며, 행위(물리적 손실)가 자산들과 반복적으로 융합되어 있다.

이와 같은 융합된 '침해 유형'을 그 자체만으로는 좋거나 나쁘다고 말할 수 없다. 연구의 목적이 다르기 때문이다. 하지만 확실한 것은 데이터 분석에는 어려움이 가중된다. 데이터 분석을 할 때는 여러 범주에 걸쳐서 비교 및 대조를 할 수 있는 유연성이 요구되는데, 융합된 용어를 갖고는 범주를 명확히 구별하기가 매우 어렵다. 그래서 단지 융합된 침해 타입의 발생 빈도를 세는 것 이상의 분석 작업은 거의 불가능해진다.

융합이 둘 이상의 개념을 하나의 변수로 결합하는 것이라면, 반대로 하나의 개념을 너무 많은 변수로 분할하는 것도 조심해야 한다. 목표를 뒷받침하기에 충분한 정도로만 분할하는 것이 바람직하다.

지나치게 많은 세부 사항을 수집하는 사례로서 침해 사고의 발견 방법을 분류하는 경우를 들 수 있다. 침해 사고를 발견한 사람이 외부 보안업체의 연구원이었고 그 직원이 (흰색, 검정색, 회색 등) 무슨 색의 모자를 쓰고 있었는지 알 수 있다면, 재미는 있지만 여러분의 목표 달성에는 별 도움을 주지 못한다. 하나의 개념(외부의 보안업체 연구원)을 복수의 선택지(예컨대 연구원-흰색 모자, 연구원-회색 모자)로 분할해야 하기 때문이다. 이 경우에는 외부 보안업체 연구원을 따로 구별하지 않고, 그냥 '우리 회사와 관련 없는 외부인'과 같은 넓은 개념의 필드로 병합하는 것이 더 나을지도 모른다.

하지만, 세부 변수로의 분할을 두려워해서는 안 되는 경우도 있다. VERIS는 정보 자산을 여러 범주로 분할하며 각 범주별로도 그 밑에 세부 자산들을 포함하고 있다. 결국, 세부 변수로 분할을 해야 할 때가 있고, 반면에 세부 변수를 결합해야 할 때가 있다. 중요한 것은 중간에서 균형을 잡는 것이다.

다행스럽게도 VERIS는 이러한 이슈들을 모두 고려하면서 발전해 왔다. 데이터 수집에서 가장 큰 과제의 하나는 새로운 질문에 대해서 '아니요'라고 말하는 것이다. 데이터 분석을 하다 보면 언제나 더 많은 정보를 얻고 싶어지지만, 데이터를 수집하는 데는 언제나 비용이 든다는 것을 명심해야 한다. 그리고 그 비용은 예상보다 크다.

데이터당 비용을 고려하기

데이터 수집을 진행하다 보면, 응답을 얻고 싶은 질문을 하나도 빠짐없이 제시하고 싶은 유혹에 빠지기 쉽다. 포괄적인 질문 목록을 만드는 것 자체는 나쁘지 않다. 심지어 질문들을 한자리에 모두 배열하는 것은 유용한 일이다. 하지만 그 중에서 응답을 얻을 질문을 신중하게 선택하는 단계를 거쳐야 한다. 질문이 하나 늘어날 때마다, 수집된 데이터의 수명이 지속되는 한 비용이 기하급수적으로 증가하기 때문이다. 우선, 응답을 얻기 전 단계부터 응답을 수집할 방법을 확정해야 하기 때문에 데이터 수집 방법론의 고려사항이 추가된다. 분석가가 침해 사고에 관한 질문을 입력할 때, 아무 생각 없이 그냥 입력하는 것이 아니고 어느 정도의 시간을 들여서 고민이 필요할 때가 많다. 이제, 입력이 끝난 데이터는 일반적으로 전처리와 정제 과정을 거쳐서 저장 및 관리되어야 한다. 데이터를 파싱할 때도(파싱 방법도 여러 개가 필요할 수 있다) 추가된 필드에 대한 고려가 필요하며, 다른 필드와의 상호작용에 대한 고려도 필요하다. 게다가, 질문과 데이터 포인트가 선택되었을 때 예상보다 많은 사소한 상호작용으로 인한 비용 증가도 발생한다.

여러분은 지금 산 정상에 살고 있는 지혜로운 현자를 만나기 위한 긴 여행을 막 시작하고 있다. 현자는 신비롭고 지혜로운 몇 마디 말만 하고 사라지기 때문에, 현자를 만났을 때 여러분에게 주어지는 시간은 제한되어 있다. 어떤 질문을 해야 가장 효과적일까? 이럴 경우, 진정으로 답변을 얻고 싶은 질문들의 목록을 추려내고 싶은 것이 당연하다. 중요한 질문들의 답을 얻었더라도, 시간만 있으면 묻고 싶은 추가 질문이 산더미처럼 남아 있겠지만 그것들은 다른 방법으로 해결해야 한다. 수동으로 데이터를 수집하는 것도 마찬가지다. 설문지에서 너무나 많은 질문을 묻는다면, 사람들은 금세 흥미를 잃을 것이고 설문 결과의 품질은 떨어질 것이다. 정말로 중요한 질문에 대한 답변도 품질 저하를 피할 수 없다. 그러니 질문을 현명하게 선택하도록 하자.

VERIS 소개

보안 이벤트가 발생하고 이에 대한 조사가 시작되면, 조사관은 자연스럽게 "누가 무엇 (또는 누구)에게 무엇을 했으며 결과는 무엇인가?"와 같은 질문에 대한 답을 얻으려고 시도한다. 이 질문이야말로 여러분이 수집해야 하는 핵심적인 데이터 포인트가 무엇인지

시사한다. 즉 다시 말하면, 중점적으로 수집해야 하는 것은 다음의 4개다. "누가(위협을 한 행위자) 무엇 혹은 누구(자산)에게 무슨 짓(행위)을 했으며 그 결과(속성)는 무엇인가?"

물론 다른 것에도 관심을 가질 수 있다. 침해 사고를 발견한 방법이나 사고에 대한 반응, 사고의 영향 등도 좋고, 기타 사소한 관리성 항목(식별자, 요약 정보, 업무흐름 상태 등), 침해 사고 정보 공유를 위한 피침해자 정보 등도 기록하면 유용할 것이다. 이러한 수집 대상들을 VERIS 프레임워크에서 어떻게 분류했는지 표 7.1에서 확인할 수 있다.

표 7.1 VERIS를 구성하는 각 부문

부문	설명
사고 추적(Incident Trakcing)	관리 및 추적 목적으로 사용되는 메타데이터
Threat Act위협 행위자(Threat Actor)or	침해 사고를 일으킨 혹은 사고에 기여한 1명 이상의 사람
위협 행위(Threat Action)	침해 사고를 일으키거나 사고에 기여하기 위해서 위협 행위자가 일으킨 행위 혹은 사용한 도구
정보 자산(Information Assets)	침해 사고로 인해서 누출된 혹은 영향을 받은 정보 자산
속성(Attributes)	침해 사고로 인해서 정보 자산에 발생한 결과
발견/대응(Discovery/Response)	시간대별 재구성, 발견 방법, 사고로 얻은 교훈
영향(Impact)	피침해자에 침해 사고가 미친 영향
피침해자(Victim)	업종이나 회사 규모 등의 정보
지표(Indicators)	침해 사고와 관련된 지표(IP 주소, 악성코드 해시, 도메인 등)
기타(Plus)	향후의 확장을 대비한 선택적 부문

침해 사고 데이터 분석을 한시라도 빨리 해 보고 싶겠지만, 조금만 참고 VERIS 필드들의 의미를 충분히 이해하고 잘못 적용하는 오류를 예방하는 데 주력하자. 다음 절부터는 VERIS의 각 부문들을 하나씩 살펴보고, 해당 부문에 속한 필드의 의미를 설명한다. 각 부문별로 구분된 것은 데이터 분석가가 사고 데이터의 구조에 대해 생각할 수 있도록 돕기 위한 것으로서, 예를 들어 실제의 데이터에는 침해 사고 관리 목적으로 사용되는 incident_id 필드에 해당하는 것이 없다.

사고 추적

이 부문에 속한 필드들은 단순히 사고를 기술하거나 추적하기 위한 것으로서, 사고별로 고유한 식별자를 부여하고 데이터의 출처나 관련 사고 기록용으로 사용된다. 예컨대 source_id 필드는 사고 데이터의 출처를 VCDB 등과 비교하기 위한 용도이다. 표 7.2에서 값(타입)이 factor인 필드는 특정한 값만 입력 가능한 제한적 목록을 의미한다. 사고 추적 부문의 필드들은 표 7.2와 같다.

표 7.2 사고 추적 부문의 필드

필드	값(타입)	설명
schema_version	string	VERIS 버전(현재 1.2.1)
incident_id	string	고유 식별자(VCDB는 GUID를 사용한다)
source_id	string	데이터의 소스(VCDB 데이터일 경우 vcdb)
reference	string	URL 혹은 내부 티케팅 시스템 ID
security_incident	factor	확인(Confirmed), 의심(Suspected), 거짓양성(False Positive), 거의 손실(Near Miss)
confidence	factor	높음(High), 중간(Medium), 낮은(Low), None(없음)
summary	string	사고에 관한 요약 정보를 자유롭게 입력 가능
related_incidents	string	다른 incident_id를 자유롭게 입력 가능
notes	string	자유롭게 입력 가능한 텍스트

이 중에서 주로 사용되는 필드는 factor 타입의 필드 2개다(다시 말하지만, factor 타입은 입력 가능한 응답의 수가 제한된다). 첫 번째인 security_incident는 필수 필드로서, 보안 사고로 확정되었는지 여부를 나타낸다(자산 부문의 security 속성이 이에 영향을 받는다). 두 번째인 confidence 필드는 분석가가 데이터의 정확도를 주관적으로 기록하는 필드로서, 선택적이며 security_incident만큼 자주 사용되지는 않는다. VCDB에서도 자주 보기 힘들다.

위협 행위자

앞서 데이터 수집 지침을 설명하면서 융합의 문제에 대해서 설명했었다. 그리고 지금부터 다루는 3개의 부문(행위자, 행위, 자산)은 특히 융합을 피하기 위해서 신중해야 한다. 앞서 융합된 침해 타입을 사용하는 데이터로스DB 프레임워크를 예로 든 바 있는데, 개인정보 보호센터(Private Rights Clearinghouse, http://www.privacyrights.org/data-breach)의 프레임워크 역시 똑같은 문제를 갖고 있다. 이 프레임워크도 보안 이벤트를 하나의 침해 타입으로 정의하면서 위협 행위자와 위협 행위를 하나로 묶어서 단순화하기 때문이다.

예를 들어, 이 프레임워크의 내부자(INSD) 타입은 '접근권한을 갖고 의도적으로 정보를 침해하는 사람. 직원 혹은 협력업체'로 정의되어 있다. 또, 물리적 손실(PHYS) 타입은 '손실, 폐기, 도난된 (종이 문서 등의) 비전자적non-electronic 기록'으로 정의되어 있다. 이렇게 단순한 정의는 데이터 입력 과정에서 금세 혼란을 일으키기 쉽다. 예컨대 내부자가 종이 문서를 훔친 경우가 그렇다.

내부자든 외부인이든 시스템에 불법적으로 침입하고, 악성코드를 유포하며, 사회공학적 기법으로 내부 시스템에 피해를 입힐 수 있다. 따라서 내부와 외부의 행위자를 명확히 구분하는 것이 바람직하다. VERIS는 이러한 융합 문제를 행위자, 행위, 대상을 모두 분리시킴으로써 해결하고 있다. 개인정보 보호센터의 방법을 비판하는 것은 아니라는 점에 주의하자. 단지 중점을 두는 부분이 다르고, 목표와 우선순위가 다른 것이다. VERIS는 보안과 관련된 의사결정을 뒷받침하는 것이 목적이며, 이 목적을 위해서는 단순한 침해 타입 분류보다는 세부 정보를 사용할 필요가 있다. 표 7.3은 행위자 부문의 필드들을 보여준다.

표 7.3 행위자 부문의 필드

행위자	필드	값(타입)	설명
external	motive	factor	공격자의 의도를 나타낸다.
	variety	factor	외부 행위자의 리소스와 역량을 정의한다.
	country	factor	ISO-3166-1 2자리 국가 필드
internal	motive	factor	공격자의 의도를 나타낸다.
	variety	factor	외부 행위자의 리소스와 역량을 정의한다.
partner	motive	factor	공격자의 의도를 나타낸다.
	industry	string	미국 인구조사국 NAICS 코드
	country	factor	ISO-3166-1 2자리 국가 필드

(이어짐)

행위자 부문에서는 다단계 정의가 사용되고 있다. 최상위 수준은 행위자로서, 행위자의 종류를 구분하기 위해서 외부external, 내부internal, 파트너partner를 선택적으로 지정할 수 있으며 그 아래에 세부 필드들을 입력할 수 있다. 모든 필드가 factor 타입인데 factor 타입의 필드는 피벗 포인트로서 사용할 수 있다. 예를 들어 위협 행위의 모델링을 할 때 금전적 동기로 위협 행위를 한 행위자의 행위를 회사에 대한 불만에서 위협 행위를 한 내부 직원의 행위와 비교할 수 있을 것이다. 그림 7.1을 참조하자.

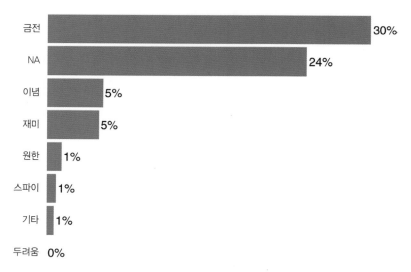

그림 7.1 위협 행위자들의 알려진 범행 동기

위협 행위

이 부문은 위협 행위자가 저지른 행위 혹은 보안 사고 중에 사용한 도구를 기술한다. 여기서도 최상위 범주 아래에 다음과 같은 하위 변수들이 존재한다.

- 악성코드Malare: 내부의 정보 자산에 대해 실행된 악의적 소프트웨어, 스크립트, 코드로서 자산의 상태와 기능을 변경한다.
- 해킹Hacking: 허가 없이 자산에 접근하거나 피해를 입히려고 (키보드 앞에서) 시도하는 사람
- 사회공학Social: 인간적 요소를 악용하는 수단(보이스피싱, 피싱문자 등)
- 오용Misuse: 원래 의도된 사용 목적와 달리 자원 또는 권한을 남용
- 물리적Physical: 접근, 불법소지, 완력 등을 포함하는 개인적 행위
- 오류Error: 부정확하게 혹은 부주의하게 행해진(혹은 행해지지 않은) 모든 것
- 환경적Environmental: 정보 자산의 환경이나 인프라 내에서 일어난 자연적인 사고나 재해

이 범주들을 다룰 때 주의할 필요가 있다. 자칫 해석 혹은 분류 과정에서 실수할 가능성이 높다. 각 범주 및 그에 속한 필드에 관한 자세한 설명은 VERIS 웹사이트에서 사례와 함께 제공되고 있으므로(http://veriscommunity.net/), 약간의 시간을 투자해서 이 사이트의 사례들을 읽어 보면 각 범주 간의 구별이 분명해 지고 금세 직관적으로 이해가 될 것이다. 위협 행위에 속한 필드들의 목록이 표 7.4에 보인다.

표 7.4 행위 부문의 필드

행위	필드	값(타입)	설명
malware	variety	factor	악성코드의 기능
	vector	factor	악성코드가 설치/감염된 수단
hacking	variety	factor	해킹 행위의 유형
	vector	factor	공격 경로
social	variety	factor	사회공학적 행위의 유형
	vector	factor	의사소통의 경로 혹은 수단
	target	factor	공격목표였던 사람의 역할
misuse	variety	factor	오남용 행위의 유형

(이어짐)

행위	필드	값(타입)	설명
	vector	factor	오남용 행위의 경로 혹은 접근방법
physical	variety	factor	물리적 행위의 유형
	vector	factor	물리적 접근의 수단
	location	factor	물리적 행위가 일어난 물리적 위치
error	variety	factor	오류 행위의 유형
	vector	factor	오류가 발생한 원인
environmental	variety	factor	환경적 행위의 유형

variety와 vector 필드가 반복되고 있다. 모든 행위 범주마다 variety 필드가 있고 environmental을 제외한 모든 행위 범주에 vector 필드가 있다. social 범주에는 사회 공학적 공격 행위의 대상자 정보가 요구되고, physical 행위 범주에는 해당 행위가 일어난 실제 위치정보가 필요하다. 행위 부문의 필드는 이것이 전부다. 모든 필드가 factor 타입인 것에 주목하자. 따라서 이 필드들을 갖고 분할, 피벗, 필터링을 수행할 수 있다. 그림 7.2를 참조하자.

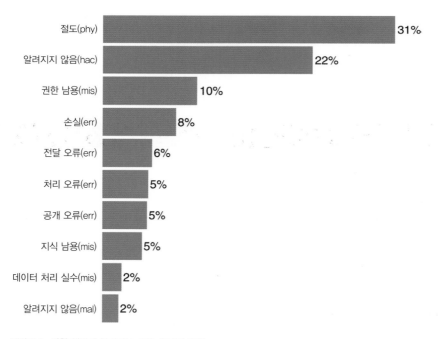

그림 7.2 위협 행위의 발생빈도 상위 10가지 유형

공격 체인에 둘 이상의 사건이 발생한 경우

정보보안 분야에 어느 정도 경력이 있는 사람이라면, 침해 사고는 한 번으로 끝나지 않는다는 것을 알고 있다. 공격자는 복수의 행위를 수행하기 때문에 침해 사고 기록이 복잡해지기 쉽다. VERIS 프레임워크에서 대부분의 factor 필드는 둘 이상의 응답을 기록할 수 있다. 이것은 매우 편리한 장점으로서 복잡한 보안 사건에서 "단 하나의 최고의 대답"만 선택하지 않아도 되기 때문이다, 하지만 데이터 관리 및 분석에 복잡성이 더해지는 것도 사실이다. 하지만 이 장의 뒷부분에서 살펴보겠지만, 그 정도가 그리 심하지는 않다.

공격자가 어떤 임원의 비서에게 피싱 이메일을 보낸 뒤, 그 이메일을 보낸 비즈니스 파트너인 것처럼 위장하고 전화를 걸었다고 가정하자. 여기에는 2개의 행위가 포함되어 있으므로 social.variety 필드에는 pretexting과 phishing이 둘 다 선택되어 있어야 한다. 그리고 피싱 이메일에 악성코드가 포함되어 있었고 이 악성코드가 설치되었다면, malware 행위의 variety 필드와 vector 필드에 '이메일' 값이 지정되어야 한다. 이 침해 사고를 데이터로 나타내고 행위의 수를 세어보면, 전체 사건의 수보다 더 많은 개별 행위가 포함될 것이다. 따라서 원형 그래프로는 당연히 표현할 수 없다. 정보보안 분야에서는 이러한 공격을 일반적으로 '공격 체인(attack chain)' 또는 '킬 체인(kill chain)'이라고 부른다. 공격 체인을 정확히 표현하려면 순서를 지정할 수 있어야 하는데, VERIS는 복수의 행위 입력을 허용하지만 그 순서를 기록할 방법은 제공하지 않는다. 이것은 비용과 편익 간의 상충관계(trade-off)를 고려했기 때문이다. 사건을 순서대로 기록하는 것은 분석가에게 상당한 부담을 지우며 데이터 입력에 걸리는 시간이 지나치게 늘어날 수 있다. 대부분의 보고서에서 사건의 순서는 모호하게 기술되거나 아예 누락된다(언론 보도의 경우는 특히 그렇다). 결론적으로, VERIS는 데이터 수집에 소요되는 시간과 노력을 줄이기 위해서 공격 체인 내에서 사건의 존재 여부만을 기록할 수 있다.

정보 자산

자산asset은 우리가 보호하고자 하는 정보를 담고 있는 컨테이너(서버 또는 기타 디바이스)를 의미한다. 이 부문에도 아래와 같은 최상위 범주가 존재한다.

- 서버(S): 서비스를 제공하는 시스템
- 네트워크(N): 인프라 장치 또는 장비
- 사용자 디바이스(U): 최종 사용자가 사용하는 장치(데스크톱 또는 노트북 PC)
- 매체(M): 데이터 저장 장치 또는 물리적 문서
- 사람(P): 사람도 영향을 받을 수 있기 때문에 여기에 포함되었다.
- 키오스크/공개 터미널(K): 공용 디바이스

범주별로 그 안에 다양한 유형^variety의 자산이 존재한다. 다만 주의할 것은 범주 정보와 유형 정보가 동일 필드에 저장된다는 점이다. 예를 들어 메일 서버는 "S-Mail"로 저장되고, 데스크탑 컴퓨터는 "U-Desktop"으로 저장된다. 그리고 자산마다 선택적으로 amount 필드가 연계될 수 있는데, 이 필드를 이용해 하나의 사건과 관련된 동일 유형의 자산들을 기록할 수 있다. 표 7.5는 자산 부문의 필드들을 보여준다.

표 7.5 자산 부문의 필드

자산	필드	값(타입)	설명
assets	variety	factor	특정 타입의 자산. 범주를 가리키는 접두어가 온다.
	amount	integer	위 자산의 개수
asset	accessibility	factor	자산에 접근하는 방법
	ownership	factor	자산의 소유자
	management	factor	자산의 관리자
	hosting	factor	자산이 (물리적으로) 위치하는 곳
	country	factor	자산의 위치(피침해자와 다를 경우)
	cloud	factor	클라우드 서비스의 유형(클라우드일 경우)

자산 부문의 필드 중 상당수는 최근의 VERIS 1.2 버전에서 추가된 것이다. 이 버전에서는 모바일 디바이스 및 모바일 디바이스를 회사에 갖고 출근하는 직원에 초점이 맞춰졌다. 또, 클라우드에 위치하는 애플리케이션 및 자산에 대한 고려도 추가되었다. 그리고 이 필드들이 모두 factor 타입이라는 것에 주목하자. 따라서 입력할 수 있는 응답의 개수가 제한된다. 예를 들어 자산의 접근성^accessibility을 "very"라고 입력할 수는 없다. 그림 7.3을 참조하자.

속성

속성이란 정보보안 분야에서 보호하기 위해서 불철주야 노력하는 대상을 의미한다. 속성은 소위 C.I.A 삼각형, 즉 기밀성^Confidentiality, 무결성^Integrity, 가용성^Availability을 기본으로, 이 3개의 속성에 3개의 속성을 추가로 더한 파커리안 육각형^Parkerian Hexad을 기록할 수 있도록 확장되었다(파커리안 육각형은 보안분야의 선구자이자 많은 업적을 남긴 돈 파커^Donn Parker의 이름에서 유래되었다). 추가된 3개의 속성은 소유/제어, 인증, 활용성인데, 추가 속성 때문에 별도의 카테고리를 추가하는 것은 비효율적이기 때문에 기존의 최상위 범주와 결합되었다. 그리고 입력 작업을 단순화하기 위해서 VERIS 레코드가 저장될 때에는 기존 3개 범주(기밀성, 무결성, 가용성)로만 분류된다. 속성의 3개 부문은 다음과 같다.

- 기밀성, 소유, 제어: 데이터가 권한없는 행위자에게 관찰되거나 공개되었다. 소유자는 더 이상 독점적인 권리를 갖고 있지 않을 수 있다.
- 무결성과 신뢰성: 자산이 완전하지 않거나, 승인된 콘텐츠와 기능으로부터 벗어나도록 변경되었다. 예상되는 상태와 일치하지 않는다.
- 가용성과 활용성: 자산에 접근할 수 없거나 유용하지 않거나 용도에 적합하지 않다.

이 범주들은 보안팀이 집중해야 할 영역을 결정하는 데 큰 도움이 된다. 예컨대 DBIR 보고서는 기밀성 속성이 영향을 받았고 데이터 유출이 확인된 침해 사고에만 초점을 맞추고 있다. 표 7.6에서 속성 부문의 필드들을 볼 수 있다.

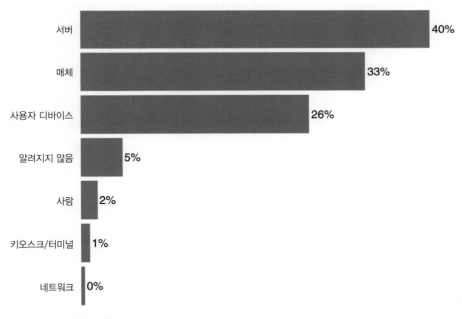

그림 7.3 자산 부문의 범주

표 7.6 속성 부문의 필드

값(타입)	필드	값(타입)	설명
confidentiality	data_disclosure	factor	기밀성 침해의 상태
	data_total	integer	레코드의 개수(아래 참조)
	data.variety	factor	노출된 데이터의 타입
	data.amount	integer	레코드의 개수
	state	factor	노출되었을 때 데이터의 상태
integrity	variety	factor	무결성 상태
availability	variety	factor	가용성 상태
	duration	time range	가용성/활용성 손실의 기간

time range라는 새로운 필드 타입을 볼 수 있는데, 이 타입은 실제로는 시간의 단위와 그 시간 단위의 값을 의미하는 2개의 필드가 합쳐진 것이다. 여기서 단위는 시간을 측정하는 기본 단위로서 초, 분, 시간, 일, 주, 월, 년이고 값은 시간의 길이를 나타내는 것으로서 예를 들면 3주 또는 6개월이다. VERIS는 원래 time range 타입 대신에 특정 날짜/시간을 지정하는 타입을 정의하려고 했지만, 데이터 입력에 시간이 너무 많이 걸리고 심지어 입력 자체가 불가능한 사례가 발생해 애초 계획을 포기했다. 만약에 DDoS 공격을 받는 동안에 서버가 다운되었는데 다운된 기간이 60분은 넘지만 하루 종일은 아니었다고 하자. 이 때 다운된 시각과 복구된 시각을 특정하기는 쉽지 않지만 단위는 시간, 값은 '다운된 기간'으로 하면 duration 필드는 충분히 제 역할을 할 수 있다. 몇 시간 동안다운되었는지도 알 수 없다면 그냥 공란으로 처리한다.

레코드의 개수

대외적으로 공개되는 침해 사고 데이터에서 거의 언제나 포함되는 것 중 하나가 사고로 영향을 받은 레코드의 수다. 기자들과 일반 대중은 숫자로 표현되는 것을 좋아한다. 그래서 레코드는 그저 데이터베이스에 들어 있는 데이터를 의미하는 것에 지나지 않는데도 레코드 숫자 공개는 거의 강요되는 수준이다. 데이터가 명백히 분리되어 있을 때는 레코드 수를 세는 것이 그리 어렵지 않다. 신용카드 번호, 신원정보, 의료기록 등은 분명히 구분된 데이터이기 때문에 개수를 쉽게 셀 수 있다. 하지만 기밀 정보나 영업 비밀과 같은 복잡한 유형의 데이터는 레코드 개수를 세는 것이 그리 간단치 않다. 노출된 종이 문서나 파일의 수를 세는 것은 어렵기 때문이다. 일반적으로 데이터 분석가는 내부 정보 및 영업 비밀 데이터가 몇 종류나 되는지 정확한 수를 기록하는 데 어려움을 겪으며, 데이터 분석과 시각화를 수행할 때 이 점을 감안할 필요가 있다.

발견/응답

가용성 속성에서 등장했던 time range 타입이 이번 절에서는 더 많이 사용된다. 그리고 앞서의 부문들과 달리 타임라인timeline 부문이 내부적으로 정의되어 있다. 표 7.7을 보자.

표 7.7 발견/응답 부문의 필드

부문	필드	값(타입)	설명
	discovery_method	factor	사건이 발견된 방법
	control_failure	string	피침해자의 통제 하에서 무엇이 실패했는지 자유롭게 기록하는 텍스트 필드
	corrective_action	string	피침해자가 수행한 바를 자유롭게 기록하는 텍스트 필드
	targeted	factor	표적 공격인지 아니면 기회주의적 공격인지
timeline	incident_date	date	사고 발생 날짜
	compromise	time range	최초 침해 발생까지의 시간
	exfiltration	time range	최초 침해 발생부터 데이터 유출까지의 시간
	discovery	time range	최초 침해 발생부터 사고 인지까지의 시간
	containment	time range	사고 인지부터 조치까지의 시간

표 7.7에서 date라는 새로운 값(타입)을 볼 수 있는데, 표준적인 날짜를 저장하는 타입은 아니다. VERIS는 알려지지 않은 값을 처리하기 위해서 날짜를 구성하는 요소들을 따로 저장하기 때문이다. 실제로, 여러분이 데이터 분석 프로젝트를 해보면 침해 사고가 발생한 정확한 날짜를 알 수 없거나 정확하게 보고되지 않는 경우가 허다하다. VERIS 프레임워크는 적어도 연도는 알 수 있다고 가정하지만 월, 일, 시 필드는 모두 선택적이다. timline 부문의 다른 필드들은 모두 가용성 속성에서 설명한 time range와 같은 타입으로 입력된다.

통제 실패control_failure와 시정 조치correctice_action는 모두 단순 텍스트라는 것에 주의하자. 따라서 이 필드들을 데이터 분석에 포함시키려면 추가적인 노력이 요구된다. 발견 방법 discovery_method 필드는 둘 이상의 응답을 입력할 수 없는, VERIS에서 보기 힘든 필드 중 하나이다. VERIS 프레임워크는 한 번 발견된 침해 사고는 다시 발견될 수 없다고 가정하므로, 발견 방법 필드에 단 하나의 응답만 허용하는 것이다.

영향

영향impact 부문(표 7.8)은 아마도 데이터가 가장 부실한 부문일 것이다. 이것은 VERIS 프레임워크의 문제라서가 아니라, 침해 사고의 영향에 관해서 수집 및 기록할 데이터가 원래 부족하기 때문이다. 그래서 이 부문에는 주로 주관적인 측정 및 추정값이 포함된다.

표 7.8을 보면 평가등급rating과 금전적 추정값 필드들이 반복되고 있다. 그리고 모든 손실 전반에 걸쳐 적용되는 overall 부문과 이와 달리 데이터 내에 배열로 정의되는 손실loss 부문이 있다. 따라서 데이터 분석가는 기록된 손실 유형별로 영향 데이터를 입력할 수 있다. 손실 부문의 유형 varieties 필드는 '응답 및 복구 비용', '법률 및 규제 비용' 등과 같이 손실의 종류를 가리킨다.

표 7.8 영향 부문의 필드

부문	필드	값(타입)	설명
	currency	factor	금전적 추정에 사용되는 ISO 4217 통화
overall	rating	factor	전반적 영향의 정성적 평가등급
	min_amount	number	금전적 추정의 최솟값
	amount	number	금전적 추정의 대표값
	max_amount	number	금전적 추정의 최댓값
loss	variety	factor	손실의 특정 범주
	rating	factor	해당 손실로 인한 영향의 정성적 평가등급
	min_amount	number	해당 손실로 인한 영향의 정성적 평가등급
	amount	number	금전적 추정의 대표값
	max_amount	number	금전적 추정의 최댓값

피침해자

마지막으로 설명할 부문은 피침해자^{victim}다. 조직 내부적으로만 VERIS를 이용한다면, 피침해자는 언제나 같으므로 이 부문은 건너 뛰어도 된다(협력업체나 납품업체에서 발생한 침해 사고는 추적하지 않는다고 가정한다). 하지만 VCDB 같은 경우는 여러 피침해자의 사고를 수집해서 대조하는 데 목적이 있으므로 이 부문은 매우 중요하다. 다른 조직의 피해사례를 여러분의 그것과 비교할 수 있기 때문이다.

5장에서 회귀 분석을 통해서 관찰된 결과를 설명하는 데 쓰일 수 있는 독립변수를 찾는 방법을 설명했었다. 이와 비슷하게 피침해자에 관한 데이터가 공격 행위자 및 그 행위의 유형을 기술하는데 쓰일 수 있다. 예를 들어 2013년 발간된 DBIR 보고서는 제조업 분야에서 4건의 침해사례 중 적어도 3건에서 스파이 행위가 있었지만 소매업계에서는 1건도 그런 사례는 없었다고 보고하고 있다. 산업 분류가 완벽한 예측 변수는 아니지만, 지금 우리가 추구하는 바와 같이 불확실성 감소에 기여할 수는 있음을 시사하는 대목이다. 표 7.9에 피침해자 부문의 필드들이 보인다.

표 7.9 피침해자 부문의 필드

피침해자	필드	값(타입)	설명
victim	victim_id	string	피침해자의 식별자 혹은 이름
	industry	string	미국 인구조사국의 NAICS 코드
	employee_count	factor	직원 숫자
	country	factor	ISO 3166-1 2자리 국가 코드
	state	string	국가 내의 지역 단위
	locations_affected	integer	영향을 받은 위치의 수
	revenue	integer	피침해자의 연간 매출
secondary	victim_id	string	2차 피침해자의 식별자
	amount	integer	2차 피침해자의 수

최근의 VERIS 1.2.1 버전에서 피침해자 부문의 저장 방법이 크게 변경되었다. 1.2 버전까지는 어떤 침해 사고에 관련된 피침해자 각각에 대해서 피침해자 부문의 데이터가 반복 입력되었다. 예를 들어 어떤 조직에 침해 사고가 발생했는데 그 조직이 다른 조직을 대신해 데이터를 처리하고 있었다면, 두 조직은 동일한 침해 사고의 피해자로 간주

되었다. 하지만 이런 방식이 헷갈린다는 의견이 많이 제기되어서 1.2.1 버전부터는 하나의 피침해자만 입력 가능하도록 저장 방법이 변경되었다. 그리고 2차^{secondary} 부문에 추가된 필드를 이용해 둘 이상의 피침해자 데이터를 처리할 수 있다. 그림 7.4는 VCDB 데이터 세트에 따른 침해 사고 발생 상위 5개 업종이다.

industry 필드(피침해자 부문과 행위자 파트너 부문 모두)는 string 타입인데, 아무 값이나 입력하면 안 된다. 앞서도 언급했지만 VERIS는 미국 인구조사국의 NAICS 코드체계를 이용한다. 이 분류체계는 유연하면서도 세밀한 분류를 제공하며, 분석가가 스스로 업종 목록을 작성하고자 시도한다면 최상위 분류를 확정하는 데 하루는 족히 걸리겠지만 NAICS가 이미 제공하는 20개의 최상위 산업 분류와 그 아래의 세부 분류는 이미 준비되어 있다. NAICS 코드체계에서 모든 산업은 2자리에서 6자리까지의 정수로 표현되기 때문에 VERIS에서 factor가 아닌 string 타입으로 저장하는 것이다. NAICS의 산업분류 체계는 상당히 길기 때문에 여기에는 싣지 않으며 http://www.census.gov/eos/www/naics/에서 여러분이 직접 확인할 수 있다.

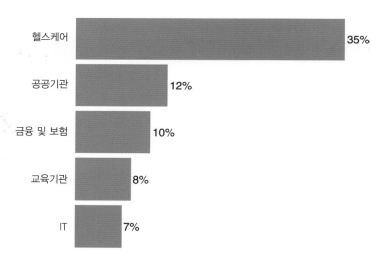

그림 7.4 VCDB 데이터 세트에 따른 침해 사고 발생 상위 5개 업종

예를 들어, 길거리에 있는 어떤 피자 가게의 코드를 생각해 보자. 이 가게에 대한 NAICS 코드는 722511인데, 이 코드는 '풀서비스를 제공하는 피자 가게'를 의미한다. 하지만 가게 데이터를 입력하는 분석가가 음식점인 것만 알고 있고 피자 가게인 것은 모르고 있다고 가정하자. 그러면 7225라고 입력하면 된다. 또, 어떤 음식이나 음료를 제공하

는 장소라는 것만 알고 있다고 하면, 이 때는 722까지만 입력할 수 있다. 심지어 어떤 유형의 서비스를 제공하는 곳인지 잘 모른다면, 72까지만 입력하면 된다(72는 "숙박 및 음식 서비스"를 의미한다). 이처럼 요구되는 수준별로 유연하게 적용 가능한 것이 NAICS 코드의 장점이다.

지표

지표^{indicator} 부문에 대해서는 그리 자세히 설명하지 않는다. VERIS도 침해 사고로부터 지표를 포착할 수는 있지만 IP 주소나 악성코드 해시 정도가 전부일 때가 많다. 여러분이 더 많은 소스로부터 지표를 포착하기를 원한다면, STIX가 도움이 될 수 있다. STIX는 Structured Threat Information Expression의 약어로서 '정형화된 사이버 위협 정보를 표현하기 위해서 표준화된 언어를 정의하고 발전시킬 것을 목적으로 하는 협업 커뮤니티 주도의 노력'으로 정의된다. 자세한 정보는 http://stix.mitre.org/에서 확인할 수 있다. 그리고 지표 부문에 관한 자세한 정보는 VERIS 웹사이트 http://veriscommunity. net/을 참조하자.

기타 부문으로 VERIS 확장

마지막으로 VERIS에는 기타 Plus라는 이름의 포괄적인 부문이 존재한다 VERIS 명세는 이 부문에 기술적으로 아무 것도 정의하지 않으며 무엇이든 저장될 수 있다. 이 부문은 VERIS의 기본 스키마에 정의되지 않은 필드를 개별적으로 기록하기 위한 것으로서, 예를 들어 VCDB에서는 사고를 기록한 분석가의 이름, 데이터가 입력된 시각 등의 정보가 기타 부문에 저장된다. 여러분이 기타 부문을 활용하고 싶다면, 가급적 앞서 제시된 지침을 따를 것을 권장한다(물론, 따르지 않아도 된다. 위험을 감수할 수 있다면). 그리고 VERIS 프레임워크는 언제든 열려 있다. 좋은 아이디어가 있으면 자유롭게 제안을 해주기 바란다!

VERIS 실습

분석 작업에 뛰어들기 전에 데이터의 개요를 살펴보는 여유를 가지면 거의 언제나 도움이 된다. 전후맥락을 파악하고 어떤 방식으로 분석에 접근할지 결정할 수 있기 때문이다. 평균적으로 1회의 침해 사고당 100줄 안팎의 JSON 코드가 필요하기 때문에, 지면 관계상 JSON 코드 전부를 보여주지는 않을 것이다. 여러분이 직접 VCDB 저장소를 열어서 데이터를 찾아보기 바란다. 코드 7.1은 VCDB에서 가져온 어떤 침해 사고의 위협 행위자 및 행위 부문이다.

코드 7.1

```
"actor": {
    "external": {
        "country": [ "SY" ],
        "motive": [ "Ideology" ],
        "variety": [ "State-affiliated" ]
    }
},
"action": {
    "hacking": {
        "variety": [ "Use of stolen creds" ],
        "vector": [ "Web application" ]
    },
    "social": {
        "target": [ "End-user" ],
        "variety": [ "Phishing" ],
        "vector": [ "Email" ]
    }
}
```

이전에 JSON을 본 적이 없다면, 너무 단순해서 놀랄지도 모르겠다. JSON 코드를 직접 편집할 일도 거의 없다. JSON 자체는 어렵지 않지만, 편집하면서 오타를 내기는 아주 쉽다. 예를 들어 쉼표나 따옴표를 실수로 빼먹으면 데이터가 제대로 불려오지 않을 경우가 많다. 그럼에도 불구하고 직접 JSON 파일을 작성 및 수정하고 싶다면, 반드시 JSON 코드의 정확성을 검증할 방법을 갖고 있어야 한다. 가급적 데이터 내의 값과 팩터들도 검증하는 것이 좋다.

JSON의 가장 좋은 점은 현재 사용 중인 언어의 네이티브 객체로 바로 들여올 수 있다는 점이다. 예를 들어 파이썬을 사용 중이라면, JSON으로 표현된 침해 사고를 파이썬 딕셔너리^{dictionary}로 쉽게 들여올 수 있다. 어떤 JSON 객체를 불러와서 해킹 유형을 보기 위한 파이썬 코드는 다음과 같이 단순하다(코드 7.2).

코드 7.2

```
# JSON을 불러와서 해킹 유형을 읽는 파이썬 코드
import os, json
# 작업 디렉토리를 7장으로 설정
# (2장에서 설정했던 디렉토리 구조에 따름)
os.chdir("~/book/ch07")
# JSON 파일을 열어서 jsondata에 읽어 들인다.
jsondata = open("data/vcdb/F58E9169-AC07-400E-AB0E-DB784C6CAE59.json")
# 파이썬 딕셔너리로 변환한다.
incident = json.load(jsondata)
# 이제 해킹 유형에 접근할 수 있다
print(incident['action']['hacking']['variety'])
```

　　이 파이썬 코드는 해킹 유형 객체를 출력하는데, 화면에 [u'SQLi']가 나타날 것이다(u'SQLi'은 SQL 인젝션 기법이 단독으로 사용되었음을 의미하는 유니코드 문자열 배열). 여러분이 현업에서 활용할 때는 try-except 문으로 json.load() 명령을 감싸는 것이 좋다. JSON 문법 오류가 있을 경우 대처하기 위한 것이다. 또 해킹 액션은 선택적이므로 사전에 hacking 키 존재 여부를 검사하는 코드도 추가하면 좋다. 위 예제는 JSON을 불러와서 작업하는 것이 얼마나 간단한지 보여주는 데만 집중했다.

　　R에서도 JSON 파일은 네이티브 목록 개체로 변환된다. R코드 분석을 시작하기 전에 먼저 아래와 같이 작업 디렉토리를 설정하고 필요한 라이브러리를 불러오자(코드 7.3).

코드 7.3

```
# 작업 디렉토리를 7장으로 설정
# (2장에서 설정했던 디렉토리 구조에 따름)
setwd("~/book/ch07")
# 필요한 패키지가 설치되었는지 확인하고
# 그렇지 않으면 설치한다.
pkg <- c("devtools", "ggplot2", "scales", "rjson")
new.pkg <- pkg[!(pkg %in% installed.packages())]
if (length(new.pkg)) {
  install.packages(new.pkg)
}
```

코드 7.2의 파이썬 예제와 동일한 기능을 수행하기 위해서 R은 rjson 라이브러리로 JSON 데이터를 읽어야 한다.

코드 7.4

```
library(rjson)
# 읽어들일 파일이름을 받는다.
jsonfile <- "data/vcdb/F58E9169-AC07-400E-AB0E-DB784C6CAE59.json"
incident <- fromJSON(file=jsonfile)
# 해킹 유형을 출력한다.
print(incident$action$hacking$variety)

## [1] "SQLi"
```

위 코드는 해킹 유형 값이 들어 있는 벡터를 반환한다. 파이썬 코드에서도 말했듯이 현업에서 활용할 때는 오류 검사 기능을 추가하는 것이 좋다. 여기서는 단지 JSON 데이터를 R 네이티브 객체로 불러오는 것이 얼마나 쉬운지 보여주기 위한 것이다.

VCDB 데이터 다루기

이 절에서는 R을 사용해 VCDB 데이터를 불러온다. 이 장에서 사용되는 VCDB 데이터는 이 책의 웹사이트 www.wiley.com/go/datadrivensecurity에서 받을 수 있지만, 최신 데이터를 얻고 싶다면 VCDB의 깃허브 저장소 https://github.com/vz-risk/VCDB에서 VCSB-master.zip 파일을 다운로드하자(이 책이 발간된 이후의 침해 사고 데이터가 들어 있다). VCDB에 포함된 침해 사고들은 대체로 소규모 사건들이지만, 크지 않은 침해 사고로부터도 충분히 많은 것을 배울 수 있다. 다양한 침해 사고 데이터를 열어 보면서 파일과 데이터의 구조에 익숙해지자. VCDB에 들어 있는 침해 사고 데이터는 모두 대외적으로 공개된 사건에서 수집된 것임을 기억하자. 따라서 외부에 공개하기 어려운 세부 정보는 찾기 어려울 수 있다.

이 절에서는 verisr라는 이름의 R 패키지를 이용할 것이다. 이 패키지는 저자 중 한 명인 제이 제이콥스의 깃허브 저장소 https://github.com/jayjacobs/verisr/tree/에서 받을 수 있다. verisr 패키지는 자주 업데이트되니 최신 기능을 알기 위해서는 깃허브 저장소에 있는 문서를 참조하자. 여러분이 이 책을 읽고 있을 때쯤이면 이 글을 쓰는 시점에는 아직 구현되지 않은 다양한 기능들이 모두 준비되어 있을 것이다. 그리고 실행했을 때 나타나는 화면은 이 책에 실려 있는 것과 다소 차이가 있을 수 있다.

깃허브로부터 verisr 패키지를 설치하려면 먼저 devtools 패키지를 불러와야 한다 (코드 7.5). 이 패키지는 해들리 위컴^{Hadley Wickam}이 개발한 멋진 패키지 중 하나로서, 깃허 브 저장소에서 바로 R 패키지를 설치 가능하도록 한다.

코드 7.5

```
# devtools 패키지를 불러온다.
library(devtools)
# verisr 패키지를 설치한다.
install_github("verisr", "jayjacobs")
# verisr 패키지를 불러온다.
library(verisr)
```

verisr 패키지를 사용해 VCDB 데이터를 불러올 수 있다. 최신 VCDB 데이터를 다 운로드했다면, 아래 코드에서 jsondir 위치를 해당 JSON 파일이 저장된 위치로 수정해 야 한다(코드 7.6).

코드 7.6

```
# 필요한 패키지 : verisr
# 필요하다면, 디렉토리를 VCDB 사고 데이터가 저장된 위치로 수정한다.
jsondir <- 'data/vcdb/'
# vcdb 데이터로 verisr 인스턴스를 생성한다.
vcdb <- json2veris(jsondir)
```

verisr 인스턴스 생성은 속도가 느린 PC에서는 1~2분 이상 걸릴 수 있다. PC의 RAM 용량이 작거나 최신 VCDB 데이터 크기가 기하급수적으로 증가했다면 VCDB 데 이터 전부를 메모리에 올리지 못할 수도 있다(저자들은 verisr 패키지로 8GB RAM에 10만건 이상의 데이터를 올린 경험이 있다). 데이터 로드가 끝나면 어떤 데이터인지 조금 알아보는 시간을 갖기 위해서 우선 summary() 명령을 실행해 보자(코드 7.7). verisr 패키지는 자체 적으로 summary() 명령을 구현했기 때문에 출력 결과는 VERIS에 특화되어 있다.

코드 7.7

```
# 필요한 패키지: vcdb (7-6)
summary(vcdb)
## 1643 incidents in this object.
```

```
##
## Actor:
## external internal  partner  unknown
##      955      535      100       85
##
## Action:
##     error  hacking  malware   misuse physical   social
##       398      416       42      216      508       31
##
## Asset:
## Kiosk/Term    Media  Network   Person   Server  Unknown  User Dev
##         17      534        8       33      656       80       429
##
## Attribute:
##  confidentiality     availability  confidentiality       integrity
##                2              614             1604             165
```

최신 VCDB 데이터를 사용한다면 출력 결과에 보이는 숫자는 당연히 다를 것이다.

JSON 표기법

JSON의 명명 구조에 익숙해지고 변수에 접근하는 방법을 이해하려면 어느 정도 시간이 필요하다. VERIS의 JSON 데이터를 몽고DB 데이터베이스에 불러오는 경우, 자바스크립트를 사용해 데이터를 질의하는데 변수에 접근할 때 점표기법(dot–notation)이 사용된다. verisr 패키지에서 점표기법을 사용하는 것은 문자열 전달로 필드를 참조 및 조회할 수 있기 때문이며, action을 참조해 최상위 레벨의 행위 데이터에 접근할 수 있다. 행위 내부의 social 부문에 접근할 때는 action.social로 참조할 수 있고, 다시 그 아래의 유형 데이터는 action.social.variety로 참조할 수 있다. 약간의 시간을 들여서 JSON 표기법에 대한 이해를 높인 뒤에 verisr을 사용하는 R 코드를 작성하는 것이 좋다. 몇 번 반복하다보면 점표기법은 금세 익숙해진다.

verisr 패키지로 데이터 분석을 할 때 자주 사용되는 2개의 함수가 있다. 첫 번째는 데이터의 특정 부분에 초점을 두기 위해 필터를 생성하는 함수이고, 두 번째는 데이터 세트로부터 열거형 데이터를 얻는 getenum() 함수로서 다양한 옵션을 지정할 수 있다. 우선, 행위자actor 부분부터 살펴보자. 다음 코드는 앞서의 요약 정보를 복제한다(코드 7.8).

코드 7.8

```
# 필요한 패키지: verisr
# 필요한 객체: vcdb (7-6)
actors <- getenum(vcdb, "actor")
# actors는 데이터프레임이다.
print(actors)
##        enum   x
## 1 external 955
## 2 internal 535
## 3  partner 100
## 4  unknown  85
```

이 데이터프레임에 들어 있는 숫자들은 별로 쓸모가 없다. 행위자가 둘 이상인 침해 사고도 있기 때문에 단순히 행위자를 더해서 전체 침해 사고의 횟수를 얻을 수 없기 때문이다. 하지만 getenum() 함수는 필드가 정의되어 있는 침해 사고의 총수를 반환하는 것이 가능하다. add.n=TRUE 인수를 추가하면 전체 표본수를 얻을 수 있고, add.freq=TRUE 인수를 추가하면 퍼센트 비율을 얻을 수 있기 때문이다. 아래 예제에서는 이 인수들이 getenum() 함수 호출 시 함께 전달되고 있다(코드 7.9).

코드 7.9

```
# 필요한 패키지 : verisr
# 필요한 객체 : vcdb (7-6)
actors <- getenum(vcdb, "actor", add.n=TRUE, add.freq=TRUE)
print(actors)
##        enum   x    n  freq
## 1 external 955 1643 0.581
## 2 internal 535 1643 0.326
## 3  partner 100 1643 0.061
## 4  unknown  85 1643 0.052
```

행위자 부문이 정의된 침해 사고가 총 1643건이고, 이 중 외부 행위자의 비율은 58%인 것을 알 수 있다. getenum() 함수는 데이터프레임을 반환하기 때문에 ggplot2 라이브러리에 전달하면 다양한 그래프를 간단히 그려볼 수 있다(이번 장에서 사용된 R 코드는 이 책의 웹사이트 www.wiley.com/go/datadrivensecurity에서 얻을 수 있다).

getenum() 함수의 용도는 다양하다. VERIS 프레임워크 내의 변수 이름을 전달해서 시각화 가능한 객체를 바로 얻는 것도 가능하다. 예를 들어, action.hacking.vector와 같은 VERIS 변수를 전달받은 다음, 출력하거나 저장할 수 있는 이미지 객체를 반환하는 함수가 코드 7.10에 보인다. 시각화 결과물은 보고서나 대시보드에 포함시킬 수 있을 것이다.

코드 7.10

```
# 필요한 패키지 : verisr, ggplot2
# 필요한 객체: vcdb (7-6)
library(ggplot2)
# vcdb 객체 및 그래프에 표시할 필드를 인수로 받는다.
verisplot <- function(vcdb, field) {
  # 비율 필드를 위한 데이터프레임을 인수로 받는다.
  localdf <- getenum(vcdb, field, add.freq=T)
  # 데이터프레임 내의 처음 5개 필드를 취한다.
  localdf <- localdf[c(1:5), ]
  # 데이터프레임에 레이블을 추가한다.
  localdf$lab <- paste(round(localdf$freq*100, 0), "%", sep="")
  # 이제 ggplot2 인스턴스를 생성할 수 있다.
  gg <- ggplot(localdf, aes(x=enum, y=freq, label=lab))
  gg <- gg + geom_bar(stat="identity", fill="steelblue")
  # 막대 끝에 텍스트를 추가한다.
  gg <- gg + geom_text(hjust=-0.1, size=3)
  # 축을 회전하고 제목을 추가한다.
  gg <- gg + coord_flip() + ggtitle(field)
  # 축 레이블을 제거하고 bw 테마를 추가한다.
  gg <- gg + xlab("") + ylab("") + theme_bw()
  # 패딩(padding)을 제거하기 위해서 y 스케일을 수정하고 레이블을 조절한다(7% 더한다).
  gg <- gg + scale_y_continuous(expand=c(0,0),
                              limits=c(0, max(localdf$freq)*1.1))
  # 그래프가 예뻐 보이도록 치장한다.
  gg <- gg + theme(panel.grid.major = element_blank(),
               panel.border = element_blank(),
               axis.text.x = element_blank(),
               axis.ticks = element_blank())
}
```

이 함수의 재미있는 점은 첫 번째 줄에서 데이터가 모두 준비 완료되고, 두 번째 줄에서 상위 5개 항목을 추린 다음에, 나머지 줄은 모두 예쁜 그래프를 그리는 데만 집중한다는 점이다. 하지만 이 함수를 작성하고 불러오면, 단 한 줄의 코드로 간단히 그래프를 그릴 수 있다.

```
print(verisplot(vcdb, "action"))
```

그림 7.5는 전달되어 출력될 수 있는 몇 개의 값을 보여주고 있다.

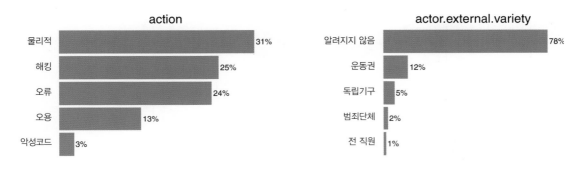

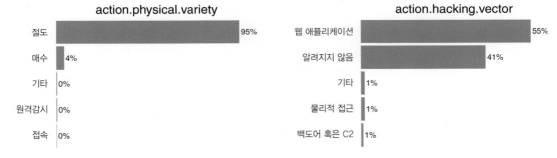

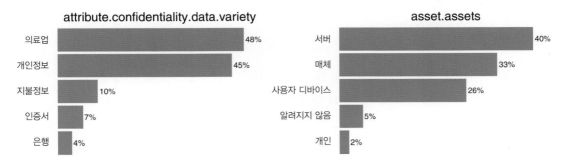

그림 7.5 VCDB 데이터의 상위 5개 항목 보기

VERIS 데이터 최대로 활용

2013년의 DBIR 보고서에서 저자들은 자산 부문과 행위 부문을 전체적으로 비교한 후 다시 행위자 종류별로 나눠서 개별적으로 비교한 결과를 보여주는 히트맵 이미지를 매우 좋아했다. 그리고 여러분도 verisr 패키지를 사용하면 많은 노력 없이 그와 비슷한 이미지를 만들 수 있다(코드 7.11).

코드 7.11

```
# 필요한 패키지 : verisr, ggplot2
# 필요한 객체: vcdb (7-6)
# 행위와 자산을 비교하는 데이터프레임을 얻는다.
# 0이 많이 추가된다. 그리고 비율 frequency 도 함께 인수로서 전달된다.
a2 <- getenum(vcdb, enum="action", primary="asset.assets", add.freq=T)
# 알려지지 않은 자산과 환경 행위는 제거한다.
a2 <- a2[which(a2$enum!="environmental" & a2$primary!="Unknown"), ]
# 0을 포함하지 않는 "날씬한"(slim) 버전을 생성해야 한다.
slim.a2 <- a2[which(a2$x!=0), ]
# 팩터로 변환하으로써 정렬할 수 있다(그림 7.6 참조)

# 이제 예쁜 플롯을 그릴 수 있다.
gg <- ggplot(a2, aes(x=enum, y=primary, fill=freq))
gg <- gg + geom_tile(fill="white", color="gray80")
gg <- gg + geom_tile(data=slim.a2, color="gray80")
gg <- gg + scale_fill_gradient(low = "#F0F6FF",
                               high = "#4682B4", guide=F)
gg <- gg + xlab("") + ylab("") + theme_bw()
gg <- gg + scale_x_discrete(expand=c(0,0))
gg <- gg + scale_y_discrete(expand=c(0,0))
gg <- gg + theme(axis.ticks = element_blank())
# 그리고 눈으로 확인할 수 있다.
print(gg)
```

이 코드는 모든 침해 사고 데이터를 읽은 다음 그림 7.6과 같은 히트맵을 생성한다. VCDB 데이터의 내용에 따라서 히트맵의 구체적인 모습은 이와 다를 수도 있음에 주의하자.

VERIS 프레임워크를 이용한 분석 작업의 진정한 장점은 서로 이질적인 데이터 세트를 넘나드는 비교가 가능하다는 점이다. 여러분 조직의 내부 침해 사고 데이터를

VERIS 프레임워크의 포맷으로 수집하고자 한다면, 복수의 데이터 세트를 대상으로 데이터의 특정 부분끼리 비교를 수행하는 것은 별로 어렵지 않다. 우리 중 한 명은 버라이즌에서 근무하면서 DBIR 데이터 세트에 접근할 수 있기 때문에, 이 장점을 지금부터 사례를 들어 설명하기로 한다. 여러분은 2개의 데이터 세트 간의 차이을 신속히 발견할 수 있어야 한다, 다만 VCDB가 언론보도 등의 공개적인 소스로부터 데이터를 수집한다는 점을 감안하자. 세부 정보의 수준은 기대에 못 미칠 가능성이 높다.

버라이즌의 데이터 세트는 다양한 소스로부터 수집되지만, 가장 주된 것은 보안 사건이 발생한 뒤에 투입된 포렌식 조사관의 계정이다. 그런데 이로 인해서 데이터에 치우침이 포함될 수 있다. 피침해자가 정부 기관이나 보안전문 컨설팅 회사 등의 외부 기관의 도움을 요청할 정도로 복잡하거나 규모가 큰 침해 사고로 한정되기 때문이다(VCDB 데이터의 상당수는 정부 기관에서 제공되고 있다).

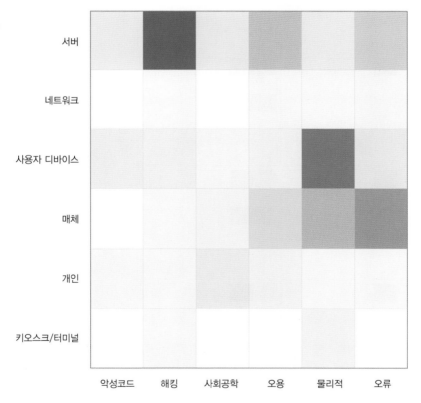

그림 7.6 자산과 행위를 비교해서 보여주는 A2 그리드

이 사례에서는 그림 7.6 생성에 사용된 것과 동일한 코드를 사용해 최근 3년간의 VCDB 데이터와 버라이즌 DBIR 데이터에서 4개의 필드를 비교할 수 있다. 우선 첫 번째 줄에서 2개의 데이터 세트에 들어 있는 모든 침해 사고 데이터를 읽어 들인다. 두 번째 줄에서는 데이터 손실이 확인된 사건(attributes.confidentiliaty.data_disclosure = "Yes")만 필터링한다. 세 번째 줄에서는 금전적인 동기로 인한 공격자에 초점을 맞춘다. 그리고 마지막으로 이데올로기, 호기심, 재미 혹은 과시욕에서 공격을 한 공격자(즉, activist로 분류된 공격자)를 골라낸다. 이번에도 물론 데이터 손실이 확인된 건에 한한다. 그림 7.7을 보자.

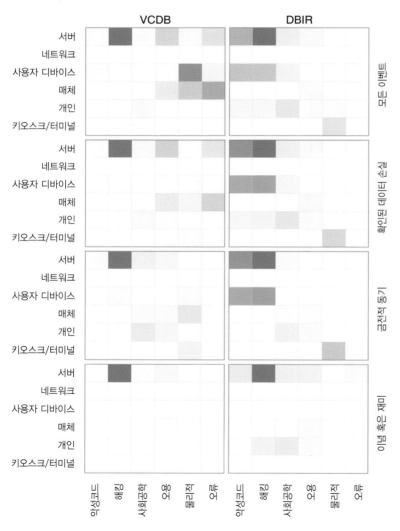

그림 7.7 VERIS의 강점: 2개의 소스에서 얻은 데이터를 동일 관점에서 비교

이 그림에서는 논의할 가치가 있을 만큼의 유의미한 차이를 볼 수 있다. VCDB 데이터 세트는 대외적으로 공개된 사건만을 포함하기 때문에 DBIR 데이터 세트에서는 보기 힘든 '덜 익은 과일' 유형의 데이터가 많다. 분실 혹은 도난당한 노트북 PC, 파쇄되지 않은 채 쓰레기통에 버려진 문서, 개인정보가 표시된 채로 잘못된 수신인에게 배송된 우편물 등과 같은 사건들이 VCDB 데이터 세트에서는 꽤 많이 발견된다. 그래서 VCDB 데이터 세트에는 물리적(도난/분실) 혹은 오류(처리 오류/잘못된 전달)로 분류된 데이터가 많으며, '데이터 손실 확인' 조건으로 필터링을 하면 많은 데이터가 걸러진다. 분실 혹은 도난당한 노트북 PC는 단지 데이터 손실의 가능성이 있을 뿐이기 때문이다.

악성코드 범주의 비교도 흥미롭다. 대외적으로 공개되는 정보에는 악성코드 사용 여부가 거의 언급되지 않지만 DBIR 보고서에 따르면 악성코드는 자주 사용되며 주목적은 권한 상승이나 데이터 외부 유출이다. 하지만 VCDB 데이터에서는 악성코드 데이터는 거의 언제나 비어 있다. 사용자 디바이스의 경우도 마찬가지다. 침해 사고가 있을 때 사용자 디바이스가 침입 경로로 이용되는 경우가 많음에도 불구하고, 외부에 사고 정보를 공개하는 조직은 의도적으로 어떤 자산이 관련되었는지 언급을 회피하며 단지 '데이터베이스가 손상되었다'와 같이 모호하게 표현하기만 한다. 이런 이유로 사용자 디바이스를 포함하는 침해 사고가 기록된 데이터를 보기가 매우 어렵다.

이와 같이 데이터 세트 간의 미묘한 차이에 대해서 할 말은 매우 많지만, 분명한 것은 침해 데이터를 기록하고 비교함으로써 많은 교훈을 얻을 수 있다는 점이다.

요약

데이터 침해 사고가 발생하면, 피침해자는 평소 상태로 복귀하는 데만 집중한다. 그런 와중에 침해 사고 데이터가 더 많이 공개되기를 촉구하는 것은 언제나 쉽지 않은 일이다. 하지만 그 데이터는 바로 여러분이 필요로 하는 데이터다. 보안 사건은 연구 가치가 높은 데이터를 산더미처럼 산출하기 때문이다.

보안 사건을 구성요소(누가 무엇을 무엇에게 했으며 결과는 무엇인가?)별로 쪼개서 연구하면, 전체를 뭉뚱그려 처리할 때보다 많은 연구와 더 나은 비교, 그리고 더 많은 교훈을 얻을 수 있다. 사건을 일으킨 행위자, 행위, 사건에 관련된 정보 자산, 영향을 받은 속성을 식별하고 기록하는 데서 연구가 시작되어야 함은 물론이다. 하지만 모든 데이터 포인트는 비용을 수반하며, 투입된 시간과 결과의 정확성 간에는 상충관계가 있음도 반드시 기억하자.

JSON을 사용하면 많은 직접적인 이점이 있다. 다양한 언어로 신속하게 불러올 수 있으며, (몽고DB와 같이) JSON을 이해할 수 있는 데이터베이스에 바로 저장할 수 있다. R 언어에서는 verisr 패키지를 사용해 VERIS 데이터를 읽어 들이고 신속하게 필드를 분석하며 시각화를 생성할 수 있다. VERIS와 같은 프레임워크를 이용할 때의 진정한 강점은 다양한 데이터 세트 간의 비교 분석을 할 때 드러난다. 여러분이 다루는 문제가 여러분 조직에 고유한 것인가? 아니면 동종 업계 혹은 다른 업계의 누군가도 비슷한 유형의 공격을 받고 있는가? 최근까지 분석가들은 이와 같은 질문에 답을 얻는데 어려움을 겪어왔다. 하지만, 점점 많은 조직들이 보안 문제 해결을 위해서 데이터 주도의 접근 방식을 취하면서, 이러한 질문에 대한 답을 앞으로는 좀더 효율적으로 얻을 수 있을 것으로 기대된다.

추천 읽을거리

다음 목록은 이 장에서 소개했던 주제들을 더욱 깊이 있게 이해하고 싶은 독자들을 위한 추천 읽을거다. 아래의 문헌 및 이 장에서 언급한 문서의 원본에 관한 자세한 목록은 부록 B에서 확인할 수 있다

- 버라이즌 RISK 팀, '2013 데이터 침해 조사 보고서'(http://www.verizonenterprise. com/DBIR에서 열람할 수 있다) – 이 보고서는 VERIS 프레임워크로 수집된 데이터에 기초한다. 보고서 내에 수록된 멋진 그래픽은 R의 verisr 패키지와 VCDB 데이터를 사용해 재현할 수 있다.

- http://veriscommunity.net – VERIS에 관한 모든 문서 및 메일링 리스트가 서비스되는 웹사이트이다. 잘 이해가 되지 않는 필드나 옵션이 있다면 가장 먼저 확인할 곳이다.

- https://github.com/vz-risk/VCDB – VCDB 데이터가 (이 글을 쓰는 현재) 위치하는 곳이다. 새로운 보안 사건이 정기적으로 추가되므로 자주 확인하는 것이 좋다.

8

관계형 데이터베이스와의 이별

"나는 이를 도구의 법칙이라고 부르며 다음과 같이 공식화할 수 있다 :
어린 소년에게 망치를 주면 그 아이는 생활에서 접하는
모든 사물을 두드려볼 필요성을 발견할 것이다."

에이브러햄 캐플런(Abraham Kaplan),
『탐구의 실행: 행동과학 방법론(The Conduct of Inquiry: Methodology for Behavioral Science)』

이것은 너무나 익숙한 이야기다. 오랜 기간 동안 여러분의 충실한 파트너였다. 여러분은 이 파트너에 대해서 모든 것을 알고 있으며, 문제를 해결하기 위해서 파트너에게 많은 것을 의존했다. 하지만 시대가 변했다. 해결해야 할 문제가 점차 미묘하고 복잡해지면서, 관계적 구조가 문제를 해결할 수 있을지에 대한 의심이 커지기 시작했다. 기존의 질의가 제 역할을 못하기 시작했고, 문제를 해결하기 위해서 조사해 보니 과거에는 몰랐던 새롭고 활기차며 이국적인 선택지들이 존재하고 있음을 발견하게 된다. 그리고 드디어 여러분은 받아들이기 힘든 진실을 깨닫게 된다. 관계형 데이터베이스와 이별할 때가 되었음을 말이다.

관계형 데이터베이스^{RDBMS}는 1970년대 에드가 코드^{Edgar Codd}가 당시의 주도적인 모델이었던 (그리고 과도한 상호 연결과 디스크 의존적 구조를 갖고 있던) 네트워크 모델에 대한 대안으로서 '대규모로 공유되는 데이터 뱅크를 위한 데이터의 관계형 모델'을 제안한 이후, 오랜 기간 널리 사용되어 왔다.

> **노트**
>
> 에드가 코드는 관계형 데이터베이스 모델을 '대규모로 공유되는 데이터 뱅크를 위한 데이터의 관계형 모델, Communications of the ACM, Vol. 13, No. 6, pp. 377-387'에서 제안했었다. 재미있게도 오늘날 빅데이터가 21세기의 주요 이슈가 되고 있다.

새롭게 등장한 데이터베이스 기술들을 둘러싼 흥분에도 불구하고 관계형 데이터베이스는 여전히 많은 강점을 지니고 있다. 하지만 이제 관계형 데이터베이스는 문제를 해결하거나 보안 데이터를 구성할 때 여러분이 고려할 수 있는 유일한 도구가 아니라는 점은 분명하다. 이 장에서는 여러 보안 사례에 새로운 데이터베이스 기술들이 어떻게 활용될 수 있는지 설명할 뿐만 아니라, 기존의 RDBMS의 생명을 불어넣는 방법도 보여줄 것이다.

이 장에서 사용되는 예제 코드들을 실행되는 R과 파이썬 환경을 준비하기 위해서는 먼저 코드 8.0과 코드 8.1의 코드를 실행해야 한다. 이 장의 예제 파일들은 www.wiley.com/go/datadrivensecurity에서 찾을 수 있다.

코드 8.0

```
# R 실행환경을 설정하기 위한 코드
# 작업 디렉토리를 8장 위치로 설정한다.
# (2장에서 설정했던 디렉토리 구조에 따름)
```

```
setwd("~/book/ch08")
# 필요한 패키지가 설치되었는지 확인하고
# 그렇지 않으면 설치한다.
pkg <- c("RBerkeley")
new.pkg <- pkg[!(pkg %in% installed.packages())]
if (length(new.pkg)) {
  install.packages(new.pkg)
}
```

코드 8.1

```
# 파이썬 실행환경을 설정하기 위한 코드
# 작업 디렉토리를 8장 위치로 설정한다.
# (2장에서 설정했던 디렉토리 구조에 따름)
setwd("~/book/ch08")
# 필요한 패키지가 설치되었는지 확인한다.
```

파이썬 환경에서 필요 라이브러리가 설치되어 있는지 확인하려면, 캐노피를 사용하고 있을 경우 외부 소스로부터 파이썬 패키지를 설치하는 방법을 설명한 문서(https://support.enthought.com/entries/23389761-Installing-packages-into-Canopy-User-Python-from-the-OS-command-line)를 참조해야 한다. 또 redis 컴포넌트를 설치하기 전에 실제 동작 중인 레디스^{Redis} 서버가 준비되어야 한다. 레디스의 설치 및 실행 방법에 관해서는 레디스 퀵스타트 가이드(http://redis.io/topics/quickstart)를 참조하자. 다음 코드는 전형적인 데비안^{Debain} 시스템 셸 프롬프트에서 필요한 환경을 설정한다.

```
dds$ # 버클리 DB 라이브러리를 설치한다.
dds$ sudo apt-get install libdb-dev
dds$ # 버클리 DB 인터페이스를 위한 파이썬 패키지를 설치한다.
dds$ # 환경에 따라서는 sudo 가 필요없을 수도 있다.
dds$ sudo pip install bsddb3
dds$ # 레디스 인터페이스를 위한 파이썬 패키지를 설치한다.
dds$ sudo pip install redis
```

SQL/관계형 데이터베이스의 기초 지식

인포섹의 최우선 지명수배자인 SQL인젝션 취약점을 한 번이라도 들어본 적이 있다면 MySQL(http://www.mysql.com/downloads/), 마리아DB(https://mariadb.org/), 오라클(http://www.oracle.com/technetwork/database/enterprise−edition/downloads/index.html),

PostgreSQL(http://www.postgresql.org/) 등의 전통적인 RDBMS 시스템에 어느 정도 익숙할 것이다.

관계형 데이터베이스에 대한 사전 경험이 없다면, 관계형 데이터베이스에 편향된 것보다 오히려 유리한 점도 있다. 하지만 관계형 데이터베이스에 대한 지식 부족으로 인해서 일부 주제 및 내용은 이해하기 어려울 수도 있으므로, 여기서 간단히 RDBMS 시스템의 기본 개념을 소개하고 넘어가기로 한다.

대부분의 RDBMS 시스템은 다음과 같은 핵심적인 특징을 갖고 있다.

데이터는 테이블 구조로 기술되며, 테이블의 열(column)에는 속성(필드)이 저장되고 행(row)에는 개별 레코드가 저장된다. 예를 들어, 방화벽 로그 항목을 저장하는 RDBMS 테이블은 그림 8.1a와 같은 구조를 가질 수 있다. 각각의 로그 항목은 행에 저장되고, 데이터의 요소들은 다음과 같은 분할된다.

- 방화벽에 대한 고유 식별자(fw_id)
- 타임스탬프(ts)
- 출발지 IP 주소(src_ip)
- 출발지 포트(src_port)

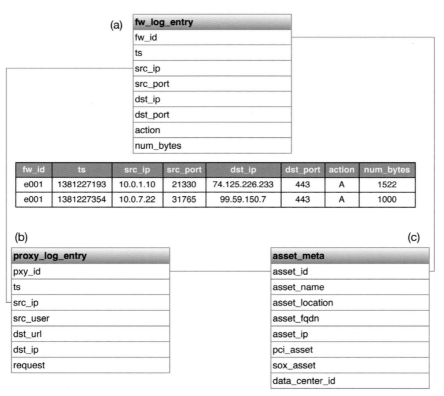

그림 8.1 그림으로 나타낸 방화벽, 프록시, 자산 테이블

- 목적지 IP 주소(dst_ip)
- 목적지 포트(dst_port)
- 수락/거부(action)
- 전송된 바이트의 수(num_bytes)

테이블 혹은 테이블 집합의 전체 구조를 스키마(schema)라고 부른다.

테이블에 속한 데이터는 행과 필드로 참조할 수 있다. 키(key)라고 부르는 특정 필드 혹은 몇 개의 필드 조합은 테이블 내의 레코드를 고유하게 식별하고 테이블 간의 관계를 구별하는 데 쓰인다. 방화벽 테이블(그림 8.1a)과 프록시 테이블(그림 8.1b)은 출발지 I 주소(src_ip)에 의해 "연결"되어 있으며, 두 테이블은 모두 자산 테이블(그림 8.1c)과 id 필드에 의해 연결되어 있다.

필드는 인덱스(index)의 일부가 될 수 있다. 인덱스는 최적화된 데이터 구성을 위해 별도로 존재하는 자료구조로서, 데이터 조회 연산(질의(query))의 속도를 대폭 높일 수 있다.

데이터 접근 및 조작을 위해서 SQL(Structured Query Language)이라는 언어가 이용된다. SQL은 플랫폼 독립적으로 삽입, 갱신, 삭제를 수행할 수 있고, 데이터에 대해서 질의를 실행할 수 있도록 설계되었다. 그림 8.1의 사례에서 아래의 SQL 문장을 사용하면 프록시 테이블과 방화벽 테이블 내의 어떤 출발지 IP 주소(10.20.30.40)에 대한 목적지 정보(타임스탬프 및 IP 주소)를 질의할 수 있다.

```
SELECT ts, dst_ip
FROM proxy_log_entry
WHERE src_ip = "10.20.30.40"


UNION


SELECT ts, dst_ip
FROM fw_log_entry
WHERE src_ip = "10.20.30.40";
```

애플리케이션 프로그램은 데이터의 물리적 구조에 의존해서는 안 된다. 데이터베이스에 데이터를 물리적으로 저장하고 인덱스를 구성하는 방법에는 여러 가지 선택지가 존재한다. 어느 방법을 선택하든 SQL과 같은 고수준 질의어를 실행할 애플리케이션으로부터 완전히 추상화되어야 하며 물리적 구조가 바뀌어도 무관하게 동작할 수 있어야 한다.

관계형 구조, 대체로 비슷한 질의어, 물리적 추상화 등의 특징은 SQL 데이터베이스가 인기를 끌었던 주요 원인이었다. 특히 고객정보와 주문정보를 필드와 행으로 매핑하는 것은 매우 간단하면서 직관적으로도 '말이 되는' 것이었다. 하지만 지금부터 보게 되겠지만, 관계형 구조가 모든 종류의 데이터나 문제에 적합한 것은 아니다.

그릇의 한계를 알게 되다

RDBMS의 개념이 처음 발표되었던 1970년대와 비교하면 오늘날 우리는 컴퓨팅 자원이 넘쳐나는 시대에 살고 있다. 메모리, 스토리지, CPU, 네트워크 용량 모두 가격이 저렴하기 때문에, (대부분의 경우) 더 이상 데이터베이스를 설계, 구축, 사용할 때 물리적 스토리지의 기본 아키텍처를 고민할 필요가 없다. 이제 아마추어 DBA가 되기는 데비안 리눅스 기계에 sudo apt-get install mariadb-server를 실행하는 것만큼이나 간단하다(윈도와 맥OS에서도 마찬가지다). 어떤 면에서는 이러한 단순성과 보편성이 기존의 SQL/RDBMS 데이터베이스가 '확장성과 기능 부족으로 인해' 멸종할 운명에 처했다는 잘못된 인식이 널리 퍼진 이유라고 볼 수 있다.

실제로는 최근의 SQL 데이터베이스는 구성의 단순함에 있어서 웹 서버, 프록시서버, 방화벽, 메일서버에 필적하는 수준이다. 기본 내장된 기능만으로도 최초 실행에는 문제가 없으며, 심지어 레코드의 수와 스키마의 복잡성이 증가해도 여전히 좋은 성능을 보여준다. 하지만 데이터의 유형이나 양이 기본 구성의 한계를 넘어가기 시작하면, 문제에 반드시 직면하게 된다. 따라서 SQL에 요구되는 것이 증가함에 따라 직면하게 될 일반적인 제약에 대해서 이해하고 있는 것이 여러분이 문제에 마주쳤을 때 해결책을 모색하는 단계에 큰 도움이 될 것이다.

스키마로 인한 제약

언뜻 보면 잘 모르겠지만, 다음 2개의 SQL 테이블 구조 간에는 중요한 차이가 있다.

```
CREATE TABLE fw1 (
  src varchar(15) NOT NULL,
  dst varchar(15) NOT NULL,
  dpt int NOT NULL,
  d int(11) NOT NULL)

CREATE TABLE fw2 (
  src int(10) unsigned NOT NULL,
  dst int(10) unsigned NOT NULL,
  dpt smallint(5) unsigned NOT NULL,
  d date NOT NULL)
```

첫 번째 SQL 문장은 IP 주소인 src와 dst 필드가 문자열로서 저장되지만, 두 번째

SQL 문장은 표시 너비가 10인 부호 없는 정수로서 저장된다.

　　네트워크 정보를 저장하는 테이블을 생성할 때 IP 주소를 문자로 구성된 문자열로 저장하기 쉽다. 사람 입장에서는 그것이 자연스럽게 느껴지기 때문이다. 또 (그림 8.1의 ts 필드로 표현된) 유닉스 타임스탬프는 하나의 정수 값으로 처리하기 쉬운데, 실제로도 타임 스탬프는 정수 값이기 때문이다. 그리고 목적지 TCP/UDP 포트(dpt 필드)는 기술적으로 는 정수다. 하지만, 이와 같이 타입을 선택한다면, 커다란 문제가 발생할 소지가 있다.

　　예컨대 src와 dst 필드가 인덱스를 구성하고 있을 때, 아래와 같이 특정 IP 주소에 대해서만 질의를 할 때에는 특별히 문제를 발견하지 못할 수 있다.

```
SELECT * FROM fw1 WHERE src = "10.35.14.16"
```

　　인덱스는 src 필드의 값이 10.35.14.16인 행을 신속하게 찾아낼 것이고, 데이터베 이스 엔진은 결과값을 최대한 빨리 디스크에서 가져와서 보여줄 것이다. 이 필드들이 인 덱스에 들어 있지 않다면 이 질의문은 전체 테이블 순차 검색full table sequential scan을 수행해 야 하는데 행의 개수가 많다면 꽤 오랜 시간이 걸리게 된다.

　　어떤 서브넷에 속한 IP 주소들을 모두 찾아야 하는 경우는 복잡한 정규 표현식을 작 성하거나, SQL의 LIKE 연산자를 이용한 질의 최적화의 이점을 누리기 위해서 IP 주소공 간을 분할해야 할 것이다. 아니면 서브넷 자체를 IP 주소별로 분할해야 최고 속도의 질의 가 가능할 수도 있다. 최적화되지 않은 (특히 공통 접두어가 없는) 와일드카드 검색을 하면 전체 테이블 순차 검색이 수행되어서 모든 필드 값에 대해서 정규 표현식 문자열과 비교 하는 사태를 피할 수 없다.

　　반면에 IP 주소를 문자열이 아니라 (앞서 fw2 테이블처럼) 숫자 표현으로 전환한다면, 디스크 공간과 메모리 크기를 절약하고 질의가 실행되는 시간도 단축된다. 인덱스 타입 은 대체로 숫자 범위의 선택에 최적화되어 있기 때문이다. 정수와 다른 타입 간의 변환 은 INET_ATON 또는 INET_NTOA 내장 함수를 사용하면 그만이다. 타임스탬프의 타입도 정 수 타입에서 date 타입으로 바꾸면, 질의문 구성이 단순화되고 실행 속도도 빨라진다. 마 지막으로, dpt의 타입을 integer에서 smallint로 바꾸면 레코드당 2바이트가 절약되는 데, 인메모리in-memory 테이블을 사용하거나 레코드 개수가 억 단위로 증가할 경우 레코드 당 2바이트 절약은 중요한 의미를 가질 수 있다.

　　IP 주소와 지리정보데이터와 같이 특수한 타입의 필드들을 자주 다뤄야 한다면, 아 예 서로 다른 데이터베이스 플랫폼(예를 들면 PostgreSQL)을 사용하는 것도 고려할 만하 다. 이러한 플랫폼은 커스텀 필드의 배열을 직접 지원하기 때문이다.

RDBMS 스키마는 어느 정도 구조가 고정되는 경향이 있다. 기존 테이블에 열을 새로 추가하거나 제거하는 것이 가능은 하지만, 이로 인한 불이익이 지속적으로 발생할 수 있기 때문이다. 새로운 필드가 추가될 때 공간이 낭비될 수도 있고 대규모 테이블일 경우 걸리는 시간도 만만치 않다. 일부 RDBMS 시스템은 이러한 문제에 대한 보완책을 내놓고 있지만, '아마추어 DBA'가 그런 보완책을 활용하기는 매우 어려우며 진정한 전문 데이터베이스 관리자가 되어야 제대로 활용할 수 있다.

설명(EXPLAIN)을 해 보세요!

진정한 데이터베이스의 마법사가 되기 위해서는 어둠의 마법에 깊숙히 파고들 필요가 있다. SQL 질의문은 잘못 사용하면 결과를 완전히 (일반적으로 나쁜 쪽으로) 바꿔버릴 수 있다는 점에서 마법 주문과 비슷하다. 스키마를 개선하고 질의를 최적화하는 방법에 대한 조언을 얻고 싶으면 대부분의 RDBMS 시스템에서 제공는 EXPLAIN 문을 사용해 보자.

EXPLAIN은 말 그대로, 주어진 SQL 문을 실제로 실행하지는 않으면서 질의 엔진이 그 SQL문을 실행한다면 무슨 일을 하는지를 설명해 준다. 예를 들어 4장에서 다뤘던 AlienVault 데이터베이스를 간단한 SQL 데이터베이스로 불러온다면 아래와 같은 구조를 확인할 수 있다.

```
MariaDB> DESCRIBE avrep;
+--------+--------------------+------+-----+---------+-------+
| Field  | Type               | Null | Key | Default | Extra |
+--------+--------------------+------+-----+---------+-------+
| ipn    | int(10)            | YES  | MUL | NULL    |       |
| bad    | tinyint(3) unsigned | YES  |     | NULL    |       |
| con    | tinyint(3) unsigned | YES  |     | NULL    |       |
| type   | varchar(50)        | YES  |     | NULL    |       |
| cc     | varchar(2)         | YES  |     | NULL    |       |
| city   | varchar(30)        | YES  |     | NULL    |       |
| latlon | varchar(30)        | YES  |     | NULL    |       |
+--------+--------------------+------+-----+---------+-------+
```

중국(CN)에서 날아온 IP 주소의 개수를 알고 싶으면 다음과 같이 질의할 수 있다.

```
MariaDB> SELECT COUNT(ipn) FROM avrep WHERE cc="CN";
```

이 질의문의 최적화 정도를 알고 싶으면 EXPLAIN을 앞에 붙이면 된다(EXTENDED와 ₩G는 인쇄물에서 깔끔하게 출력되기 위해서 추가되었다).

```
        EXPLAIN EXTENDED
-> SELECT COUNT(ipn) FROM avrep WHERE cc="CN"\G
*************************** 1. row ***************************
            id: 1
   select_type: SIMPLE
         table: avrep
          type: ref
 possible_keys: NULL
           key: NULL
       key_len: NULL
           ref: NULL
          rows: 265597
         Extra: Using where
```

키가 사용되지 않으므로 전체 테이블 스캔이 일어난다. 따라서 cc 필드에 인덱스를 걸고 최적화해 보자.

```
CREATE INDEX cc_idx ON avrep (cc);
```

다시 EXPLAIN을 실행한다.

```
        EXPLAIN EXTENDED
-> SELECT COUNT(ipn) FROM avrep WHERE cc="CN"\G
*************************** 1. row ***************************
            id: 1
   select_type: SIMPLE
         table: avrep
          type: ref
 possible_keys: cc_idx
           key: cc_idx
       key_len: 5
           ref: const
          rows: 132798
      filtered: 100.00
         Extra: Using where
```

SQL 엔진이 cc 필드에 대한 인덱스를 발견한 덕분에 스캔된 행의 개수가 감소한 것을 확인할 수 있다.

복잡한 질의, 특히 자주 실행되는 질의에 대해서 EXPLAIN을 사용하는 것은 좋은 습관이다. '구닥다리 SQL 데이터베이스'의 병목 원인이 사실은 여러분이 작성한 스키마 혹은 SQL 질의문 때문임을 발견하고 개선 방법을 찾을 수 있을 것이다.

스토리지에 의한 제약

이 책이 발간되는 2014년 현재 일반사용자용 PC에 5TB 하드드라이브가 내장되고 있다. 일반 사용자가 이 정도인데 속도와 용량이 훨씬 높은 엔터프라이즈급 디스크를 사용할 수 있는 데이터베이스가 스토리지로 인한 제약을 받는다고 생각하기 어려울지 모른다. MySQL이나 마리아DB와 같은 오픈소스 SQL 데이터베이스는 하나의 테이블 용량을 256TB까지 허용하며, 16EiB 데이터를 담을 수 있는 BTRFS 파일시스템(https://btrfs.wiki.kernel.org/index.php/Main_Page) 상에서도 문제없이 동작할 수 있다. 그렇다면 무엇이 스토리지로 인한 '제약'일까?

- 속도 – 분석 프로젝트의 규모가 그다지 크지 않을 경우, 비용 및 설치 편의성을 고려해서 일반 사용자급의 스토리지에 만족하기 쉽다. 하지만 5400RPM의 USB 2.0 디스크는 (데이터베이스의 작업부하를 견딜 수 있도록 설계되지 않은) 일반사용자급 디스크의 설계 방식을 고려하면, 작은 규모의 프로젝트에서조차 병목 원인이 될 수 있다. 일반 사용자급 디스크를 디스크 배열 형태로 사용하는 것도 가능은 하지만, 그래봤자 여전히 문제를 임시방편으로 덮는 것에 불과하다. 데이터 세트의 크기가 증가함에 따라서 분석 도구의 성능이 현저하게 저하된다면, 더 많은 캐시를 달고 있는 더 빠른 디스크에 투자할 것을 고려해야 한다. 성능 저하가 심각하다면 아예 엔터프라이즈급 디스크(혹은 SSD)와 디스크 배열이 설치된 서버 하드웨어로 전환해야 할 수도 있다.

- 캐싱 – 데이터베이스는 연산을 수행할 때 디스크와 RAM을 함께 사용한다. RAM과 캐쉬에 관해 너무 깊이 설명하는 것은 DBA 커뮤니티에서 흔히 벌어지는 논쟁으로 빠질 위험이 있으니 생략하더라도, RAM의 양을 증가시키면 데이터베이스의 속도를 증가시키는데 도움이 되며 특히 같은 쿼리를 두 번 이상 실행할 때 효과적이다(중첩 SELECT 문이 여러번 실행되는 경우를 생각해 보라). RAM과 디스크 캐싱은 데이터베이스에 데이터를 삽입할 때도 효과를 보일 수 있다. 쓰기 캐싱이 I/O의 병목을 가려줄 수 있기 때문이다.

- 용량 – 하나의 테이블의 거대한 양의 데이터를 저장할 수 있다고 해서, 그래야만 하는 것은 아니다. 예를 들어 3년간 수집된 어떤 기업의 방화벽 로그 데이터를 하나의 RDBMS 테이블에 저장하는 것은 가능은 하다. 하지만 이것은 매우 좋지 않은 생각으로서, 수많은 성능 문제가 발생할 수 있기 때문이다. 스토리지의 기본 구성을 최적화하고 최근의 RDBMS 시스템 대부분이 지원하고 있는 각

종 테이블 분할 기법들을 사용하면, 마라톤 경주처럼 실행되던 질의를 100m 달리기처럼 바꾸면서도 여전히 하나의 시스템 내에 모든 것을 유지하는 것이 가능하다.

RAM에 의한 제약

RAM이 부족하거나 혹은 RAM이 많더라도 제대로 활용할 수 없도록 구성된 RDBMS를 사용하는 것은 프로젝트가 사망할 것임을 예고하는 분명한 징조이다. 앞서 언급했듯이 데이터베이스는 디스크에 존재하는 테이블의 일부를 RAM에 캐싱하며, 쿼리 결과도 RAM에 캐싱할 수 있다. 일부 SQL 데이터베이스는 인메모리 테이블in-memory table을 RAM에 올리기도 한다. 자주 참조되는 데이터(예를 들면 자산의 메타데이터나 자주 변경되지 않는 IP 주소 목록)를 인메모리 SQL 테이블로 불러올 경우 JOIN, UNION, sub-SELECT 문을 수행할 때 엄청난 성능 향상을 체감할 수 있다. 인메모리 테이블을 이용하는 것은 (기존 테이블에서 골라낼 행과 필드를 선택하는) 질의만 제대로 만들면 될 만큼 간단하다. 예를 들어, (캐시에 남아 있을 것을 기대하지 않고 언제나 메모리에 올라와 있도록 하기 위해서) AlienVault 테이블에 포함된 모든 IP 주소를 인메모리 테이블에 저장하고 싶다면 다음과 같이 실행하면 된다.

```
CREATE TABLE avrep_mem ENGINE=MEMORY
    -> SELECT ipn AS ip
    -> FROM avrep;
```

데이터 손상의 위험을 예방하기 위해서는 일반 사용자급 RAM보다는 고품질의 ECC 메모리를 선택하는 것이 좋다.

데이터에 의한 제약

방화벽 로그, 웹 서버 로그, 백신 로그, 자산 정보 등과 같이 관계형 모델이 적합한 '보안 데이터'는 분명히 존재한다. 이러한 데이터들은 서로 연결되는 행과 열로 쉽게 매핑이 되기 때문이다. 하지만 앞서 7장에서 보았던 VERIS 포맷으로 기록된 JSON 구조의 침해 사고 데이터는 어떨까? 이 데이터를 관계형 구조로 저장하는 것도 가능은 하지만, 결코 최적의 방법이라고는 말할 수 없다.

데이터베이스 테이블 구조와 쿼리 효율성을 최적화하기 위해서 에드가 코드는 정규화^{normalization}를 제시했다. 정규화는 가능한 중복을 제거하도록 필드와 테이블을 구성하는 방법으로서 영향을 최소화하면서 데이터베이스 스키마를 수정 혹은 확장하기 위한 것이다. '과도한 정규화'는 데이터 작업의 복잡성을 증가시키고, '미진한 정규화'는 애플리케이션 코드 및 데이터베이스 저장 프로시저의 복잡성을 증가시켜서 데이터 저장공간의 크기를 불필요하게 늘리는 결과로 이어질 수 있다.

테이블에 적합하도록 설계된 데이터를 정규화하는 것은 일반적으로 그리 어렵지 않은 작업이다. 하지만 (JSON 데이터와 같은) 계층적 데이터를 매핑 및 정규화하려면 계층을 그래프 인접 리스트, 실체화 경로$^{\text{materialized path}}$, 중첩 세트로 변환해야 하므로 명백히 질의의 복잡성이 증가된다. 특수한 필드에 대해서 JSON 트리를 BLOB$^{\text{Binary Large Objects}}$로 저장함으로써 중첩 수준을 제한하는 것도 가능하지만, 이러한 필드에 전체 텍스트 검색을 수행할 가능성이 높기 때문에 역시 쿼리가 복잡하고 게다가 느려진다.

RDBMS 시스템은 다양한 유형의 문제와 데이터에서 올바른 선택이 될 수 있지만, 여러분의 도구상자 안에 들어 있는 유일한 도구가 되어서는 안 된다. 다음 절부터 소개되는 다양한 선택지들이 존재하기 때문이다.

'마리아(Maria)'가 도대체 누구야?

많은 독자 여러분은 MySQL 데이터베이스를 사용했거나 접해본 적이 있을 것이다. 오랫동안 MySQL은 웹사이트를 구축할 때 선호되었던 'LAMP'(리눅스/아파치/MySQL/PHP) 스택을 구성하는 요소의 하나였다. 하지만 오라클이 MySQL을 인수한 이후, 이에 반발한 커뮤니티 주도로 '마리아DB'라는 이름의 새로운 DB가 나타났다. 마리아DB는 MySQL을 그대로 대체할 수 있다. MySQL을 제거한 후(물론, 데이터는 그대로 보존된다) 마리아DB를 설치하면 모든 것이 "원래대로 동작한다."

마리아DB의 버전과 기능은 MySQL의 출시와 보조를 맞춰 왔지만, 최근에는 의미 있는 차이가 발생하고 있으며 최첨단 스토리지 엔진에 대한 지원, 동적 열, NoSQL 환경(카산드라)과의 인터페이스 등이 여기에 포함된다.

MySQL, 포스트그레스큐엘(PostgreSQL), 또는 전통적인 상용 RDBMS를 제쳐두고 마리아DB를 선택하기가 쉬운 일은 아니다. 또 여러분이 속한 조직의 상황에 좌우되는 부분이므로 팀 구성원들이 모여서 신중하게 결정해야 하는 일이다. 하지만 마리아DB를 사용할 수 없더라도 이 데이터베이스에 대한 관심은 거두지 않는 편이 좋다.

RDBMS의 대안이 될 수 있는 데이터 저장 방식들

오랜 기간 SQL의 대세론 아래 숨죽여 왔던 다양한 데이터베이스 저장 및 데이터베이스 관리 시스템들이 존재한다. 이러한 기술들을 총칭해서 NoSQL[Not Only SQL]이라고 부르지만, 사실 NoSQL로 분류되는 기술들은 서로 다른 특징과 기능을 제공하기 때문에 하나의 범주로 묶는 것은 다소 혼란스러운 것이 사실이다. 이 기술들은 모두 'SQL이 아니기' 때문에 데이터 분석을 보안 전략에 통합시킬 때 큰 도움이 될 수 있는 대안적 솔루션 설계 및 정보 저장 방법을 제공한다. 이번 절에서는 이 중에서 특히 눈에 띄는 기술들을 살펴보고, 몇 개의 보안 사례와 함께 설명함으로써 언제 어떤 기술을 선택해야 하는지에 관한 조언을 제공할 것이다.

버클리DB

펄 전문가라면 버클리DB(http://www.oracle.com/technetwork/products/berkeleydb/overview/index.html)에 아마 친숙할 것이다. 그리고 R(RBerkeley), 파이썬[pybsddb], 기타 대부분의 스크립팅/프로그래밍 언어들이 버클리DB(혹은 BDB)를 지원한다. BDB는 로컬(즉, 내장된) 키/값[key/value] 저장소로서 말 그대로 키가 주어지면 그 키에 연관된 데이터를 저장할 수 있으며 키를 이용해 매우 효율적으로 검색할 수 있다. BDB는 관계형 데이터베이스, 객체지향 데이터베이스, 네트워크 데이터베이스, 또는 데이터베이스 서버가 아니다. RDBMS 시스템에서의 키 및 필드와는 달리, BDB의 키는 완전히 값에 독립적이다.

기본 설정 상태의 SpamAssassin(http://spamassassin.apache.org/), postfix(http://www.postfix.org/), OpenLDAP(http://www.openldap.org/) 등을 사용해 본 적 있다면 여러분은 이미 BDB를 접해 본 적이 있는 것이다.

키/값 저장 방식은 데이터 쓰기는 가끔 일어나고 데이터 읽기는 자주 일어나는 상황에 적합한데, 캐시[cache]가 정확히 이에 해당한다. 예를 들어 IPv4의 주소공간을 생각해 보자. IP 주소의 특정 속성(예컨대 위치정보나 평판 데이터)만을 캐싱해야 되는데 로컬 자원만 사용할 수 있을 때, BDB를 플랫폼으로 선택하는 것은 상당한 장점이 있다. 전통적인 RDBMS 데이터베이스에서 불가피한 오버헤드가 없으며 키/값 자료구조로 최적화될 수 있기 때문이다. 게다가 키와 값은 언어에 독립적이다(따라서 R로 BDB에 저장한 뒤 파이썬으로 읽을 수 있으며, 그 반대도 가능하다). 코드 8.2는 R로 IP 지리정보를 저장하는 기본적인 예제 코드다.

코드 8.2

```
# 필요한 패키지: RBerkeley
# BDB와 인터페이스하는 R 코드
library(RBerkeley)

# BDB 데이터베이스를 생성하고 연다.
dbh <- db_create()
db <- db_open(dbh, txnid = NULL, file = "av.db",
              type = "BTREE",
              flags = mkFlags(DB_CREATE, DB_EXCL))

# 지리정보 데이터를 저장한다.
db_put(dbh, key = charToRaw("24.62.253.107"),
       data = charToRaw("43.2555,-70.8829"))

# 다시 읽어 들여서 보여준다.
coords <- rawToChar(db_get(dbh,
                    key = charToRaw("24.62.253.107")))

db_close(dbh)  # BDB 데이터베이스를 닫는다.

print(coords)
## [1] "43.2555,-70.8829"
```

노트

db_close () 함수 호출 뒤에 데이터베이스 핸들을 사용할 수 없다는 경고 메시지가 뜬다. 단순 경고 메시지이므로 무시해도 된다.

코드 8.3은 파이썬으로 동일한 데이터를 읽어 들인다.

코드 8.3

```
# 필요 라이브러리: bsddb3
# BDB와 인터페이스하는 파이썬 코드
from bsddb3 import db
import struct
import socket
```

```
# 데이터베이스를 초기화하고 연다.
av_db = db.DB()
av_db.open('av.db',None,db.DB_BTREE, db.DB_DIRTY_READ)

# 첫 번째 키/값 쌍을 얻는다.
cursor = av_db.cursor()
av_rec = cursor.first()

# 화면에 출력한다.
print av_rec

## ('24.62.253.107', '43.2555,-70.8829')

av_db.close()  # BDB 파일을 닫는다.
```

위 코드를 조금 수정해서 AlienVault 데이터베이스 전부를 저장하도록 확장할 수 있다. IP 주소를 키로 사용하고 나머지 관련 필드를 값으로 저장하면 된다.

버클리DB는 스레드를 지원하며 256TB까지 확장될 수 있다. 따라서 디스크 탐색 시간이 문제가 되지 않는다면 굳이 서버 프로세스나 다중 노드 인프라를 관리할 필요가 없다. 그리고 다중 플랫폼과 다중 프로그래밍 언어 지원이 요구되는 상황이라면 버클리DB는 분명히 좋은 선택이다.

BDB의 대안

현재 버클리DB는 오라클이 소유권을 갖고 있다. 여전히 GNU AGPL v3 라이선스로 제공되고 있지만 오라클은 엄격한 라이선스 정책을 적용한 상용 버전도 판매하고 있다. BDB가 미래에 상용화되지 않을까 염려된다면, BDB를 대신할 수 있는 대안들이 제공되고 있다.

- Kyoto Cabinet(http://fallabs.com/kyotocabinet/)
- MapDB(http://www.mapdb.org/faq-general.html)

레디스

레디스^{Redis}는 BSD 라이선스를 따르는, 좀 더 발전된 오픈소스 키/값 저장소다 (http://redis.io/). 레디스를 단순히 키/값 저장소의 서버 버전으로 생각하기 쉽지만, 레디스는 그이상이다. 레디스의 가장 기본적인 명령은 GET과 SET이고 기본 데이터 타입은 바이너리 세이프 문자열^{binary safe string}이다(따라서 키/값에 거의 모든 타입의 데이터를 저장할 수 있다). 레디스는 디스크에도 영속적으로 저장되는 인메모리 데이터 구조 서버로 간주는 것이 더적절하다(물론, 그 외에도 많은 유용한 기능을 갖고 있다). 레디스의 인메모리 특징을 가볍게 생각해서는 안 된다. 모든 데이터 구조와 요소가 반드시 RAM에 올라가야만 제대로 동작하기 때문이다. 이러한 제약 때문에 대규모 관계형 혹은 계층적 구조를 억지로 레디스에 밀어 넣을 수 없다. 애초에 레디스의 설계 목적에 부합되는 구조가 아니기 때문이다.

레디스는 4개의 기본적인 데이터 저장 타입(리스트, 해시, 세트, 정렬 세트)을 다룰 수있는 연산 프레임워크를 제공하는 데이터 구조 서버의 역할을 한다.

- 리스트^{List}는 하나의 바이너리 세이프 문자열을 목록의 앞(LPUSH) 또는 뒤(RPUSH)에 집어 넣는다. 리스트는 효율적인 메시지 큐 구조를 생성하며, '최근 n개의' 항목을 관리하는 데 탁월한 능력을 보인다.
- 해시^{Hash}는 매우 공간 효율적인 방법으로 값 구성요소 내의 필드를 식별하고 조작하는 방법을 제공한다. 해시를 사용하면 버클리DB 예제에서의 지리정보를 간단히 복제할 수 있다. 레디스의 명령 라인에서 다음과 같이 입력하면 된다.

```
redis> HMSET ip:24.62.253.107 lon 43.2555 lat -70.8829 zip 03878
redis> HMGET ip:24.62.253.107 lon lat
1) "43.2555"
2) "-70.8829"
```

여기서 주목할 것은 파일이 로컬에 존재하지 않아도 네트워크 상의 임의의 클라이언트에서 데이터베이스 서버에 질의를 보낼 수 있다는 점이다. 모든 데이터가 메모리에올라와 있으므로 거의 순간적으로 검색 결과가 반환된다.

- 세트^{set}는 반복되지 않는 바이너리 세이프 문자열의 집합을 저장한다. 따라서 어떤 요소가 특정 그룹에 속한 멤버인지 여부를 빠르게 판단하는 용도에 매우 적합하다. 예를 들어, workstations 세트를 생성한 다음 워크스테이션 PC의 IP 주

소를 이 세트에 저장하면, 데이터 분석 과정에서 발견된 출발지 IP 주소를 통해서 해당 노드가 워크스테이션 PC인지 여부를 금세 알 수 있다.

```
redis> SADD workstations "10.23.34.45"
redis> SADD workstations "10.32.43.54"
redis> SADD workstations "10.45.34.32"
redis> SADD workstations "10.34.23.45"
redis> SISMEMBER workstations "10.10.10.10"
(integer) 0 // 세트에 들어 있지 않음
redis> SISMEMBER workstations "10.23.34.45"
(integer) 1 // 세트에 들어 있음
```

- 정렬 세트sorted set는 어떤 순서값을 세트 내의 값과 연관시킬 때 사용된다. 예를 들어 AlienVault 데이터베이스의 악성 호스트 유형 각각에 대해서 위험도나 신뢰도 세트를 생성할 수 있을 것이다. 또 악성 호스트의 내부 자원에 대한 접근 시도(혹은 반대로 내부 자원의 악성 호스트에 대한 접근 시도) 횟수를 관리하는 것도 가능하다.

레디스의 고급 기능

레디스는 다른 시스템의 메모리를 사용해 레디스 데이터 구조의 일부를 저장할 수 있는 파티셔닝(partitioning)을 지원한다. 이것은 마리아DB, MySQL, 오라클의 테이블 분할과 비슷한 기능이며 단일 시스템의 RAM 제약을 극복하는 데 도움이 된다.

레디스는 공개-구독(publish-subscribe) 서비스도 내장하고 있다. 이 서비스를 사용하면, 클라이언트는 방화벽 로그에 '요주의' 목록에 올라 있는 새로운 IP 주소가 기록되었음을 알리는 채널을 구독할 수 있다. 새로운 IP 주소가 나타났다는 메시지를 받은 클라이언트는 일련의 분석 루틴을 실행하거나 관련 정보를 SQL 혹은 NoSQL 데이터 저장소에 저장해 나중의 분석 과정에 대비하는 등의 조치를 취할 수 있을 것이다.

파이썬redis-py과 Rrredis 모두 레디스를 지원하고 있으며, 이 API들은 사용법이 매우 간단하다. 외부 소스로부터 받은 보안침해지표IoC, Indicator Of Compromise에 포함된 어떤 IP 주소가 예전에 접한 적이 있는지 여부를 알 수 있는, 효율적이고 중앙집중적인 방법이 필요하다고 가정하자. 투박한 중앙집중식 로그 관리 시스템에 질의를 보내는 방법보다는 로그 스트림에서 IP 주소를 얻은 뒤, 필요한 메타데이터를 모두 담아서 레디스의 키/값

혹은 해시 데이터 구조에 저장하는 방법이 더 효과적이다. 코드 8.4는 로그 파일(여기서는 웹 서버 로그 파일)을 '들여다 보고' 그 데이터를 레디스에 저장하는 파이썬 예제다.

노트

코드 8.4(ch08/python/watcher.py)와 코드 8.5(ch08/python/lastseen.py)는 캐노피 환경이 아니라 독립형 셸 스크립트에서 동작한다. 또 웹 서버도 실행되고 있어야 한다. 예제를 완벽히 재현하려면 셸 스크립트에서 sudo apt -get install nginx를 실행해 nginx를 설치한 뒤, 로그에 대한 출력을 생성하기 위해서 sudo /etc/init.d/nginx start 명령을 실행해야 한다.

코드 8.4

```python
# 웹 서버 로그 감시기
# "watcher.py" 로 저장할 것
# 셸프롬프트에서 아래 명령으로 실행할 수 있다
#    python watcher.py
# 필요한 패키지: redis
import time
import re
import redis
import pickle

# 웹 로그 항목들을 파싱하기 위한 정규표현식을 지정한다.
logparts = r'(\S+) (\S+) (\S+) \[(.*?)\] \
  "(\S+) (\S+) (\S+)" (\S+) (\S+)'
logpart = re.compile(logparts)

# 필드 이름을 추출된 정규표현식 값에 매핑한다.
def field_map(dictseq,name,func):
    for d in dictseq:
        d[name] = func(d[name])
        yield d

# weblog에서 데이터를 추출한다.
def web_log(lines):
    groups = (logpart.match(line) for line in lines)
    tuples = (g.groups() for g in groups if g)
    colnames = ('host','referrer','user',
```

```
                    'datetime','method', 'request',
                    'proto','status','bytes')
    log = (dict(zip(colnames,t)) for t in tuples)
    log = field_map(log,"bytes",
              lambda s: int(s) if s != '-' else 0)
    log = field_map(log,"status",int)
    return log

# 파이썬에 맞춰서 수정한다.
def follow(thefile):
    thefile.seek(0,2)
    while True:
        line = thefile.readline()
        if not line:
            time.sleep(0.1)
            continue
        yield line

# 로그 감시를 설정한다.
# 실제 동작하는 웹 서버 로그로 변경할 수 있다.
logfile = open("/var/log/nginx/access.log")
loglines = follow(logfile)
log = web_log(loglines)

# 레디스 연결을 설정한다.
# 대규모 실행환경이라면 localhost 대신
# 실제 서버의 호스트 이름으로 변경할 수 있다.
red = redis.StrictRedis(host='localhost',
                        port=6379, db=0)

# 각각의 항목에 대해 파이썬 스타일의 자료구조를 저장한다.
# 보다 언어 독립적으로 만들고 싶다면
# 키 대신에 레디스 해시를 사용할 수도 있다
for line in log:
    l = line['host']
    a = red.get("ip:%s" % l)
    if (a == None):
        a = {}
        a['ls'] = time.time()
        a['ct'] = 1
```

276

```
        red.set("ip:%s" % l,pickle.dumps(a))
    else:
        a = pickle.loads(a)
        a['ls'] = time.time()
        a['ct'] += 1
        red.set("ip:%s" % l,pickle.dumps(a))
```

코드 8.5는 질의 구성요소를 보여준다.

코드 8.5

```
# 코드 8.5
# 레디스 로그 감시기용 파이썬 질의 스크립트
# "query.py"로 저장할 것
# 셸프롬프트에서 아래 명령으로 실행할 수 있다
#    python query.py
# 필요한 패키지: redis
from datetime import datetime
import redis
import pickle
import sys

# 레디스 연결을 설정한다.
red = redis.StrictRedis(host='localhost', port=6379, db=0)

# 명령 라인에서 IP 주소를 얻는다 & 레디스에 질의한다.
ipaddr = sys.argv[1]
ioc = red.get("ip:%s" % ipaddr)

# 질의 결과, 발견되었다면
if (ioc != None):
    b = pickle.loads(ioc)
    print("IP [%s] was last seen on [%s].\nTotal times seen ")
    print("since we started counting: [%d]." %
        (ipaddr, datetime.fromtimestamp(b['ls']),b['ct']))
else:
    print("%s has not been seen, yet." % ipaddr)
```

이제, 명령 라인에서 다음과 같이 실행하면, 본 적이 있는 IP 주소인지 쉽게 확인할 수 있다(24.62.253.107은 여러분의 상황에 맞는 IP 주소로 바꿔서 실행하자).

```
dds$ python lastseen.py 24.62.253.107
IP [24.62.253.107] was last seen on [2013-10-13 18:57:59.875430].
Total times seen since we started counting: [80787].
```

"그냥 grep을 사용하면 될 걸 뭐하러 복잡하게"라고 생각한다면, 다시 한 번 생각해 보라. 이것은 수백 혹은 수천 개의 소스로부터 수주 혹은 수개월 동안 반복적으로 지속될 수 있다. 여러분이 데이터 구조를 제대로 설계한다면, 레디스는 언제나 grep보다 효과적일 것이다.

하이브

하둡(http://wiki.apache.org/hadoop)을 언급하지 않고 데이터 분석에 대한 책을 쓰기란 사실상 불가능하다. 그리고 여러분이 이미 하둡을 사용하고 있다면, 하이브^{Hive}(http://wiki.apache.org/hadoop/Hive/LanguageManual)도 접해 보았을 것이다. 하이브는 하둡 분산 파일시스템^{HDFS}(http://hadoop.apache.org/docs/current/hadoop-project-dist/hadoop-hdfs/HdfsUserGuide.html) 위에서 동작하며 수천 개 이상의 노드에 데이터를 분산시킬 수 있다. 그리고 하둡 맵리듀스^{MapReduce} 잡^{Job}은 이 데이터를 사용하는 노드들 상에서 실행된다. 맵^{map} 요소는 데이터 요소들을 키/값 쌍으로 분리하고 이 데이터에 대해서 비교 및 계산을 수행하며, 리듀스^{reduce} 요소는 map의 결과값들을 받은 뒤 다시 합쳐서 최종 결과를 만들어 낸다(이 때도 비교 및 계산이 수행될 수 있다).

맵리듀스

맵리듀스는 구글이 만든 것으로(http://static.googleusercontent.com/external_content/untrusted_dlcp/research.google.com/en/us/archive/mapreduce–osdi04.pdf), 대규모의(수천 개 이상의) 클러스터 상에서 효율적인 계산이 가능하도록 설계되었다. 이를 위해서 데이터를 쪼개서 클러스터 전체에 분산시킨 다음, 노드들에게 로컬 데이터 세트(맵 map)에 연산을 수행하도록 지시한다. 이렇게 얻어진 중간 결과들은 다른 노드들에 의해서 수집되고 최종 연산으로 요약된다(리듀스(reduce)). 그림 8.2는 이 과정을 보여주고 있다.

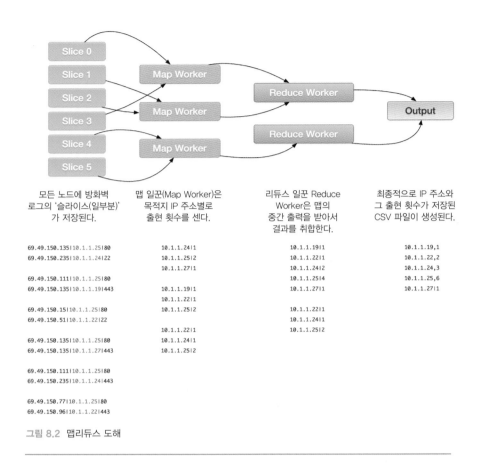

모든 노드에 방화벽   맵 일꾼(Map Worker)은   리듀스 일꾼 Reduce   최종적으로 IP 주소와
로그의 '슬라이스(일부분)'   목적지 IP 주소별로   Worker은 맵의   그 출현 횟수가 저장된
가 저장된다.   출현 횟수를 센다.   중간 출력을 받아서   CSV 파일이 생성된다.
                                                결과를 취합한다.

69.49.150.135|10.1.1.25|80   10.1.1.24|1   10.1.1.19|1   10.1.1.19,1
69.49.150.235|10.1.1.24|22   10.1.1.25|2   10.1.1.22|1   10.1.1.22,2
                                     10.1.1.27|1   10.1.1.24|2   10.1.1.24,3
69.49.150.111|10.1.1.25|80   10.1.1.25|4   10.1.1.25,6
69.49.150.135|10.1.1.19|443   10.1.1.19|1   10.1.1.27|1   10.1.1.27|1
                                     10.1.1.22|1
69.49.150.15|10.1.1.25|80   10.1.1.25|2   10.1.1.22|1
69.49.150.51|10.1.1.22|22   10.1.1.24|1
                                     10.1.1.22|1   10.1.1.25|2
69.49.150.135|10.1.1.25|80   10.1.1.24|1
69.49.150.135|10.1.1.27|443   10.1.1.25|2

69.49.150.111|10.1.1.25|80
69.49.150.235|10.1.1.24|443

69.49.150.77|10.1.1.25|80
69.49.150.96|10.1.1.22|443

그림 8.2 맵리듀스 도해

하이브는 HDFS 데이터에 접근할 수 있도록 SQL과 비슷한 인터페이스를 제공한다. 따라서 전문적인 자바 프로그래머가 아니더라도 맵리듀스 작업을 구성하고 실행할 수 있다. 이에 따르는 복잡한 과정을 하이브가 추상화하고 SQL을 맵리듀스 작업으로 변환해 주기 때문이다. 여기서 반드시 기억할 것은, 하둡 생태계에서는 모든 것이 대규모 데이터에 걸치는 맵리듀스 작업으로 환원된다는 점이다. 따라서 하둡을 분석 플랫폼의 일부로서 이용할지 여부를 의사 결정할 때는 하둡 환경의 설정 및 실행 상태 유지 관리에 드는 복잡성을 비용 측면에서 충분히 고려해야 한다.

하이브가 SQL의 편리함을 기본적으로는 제공하지만 SQL의 주요 기능 중 일부는 지원되지 않는 것에 주의하자. 예컨대 HiveQL(하이브 질의어, Hive Query Language)은 SQL의 JOIN 문을 제한적으로만 지원한다. 단순히 동일성(=) 조건으로 합쳐진 테이블 이상의 기능이 요구된다면, 맵리듀스 패러다임의 제한 때문에 하이브를 사용할 수 없다. 또 SQL의 ORDER BY 문으로 결과값들을 정렬할 때도 주의해야 한다. 하이브는 현재로서는 정렬 작업을 할 때 하나의 리듀스 엔진만을 사용하기 때문에 병목현상이 발생할 가능성이 있다. 그 밖에도 하이브 및 HiveQL과 관련해 몇 가지 주의 사항이 존재한다. 하이브를 사용하면 자바 전문가가 되지 않아도 좋지만, HiveQL 질의가 맵리듀스 작업으로 변환되는 과정을 완벽하게 이해하지 못하면 이 플랫폼의 장점을 제대로 누릴 수 없다. 또 질의를 최적화하는 방법도 배워야 한다.

하둡으로 '대용량의' 넷플로우 데이터 분석하기

하둡과 데이터에 관한 대화를 할 때는 필연적으로 3V(volume, velocity, variety)의 개념이 언급되지 않을 수 없다.

- 크기(volume)는 분석해야 할 데이터의 양을 의미한다.
- 속도(velocity)는 데이터가 얼마나 빨리 생성 및 분석되고 있는지를 의미한다.
- 다양성(variety)은 처리되고 있는 데이터 타입의 다양성을 의미한다.

대부분의 보안 데이터는 위의 3가지 측면에서 볼 때, 그 정도가 하위급 혹은 중간급에 해당된다. 하지만 넷플로우(NetFlow) 데이터는 중간 규모의 네트워크에서도 속도와 크기 측면에서 금세 상위급에 도달할 때가 많다.

넷플로우의 개념을 잘 모르고 있다면 RFC 3954(http://www.ietf.org/rfc/rfc3954.txt) 문서에 있는 다음 정의를 참고하자.

플로우(flow)는 네트워크 장비를 통과하는 단방향의 순차적인 패킷으로서, 몇 가지 공통적인 특성을 갖고 있는 것으로 정의된다. 수집된 플로우는 외부 장비인 넷플로우 수집기로 내보내진다. 넷플로우는 매우 세밀하다. 넷플로우 레코드에는 IP 주소, 패킷과 바이트의 수, 타임스탬프, 서비스 유형(ToS), 애플리케이션 포트, 입출력 인터페이스 등의 세부 정보가 포함된다.

넷플로우 데이터는 보안 분석에 매우 유용하지만, 이 데이터를 다룰 때는 어려운 점이 있다. 예를 들어 50%만 활용되고 있는 10Gbps 링크조차도 1시간에 2.3TB의 넷플로우 데이터가 수집될 것으로 예상할 수 있다. 이 정도 용량의 데이터는 확실히 하둡에 적합한 데이터로서, 입력 스트림의 수집 및 저장 기능이 대규모 클러스터로 분산되고 하둡의 네이티브 파일 포맷으로 즉시 변환될 수 있기 때문이다. 그리고 나서 특이점 탐지나 DDoS 패턴 분석 등을 수행하는 맵리듀스 잡을 설계할 수 있다.

패킷피그(PacketPig, http://hortonworks.com/blog/big-data-security-part-one-introducing-packetpig/)와 같은 도구를 사용하면 넷플로우 데이터를 분석이 수행되는 환경으로 보낼 때 수반되는 번거로운 작업을 어느 정도 줄일 수 있지만, 분석 환경의 복잡성을 추상화할 수는 없다. 따라서 대용량의 넷플로우 데이터를 자유자재로 분석하고 싶다면, 다양한 NoSQL 기술들을 완벽하게 이해할 필요가 있다.

하둡/HDFS/하이브를 구성할 시간, 공간, 인력, 예산이 있고 용도가 분명하다면, 하둡은 기꺼이 투자할 가치가 있다. 대규모의 효율적인 데이터웨어하우스 환경에서 모든 시스템, 네트워크 디바이스, 방화벽, 메일 서버의 1년치 로그 파일을 온라인 상태로 유지할 수 있고, 이 모든 컴포넌트들에 대해서 기본적인 조회를 수행할 수 있다고 상상해 보라. 이것이 바로 하이브+하둡이 진정한 힘을 발휘하는 환경이다.

HBase, 카산드라, Pig....?

하둡 생태계는 끊임없이 확장을 계속하고 있다. 하둡 환경 자체의 발전(예를 들면 하둡 2.0)뿐만 아니라 카산드라나 몽고DB와 같은 다른 환경과의 통합이 가속화되고 있으며 벤더들은 저마다 자신만의 강점을 내세우며 다양한 대안을 제시하고 있다.

따라서 여러분이 선택 가능한 옵션 중에서 무엇이 여러분의 필요에 가장 적합한지 파악하기 위한 시간을 어느 정도 투자할 필요가 있다. 그리고 결정을 내리면 그 방식을 고수하는 것이 좋다. 하둡 분석 환경은 (로마가 그랬던 것처럼) 하루 아침에 만들어질 수 없다. 지속적인 발전을 보이고 있지만 하둡 생태계는 아직 성숙과는 거리가 멀다. 여러분은 한 걸음 내딛을 때마다 오랜 기간에 걸쳐 새로운 기반을 구축해야 할 것이다.

몽고DB

몽고DB^MongoDB^(http://www.mongodb.org/)는 'NoSQL의 MySQL' 데이터베이스라고 부를 수 있다. 대규모의 활발한 커뮤니티가 존재하며, 개발 환경의 배포가 용이하고, 실제 운영 환경에서 확장성이 뛰어나기 때문이다. 몽고DB의 핵심은 스키마가 없이도 매우 빠르게 프로토타이핑을 할 수 있다는 점이다. 사용될 필드들을 미리 정의해야 하는 전통적인 SQL 데이터베이스와 달리 몽고DB는 기초적인 유사 스키마만으로 일단 시작하고 이후에 구체화하는 것이 가능하다.

> **노트**
>
> 이 절의 예제를 따라하기 위해서는 셸 스크립트에서 sudo apt-get install mongodb를 실행해 몽고DB를 설치한 다음, sudo /etc/init.d/mongodb start를 실행해 몽고DB를 시작한다.

예를 들어, AlienVault 평판 데이터베이스에서 IP 지리정보 저장을 시작하려면 리눅스 셸 프롬프트에서 다음 명령을 실행하기만 하면 된다.

```
dds$ mongo
> db.av.insert ( { ip:"193.147.49.42",
                   geo:"40.4085,-3.6921" })
> db.av.find({ ip:"193.147.49.42" })
{ "_id" : ObjectId("525bfbe02074bfa7aaad8316"),
  "ip" : "193.147.49.42",
  "geo" : "40.4085,-3.6921" }
```

그리고 나서, 다음과 같이 악성 활동의 유형과 같은 다른 정보를 나중에 추가할 수 있다.

```
> db.av.update ( { ip:"193.147.49.42" },
                 { $set : { maltype:"Scanning Host" } } )
> db.av.find({ ip:"193.147.49.42" })
{ "_id" : ObjectId("525bfbe02074bfa7aaad8316"),
  "geo" : "40.4085,-3.6921",
  "ip" : "193.147.49.42",
  "maltype" : "Scanning Host" }
```

하지만 이와 같은 점진적 업데이트에는 대가가 따른다. 몽고DB는 스키마 변경을 그때그때 수행하기 때문에, 개발 환경이 아닌 실서버 환경에서 수행될 경우 스토리지와 질의의 효율성을 위해서 데이터베이스를 다시 로드해야 할 수도 있다.

몽고DB는 API 호출 시 바이너리 JSON[BJSON] 포맷을 사용한다. 따라서 자바 스크립트의 표기법을 그대로 이용할 수 있으며, 입력 데이터에서 오류가 발생할 때 JSONLint (http://jsonlint.com/)의 도움도 받을 수 있다. JSON을 사용하므로 고도로 중첩되었거나 계층적인 레코드와 구조를 저장할 수 있으며, 이는 여러분이 기존에 갖고 있던 정규화의 개념을 다시 생각할 필요가 있음을 의미한다. 여러분이 RDBMS의 정규화 개념에 익숙하다면, 한 걸음 물러서서 지금까지 여러분이 배웠건 것을 대부분 무시하고 NoSQL 유니버스의 우수함을 수용하려는 노력이 필요하다.

예를 들어 보자. AlienVault 데이터베이스에 들어 있는 악성 노드들은 둘 이상의 악성 활동과 관련되어 있을 수 있다. 전통적인 정규화된 SQL에서는 호스트 키와 악성 노드 유형 필드를 갖는 별도의 테이블을 생성한 다음, 각 항목마다 하나의 행을 추가할 것이다.

```
+------------+------------+
|193.147.49.42|Scanning Host|
|193.147.49.42|Spamming     |
+------------+------------+
```

그리고 결과를 검색할 때는 JOIN을 수행한다. 반면에 몽고DB에서는 레코드 내에 JSON 배열로서 저장한다.

```
> db.av.update ( { ip:"193.147.49.42" },
                    { $set : { maltype:[ "Scanning Host","Spamming" ] } } )
```

이런 작은 예제로는 몽고DB 방식의 장점을 느끼지 못할 지도 모른다. 하지만 7장에서 배운 VERIS JSON 데이터로 돌아가면 장점이 분명하게 보이기 시작한다. 침해 사고 내의 모든 필드를 저장하는 정규화된 테이블 구조를 생성하는 것이 가능은 하지만, 몽고DB는 복잡한 필드 구조를 효율적으로 저장, 처리, 질의할 수 있으므로 반드시 할 필요는 없다. sudo apt-get install git 명령을 실행해 깃^{git}을 설치한 뒤 코드 8.6을 실행하면 깃허브 저장소(https://github.com/vz-risk/)에서 VCDB 데이터베이스에 들어 있는 침해 사고 데이터를 다운받을 수 있다. 이 때 데이터베이스나 테이블 스키마를 생성할 필요가 없기 때문에 5분 정도밖에 걸리지 않을 것이다.

코드 8.6

```
# VCDB 파일을 받아서 몽고DB로 가져오고 질의를 수행한다.
# 몽고DB와 깃 git 이 필요함
# VCDB 깃허브 저장소를 복제한다.
dds$ git clone https://github.com/vz-risk/VCDB.git
# 침해 사고 데이터를 전부 가져온다.
dds$ cd VCDB/incidents
dds$ ls | head -5
0012CC25-9167-40D8-8FE3-3D0DFD8FB6BB.json
002599D4-A872-433B-9980-BD9F257B283F.json
005C42A3-3FE8-47B5-866B-AFBB5E3F5B95.json
0096EF99-D9CB-4869-9F3D-F4E0D84F419B.json
00CC39F6-D2E0-4FF4-9383-AE3E28922015.json
dds$ for f in *.json ; do \
        mongoimport -d veris -c public --jsonArray $f ;
    done
# VCDB에 침해 사고가 기록된 금융회사를 모두 찾는다.
```

```
# 52는 금융회사를 가리키는 NAICS 코드
dds$ echo 'db.public.find({"victim.industry": { $regex : "^52" } },
              { "victim.victim_id" : 1, _id : 0 } )' | mongo veris
{ "victim" : [
{  "victim_id" : "Blue Cross & Blue Shield of Rhode Island" } ] }
{ "victim" : [
{  "victim_id" : "Group Health Incorporated" } ] }
{ "victim" : [
{ "victim_id" : "Delta Dental of Pennsylvania" },
{ "victim_id" : "ZDI" } ] }
{ "victim" : [
{  "victim_id" : "UK National Health Service" } ] }
{ "victim" : [
{ "victim_id" : "Mundo.com" },
{ "victim_id" : "Public Defender of Venezula" },
{ "victim_id" : "Caroni Seguros SA" } ] }
...
```

레코드의 수가 둘 이상의 몽고 노드로 분산될 만큼 많더라도 이러한 단순 쿼리는 변경되지 않은 채로 동작할 수 있다. 또 몽고DB는 클러스터 전체에 걸친 데이터 집계를 수행할 수 있을 뿐아니라 맵리듀스 잡도 실행할 수 있다. 이는 하둡과 전통적인 SQL 데이터베이스의 기능 일부와 비슷한 수준이다.

몽고DB는 프로그래밍 언어나 스크립팅 언어에서 전통적으로 사용된 내장 데이터 구조를 대신해 데이터 수집 및 정제 도구로서도 사용될 수 있다. 예를 들면, 로그 파일 처리는 보안 데이터 분석에서 가장 귀찮은 작업 중 하나다. 형태와 크기가 매우 다양하며, 시스코의 IronPort 이메일 로그처럼 추가적인 처리를 거쳐야 분석 가능해지는 것도 있기 때문이다. 아래의 코드 8.7의 간단한 예제를 보자(ch08/other/ironport.log 파일을 사용한다).

코드 8.7

```
# 코드 8.7
# IronPort 로그 파일 예제
Fri Oct 18 11:05:01 2011 Info: Start MID 346564 ICID 1042862
Fri Oct 18 11:05:01 2011 Info: MID 346564 ICID 1042862 From:
 <dave@example.com>
Fri Oct 18 11:05:01 2011 Info: MID 346564 ICID 1042862 RID 0 To:
 <steve@test.com>
```

```
Fri Oct 18 11:05:01 2011 Info: MID 346564 Message-ID
'<112067.438985349-em02@steel>'
Fri Oct 18 11:05:01 2011 Info: MID 346564 Subject 'TPS Reports Due'
Fri Oct 18 11:05:02 2011 Info: MID 346564 ready 864 bytes from
 <dave@example.com>
Fri Oct 18 11:05:02 2011 Info: MID 346564 matched all recipients for
 per-recipient policy local domains in the outbound table
Fri Oct 18 11:05:03 2011 Info: MID 346564 interim AV verdict using
 Sophos CLEAN
Fri Oct 18 11:05:03 2011 Info: MID 346564 antivirus negative
Fri Oct 18 11:05:03 2011 Info: MID 346564 DLP no violation
Fri Oct 18 11:05:03 2011 Info: MID 346564 queued for delivery
Fri Oct 18 11:05:03 2011 Info: Delivery start DCID 178987 MID 346564
 to RID [0]
Fri Oct 18 11:05:04 2011 Info: Message done DCID 178987 MID 346564
 to RID [0]
Fri Oct 18 11:05:04 2011 Info: MID 346564 RID [0] Response 'ok:
 Message 10569973 accepted'
Fri Oct 18 11:05:04 2011 Info: Message finished MID 346564 done
```

몽고DB는 스키마를 점진적으로 구축할 수 있기 때문에, 로그 파일을 파싱하면서 메시지(MID)에 대한 레코드를 생성할 수 있다. 그 다음 필드들을 순차적으로 추가하면서 최종적으로 완전한 데이터베이스를 구축하고 스키마의 모습을 이해할 수 있다. 이렇게 생성된 레코드에 대한 몽고DB 항목은 코드 8.8과 같다(ch08/other/ironport.json에서 찾을 수 있다).

코드 8.8

```
// 몽고DB를 통해서 JSON으로 변환된 IronPort 로그 파일
{
    mid : "346564",
    icid : "1042862",
    from : "dave@example.com",
    to : "steve@test.com",
    messageID : "112067.438985349-em02@steel",
    subj: "TPS Reports Due",
    bytes: "864"
    matchStatus : 1,
    delivered : 1,
```

```
       av : { engine : "Sophos", verdict: "CLEAN" },
       dlp : { violation : "none" },
       start : "Fri Oct 18 11:05:01",
       finish : "Fri Oct 18 11:05:01"
}
```

레코드가 모두 생성된 후에는 몽고DB와 파이썬 또는 R을 사용해 시계열 분석, Z-스케일 특이점 검출, 클러스터링 등의 분석 작업을 수행할 수 있다.

몽고DB를 언제나 사용하지 않는 이유는?

몽고DB를 사용하면 다소 대략적인 얼개만 갖고도 작업을 시작할 수 있기 때문에 어떤 종류의 작업에도 적합한 만능키처럼 생각하는 함정에 빠지기 쉽다. 몽고DB가 장점을 십분 발휘하는 작업들이 있는 것은 사실이지만, 이 글을 쓰는 현재 여전히 몇 가지 약점을 갖고 있는 것이 사실이다. 따라서 여러분의 프로젝트에 몽고DB를 사용하려면 다음 사항들을 충분히 고려할 필요가 있다.

- 레코드 개수 계산은 꾸준히 개선되고는 있지만 여전히 다른 데이터베이스 플랫폼에 비해서 느리다. 이것은 몽고DB가 B-트리 데이터베이스 파일 구조를 내부적으로 사용하는 방식 때문이다.
- 필드 이름이 압축되지 않으며 레코드 단위로 실제 공간을 차지한다. 이 때문에 src_ip나 source_ip 대신에 sip, username 대신에 u와 같은 이름를 사용하는 습관이 요구된다. 이로 인해서 데이터에 아주 익숙해지기 전에는 질의문의 가독성이 떨어질 수 있다.
- 기본적으로 몽고DB에 쓰기 작업을 하는 것은 UDP 패킷과 비슷한 측면이 있다. 즉, "보냈으니, 잘 수신되기를 기도하자". TCP처럼 동작하기를 원한다면 "쓰기 관심"을 활성화하는 옵션을 명시적으로 설정해야 한다. 하지만 이 설정을 활성화하면 로그 항목들을 몽고DB에 저장할 때 성능이 심각하게 저하될 수 있다.

특수 목적의 데이터베이스

"데이터베이스를 진정으로 구성하는 것은 무엇인가"라는 주제는 쉽게 논쟁의 대상이 되곤 한다. 여전히 SQL 세계에 심취해 있는 사람들은 NoSQL을 심각한 모욕으로 받아들이기도 한다. 마찬가지로, 이미 NoSQL에 패러다임에 적응한 사람들 중에서도 일래스틱 서치[ElasticSearch](http://www.elasticsearch.org/)나 Neo4j(http://www.neo4j.org/) 같은 도구를 불편하게 받아들이는 사람이 있다.

데이터 분석 작업의 필수적인 요소로서의 데이터베이스는 다음과 같은 역할을 할 수 있어야 한다.

1. 데이터 소스(로그, 전통적인 데이터베이스, 경고 메시지 등)를 식별한다.
2. 데이터를 수집하고 (필요한 경우) 변환하며 저장한다.
3. 데이터 저장소에 질의한다.
4. 질의 결과에 대한 분석을 제공한다.

여러분이 SQL 데이터베이스를 선택하든 NoSQL 데이터베이스를 선택하든, 대부분의 설정과 데이터 정제 작업은 여러분이 직접 수행해야 하며 데이터베이스 플랫폼에 대해서 DBA 수준의 익숙함이 요구된다.

로그 처리에 적합한 일래스틱서치

데이터 수집에 걸리는 노력을 줄이면서 분석 자체에 초점을 맞추고 싶다면, 일래스틱서치에 관심을 가질 만하다. 이 도구는 백엔드의 복잡성을 추상화하고, 프론트엔드에서 손쉽게 작업할 수 있는 입력, 질의, 분석 인터페이스를 제공한다.

일래스틱서치에 아무 자료나 입력하면, 적절한 질문 주제와 데이터가 뽑아져 나온다. 여러분은 스마트 인덱싱을 활성화하기 위해 반정형 또는 비정형 데이터를 일래스틱서치에 입력하고 약간의 도메인 지식을 함께 제공하기만 하면 된다. 그러면 일래스틱서치는 다중노드 NoSQL 마법과 전체 텍스트 검색을 결합해 대용량의 데이터일지라도 거의 실시간에 가까운 질의 결과를 반환한다. 로그 데이터 처리에 매우 특화되어 있으며, 몽고DB와 비슷한 수준의 통합 프레임워크를 제공한다.

보안 데이터 분석 작업에서 다양한 유형의 로그를 분석해야 한다면, 일래스틱서치는 기꺼이 투자할 만한 가치가 있는 도구일 것이다.

'연결' 처리에 적합한 Neo4j

이 책의 앞부분에서는 정보보안 분석에서 커다란 부분을 차지하는 것이 노드 간의 연결을 관찰하는 것임을 배웠다. 또 그래프 구조가 이러한 연결을 표현하고 분석하는 작업을 단순화한다는 것도 배운 바 있다. SQL 데이터베이스나 몽고DB, 레디스 등으로도 그래프 구조를 모델링하는 것이 가능하지만, Neo4j와 같은 도구를 사용하면 더욱 간단해진다. 그래프 모델링과 연산을 직접 지원하기 때문이다.

여러분이 4장의 `igraph` 연산에 흥미를 느꼈다면, Neo4j의 기능에는 어쩌면 감동을 느낄 지도 모른다. 그와 비슷한 계산과 분석을 수백만 개 이상의 노드로 확장하기 때문이다. 여러분은 넷플로우, 방화벽, 프록시, 이메일, DNS 로그 등의 다양한 소스에 들어 있는 고수준의 정점+간선 연결 데이터를 Neo4j로 가져온 다음, 소스 데이터에 포함된 세부 정보를 이용해 연결 및 노드 정보를 보완할 수 있다.

Neo4j를 사용할 때도 여전히 그래프 모델에 대한 이해는 필요하며, 싸이퍼^{Cypher}라는 이름의 그래프 전용의 질의어도 배워야 한다. 하지만 자바 혹은 파이썬으로 약간의 코드를 작성하거나 Neo4j REST 인터페이스를 사용하면 질의 결과를 여러분이 사용 중인 분석 플랫폼으로 내보낼 수 있기 때문에 세밀하고 효율적인 데이터 분석이 가능하다.

요약

정말로 효과적인 보안 데이터 과학자가 되기 위해서는 완고하게 관계형 데이터베이스만 고집하는 자세는 바람직하지 않다. 실제로 문제를 해결하기 위해서는 다양한 선택지가 열려 있어야 하며, 다양한 데이터베이스 기술들이 어떠한 작업에 이점을 갖고 있는지 알고 있을 필요가 있다.

이 장에서는 다양한 유형의 SQL 및 NoSQL 데이터베이스 환경에 대한 설명을 간단한 예제와 함께 제시했다. 각각의 강점과 약점을 요약하고, 동시에 전통적인 SQL 데이터베이스의 성능을 향상시킬 수 있는 방법에 대한 조언도 소개했다.

여기서는 핵심적인 데이터베이스 제품들만 초점을 맞춰서 소개했으며, 선택 가능한 모든 제품을 망라한 것이 아니다. 완벽한 소개를 위해서는 그 자체로 책 한 권이 필요하기 때문이다. 여러분은 SQL이든 NoSQL이든 데이터베이스의 세계에서 뒤처지지 않기 위해서 항상 노력해야 한다. 그래야 현재 상황에 적절한 데이터베이스 기술로 전환할 수 있다. 데이터의 양이 너무나 커진다면 하둡 생태계에 뛰어들 때가 된 것일지 모른다. 물론, 하둡을 이용하려면 많은 자원이 투입되어야 하며 여러분이 마주하고 있는 제약을 충분히 이해하고 시작해야 할 것이다.

마지막으로, 데이터베이스가 다양한 형태를 취할 수 있음을 보았다. 데이터베이스는 그 자체로서의 의의뿐 아니라, 특정 목적(예를 들면 로그 파싱)을 위한 수단으로서도 사용될 수 있다.

추천 읽을거리

다음 목록은 이 장에서 소개했던 주제들을 더욱 깊이 있게 이해하고 싶은 독자들을 위한 추천 읽을거리다. 아래의 문헌 및 이 장에서 언급한 문서의 원본에 관한 자세한 목록은 부록 B에서 확인할 수 있다.

- 잔 해링턴Jan L. Harrington, 『relational database design clearly explained』 – 가장 꼼꼼하면서도 접근하기 쉬운 책 중 하나다. 특히 RDBMS 시스템의 최신 경향을 파악하는 데 유용하다.
- 보리스 루블린스키Boris Lublinsky, 케빈 스미스Kevin T. Smith, 알렉세이 야쿠보비치Alexey Yakubovich, 『Professional Hadoop Solutions』 – 하둡 생태계에 관한 훌륭하고 철저한 소개서. 최신의 실제 사례를 담고 있으며 하둡 분석 환경의 보안과 관련한 조언을 포함하고 있다.
- 샤샨크 티와리Shashank Tiwari, 『Professional NoSQL』 – 이 장에서 소개한 것보다 훨씬 깊이 있게 NoSQL 데이터베이스 기술들을 소개한 포괄적인 참고 서적이다.

9

기계학습 쉽게 이해하기

"그들은 누가 학습하는 방법을 알고 있는지 충분히 알고 있다."

헨리 아담스(Henry Adams)

정보보안 업계에는 2가지 부류의 사람이 있다. 하나는 기계학습에 완전히 겁을 먹은 사람이고, 다른 하나는 기계학습이 스팸메일 문제를 거의 해결했음을 알고 기계학습에 완전히 겁을 먹은 사람이다. 기계학습을 '명시적으로 프로그래밍되지 않고도 학습하는 능력을 가진 컴퓨터를 제공하는 인공 지능(http://whatis.techtarget.com/definition/machine-learning)'으로 받아들인다면, 기계학습에 겁을 먹는 것도 무리가 아니다. 컴퓨터가 어떻게 명시적으로 프로그래밍되지 않고 무언가를 할 수 있겠는가? 이것보다 약간 더 나은 정의는 탐 미첼Tom M. Mitchell의 1997년 책 『기계학습Machine Learning』에서 찾을 수 있다.

어떤 작업 유형 T 및 성능 측정 P가 있을 때, T에 속한 작업에 대해 P로 측정된 컴퓨터 프로그램의 성능이 경험 E를 통해서 개선되었다면 그 프로그램은 경험 E로부터 학습했다고 말한다.

기계학습의 정체가 이해되는가? 위와 같은 광범위한 정의는 사실 별 도움이 되지 않는다. 기계학습의 추상적인 결과를 기술하고 있을 뿐, 기계학습이 무엇이며 어떻게 기계학습을 사용하는지는 설명하지 않기 때문이다. 실질적이고 구체적인 기계학습의 이해를 돕기 위해서, 현실 데이터를 통한 학습 과정을 보여주는 예제로 이번 장을 시작해 보자. 이번 장에 맞는 작업 디렉토리를 설정하고 R 라이브러리가 제대로 설치되어 있는지 확인하자(코드 9.0).

코드 9.0

```
# 작업 디렉토리를 9장으로 설정
# (2장에서 설정했던 디렉토리 구조에 따름)
setwd("~/book/ch09")
# 필요한 패키지가 설치되었는지 확인하고
# 그렇지 않으면 설치한다.
pkg <- c("ggplot2", "RColorBrewer")
new.pkg <- pkg[!(pkg %in% installed.packages())]
if (length(new.pkg)) {
  install.packages(new.pkg)
}
```

악성코드 탐지

여러분이 관리하는 모든 시스템의 메모리 및 프로세서 사용 정보가 주어졌다고 가정하자. 그중에서 250대의 컴퓨터를 조사한 결과, 일부는 악성코드에 감염되었고 나머지는

(악성코드 없이) 정상적으로 작동하고 있다. 하지만 아직 445대의 시스템은 조사가 끝나지 않았으며, 여러분은 이 445대의 시스템의 감염 여부를 판단하기 위해서 기존에 얻은 데이터를 이용하고 싶다.

> **노트**
>
> 이 예제는 기계학습을 설명하기 위해서 작위적으로 설정한 것임을 기억해야 한다. 악성코드를 탐지하기 위해서 기계학습을 본격적으로 응용하는 방법에 대해서는 'Proceedings of the 28th Annual Computer Security Applications Conference'에 수록된 레일라 빌지(Leyla Bilge)의 'Disclosure: Detecting Botnet Command and Control Servers Through Large-Scale NetFlow Analysis'를 참조한다(전체 참조는 부록 B에서 볼 수 있다).

이 예제에서는 R 언어로 시스템의 감염 여부를 분류하도록 훈련되는 알고리즘을 구축할 것이다. 우선 조사가 완료된(즉, 감염 여부를 알고 있는) 시스템들의 데이터를 불러온다(코드 9.1).

코드 9.1

```
memproc <- read.csv("data/memproc.csv", header=T)
summary(memproc)
##       host           proc              mem              state
## crisnd0004:  1   Min.   :-3.1517   Min.   :-3.5939   Infected: 53
## crisnd0062:  1   1st Qu.:-1.2056   1st Qu.:-1.4202   Normal  :194
## crisnd0194:  1   Median :-0.4484   Median :-0.6212
## crisnd0203:  1   Mean   :-0.4287   Mean   :-0.5181
## crisnd0241:  1   3rd Qu.: 0.3689   3rd Qu.: 0.2413
## crisnd0269:  1   Max.   : 3.1428   Max.   : 3.2184
## (Other)   :241
```

> **노트**
>
> data/memproc.csv 파일은 이 책의 웹사이트 www.wiley.com/go/datadrivensecurity에서 9장 다운로드 자료에 포함되어 있다.

'감염'된 것으로 확인된 호스트가 53개, '정상'인 것으로 확인된 호스트가 194개인 것을 볼 수 있다. 또 프로세서 데이터와 메모리 정보는 모두 정규화되어 있으므로(5장에서 설명한 Z-점수를 참조) 동일한 스케일 상에서 관리되고 있다. 기계학습에서는 변수를 서로 비교할 때 이와 같이 스케일을 일치시키는 것이 중요하다. 이 데이터를 좀 더 잘 이해하기 위해서 그래프로 그려보자(코드 9.2). 프로세서 데이터와 메모리 데이터를 두 축으로 사용하면서 악성코드 여부를 색으로 구별하고 있다(그림 9.1 참조).

코드 9.2

```
# 필요한 패키지 : ggplot2
# 필요한 객체: memproc (9-1)
library(ggplot2)
gg <- ggplot(memproc, aes(proc, mem, color=state))
gg <- gg + scale_color_brewer(palette="Set2")
gg <- gg + geom_point(size=3) + theme_bw()
print(gg)
```

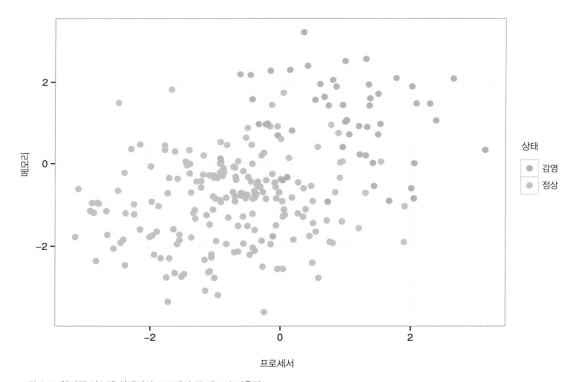

그림 9.1 알려진 시스템 상에서의 프로세서 및 메모리 사용량

감염된 시스템이 일반적으로 프로세서와 메모리를 더 많이 사용하고 있음을 눈치 챘는가? 그림 9.1의 산점도 상에서의 상대적 위치에 근거해 데이터를 분류하는 알고리즘을 개발하는 것도 가능하지만, 서두르지 말고 좀 더 계획적으로 접근하자. 우선 어떤 기계학습 알고리즘을 적용할지 결정하고, 그 알고리즘이 적합한지를 어떻게 테스트할지 정해야 한다. 현업에서는 문제를 해결하기 위해서 복수의 알고리즘과 피처(특징, feature)를 시도하는 것이 일반적이다. 모델과 피처를 선택하는 방법에 관해서는 이 장 후반에 설명한다.

기계학습 알고리즘 개발

알고리즘 개발이라고 하니, 수학 공식이 줄줄이 나오면 어떻게 하지 싶은가? 걱정할 필요 없다. 이 절은 최대한 가볍게 설명할 것이며, 우선 알고리즘^{algorithm}이라는 단어에 대한 분명한 이해부터 시작할 것이다. 여러분은 알고리즘이라는 단어를 '일련의 명령어들'로 바꿔서 이해하는 것이 좋다. 실제로 알고리즘은 결국 명령어들이다. 여러분이 하고자 하는 것은 데이터를 조사하고 이해하는 방법에 관한 명령어들을 컴퓨터를 위해서 개발하는 것이다. 그러면 컴퓨터는 그 방법을 미지의 시스템에 적용하고, 그 결과에 따라서 분류를 수행한다.

이제 "명시적으로 프로그래밍을 하지 않는다"의 의미를 이해하겠는가? 컴퓨터를 위해서 프로그램을 작성하기는 하지만, 컴퓨터가 사용할 의사결정 기준을 명시적으로 작성하지는 않으며 이것이 바로 기계학습이 다른 점이다. 여러분이 작성하는 일련의 명령어들(알고리즘)은 어떻게 데이터를 조사하고 그 데이터로부터 어떻게 의사결정 기준을 구축해야 하는지 명시적으로 지시하지만, 의사결정 기준 자체를 컴퓨터에게 지시하지는 않는다. 이것을 전통적인 방화벽 및 침입탐지/방지 시스템의 프로그래밍과 비교해 보자. 전통적인 방식에서는 최선의 분류 방법을 사람이 고안해 내고, 그 규칙을 기계가 따르도록 명시적으로 프로그래밍한다. 하지만 이러한 접근 방식에는 한계가 있으며, 불행히도 대부분의 보안 시스템이 이미 수년 전부터 이러한 한계에 도달했다. 하지만 기계학습에서는 컴퓨터에게 데이터로부터 학습을 하고 그 학습 결과를 다른 데이터에 적용하도록 시킨다. 컴퓨터는 사람보다 훨씬 더 데이터에 내재한 각종 차이점 및 미묘한 부분을 잘 발견할 수 있으며, 이것이 바로 기계학습으로 가능한 일이다.

> **노트**
>
> 이 장에서 모델이라는 용어와 알고리즘이라는 용어를 번갈아 사용하는 것처럼 보일 수 있다. 둘 사이의 차이는 미묘하며 처음에는 다소 혼란스러울 수 있다. 모델은 좀 더 일반적인 의미를 가지며, 여러 요소들이 함께 들어맞는 방법을 정의한다. 알고리즘은 모델을 구현하는 특정 방법을 의미하므로, 하나의 모델에 적합한 알고리즘은 다수 존재할 수 있다.

그림 9.1의 데이터로 다시 돌아가자. 정상적인 호스트 상에서의 프로세서 및 메모리 사용량에 관해서 학습을 한 뒤 감염된 호스트 상에서의 프로세서와 메모리 사용량 데이터와 비교하도록 명령어들을 작성해야 한다. 그래서 컴퓨터가 2개의 데이터 세트 간의 차이점을 파악한다면, 그 정보를 아직 알려지지 않은/분류되지 않은 시스템에서 수집된 데이터에 어떻게 적용하면 되는지 컴퓨터에 지시하는 명령어를 작성하는 것이다. 여기서의 목적은 어떤 시스템이 악성코드에 감염되었는지 아닌지를 컴퓨터가 추측하도록 하는 것이다. 이 알고리즘을 간단하게 정리하면 다음과 같다.

1. 알고리즘을 정의하고 훈련한다.
   a. 감염된 것으로 알려진 시스템들의 프로세서 및 메모리의 평균 사용량을 계산한다.
   b. 정상인 것으로 알려진 시스템들의 프로세서 및 메모리의 평균 사용량을 계산한다.
2. 아직 분류되지 않은 호스트에 대한 예측을 한다.
   a. 프로세서 및 메모리 사용량이 평균적인 감염 시스템에 가깝다면, 감염된 호스트로 분류한다.
   b. 프로세서 및 메모리 사용량이 평균적인 정상 시스템에 가깝다면, 정상인 호스트로 분류한다.

축하한다! 여러분은 지금 여러분의 첫번째 기계학습 알고리즘을 작성했다. 이제 컴퓨터는 이 인공 지능을 이용해 세계 지배에 한 걸음 더 다가갔다. 위의 알고리즘에서 훈련train이라는 단어를 사용했음에 주목하자. 훈련이라는 용어는 기계가 데이터로부터 학습을 한다는 것을 가리키는 단어다. 마치 제자가 스승으로부터 훈련을 받는 것처럼, 기계는 데이터에 의해서 훈련을 받는다. 알고리즘을 훈련할 때 사용되는 데이터를 가리켜서 훈련 데이터training data라고 부른다. 조금 전의 예제에서 '훈련'은 훈련 데이터를 사용해 감염된 시스템과 그렇지 않은 시스템에서의 평균적인 사용량을 계산한 것을 의미한다. 예제에서는 한 단계로 이뤄진 간단한 훈련 과정을 거쳤지만, 현실에서의 기계학습 알고리즘은 반복적 또는 다단계의 훈련 과정을 거치는데 이에 관해서는 나중에 설명할 것이다.

알고리즘 검증

이 알고리즘을 사용해 실제로 의사결정을 하기 전에 알고리즘의 유효성을 검증할 필요가 있다. 감염된 시스템을 예측하는데 이 알고리즘이 얼마나 정확한지 테스트를 할 수 있는 방법이 필요하다. 알고리즘을 훈련할 때 데이터를 전부 사용하지 않고, 일부를 남겨 놓았다가 알고리즘이 얼마나 정확히 악성코드를 예측하는지 테스트하는 목적으로 사용하는 것은 어떨까? '검증' 과정을 거칠 수 있다는 것은 기계학습의 강점 중 하나이다. 컴퓨터 과학은 통계학만큼이나 많은 발전을 거듭했으며 실용주의적 성격이 강하다. 의사 결정의 유효성을 검증하기 위해서 많은 기법들이 제안되었으며 그러한 검증을 수행하지 않고 모델을 선택한다는 것은 생각할 수 없다.

이 예제는 단순성을 유지하기 위해서 원본 데이터를 2개의 데이터 세트로 분할할 것이다. 본격적인 기계학습 프로젝트에서는 원본 데이터를 2개 이상의 데이터 세트로 분할한 다음 다수의 반복(및 검증)을 통해서 데이터를 훈련 및 테스트하는 것이 일반적이다.

데이터를 2개의 그룹으로 데이터를 분할하면, 앞서 언급했듯이 첫 번째 그룹을 (알고리즘을 훈련시키는데 사용되므로) 훈련 데이터라고 부르고 두 번째 그룹을 (알고리즘의 유효성을 테스트하는데 사용되므로) 테스트 데이터라고 부른다. 데이터를 무작위로 분할하기 위해서는 sample() 명령어를 사용하며, 원본 데이터의 인덱스(벡터 내에서의 위치)의 무작위 표본을 생성해서 이 표본을 훈련 데이터 및 테스트 데이터로 분할한다. 분할을 하는 위치에 관해서는 절대적인 규칙이 없으므로(다양한 분할 기법이 존재한다), 이 예제에서는 1/3은 테스트 데이터로 사용하고 나머지 2/3는 알고리즘 훈련에 사용하기로 한다. 그리고 난수 발생기에 사용되는 시드를 설정함으로써 반복 분할이 가능하도록 한다(코드 9.3).

코드 9.3

```
# 필요한 패키지 : ggplot2
# 필요한 객체: memproc (9-1)
# make this repeatable
set.seed(1492)
# 표본 전체의 개수를 센다.
n <- nrow(memproc)
```

```
# test.size를 n/3으로 설정한다.
test.size <- as.integer(n/3)
# 테스트 세트를 위해서 무작위로 표본을 추출한다.
testset <- sample(n, test.size)
# 테스트 데이터와 훈련 데이터로 분할한다.
test <- memproc[testset, ]
train <- memproc[-testset, ]
```

이제 train 데이터로 알고리즘을 훈련하고, test 데이터로 알고리즘의 정확성을 검증할 수 있다. 현실에서는 이보다 훨씬 우수한 검증 기법들이 있다는 것을 기억하자. 이예제처럼 데이터를 한번만 분할하는 것은 알고리즘이 좋을 것이라고 그냥 가정하는 것보다는 물론 낫지만, 실제 현업에서는 (이 장 후반에 설명할) 교차 검증 등과 같이 더욱 견고한 기법들을 사용할 필요가 있다.

알고리즘 구현

이 알고리즘을 훈련하는 첫 번째 단계는 감염된 시스템의 평균 프로세서 및 메모리 사용량과 정상 시스템의 평균 프로세서 및 메모리 사용량을 계산하는 것이었다. 평균 사용량을 계산하기 위해서는 (감염 여부를 나타내는) state 필드에 근거해 해당되는 행을 가져온다음 이를 proc과 mem 필드의 열에 적용해야 한다. 이렇게 얻어진 데이터는 colMeans() 함수로 전달되는데, 이 함수는 2개의 열에 대해서 평균을 계산한 다음 2개의 요소를 갖는 벡터값을 반환한다(코드 9.4).

코드 9.4

```
# 필요한 객체: train (9-3)
# 감염된 시스템의 proc와 mem 열을 추출한 다음, 정상 시스템의 proc와 mem 열을 추출한다.
# 그리고 나서 colMeans() 함수를 사용해 열의 평균을 구한다.
inf <- colMeans(train[train$state=="Infected", c("proc", "mem")])
nrm <- colMeans(train[train$state=="Normal", c("proc", "mem")])
print(inf)
##      proc      mem
## 1.152025 1.201779
print(nrm)
##       proc       mem
## -0.8701412 -0.9386983
```

평균값 사이의 차이가 그리 작지 않기 때문에 이 예제와 같은 단순한 알고리즘에서 사용해도 좋아 보인다. 이렇게 알고리즘 훈련이 끝나고 나면, 그 다음 할 일은 predict. malware() 함수를 작성하는 것이다(코드 9.5). 이 함수는 data라는 이름의 벡터를 받아서 proc와 mem 값을 추출한 다음 그 값들이 앞서 훈련 과정에서 얻어진 평균값에서 얼마나 떨어져 있는지를 계산한다. '얼마나 떨어져 있는지'를 계산하는 가장 좋은 방법은 무엇일까? 기하학 시간에 배운 피타고라스 정리를 기억해 보자. $a^2 + b^2 = c^2$에서 a와 b는 삼각형의 직각을 낀 두 변이고 c는 빗변이다. 이 값은 유클리드 기하학에 기반하기 때문에 '유클리드 거리'라고 부른다. 이 예제에 적용한다면, a는 훈련 데이터의 proc의 평균값과 테스트 데이터의 proc의 평균값 사이의 차이고, b는 훈련 데이터의 mem의 평균값과 테스트 데이터의 mem의 평균값 사이의 차이가 된다. 이렇게 얻은 a와 b를 이용해 c 값을 얻은 후 정상 시스템과 감염 시스템 중 어느 쪽과의 거리가 가까운지 판단하면 된다.

코드 9.5

```
필요한 객체: inf (9-4), nrm (9-4)
predict.malware <- function(data) {
  # proc와 mem을 수치 타입의 값으로서 얻는다.
  proc <- as.numeric(data[['proc']])
  mem <- as.numeric(data[['mem']])
  # 감염 시스템에 대한 a와 b 값을 얻는다.
  inf.a <- inf['proc'] - proc
  inf.b <- inf['mem'] - mem
  # 피타고리안 거리 c = sqrt(a^2 + b^2)
  inf.dist <- sqrt(inf.a^2 + inf.b^2)
  # 정상 시스템에 대해서 반복한다.
  nrm.a <- nrm['proc'] - proc
  nrm.b <- nrm['mem'] - mem
  nrm.dist <- sqrt(nrm.a^2 + nrm.b^2)
  # 가장 가까운(거리값이 작은) 것으로 분류한다.
  ifelse(inf.dist<nrm.dist,"Infected", "Normal")
}
```

시험 삼아 몇 개의 값들을 인수로 전달해 출력 결과를 확인하면 좋을 것이다. 이제, 테스트 데이터에 적용할 준비가 모두 끝났다. 테스트 데이터에 적용하기 위해서는 테스트 데이터를 첫 번째 인수로, 1을 두 번째 인수로 apply() 함수에 전달하면 된다(여기서 1은 행을, 2는 열을 가리킨다). 그리고 마지막 인수로는 앞서 작성했던 predict.malware 함수를 전달한다(코드 9.6). apply 함수는 모든 행들을 벡터로 변환할 것이다. 여기서 주의할 것은 state와 host 변수가 문자 타입이기 때문에 벡터가 문자 벡터로 변환된다는 점이다. 이런 이유로 predict.malware() 함수를 작성할 때 as.numeric() 함수로 proc와 mem 변수를 다시 수치 타입으로 변환한 것이다.

코드 9.6

```
# 필요한 객체: test (9-3), predict.malware (9-5)
prediction <- apply(test, 1, predict.malware)
```

첫째, 손해볼 것은 없다; 둘째, 널 모델보다는 낫다

이 예제에서 다루는 알고리즘은 매우 기초적인 것으로서 단순히 설명의 편의를 위한 것임을 분명히 하고 넘어가고 싶다. 통계학에는 널 모델(Null Model)이라는 개념이 있는데, 극히 간단한 모델을 의미하며 여러분은 언제나 널 모델보다는 더 나은(혹은 더 나쁘지 않은) 모델을 추구해야 한다. 예를 들어 5장에서 다룬 제로액세스 감염 데이터의 경우, 모든 주에 걸친 감염 노드수의 평균값 (5,253)을 계산하는 것이 널 모델이 될 수 있다. 즉 널 모델은 새로 어떤 주의 감염 노드수를 예측할 때, 그 주의 데이터에 관계없이 감염된 노드의 수가 5,253개일 것으로 추정한다. 이 때 모델을 단순화하기 위해서 변수들을 생략 혹은 '무효화'한다고 말한다. 상식적으로, 이렇게 모든 주에 걸친 단순 평균값은 형편없는 예측 도구이겠지만, 널 모델의 목적이 원래 이런 것이다. 널 모델을 기준점으로 삼고, 이보다 능가하는 모델을 고안해야 하는 것이다. 며칠에 걸쳐서 데이터를 준비하고 복잡한 서포트 벡터 머신(SVM, Support Vector Macnine)을 훈련시켰음에도 예측 성능은 훨씬 단순한 모델만도 못할 경우가 종종 일어난다. 약간의 시간을 들여서, '이 놀이기구에 탑승하려면 키가 이것보다 커야 하는' 지표 역할을 할 모델을 작성하라. 그리고 이 모델을 능가하는 모델을 만들어 내도록 노력해야 한다.

테스트 데이터에 대한 실행이 끝나면 예측 결과가 보고되고 이제 실제 값과 비교할 수 있게 된다. 알고리즘의 우수성을 판단하기 위해서, 정확하게 예측된 결과의 비율을 살펴보자. 이 비율은 정확한 예측(실제의 test$state 값과 예측된 prediction 값이 일치하는 것)의 수를 전체 예측의 수로 나누면 얻을 수 있다(코드 9.7).

코드 9.7

```
# 필요한 객체: test (9-3), predict.malware (9-5)
prediction <- apply(test, 1, predict.malware)
```

이처럼 아주 간단한 알고리즘이 거의 88%의 값을 정확히 예측했다. 이것은 아마도 알고리즘의 우수성이라기보다는 데이터가 적절히 분리된 덕분이겠지만, 그래도 88%는 첫 번째 기계학습 알고리즘치고는 매우 좋은 결과다. 축하한다! 결과는 그림 9.2에서 확인할 수 있다.

이 그림에 그려진 직선보다 위에 있는 노드는 감염된 것으로 예측되고, 아래에 있는 노드는 정상인 것으로 예측된다. 잘못 분류된 노드들이 그림 9.2에 분명하게 표시되어 있다. 정상임에도 불구하고 감염된 것으로 잘못 분류된 노드와 감염되었음에도 정상인 것으로 잘못 분류된 노드들을 쉽게 확인할 수 있다.

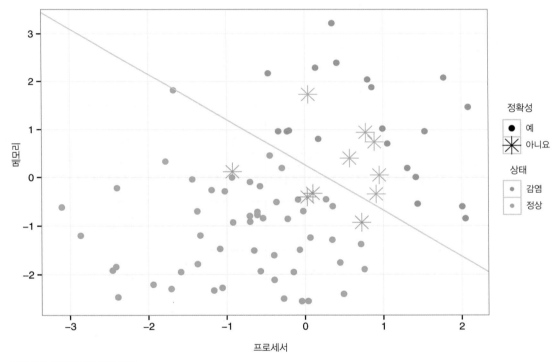

그림 9.2 알고리즘을 통한 예측

스팸, 스팸, 스팸

기계학습에 관한 책들을 열어 보면, 상당수의 책들이 스팸 필터링을 다루고 있음을 알 수 있다. 상당히 깊이 있는 예제들도 볼 수 있다. 하지만 저자들은 스팸 필터링에 관해서 다루지 않기로 했는데, 이 책에서 기계학습에 할당된 장이 하나뿐이고 이미 스팸 필터링에 관한 좋은 예제들을 쉽게 구할 수 있기 때문이다. 스팸 필터링에 관한 좋은 책 중 하나가 드류 콘웨이(Drew Conway) 및 존

마일즈 화이트(John Myles White)가 쓴 『Machine Learning for Hackers』다. 스팸 분류가 좋은 점은 유효성 검증에 이용할 수 있는 데이터가 끝없이 공급된다는 점이다. 그렇지 않은가?

기계학습으로 얻을 수 있는 이익

지금까지 다소 간단한(사실은 너무 간단한) 예제를 실습했으므로 이제 기계학습이 초래하는 사고방식의 변화에 어느 정도 이해가 생겼을 것이다. 기계학습은 사전에 정의된 규칙과 시그니처에서 데이터로부터 직접 학습하는 컴퓨터에 의한 지속적인 적응으로 초점을 이동시켰다. 어쩌면 임계값과 정규 표현식 규칙에 의존하던 날들이 추억 속에만 남게 될지도 모른다.

기계학습의 이점에 대해 읽기 전에, 기계학습 알고리즘에는 감독형supervised과 자율형unsupervised 두 가지 유형이 있다는 것을 알고 넘어가자. 어느 유형을 선택할지는 여러분의 취향이 아니라 데이터의 유형에 의해 결정되어야 한다.

- 감독형 알고리즘supervised algorithm은 조금 전의 예제처럼 이미 알고 있는 표본을 포함하는 훈련 데이터가 주어져야 한다. 예제의 훈련 데이터는 악성코드 감염 여부를 이미 알고 있는 호스트로부터 얻어진 것이었다. 5장에서 다룬 제로액세스 데이터도 마찬가지다. 각각의 주와 카운티별로 얼마나 많은 수의 노드가 감염되었는지 알고 있으며, 주와 카운티의 다른 데이터와 상관관계 분석도 할 수 있었다. 즉, 감독형 학습은 이미 분류된 혹은 알려진 데이터가 있을 때만 가능하다.

- 자율형 알고리즘unsupervised algorithm은 어떤 결과가 나올지 미리 알 수 없는 데이터에 적용된다. 비감독형 학습은 최대한 '데이터가 스스로를 설명하도록' 하는 학습방식이다. 아마존이나 넷플릭스의 추천 시스템을 생각해 보자. 추천 시스템은 영화 대여 또는 구매 기록에 관한 데이터에 자율형 학습 기법을 적용해, 비슷한 구매 혹은 대여 패턴을 갖고 있는 사람들을 그룹별로 묶는다. 이렇게 얻어진 그룹에 근거해 추천 시스템은 여러분과 비슷한 취향을 가진 다른 사람이 구매했던 제품들을 추천해 준다. 이 때 그룹이 어떻게 분류될지 사전에 결정되지 않는다는 것에 주목하자. 자율형 학습을 통해서 여러분은 그룹과 관계를 발견할 수 있으며, 다른 방법으로는 불가능했었을 깊이 있는 탐색을 할 수 있다. 이와 같은

특성을 감안하면 자율형 학습으로 무언가를 절대적으로 증명하는 것은 어렵지만, 애초에 자율형 학습은 그러한 목적으로 설계된 것이 아니다. 앞으로 배우겠지만, 자율 학습 방법을 사용하면 흥미로운 관계를 발견하는 것이 가능하다.

파라미터인가 아닌가 그것이 문제로다

감독형과 자율형 이외에, 파라메트릭 학습 방법과 그렇지 않은 방법으로 기계학습 알고리즘을 구분하기도 한다. 파라메트릭(parametric)이라는 용어는 모델 또는 알고리즘 내에 존재하는 하나 이상의 파라미터를 가리키며, 훈련의 결과로서 추정되어야 하는 값이다. 5장에서 실습했던 선형회귀 분석은 파라미터적 모델의 좋은 예다. lm() 명령의 실행 결과에 보이는 선형 계수가 파라미터에 해당하며 이 값은 회귀 분석 내의 예측 및 추론 시에 사용된다. 이것은 (나중에 설명할) 랜덤 포레스트(random forest) 알고리즘과 대조적인데, 랜덤 포레스트 알고리즘을 훈련할 때는 추정되어야 할 파라미터가 없다. 그 대신에 일련의 의사결정 트리를 그려나가고 이 트리를 이용해 추가적인 분류가 이뤄진다.

기계학습으로 답을 얻기

기계학습은 어떤 종류의 질문에 대답할 수 있을까? 다시 말하면, 어떤 종류의 문제를 해결할 수 있을까? 대체적으로 아래 유형의 질문에 대한 답을 얻는 데 이용할 수 있다.

- 분류
- 정량적 예측
- 추론
- 탐색과 발견

앞서의 예제에서 호스트의 감염 여부를 판단하려고 시도한 것은 분류와 관련이 있다. 분류classification는 무언가가 어떤 범주에 속하는지 식별하거나 어떤 이름표를 달아야 할지 결정하는 과정을 의미한다. 분류를 하기 위해서는 범주들의 목록 및 그 범주를 기술하는 데이터가 주어져야 한다(따라서 언제나 감독형 알고리즘이다). 보안 데이터 분석의 상당수는 분류 문제(예를 들면 "이 코드는 악성코드인가 아닌가?")일 경우가 많다. 사용자를 인증하고 권한을 부여하는 체계는 동작하고 있지만 로그인한 사용자의 행위가 정상적인 사용자의 행위인가 아니면 악성 사용자의 그것인가? HTTP 요청이 유효한가 아니면 요청해서는 안 되는 리소스에 접근을 시도하고 있는가? 이와 같은 질문은 분류 알고리즘이 가장 잘 해결할 수 있다.

분류보다는 어떠한 양을 예측하고 싶으면 어떻게 해야 할까? 기계학습(및 고전적인 통계학)은 정량적 예측을 할 수 있는 방법을 제공한다. 공학적 원리에 충실한 사람은 예측은 근본적으로 불가능하다고 언성을 높일지도 모르지만, 지금 데이터에 정확한 미래가 숨겨져 있다고 주장하는 것이 아니다. 다만, 데이터를 이용해 썩 괜찮은 추정은 할 수 있다. 일정량의 관찰값과 그로 인한 결과가 주어진다면(따라서 감독형 학습이다), 미래의 값에 대한 추정을 제공할 수 있는 예측 모델을 구축할 수 있는 것이다.

5장에서 실습했던 선형회귀 분석으로 돌아가 보자. 인구수가 6백만 명인 새로운 주가 갑자기 미국에 추가되었다고 가정하자. 이 때 인구수만 갖고 회귀 분석을 해 보면 그 주의 제로액세스 감염 노드수는 5,000 미만으로 예측될 것이다. 이 예는 그다지 실용적이지는 않지만, 다음 달의 대역폭 사용량을 추정하거나 다음에 있을 DDos 공격의 규모를 예측하는 것은 가능할 것이다.

어떤 양이나 범주를 예측하는 것이 목적이 아니고, 관찰 대상인 변수가 결과에 어느 정도 기여하는지 혹은 결과와 어떻게 상호 작용을 하는지 알고 싶을 때도 있다. 이러한 경우에는 추론Inference을 위한 방법을 적용할 수 있다. 추론은 여러분을 둘러싼 환경을 기술하기 위한 것이다. 이 변수들은 얼마나 중요한가? 프로세서 및 메모리 사용량 데이터가 시스템의 감염 여부를 예측하는 가장 좋은 도구인가? 예를 들어, 선형회귀 분석을 사용하면 여러 개의 변수들을 하나의 분석으로 전달해 그 변수들이 결과에 각각 얼마나 영향을 미치는지 알 수 있으며 변수들을 둘러싼 정량적 관계도 볼 수 있다. 감독형 학습과 자율형 학습 모두 추론 가능하며, 추론은 어떤 모델이나 알고리즘에서도 중요한 비중을 차지한다.

기계학습의 마지막 응용 분야는 탐색과 발견이다. 이 영역은 자율형 알고리즘이 진정으로 그 능력을 드러내는 분야이지만, 감독형 학습도 어느 정도 탐색을 지원할 수 있다. 가끔 여러분은 눈앞에 쌓여 있는 산더미 같은 데이터 속에 어떤 관계나 패턴이 존재하는지 알고 싶을 때가 있다. 다차원 확장이나 계층적 클러스터링 등의 방법을 사용하면, 단순한 기술 통계값으로는 얻을 수 없는, 데이터를 바라보는 새로운 관점을 얻을 수 있다.

성능 측정

좋은 학습의 핵심은 좋은 피드백이다. 모델과 알고리즘을 만들어 놓고 제대로 동작하는 지 확인하지 않는다면, 같은 실수의 반복을 피할 수 없고 개선은 거의 불가능하다. 피드 백이 중요하기 때문에 감독형 알고리즘에서 알고리즘의 성능 측정을 위한 기법이 다수 고안되었다. 자율형 알고리즘은 일반적으로 어떤 이론을 증명(또는 반증)하는 데 사용되지 않는다는 것을 이해하는 것이 중요하다. 각종 기법을 수학적으로 자세히 설명할 지면 이 부족하기 때문에 이 절에서는 기본적인 개념을 소개하고 심화학습에 도움이 될 용어 몇 개를 설명하기로 한다.

상식적으로, 어떤 예측 알고리즘의 성능을 측정하는 가장 좋은 방법은 그 알고리즘이 얼마나 잘 예측하는지(비관주의 관점에서는 얼마나 예측을 못하는지) 확인하는 것이다. 하나의 완벽한 정답은 없으므로 여러분은 가능한 방법들 중에서 가장 나은 것을 선택해야 한다(완벽하지 않다는 이유로 괜찮은 알고리즘을 그냥 버려서는 안 된다). 이 과정을 수학적으로 멋지게 기술하는 공식들이 존재하지만, 결국은 다음의 간단한 명제를 다양하게 변형한 것에 불과하다. 즉, 정량적 값을 다루는 경우에는 예측값이 관찰값과 가장 가까운 모델을 선택하고, 분류 체계를 다루는 경우에는 정확하게 분류된 개수가 가장 많은 모델을 선택한다.

고전적인 회귀 분석에서는 예측값과 관찰값 간의 차를 제곱한 뒤 모두 더한다. 차를 제곱하기 때문에 차가 클수록 증폭되고 작은 값은 보상되고, 지표로서의 품질이 개선되는 효과를 얻게 된다. 이렇게 얻은 값을 통계 용어로 제곱오차합SSE, Sum Square of Errors이라고 한다. 같은 걸 다르게 부르는 오래된 전통에 따르면, 제곱잔차합SS residual 혹은 잔차제곱합RSS, Residual Sum of Squares이라고 부르기도 한다.

SSE는 제곱된 편차값들을 더해서 얻어지므로 표본의 크기가 클수록 SSE의 값도 커진다. 따라서 데이터 포인트의 수가 같지 않다면 그대로 훈련 데이터 세트와 테스트 데이터 세트를 비교해서는 안 된다. SSE를 표준화하기 위해서 데이터 포인트의 개수(표본의 크기)로 나눈 결과값을 갖고는 비로소 비교가 가능해진다. 이렇게 얻어진 결과값을 평균제곱오차MSE, Mean Squared Error라고 한다. 훈련 데이터와 테스트 데이터의 개념이 세상에 나오기 전부터 모델 훈련에 사용되는 데이터 세트에 대해서 MSE 값은 계산되어 왔다(고전적 방식에서는 여전히 MSE가 기본으로 사용된다). 하지만 MSE에만 의존하면 과잉적합overfitting의 함정에 빠지기 쉽다는 문제가 있다(과잉적합에 관해서는 박스 기사를 참조). 정량적 모델들의 성능을 비교하는 한 가지 방법은 각각의 MSE를 계산하고 그 값을 여러 접근 방법 및 특징 선택 간에 비교하는 것이다. 이 장 후반의 '모델 검증' 절에서 좀 더 자세히 다룰 것이다.

과잉적합

알고리즘을 학습한다는 것은 무엇을 해야 할지를 데이터로부터 '학습하는' 것이라고 말할 수 있다. 그런데 이 과정에서 지나치게 많이 학습을 하는, 다시 말하면 데이터에 지나친 신뢰를 부여하는 경우가 있을 수 있다. 이 경우 알고리즘은 훈련 데이터에 대해서는 너무나 잘 들어 맞지만 실제 데이터에 적용했을 때는 비참한 성능을 보일 수 있다. 이러한 문제를 가리켜 과잉적합(overfitting)이라고 부르며, 훈련 알고리즘이 훈련 데이터에 지나치게 공격적으로 들어맞을 때 발생한다. 훈련 데이터는 표본이기 때문에 모집단과는 다른 자신만의 단점과 특성을 가질 수 있다. 가장 이상적인 것은 알고리즘이 훈련 데이터 자체의 단점은 무시하고 모집단의 특성에만 집중하는 것이다. 과잉적합의 개념을 아는 것은 좋은 일이지만, 아는 것만으로는 도움이 되지 않는다. 과잉적합을 탐지하고 회피하기 위한 방법들이 존재하며, 이에 대해서는 조금 뒤에 다룰 것이다.

피처 선택

어떤 알고리즘을 훈련하고 그 성능을 측정하려면 우선 그 알고리즘에 적용할 데이터가 준비되어야 한다. 그럼에도 기계학습 분야에서 다소 논의가 덜 되는 주제의 하나가 수집될 데이터를 어떻게 선택해서 분석에 포함시키느냐 하는 부분이다. 알고리즘에서 사용하기 위해서 수집되는 변수를 가리켜 피처[feature]라고 부르며, 고전적인 통계학에서는 설명적, 독립적, 혹은 예측자 변수라고 불리기도 한다. 앞서의 예제에서 프로세서와 메모리 사용량은 알고리즘 훈련에 사용된 피처였다.

피처 선택에서 까다로운 부분은 최초의 피처 집합을 선택하기 위한 지침이 없다는 점이다. 그리고 피처 선택이야말로 도메인 전문 지식의 역할이 부각되는 부분이다. 여러분 관점에서 중요해 보이는 데이터 포인트를 수집한 다음, (이전 절에서 설명한 것처럼) 알고리즘을 실행해 보고, 실제로 결과에 기여하는지 확인해야 한다. (거의 모든 통계적 접근법에서 지원되는 이와 같은 간단한 과정을 수행하는 것만으로도 정보보안 분야의 어떤 위험분석 모델을 능가할 수 있다.) 데이터라는 데이터는 전부 취하고 싶은 유혹이 들기 마련이지만, 예전에 설명했듯 데이터 수집과 정제에는 비용(시간과 자원)이 수반된다. 그리고 적은 변수로도 우수한 성능을 내는 모델이 있는 반면, 아주 많은 변수를 사용함에도 형편 없는 성능을 내는 모델도 존재한다.

예를 들어 악성코드 분류자의 성능을 개선하고 싶다면, 네트워크 트래픽 로그에서 포트와 프로토콜의 출현 빈도를 설명하는 변수를 추출하는 것부터 시작할 수 있다. 최초의 변수 선택은 사실 그다지 중요하지 않다. 무엇을 선택하든 어차피 잘못된 선택일 가능성이 매우 높기 때문이다. 그래도 상관없다. 다양한 변수를 시도하다 보면, 유용한 변수를 찾아낼 수도 있고, 유용한 변수를 찾지 못할 수도 있으며, 함께 사용될 때만 유용한 변수 조합을 찾아낼 수도 있다. 여기서 중요한 것은 피처 선택은 반복적인 과정이라는 점이다. 결국, 피처가 결과에 얼마나 기여하는지, 그리고 알고리즘이 얼마나 정확하게 동작하는지 관찰하면서 개선을 위한 시도를 계속해야 한다.

최량 부분집합 기법

피처들이 잔뜩 주어졌을 때 그중에서 어떤 피처를 선택하거나 제외해야 할까? 한 가지 방법은 가능한 조합을 전부 시도해서 그중에서 최고의 성능을 보이는 조합을 선택하는 선택하는 것이다. 이런 접근 방법을 가리켜 최량 부분집합best subset 기법이라고 부른다. 이 기법의 장점과 단점은 똑같다. 모든 가능한 조합이 시도된다는 점이다. 한편으로, 이 무식한 방법이 아니면 발견할 수 없었을 피처 조합을 발견할 수 있을지 모른다. 하지만 다른 한편으로는 모든 피처 조합을 시도하느라 상당한 시간이 걸린다는 점이 문제다. 20개의 변수에 최량 부분집합 기법을 사용할 경우 알고리즘 적용 및 검증에 백만 번 이상의 반복 실행이 필요한 것으로 알려져 있다.

최량 부분집합 기법에는 다른 주의점도 있다. 일반적으로 피처의 수가 증가하면 피처 집합 내에서 가짜 관계를 발견할 확률도 증가한다. 좋은 소식은 이를 알아낼 방법이 있다는 점이다. 최량 부분집합 기법으로 과잉 적합된 알고리즘은 훈련 데이터에 대해서는 최고의 성능을 보이지만 테스트 데이터에 대해서는 형편없는 성능을 보이는 것이 일반적이다. 이 문제를 해결하는 방법은 다수의 최량 부분집합을 적용하거나, 아니면 포기하고 다른 기법을 알아보는 것이다.

단계적 비교 기법

최량 부분집합 기법이 현실적으로 어렵거나 바람직하지 않다면 단계적 접근법이 좋은 타협점이 될 수 있다. 모든 조합을 시도하기보다, 단계별로 정확한 피처 집합을 구축해 나가는 것이다. 순방향 단계적 비교forward stepwise comparison 기법에서는 최초에는 각각의 피처별로 훈련을 수행해 가장 좋은 성능을 보이는 피처를 저장한다. 그리고 저장된 피처에 다른 피처들을 하나씩 추가해 마찬가지로 성능을 측정하고 가장 좋은 성능을 보이는 피처를 저장하는 과정을 반복한다. 이런 식으로 성능에 대한 기여도에 근거해 피처들이 하나씩 피처 집합에 추가된다. 모든 피처들의 추가가 완료되면, 각각의 단계에서 최고의 성능을 보였던 알고리즘들을 모두 비교하고 최종적으로 최고의 피처 집합이 선택된다.

이 방법의 장점은 최량 부분집합 기법에 비해서 반복 횟수가 큰 폭으로 감소한다는 점이다. 그러나 모든 조합이 시도되지 않으므로 최고의 조합이 숨어 있을 수 있다는 점은 단점으로 지적할 수 있다. 어떤 경우에는, 단독으로 최고의 성능을 보이는 피처가 다른 피처가 추가되었을 때는 그런 성능을 보이지 못할 수도 있다. 순방향 단계적 비교와 다르게 역방향 단계적 비교reverse stepwise comparison 기법을 사용할 수도 있다. 역방향 기법에서는 최초에 모든 피처를 선택한 뒤, 기여도가 낮은 피처들을 차례로 제거해 나가서 최종적으로 하나의 피처가 남을 때까지 반복한다. 그 과정에서 단계별로 최고의 성능을 보였던 피처 조합들을 모두 비교한 뒤 최종적으로 최고의 피처 집합을 선택한다.

모델 검증

어떤 피처들을 사용할지 선택했다면, 그 다음에는 모델이 얼마나 좋은 성능을 보일지 검증을 해야 한다. 알고리즘들은 저마다 실행되는 방식에 미묘한 차이가 있으며 알고리즘이 생성하고 강조하는 테스트 통계값도 다르다. 그럼에도 불구하고 모델의 유효성을 검증할 수 있는 일반적이고 보편적인 기법들이 몇 가지 존재한다. 가장 널리 사용되는 방법은 교차 검증cross-validation으로서, 이 절에서 설명할 기법이기도 하다. 이 책에서는 설명하지 않지만 여러분이 참고할 만한 다른 검증 기법으로는 부트스트래핑bootstrapping이나 잭나이프jackknife 기법 등이 있다.

앞서의 예제는 247개의 관찰값을 알고리즘을 훈련하기 위한 훈련 세트와 훈련의 성과를 측정하기 위한 테스트 세트로 분할했었다. 그 때 전체 데이터의 2/3는 훈련 데이터, 1/3은 테스트 데이터로 임의로 분할되었던 것을 상기해 보자. 이 방법의 단점은 (테스트 데이터로 할당된) 1/3의 데이터를 이용한 훈련이 이뤄지지 못했으며 이로 인해서 훈련 결과에 더 많은 변동이 생길 수밖에 없었다.

분할과 테스트 과정을 반복해 모든 데이터가 알고리즘 훈련과 테스트에 기여할 수 있다면 어떨까? 다수의 훈련 데이터 세트와 테스트 데이터 세트를 생성하고 결과를 비교한다면 알고리즘의 정확성을 향상시키는 것이 가능하다. 이런 방법을 가리켜 교차 검증 cross-validation이라고 부르며, 한 번만 데이터를 분할하는 것보다 나은 성능을 보여준다.

교차 검증을 수행하는 일반적인 방법은 데이터를 몇 개의 동일 크기의 파티션(그룹)으로 분할한 다음, 그 중 하나의 파티션을 테스트 데이터로, 나머지 파티션들을 훈련 데이터로 사용하는 과정을 반복하는 것이다. 이를 k겹 교차 검증$^{\text{k-fold cross-validation}}$이라고도 부르는데, 데이터를 (각각의 파티션마다 한 번씩) k번 접는다고 볼 수 있기 때문이다. 앞선 예제의 경우 전체 데이터를 10개의 파티션으로 분할한 다음, 매번 테스트 데이터를 다른 파티션으로 사용하고 나머지 파티션을 훈련 데이터로 10회 반복하는 것이다. 10회 반복 수행할 때마다 알고리즘의 성능을 계산하고 이 값들을 평균함으로써 알고리즘의 성능에 대해서 좀더 신뢰를 가질 수 있게 된다.

k겹 교차 검증의 특수한 경우로서 파티션의 개수를 데이터의 개수와 똑같이 지정하는 방법이 있다. 이 방법을 LOOCV$^{\text{leave-one-out cross-validation}}$라고 부르는데, 1개의 데이터를 테스트 데이터로 사용하고 나머지 데이터 전부를 훈련 데이터로 사용하는 과정을 (데이터의 개수와 동일한 회수만큼) 반복하기 때문이다. 이 기법은 알고리즘 성능 평가의 정확성을 높여주지만, 연산 비용이 매우 높다는 단점이 있다.

다양한 학습 방법 소개

기계학습 분야에서 사용되는 학습 방법들은 다양하기 때문에 이번 장에서 모두 살펴보기는 불가능하다. 그 중에서 몇 개의 기법들만 골라서 각각의 장점과 단점을 포함해 해당 기법의 특별한 점이 무엇인지 가볍게 다루기로 한다. 기계학습 분야는 워낙 넓고도 깊어서 이번 장에서 다루지 않는 방법이 많이 존재하고 있다. 이 장에서 다루지 않는다고 해서 덜 중요하거나 성능이 떨어진다는 의미가 결코 아니다. 신경망이나 서포트 벡터 머신 등의 방법은 상황에 따라서는 꽤 훌륭한 성능을 보이는 경우가 많다. 이번 장은 어디까지나 소개와 개요 역할을 한다는 것을 잊지 말자.

감독형

감독형 방법은 이미 알고 있는 또는 분류된 데이터가 주어져야 한다. 예를 들어 감염 여부가 알려진 시스템들의 데이터가 주어지지 않았다면 악성코드 탐지에 감독형 방법을 적용하는 것은 불가능했을 것이다. 이 때문에 추가적인 수고와 노력을 기울여야 할 경우도 있지만, 감독형 학습은 이러한 비용을 감수할 만큼의 충분한 가치를 갖고 있다.

선형회귀(및 변환)

선형회귀는 독립 변수에 관한 정량적 예측과 추론을 하는 데 매우 인기 있는 기법이다. 선형회귀는 1800년대 후반부터 쓰여 왔으며 현재는 견고하면서 유연한 기법으로 진화했다. 선형회귀의 뛰어난 점은 이 기법이 선형이 아닌 데이터에 적용될 수 있다는 점이다. 예를 들어, 그림 9.3의 곡선은 선형회귀 기법으로 데이터에 맞춰진 것이다.

여러분 눈에 그림 9.3에서 선형 관계가 보이는가? 믿어지지 않겠지만, 선형 관계가 존재한다. 선형회귀의 선형이란 데이터가 아니라 선형 계수를 가리키는 것이다. 다시 말해서, 비선형 데이터를 기술하기 위해서 선형 모델을 사용할 수 있다. 여기서 핵심은 선형회귀를 적용하기 전에 데이터를 변환하는 것이다. 그림 9.3의 곡선을 보면 x와 y의 관계는 3차 다항식으로 나타낼 수 있으며 $y=x^3$을 기본으로 한다. 이 때 x 변수를 변환해 모델에 포함시킴으로써 모든 변수들에 대해서 (선형) 계수를 추정할 수 있다. 이와 같이 변수를 변환할 때는 데이터를 과잉적합하지 않도록 주의해야 한다. 훈련 데이터에 완벽하게 들어맞도록 충분한 개수의 변환된 변수를 추가할 수는 있지만, 실제 데이터 혹은 테스트 데이터에서의 성능은 형편없을 것이다.

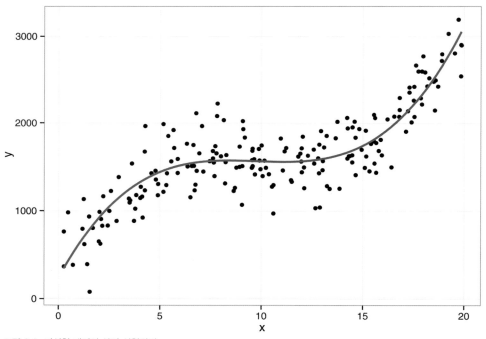

그림 9.3 비선형 데이터 상의 선형회귀

선형회귀는 이 장 앞부분에서 언급했던 기법들과 조합해 더욱 강력한 능력을 보여 줄 수 있다. 전통적인 선형회귀는 모델과 변수의 강점을 평가할 때 p값(5장 참조) 계산에 의존했지만, 최근의 경향은 모델 선택과 검증을 지원하기 위해서 교차 검증과 같은 검증 기법도 통합하는 추세다. R에서 선형회귀를 실행하는 방법에 대해서는 `lm()`과 `glm()` 명령을 참고하자.

로지스틱회귀

선형회귀는 정량적 변수를 예측하기 위해 설계된 것으로서 정량적이지 않은 문제에 대해서는 별로 쓸모가 없다. 예를 들어 앞서 예제에서는 호스트가 감염되었는지 아닌지 분류할 필요가 있었지만, 선형회귀는 이 상황에 도움이 되지 않는다. 이런 경우는 선형회귀 대신에 선형회귀의 확장인 로지스틱회귀를 사용할 수 있다. 로지스틱회귀는 예/아니요로 출력을 모델링한다. 다시 말해서, 2개의 결과 중에 하나만을 선택한다.

(x축 상의) 출력은 입력 변수에 근거해 추정된 호스트의 감염 확률로서, (y축 상의) 테스트 데이터 내의 이미 알고 있는 값과 대조할 수 있도록 표시되어 있다. 이 그림을 보면 입력 값들이 주어졌을 때 상당수의 호스트를 정확히 추정할 수 있음을 알 수 있다. 기준값(예를 들면 확률이 0.4보다 크면 감염된 것으로 분류)이 무엇이든 상관없이, 긍정 오류false positive(정상 호스트를 감염된 것으로 분류)와 부정 오류(감염된 호스트를 정상으로 분류)는 있을 수밖에 없다. 전통적으로, 로지스틱회귀는 논리적 분류(예/아니요)를 하는 데 사용되어 왔다. 둘보다 많은 범주에 대해서 로지스틱회귀를 적용하는 기법들도 존재하지만 이 책에서는 다루지 않는다.

R에서 로지스틱회귀를 사용하는 방법은 여러 가지다. `glm()` 함수를 사용하면 대부분의 로지스틱회귀 문제를 처리할 수 있을 것이다.

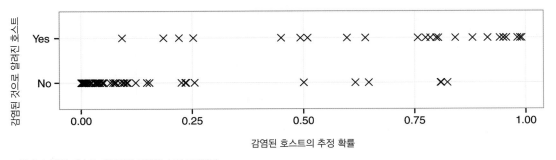

그림 9.4 감염 테스트 데이터에 적용한 로지스틱회귀

k-최근접 이웃

k-최근접 이웃^{k-nearest neighbor} 기법은 스포츠를 예로 들어서 설명하면 이해하기 쉽다. 지구 상의 어떤 사람을 임의로 선택한 다음, 그 사람이 가장 좋아하는 스포츠 팀을 예측하고 싶다고 하자. 이 때 선택된 사람의 이웃이나 친구 k명에게 그들이 좋아하는 스포츠 팀을 물어볼 수 있다. 그래서 이웃과 친구들이 가장 좋아하는 스포츠 팀을 알아낸 다음, 최초에 선택된 사람이 가장 좋아하는 스포츠 팀도 이와 같을 것으로 가정할 수 있다.

k-최근접 이웃 알고리즘도 이와 마찬가지로 판단한다. 이미 값을 알고 있는 변수 집합을 갖고 있고(따라서 감독형 알고리즘이다) 새로운 데이터 포인트가 주어지면, k-최근접 이웃 알고리즘은 그 데이터 포인트와 가장 가까운 k개의 데이터 포인트를 조사하고 그 k개의 이웃 데이터 포인트와 같은 값을 가질 것으로 가정한다. 이것은 선형 분류와는 매우 다른 방법으로서 관찰의 수가 증가할수록 정확도도 증가된다. 이 알고리즘의 단점은 k 값의 선택에 민감하다는 것이다. k값이 커질수록 이 기법은 선형 분류에 가까워진다. 전반적으로 k-최근접 이웃 알고리즘은 매우 효과적으로 분류를 수행하며 많은 다른 기법보다 우수한 성능을 보여준다. 따라서 여러분은 충분히 시간을 들여서 정확히 이해할 만한 가치가 있다.

R에서는 class 패키지가 k-최근접 이웃 알고리즘에 필요한 함수를 제공하고 있다.

랜덤 포레스트

랜덤 포레스트^{random forest} 기법은 결정 트리^{decision tree}의 개념에 기반해 구축되며 다차원 데이터(피처의 수가 많은 데이터) 처리에 뛰어난 성능을 보인다. 결정 트리는 IT 업계에서 자주 보는 플로우차트와 비슷한 것이다. 트리의 최상단에서 시작해 트리 내에 존재하는 기준에 의거해 여러 방향으로 분기가 이뤄진다. 데이터 유형별로 구축되는 다양한 종류의 의사결정이 내려진다고 생각하면 이해가 쉽다. 데이터가 평균값보다 크면 이쪽으로 분기되고, 데이터가 저쪽 범주에 들어맞는다면 저쪽으로 분기되는 식이다. 데이터가 복잡할 경우에는 반드시 둘 이상의 결정 트리를 사용해야 한다. 많은 수의 결정 트리를 생성하기 위해서 부스팅^{boosting}이라는 기법이 고안되었으며, 최종적으로는 모든 트리의 결과를 합쳐서 판정을 내린다. 부스팅은 랜덤 포레스트의 성능 개선에 커다란 역할을 한다. 하나하나의 결정 트리는 성능이 떨어지더라도 수많은 트리를 종합적으로 고려하면 최선의 답을 얻을 수 있기 때문이다(나무^{tree}를 보지 말고 숲^{forest}을 보라는 말도 있지 않은가?).

부스팅은 좋은 성능을 보여주지만 잡음성 피처의 영향을 받는다. 바구니에 담긴 하나 혹은 두 개의 상한 계란이 결정 트리를 지속적으로 이상한 (탐지하기 어려운) 방향으로 끌고 가서 편향된 결과로 이어질 수 있다. 랜덤 포리스트 기법은 이 문제를 적은 수의 피처 부분집합만 갖고 결정 트리를 성장시키는 방법으로 해결한다. 이렇게 하면 개별 트리의 예측 성능은 더욱 나빠질 수 있지만, 잡음성 변수가 각각의 트리에 선택된 피처 부분집합에만 포함되기 때문에 종합적인 예측 성능은 개선될 수 있다.

랜덤 포레스트는 새로운 유형의 사고방식에 기초하는 것으로서 파라미터를 사용하지 않는 학습 기법에 속한다. 현실을 모델링하지 않으며, (선형 기법들처럼) 모델의 파라미터를 유도하려고 시도하지 않기 때문이다. 그 대신에 상대적으로 예측력이 떨어지는 트리들을 대규모로 생성하고 이 트리들의 결과를 종합한다. 이것은 마치 낯선 마을에 가서 여행객들에게만 길을 묻는 것과 같다. 개별 답변은 정답과 거리가 먼 게 많겠지만, 대답을 전부 종합하면 아마도 정확한 길을 알아낼 수 있을 것이다.

지금까지 설명을 통해서 충분히 유추할 수 있겠지만, 종이와 연필을 이용해서 랜덤 포레스트 기법을 적용하기는 매우 어렵다. 이 기법은 수백 혹은 수천 개의 결정 트리를 임의의 피처를 갖고 성장시켜야 하기 때문에 컴퓨터의 도움이 없이 적용하기는 불가능하다. R에서는 randomForest라는 이름의 패키지를 사용해 랜덤 포레스트를 이용할 수 있다. 또 엄청난 계산량을 감당하기 위해서 병렬 처리 솔루션을 고려할 필요가 있는데, doParallel 패키지는 프로세싱을 여러 코어로 분산시킴으로써 랜덤 포레스트 생성에 필요한 연산 시간을 감소시키는 것이 가능하다.

성능 VS 이해

기계학습의 과제 중 하나는 일부 기법은 너무 복잡하고 추상적이어서 인간의 이해 한계를 넘어서고 있다는 점이다. 그래서 어떤 기법을 이해할 수 있는 능력과 그 기법이 가져다 주는 성능 간의 상충관계 trade-off가 존재한다. 신경망은 이러한 상충관계의 좋은 예이다. 신경망은 좋은 성능을 보일 때가 많지만, 복잡하고 이해하기 어려우며 제대로 된 이해 없이는 적절히 튜닝하기가 어렵다. 그래서 성능 측면에서 약간의 손해가 있더라도 이를 감수하면서 이해하기 쉽고, 다른 사람에게 설명하기 쉽고, 사용하기도 쉬운 기법을 선택해야 하는 상황이 올 수 있으며 그런 상황에 익숙해질 필요가 있다. 정보보안 분야에서의 의사 결정이 본질적으로 복잡성을 갖고 있음을 감안하면, 어떤 기계학습 기법을 사용하든 기계학습을 전혀 하지 않고 내리는 의사 결정보다는 훨씬 낫다.

자율형

앞서 설명했듯이 자율형 기법은 데이터 내에 숨어 있는 패턴과 관계를 발견할 때 매우 유용하다. 데이터 더미 안에는 어떤 종류의 추세가 숨어 있을까?

K-평균 클러스터링

K-평균 클러스터링^{K-Means Clustering} 기법은 k-최근접 이웃 기법과 마찬가지로 "k"가 이름에 포함되는데, 여기서의 k는 생성될 클러스터의 개수를 의미한다. K-평균 클러스터링 기법은 다음 알고리즘을 따른다.

1. k개의 중심점을 무작위로 설정한다.
2. 모든 데이터 포인트를 가장 가까운 중심점에 지정한다.
3. 지정된 데이터 포인트의 새로운 (평균) 중심을 계산한다.

3개의 클러스터를 갖는 k-평균

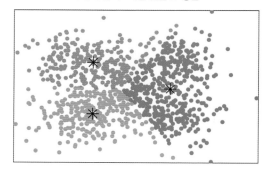

4개의 클러스터를 갖는 k-평균

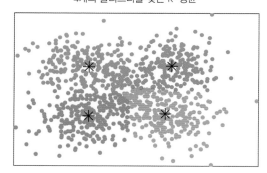

5개의 클러스터를 갖는 k-평균

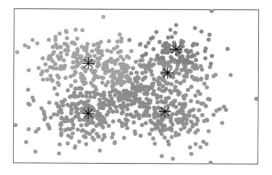

6개의 클러스터를 갖는 k-평균

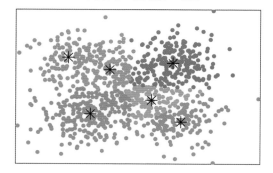

그림 9.5 K-평균 클러스터링(중심점이 표시되어 있음)

4. 중심점을 새로 계산된 (평균) 중심으로 이동한다.

5. 모든 중심이 4단계에서 이동하지 않을 때까지 2-4 단계를 반복한다.

K-평균 클러스터링 기법의 1단계에서 임의로 중심점을 설정했다는 사실에 주목하자. 임의로 설정되기 때문에 만일 이 알고리즘을 다시 실행한다면 완전히 다른 클러스터를 얻을 수도 있다. 그림 9.5은 동일한 데이터에 대해서 여러 개의 k값을 적용한 결과다. R에 내장된 kmeans() 함수를 사용해 K-평균 클러스터링을 수행할 수 있다.

계층적 클러스터링

K-평균 클러스터링의 단점은 클러스터의 개수를 지정해야 한다는 것이다. 이와 달리 계층적 클러스터링hierachical clustering은 데이터 내의 모든 클러스터를 유도할 수 있다. 계층적 클러스터링의 출력을 계통수dendrogram(그림 9.7 참조)라고 부르며, 최상단에서 시작해 모든 객체가 클러스터에 포함될 때까지 2개의 그룹으로 분기한다는 점에서 트리와 비슷해 보인다. 하지만 알고리즘 관점으로 보면, 계층적 클러스터링은 모든 객체가 클러스터에 포함되어 있는 최하단부터 시작한다. 모든 쌍을 조사하면서 가장 유사한 쌍을 비교하고 찾는다. 그리고 유사한 클러스터를 찾으면 둘을 결합한다. 이 과정을 최상단에 모든 객체가 들어 있는 하나의 클러스터가 될 때까지 반복한다.

계층적 클러스터링의 장점은 임의의 지점에서 트리를 '잘라내서' 클러스터를 조사할 수 있다는 점이다. 이 기능은 침해 데이터를 이용한 예제에서 hclust() 함수를 사용하면서 실제로 확인할 수 있다.

주성분 분석

주성분 분석PCA, Principal Component Analysis은 정말로 중요한 피처에 집중할 수 있도록 피처의 개수를 줄이는 방법으로서, 차원 감소dimension reduction를 수행할 수 있는 기법 중의 하나다. PCA는 감소된 변수들로 데이터 내부의 변동을 포착할 수 있기 때문에, 상관성이 높은 데이터에 큰 효과를 볼 수 있다. PCA의 실행 결과는 데이터의 변동에 기여하는 구성요소들이 그 정도에 따라 정렬된 목록으로 주어진다. 이렇게 주어진 목록으로부터 중요한 구성요소들만 추출함으로써 (잡음이 포함된 요소를 배제하면서) 차원의 개수를 줄이는 효과를 얻을 수 있다. R에서는 prcomp() 명령으로 PCA를 실행할 수 있다.

다차원 스케일링

가끔은 클러스터를 그냥 보기만 원할 때가 있다. 하지만 3차원을 넘는 다차원 데이터는 시각화를 할 수가 없다는 문제가 있다(심지어 3차원도 2차원 화면이나 종이에 시각화하기 쉽지 않다). 이런 경우에는 다차원 스케일링MDS, Multidimensional Scaling이라는 기법을 사용할 수 있다. PCA와 마찬가지로 MDS도 차원 감소를 실행할 수 있다. 다차원 데이터를 2차원으로 뭉개서 객체 간의 상대적 유사성을 시각화할 수 있는 것이다. R의 `cmdscale()` 명령으로 이 기법을 사용할 수 있는데, 다음 절에서는 침해 데이터에 다차원 스케일링을 적용한 결과를 보여준다.

실습: 침해 사고 데이터를 클러스터링하기

이 절에서는 다차원 스케일링과 계층적 클러스터링을 실습하기 위해서 7장에서 사용했던 VCDB 데이터를 다시 이용할 것이다.

침해 사고 데이터의 자연스러운 분석 방식은 사고 유형(범주)을 식별하고 자주 발생하는 유형을 확인한 뒤 결론을 유도하는 것이다. 하지만 이런 접근 방식의 문제는 그렇게 유도된 결론이 지나치게 광범위하게 적용될 수 있다는 점이다. 어느 정도 시간을 들여서 침해 사고 데이터를 들여다 보면, 산업 구분(업종)에 따라서 침해 사고의 양상도 약간씩 다르다는 점이 분명하게 보인다. 같은 산업에 속한 조직들은 동일한 유형의 정보를 취급하는 이유 등으로 인해서 공통적인 특성을 공유하게 되며 어떤 업종은 다른 업종에 비해서 더 자주 공격 목표가 되기도 한다. 조직은 같은 산업 내의 다른 사람을 모방하는 경향이 있으며, 이로 인해서 침해 사고 데이터도 어떤 패턴을 보일 수 있다.

따라서 문제는 다음과 같이 요약할 수 있다:

업종별로 침해 사고는 얼마나 다른가(또는 유사한가)?

이 질문에 답하기가 쉽지 않은 것은 처음 여러분에게 주어지는 것은 오직 산업마다 서로 차이점이 있다는 예감뿐이기 때문이다. 따라서 답을 얻기 위해서는 클러스터링 알고리즘에 의존할 필요가 있다. 업종에 걸쳐서 변수를 분리할 수 있다면, 업종 간의 "거리"를 계산함으로써 어떤 산업들이 서로 비슷하고 또 고유의 특성을 보이는지 판단할 수 있다.

우선, VCDB 데이터를 행렬로 변환하는 작업부터 시작하자(코드 9.8). R에서의 행렬

처리에 관해서 간단히 설명하자면, 행렬은 고정된 행과 열을 갖는다는 점에서 데이터프레임과 유사하다(스프레드시트의 셀을 생각하면 쉽게 이해할 수 있다). 행렬이 데이터프레임과 다른 점은 한 가지 타입의 변수만을 (예를 들면 문자만 또는 숫자만) 포함할 수 있다는 점이다. 이번 예제에서는 VCDB 데이터를 숫자 행렬로 변환해야 하는데, 다행히 verisr 패키지에 이런 기능을 수행하는 veris2matrix() 함수가 존재한다. 우선 verisr 패키지를 불러오자(아직 이 패키지를 설치하지 않았다면 7장의 코드 7.5을 참조한다).

코드 9.8

```
# 필요한 패키지 : verisr (7-5)
# 7장의 VCDB 데이터가 필요 (주석 참조)
library(verisr)
# https://github.com/vz-risk/VCDB에서 VCDB 사고 데이터를 받아왔다면
# 디렉토리 위치를 그 데이터의 위치로 설정해야 한다.
# 아래 설정은 7장 디렉토리 아래의 데이터 위치
jsondir <- '../ch07/data/vcdb/'
# vcdb 데이터로 veris 인스턴스를 생성한다.
vcdb <- json2veris(jsondir)
# veris 객체를 숫자 행렬로 변환한다.
vmat <- veris2matrix(vcdb)
# dim() 명령을 사용해
# 행렬의 크기를 조사한다.
dim(vmat)
## [1] 1643  264
```

dim() 명령의 출력을 보면 VCDB의 데이터에 1,643개의 행(침해 사고 1건당 1개의 행)과 264개의 열이 들어 있음을 알 수 있다. 각각의 열은 VCDB 데이터 내의 변수로서 colnames() 명령으로 열의 이름을 조사하면 해당 열이 어떤 용도인지 확인할 수 있다. veris2matrix() 함수는 행렬을 생성할 때 VERIS 데이터 내의 모든 변수마다 하나의 열을 생성한다. 예를 들어 SQL 인젝션 해킹 유형이 존재한다면, 행렬 내의 1개 열 이름은 action.hacking.variety.SQLi가 되고 열의 값은 특정 사고에서 해당 정보가 존재하느냐에 따라서 0이거나 1이 되며, 모든 사고에 대해서 동일하게 설정된다. 어떤 침해 사고에도 SQL 인젝션이 기록되지 않았다면 해당 열은 처음부터 생성되지 않을 것이다.

이 행렬은 현재로서는 단지 1과 0의 모음일 뿐이므로 그다지 쓸모가 있어 보이지 않는다. 하지만 이 행렬은 나중에 훈련 데이터를 생성할 때 기초 데이터로서 역할을 해줄 것이다.

다음으로, 비교되어야 하는 변수, 즉 피침해 업종 변수를 식별해야 한다. 업종 목록을 얻기 위해서는 열 이름을 조사해 victim.industry가 포함되어 있는 열을 추출한 다음, 이를 변수로서 사용하면 된다(코드 9.9 참조). 그리고 verisr 패키지 내의 foldmatrix() 함수로 전달한다. 이 함수는 앞서 생성된 숫자 행렬과 변수 목록(피해자 산업)을 인수로 전달받는다.

이 외에도 2개의 변수가 추가로 전달된다. 첫 번째 변수 min은 각 산업 내 사고 건수의 최솟값을 설정한다. 다시 말해서 이 최소 임계값보다 적은 수의 사고 기록만을 포함하는 산업은 분석 대상이 될 수 없다. 이 예제에서는 최솟값으로 10를 설정한다. 마지막으로 전달되는 변수 clean은 최종 행렬에서 최솟값보다 작은 행과 값이 모두 같은 열을 제거하도록 요청하는 역할을 한다. 이와 같은 정제 작업을 하는 이유는 제거되는 변수들은 분석에 아무 기여도 할 수 없기 때문이다. 특히 PCA 분석에 사용되는 경우 이와 같은 행렬 정제 작업을 하지 않으면 오류가 던져질 것이다.

코드 9.9

```
# 필요한 패키지 : verisr (7-5),
# 필요한 객체 : vmat (9-8)
# 열 이름을 가져오고 산업 목록을 추출한다.
vmat.names <- colnames(vmat)
industry <- vmat.names[grep('victim.industry', vmat.names)]
# 산업 목록에 행렬을 "포갠다"
# 산업 내의 모든 침해 사고를 가져온 다음
# 분석에 필요없는 데이터는 제거한다.
imat <- foldmatrix(vmat, industry, min=10, clean=T)
dim(imat)
## [1]  17 251
```

17개 산업(정확히 말하자면, 7장에서 설명한 NAICS 코드체계를 따르는 17개의 두 자리 업종 코드)의 침해 사고 데이터가 존재하고, 13개의 열이 제거된 것을 확인할 수 있다. 1개의 행이 1개의 업종을 나타내며 열은 VERIS 변수를 나타내므로, 행렬의 값은 VERIS 변수가 존재하는 업종내 침해 사고의 비율을 나타낸다고 할 수 있다.

예를 들어 헬스케어 업종의 SQL 인젝션 해킹 유형인 경우, 100건의 사고 중 40건에서 SQL 인젝션이 관련되어 있으므로, 헬스케어 행에서 action.hacking.variety.SQLi 열의 값은 0.4가 된다. 이런 식으로 17개 산업 전반에 걸쳐서 변수들의 값이 어떻게 다른지 여러분이 직접 비교할 수 있을 것이다.

피침해 산업 목록에 다차원 스케일링 적용

지금까지의 준비 작업은 모두 다차원 스케일링을 적용할 수 있는 데이터를 얻기 위한 것이었다. 그리고 드디어 마법을 일으켜 보자! 데이터 분석 작업이 으레 그렇듯이, 이번에도 실제 분석을 실행하는 것보다 더 많은 시간을 데이터 준비에 들인 셈이다. 코드 9.10에서 산업과 변수값이 들어 있던 행렬을 거리값이 들어 있는 행렬로 변환한다. 이 때 산업 쌍 사이의 거리를 계산할 때 캔버라 메트릭^{Canberra metric}이 사용되고 있다(원점 근처의 값들 사이의 거리 측정에 효과적이다). 이렇게 얻은 거리 행렬을 cmdscale() 함수로 전달하고, 이 함수는 2차원 평면에 투영한다.

코드 9.10

```
# 필요한 객체 : imat (9-9), vmat (9-8),
# 거리 행렬로 변환한다.
idist <- dist(imat, method='canberra')
# 전통적인 MDS에 적용한다.
cmd <- cmdscale(idist)
# 반환된 행 중에서 앞의 몇 개를 조사한다.
head(cmd)
##                           [,1]       [,2]
## victim.industry2.32 -75.080869 -50.662403
## victim.industry2.33 -29.457487  -2.942502
## victim.industry2.42 -24.727909  21.751872
## victim.industry2.44   3.692422   7.840992
## victim.industry2.45 -18.855236  93.787627
## victim.industry2.48 -54.382350  23.166301
```

cmdscale()의 반환 결과를 보자. x와 y값이 주어졌으니 곧장 시각화를 해도 무방해 보인다. 실제로 plot(cmd) 실행하면 포인트의 위치를 볼 수 있는 플롯을 그릴 수 있다. 하지만 포인트에 레이블이 붙어 있지 않기 때문에 플롯의 모습이 썩 보기 좋지 없을 것이다. 그래서 약간의 시간을 들여서 플롯을 꾸미는 작업을 해 보자. 산업별로 크기를 나타낸다면 그림을 보는 사람이 이해하기 더 쉬울 것이다. 그리고 vmat 행렬을 이용해 업종별로 침해 사고 건수를 알아내는 것이 가능하다. 또 VERIS가 NAICS 업종 코드를 사용하고 있는데 이 레이블도 수정하기로 하자. NAICS 코드는 매우 유용하기는 하지만, 그래프를 보는 사람에게 친화적이지는 않기 때문이다. verisis 패키지의 industry2 데이터를 불러온 다음 업종 코드를 다른 레이블로 매핑하기로 한다(코드 9.11 참조).

코드 9.11

```
# 필요한 패키지 : verisr (7-5),
# 필요한 객체 : cmd (9-10), vmat (9-8),
# 버블의 크기를 얻는다.
ind.counts <- colSums(vmat[ , rownames(cmd)])
# 산업 레이블을 추출한다.
ind.label <- sapply(rownames(cmd), function(x) {
  tail(unlist(strsplit(x, "[.]")), 1)
})
# verisr 패키지에 포함된 산업 데이터를 불러온다.
data(industry2)
# 짧은 텍스트 목록을 생성한다.
txt.label <- industry2$short[which(industry2$code %in% ind.label)]
```

이제 cmd 객체와 순서가 같은 ind.counts 변수와 txt.label 변수가 생성되었다. 데이터프레임을 생성하고 ggplot2로 플롯을 그려보자(코드 9.12).

코드 9.12

```
# 필요한 패키지 : ggplot2
# 필요한 객체 : cmd (9-10), ind.counts, txt.label (9-11)
library(ggplot2)
indf <- data.frame(x=cmd[ ,1], y=cmd[, 2], label=txt.label,
                    size=ind.counts)
gg <- ggplot(indf, aes(x, y, label=label, size=size))
gg <- gg + scale_size(trans="log2", range=c(10,30), guide=F)
gg <- gg + geom_point(fill="lightsteelblue", color="white", shape=21)
gg <- gg + xlim(range(indf$x)*1.1) # expand x scale
gg <- gg + geom_text(size=4)
gg <- gg + theme(panel.grid = element_blank(),
                 panel.border = element_blank(),
                 panel.background = element_blank(),
                 axis.text = element_blank(),
                 axis.title = element_blank(),
                 axis.ticks = element_blank())
print(gg)
```

theme() 명령에서는 스케일(눈금)과 레이블을 모두 보이지 않도록 제거하고 있다. 여러 산업 간의 상대적 위치를 표시하는 것이 목적이므로 스케일이 필요가 없으며, 이

그래프에서 x축과 y축은 캔버라 메트릭을 이용한 거리 측정값으로서 숫자 레이블 역시
보는 사람의 입장에서 아무 의미가 없기 때문이다.

그림 9.6에서는 흥미로운 점을 많이 발견할 수 있다. 헬스케어 업종과 공공기관이
가까이에 위치하는 것을 볼 수 있다(아마도 대규모의 손실 디바이스 발생이 원인일 것이다). 상
단에 보이는 숙박업과 소매업 클러스터도 흥미롭다. 이 두 산업은 공통적으로 '강제로
문을 열고 들어가 물건을 훔쳐가는Smash-and-Grab' 사고가 자주 일어난다. 좌측 하단에 3개
의 업종이 클러스터를 형성하는 것은 이유를 알기 어려우며, 추가적인 조사가 필요한 부
분이다.

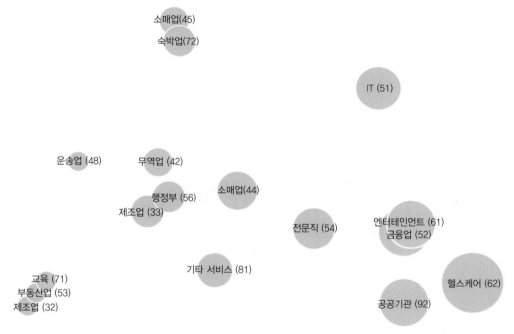

그림 9.6 침해 사고에 관한 MDS 플롯

피침해 산업 목록에 계층적 클러스터링 적용

그림 9.6을 보고 시각적으로 클러스터를 만드는 것이 가능하지만 주의할 것이 있다.
MDS는 다차원 객체를 2차원으로 감소시키기 때문에 이 과정에서 일부 시점 및 정보가
손실된다. 따라서 그림 9.6은 더 나은 분석을 위한 기초 시각화로서의 역할을 하는 것이
바람직하다.

그럼 이 데이터를 사용한 분석을 계속해 보자. 수학적으로 클러스터를 유도하기 위

해 계층적 클러스터링을 적용할 것이다. hclust 명령에 idist 거리 행렬을 전달하고 플롯을 생성하기만 하면 된다(코드 9.13). 사용자 친화적인 플롯을 그리기 위해서 산업 행렬의 행의 레이블을 재지정한 다음, dist() 명령을 재실행해 idist 객체를 재생성하고 있다.

코드 9.13

```
# 필요한 객체 : imat (9-9), txt.label (9-11)
# 되돌아가서 imat의 레이블을 재지정한다.
rownames(imat) <- txt.label
# idist를 재실행한다.
idist <- dist(imat, 'canberra')
# hclust 실행은 아주 간단하다.
hc <- hclust(idist) # , method="complete")
plot(hc)
```

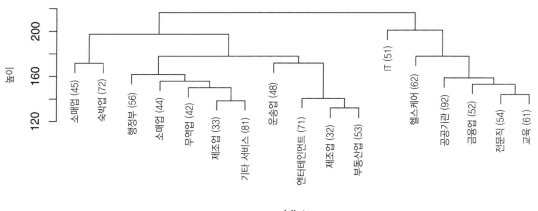

그림 9.7 피침해 산업에 적용된 계층적 클러스터링

그림 9.7을 보면, 모든 산업이 고유한 특성을 갖고 있기 때문에 최종적으로는 자체 그룹으로 클러스터링되는 것을 볼 수 있다. 여기에 cutree() 명령을 사용하면 계층적 트리를 적절한 개수의 클러스터로 분할할 수 있다. 클러스터의 개수는 여러분이 원하는 대로 지정할 수 있지만, 이 예제의 경우 6개의 클러스터를 보여준다. 트리를 어디서 자를지는 주관적으로 선택하는 것이기 때문에 여기서 6개의(혹은 여러분이 선택한 개수의) 클러스터가 존재한다는 것을 증명할 수는 없다. 말할 수 있는 것은 계층적 클러스터가 6개의

클러스터로 분할될 경우 생성되는 클러스터들은 바로 이 6개라는 사실이다. 이 말의 의미를 이해할 수 있는 사람이 많지는 않겠지만, 적어도 여러분은 이해하고 있을 것이다.

　　cutree() 명령을 실행할 때, hclust() 명령의 결과와 클러스터의 개수를 인수로 전달해야 한다. 그러면 각 산업이 지정된 클러스터의 벡터가 반환될 것이다. 이렇게 얻은 벡터를 사용해서 클러스터마다 고유한 색을 지정하면, 색으로 클러스터를 구분할 수 있는 플롯을 시각화할 수 있다(코드 9.14). 이를 위해서 cutree() 명령을 팩터로 변환한 다음, 앞서 생성했던 indf 객체에 추가한다. 그리고 다시 색을 이용해 시각화하면 그림 9.8과 같다.

코드 9.14

```
# 필요한 패키지 : ggplot2
# 필요한 객체 : indf (9-12), hc (9-13)
# 계층적 클러스터링을 특정 레벨에서 절단하고
# 그 레벨을 사용해 MDS 플롯에 색을 입힌다.
indf$cluster <- as.factor(cutree(hc, 6))
gg <- ggplot(indf, aes(x, y, label=label, size=size, fill=cluster))
gg <- gg + scale_size(trans="log2", range=c(10,30), guide=F)
gg <- gg + geom_point(color="gray80", shape=21)
gg <- gg + scale_fill_brewer(palette="Set2")
gg <- gg + xlim(range(indf$x)*1.06) # expand x scale
gg <- gg + geom_text(size=4)
gg <- gg + theme(panel.grid = element_blank(),
                 panel.border = element_blank(),
                 panel.background = element_blank(),
                 axis.text = element_blank(),
                 axis.title = element_blank(),
                 legend.position="none",
                 axis.ticks = element_blank())
print(gg)
```

　　앞서 다차원 데이터가 2차원으로 변환된다고 언급했던 것을 기억하는가? 그림 9.8을 보면 운송업이 시각적으로 더 가까이 있는 무역업이 아니라 좌측 하단의 업종들과 같은 클러스터에 속하는 것을 볼 수 있다. cutree 명령에 전달되는 클러스터의 개수를 이것저것 바꿔가면서 실험해 보라. 아마도 대답을 얻기 보다는 오히려 더 많은 궁금증이 유발될 것이다. 헬스케어 업종은 왜 자신만의 클러스터를 갖는가? 왜 NAICS 코드 44인

소매업은 NAICS 코드 45인 소매업과 멀리 떨어져 있는가? 자기 혼자 뚝 떨어져 있는 정보산업은 이유가 뭘까? 좋은 소식은 우리에게 데이터가 주어져 있으므로, 이러한 질문에 대한 답을 발견할 준비가 되어 있다는 것이다.

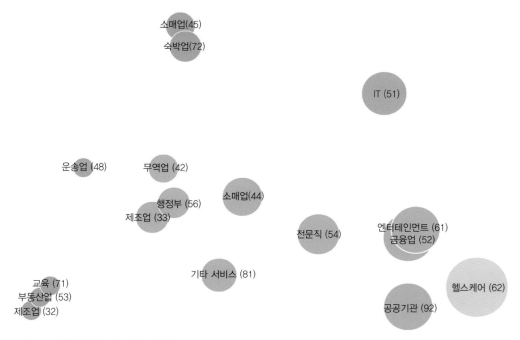

그림 9.8 피침해 산업들의 클러스터링된 MDS 플롯

요약

R과 파이썬 등의 오픈소스 애플리케이션 덕분에 기계학습 알고리즘을 실행하기 쉬운 환경이 되었다. 하지만 기계학습 알고리즘을 실행하는 것과 기계학습 알고리즘을 제대로 실행하는 것 간에는 큰 차이가 있다. 좋든 싫든, 기계학습은 통계학과 수학에 깊은 뿌리를 두고 있다. 정확한 이해 없이 기계학습 기법에 곧바로 뛰어든다면 문제를 해결하기보다 오히려 문제를 만들기 쉽다. 그럼에도 불구하고 무언가를 배우는 가장 좋은 방법은 일단 두 팔을 뻗쳐 물 속에 뛰어들고 이리저리 움직이는 것이다. 데이터를 얻고(혹은 생성하고), 블로그, 책, 각종 문서를 읽으면서 여러 가지 방법을 시도해 보라. 그 과정에서 분명히 좌절도 겪겠지만, 결과적으로 데이터로부터 더 나은 학습을 할 수 있고 데이터에 관한 전반적 이해 수준이 향상되며 최종적으로는 여러분을 둘러싼 세계에 관한 이해도

가 높아질 것이다. 이렇게 얻은 지식은 여러분과 여러분의 조직이 매일같이 직면하는 보안과 관련된 의사결정에 직접적으로 기여할 것이다.

추천 읽을거리

다음 목록은 이 장에서 소개했던 주제들을 더욱 깊이 있게 이해하고 싶은 독자들을 위한 추천 읽을거리다. 아래의 문헌 및 이 장에서 언급한 문서의 원본에 관한 자세한 목록은 부록 B에서 확인할 수 있다.

- 드류 콘웨이[Drew Conway], 존 마일스 화이트[John Myles White], 『Machine Learning for Hackers』 – 초보자를 위한 좋은 기계학습 책이 흔치 않지만, 이 책이 바로 그런 책에 해당된다. R과 파이썬으로 좋은 실습 예제들을 담고 있으며, 수학적 설명을 가급적 피하면서도 다양한 기법을 깊이 있게 소개하고 있다. 초보자가 가장 처음으로 구매하기에 적합한 책이다.
- 가레스 제임스[Gareth James], 다니엘라 위튼[Daniela Witten], 트레버 해스티[Trevor Hastie], 로버트 팁시라니[Robert Tibshirani], 『An Introduction to Statistical Learning With Application in R』 – 초보 단계를 넘어서 본격적으로 다음 단계로 넘어가고자 할 때 매우 적합한 책이다. 수학적 설명을 마다하지 않지만, 그렇다고 너무 깊숙이 들어가지도 않는다. 저자들은 알고리즘 설명에 상당한 분량을 할애하며, 특히 재샘플링 기법, 모델 선택 기법, 그리고 모든 알고리즘의 기초를 다루고 있다.

10

효과적인
보안 대시보드 설계하기

"완벽은 더 이상 더할 것이 없을 때가 아니라
더 이상 덜어낼 것이 남아 있지 않을 때 완성된다."

앙투안느 드 생텍쥐페리(Antoine de Saint-Exupéry), 『비행사의 오디세이(Airman's Odyssey)』

'이제 끝났군'이라고 생각하며 연구실 자리에서 일어나 카페인 음료를 가지러 탕비실에 간 여러분은 보안 부서 매니저와 만난다. 그리고 매니저와의 대화 중 치명적으로 위험한 요청을 받는다. "우리 팀에서 회사 보안상황을 요약해서 보여주는 대시보드(상황판)를 구축하고 있는데 좀 도와줄 수 있습니까?" 여러분이 이 말에 전투적인 반응을 보이지 않는 다면, 아마도 정량적 정보를 간결하고 유의미하게 보여주는 화면을 설계하는 것이 얼마나 어려운지 전혀 이해하지 못해서일 것이다. 이 장에서는 조직 내 모든 보안 계층을 측정하고, 모니터링 및 종합하는 대시보드를 설계하는 데 필요한 기법과 조언을 제시한다.

도대체 대시보드란 무엇인가?

대시보드의 '대부'인 스테판 퓨가 제시한 대시보드의 정의를 인용하지 않고 대시보드를 주제로 논의를 시작하기는 거의 불가능하다.

> "대시보드는 하나 이상의 목표 달성에 필요한 가장 중요한 정보들을 한눈에 볼 수 있도록 단일한 컴퓨터 화면[혹은 인쇄지]으로 통합한 가상 디스플레이를 의미한다."
>
> 스테판 퓨stephen few, 『정보 대시보드 설계Information Dashboard Design』

'혹은 인쇄지'는 저자가 추가한 것으로서, 여전히 종이를 선호하는 조직이 많이 있으며 종이 인쇄 시에 추가로 고려할 설계 요건이 있음을 감안한 것이다.

스테판 퓨의 대시보드 정의를 좀더 보충하면 다음과 같다. "대시보드는 단일한 화면/페이지에 가능한 가장 간결하고 효율적인 방법으로 가장 중요하고/관련성 높은 정보를 제공함으로써, 보는 사람이 신속하게 이해하고 (필요한 경우) 가장 적절한 의사결정을 내릴 수 있도록 지원한다."

화면에 보이는 데이터가 대시보드의 목적과 관련성이 높지 않다면 그 대시보드는 사용되지 않을 것이다. 대시보드에 너무 복잡한 내용이 너무 많아도 그 대시보드는 무시된다. 대시보드가 예쁘지 않으면... 음, 아마 다시는 여러분에게 대시보드를 만들어 달라는 요청이 들어오지 않을 것이다! 대시보드를 만드는 것은 정말로 쉽지 않은 일이다. 이하에서는 대시보드의 개념을 완전히 이해하기 위해서, 대시보드에 대한 오해를 하나씩 제거하면서 대시보드의 본질을 드러내 보일 것이다.

대시보드는 자동차가 아니다

대시보드dashboard라는 용어는 원래 마차에 탄 사람에게 진흙이 튀는 것을 방지하기 위해서 좌석 앞에 달려 있던 판자에서 유래되었다. 자동차가 발명된 이후에는 우리 모두가 아는 바와 같이 운전자에게 자동차의 각종 운전 정보를 보여주는 계기판의 의미를 갖게 되었다. (누구나 자동차 대시보드의 의미를 알고 있으므로) 컴퓨터 산업에서는 대시보드를 경영자 정보시스템에 표시되는 요약 정보의 의미로 사용하게 되었다.

자동차 대시보드의 각 요소들은 상황에 따른 의미를 갖는다. 속도계는 엑셀레이터를 밟거나 뗄 때의 변화에 반응한다. 정확한 (그러나 아주 정밀하지는 않은) 연료 공급량과 배터리 상태 정보도 볼 수 있다. 그리고 지금까지의 주행 거리도 한 눈에 파악할 수 있다. 경영자 정보시스템의 설계자는 이와 같이 '상황에 따른 의미'를 고려하지 않고 자동차 대시보드의 요소들을 디지털 세상으로 도입했다.

속도계, 다이얼, 온도계, 정지등, 그리고 그 밖의 실물과 매우 근접하게 묘사되는 대시보드의 각종 요소들은 귀중한 공간을 차지하지만 정보 전달 측면에서 단순 시각적 요소보다 특별히 효과적이라고 말하기 어렵다. 그렇지만 아래와 같이 유용한 정보를 포함할 수 있는 것은 사실이다.

- 핵심 측정 대상의 현재의 값
- 목표 측정 대상과의 비교
- 측정대상이 가질 수 있는 값의 범위

그림 10.1에 보이는 스플렁크Splunk의 '보안 도메인의 주목할 만한 이벤트' 대시보드를 예로 들자. 이 대시보드에 포함된 게이지들은 상당히 크며, 게이지마다 상단에 표시된 정보(47, 81, 8, 2, 31)는 중복 표시되어 있다. 또, 게이지의 바늘 위치를 보고 상황의 심각성 여부를 판단하기 쉽지 않다. 모든 게이지 위에 커다란 빨간색 화살표가 있는데, 바늘은 게이지의 빨간 영역에 있는 것도 있고 아닌 것도 있기 때문이다.

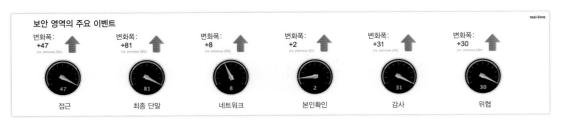

그림 10.1 스플렁크 대시보드

6장에서 배웠던 내용을 응용하면 몇 가지 플롯을 조합해 그림 10.2와 같이 소위 불릿 그래프bullet graph라는 것을 그릴 수 있으며, 이것으로 그림 10.1의 게이지를 대체할 수 있다. 다만 이 때 몇 가지 비교 측정 대상을 새로 고안할 필요가 있는데, 원래의 그림 10.1이 이러한 정보를 제대로 (혹은 전혀) 표현하지 않았기 때문이다. 새로 만들어진 그림 10.2는 게이지를 사용했던 그림 10.1보다 임계값을 넘어선 영역들을 구분하기가 훨씬 쉽다.

변화폭은 중요한 표시 정보임에도 불구하고 그림 10.1의 빨간색 윗방향 화살표는 의미를 정확하게 전달하지 못하고 있었다. 페어드 스파크라인paired sparkline으로 불릿 그래프를 보완하면, 시간 단위로 측정된 다양한 이벤트 스트림의 변화폭을 한눈에 들어오도록 표현할 수 있다(그림 10.4). 페어드 스파크라인에 관해서는 'data-intense, design-simple, word-sized graphics'(터프티와 그레이브스-모리스, 1983, 부록 B의 참고도서 목록에서 확인할 수 있다)를 참조하자.

이 책의 웹사이트(www.wiley.com/go/datadrivensecurity)에서 찾을 수 있는 ch10/R/bullet.R 파일은 R로 불릿 그래프를 만드는 방법을 보여준다. 또 아래의 간단한 URL을 이용하면 구글 차트에서도 기본적인 불릿 그래프를 쉽게 생성할 수 있다(다음 주소는 브라우저 주소창에 한 줄로 입력해야 한다. 아니면 ch10/docs/bullet.html을 열어서 확인할 수도 있다).

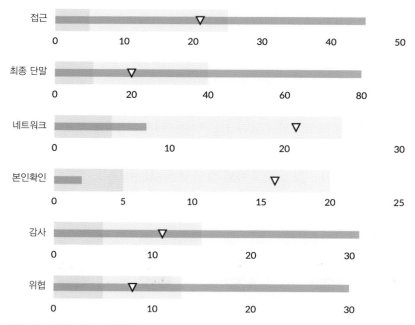

그림 10.2 불릿 그래프 예쁘게 꾸미기

```
http://chart.apis.google.com/chart?cht=bhs&chs=250x30&chd=t:93
&chm=r,DDDDDD,0,0.0,0.57|r,999999,0,0.57,0.85|r,888888,0,0.85,
1.0|r,FF0000,0,0.85,0.86&chco=000000&chbh=15
```

MS 엑셀을 사용해서 좀 더 향상된 시각화 요소를 만들 수도 있다. 그림 10.4에서 사용된 스파크라인의 소스는 ch10/docs/ch10-sparklines.xlsx에서 찾을 수 있으며, 엑셀은 스파크라인과 스파크막대 그래프 옵션을 제공하므로 다양하게 커스터마이징할 수 있다.

사실, 스플렁크는 불릿 그래프와 스파크라인을 포함하는 풍부한 시각화 라이브러리를 가지고 있다. 따라서 여러분이 스플렁크를 사용해 대시보드를 구축하는 중이라면, 게이지를 갖다 버리고 그보다 정보 전달력이 더 좋은 수단으로 얼마든지 전환할 수 있다.

대시보드는 보고서가 아니다

IT 전문가, 특히 정보보안 전문가들은 대체로 디테일 지향적이다. 학교에서 과제 발표 수업이 있으면, 의욕에 가득차서 주제를 아주 깊게 파고들고 학급 친구들에게 자신이 어떻게 결론에 도달했는지를 상세하게 보여주는 유형의 사람이 많다. 확실히, 대시보드 이면에 숨어 있는 세부 정보를 관리하면서 필요할 때 곧바로 드릴다운 메뉴 등의 방법으로 보여주는 기능은 반드시 필요하다. 하지만 대시보드의 최상위 화면은 보는 사람으로 해금 현재 상황을 인식시키는 목적에만 집중할 수 있도록 설계되어야 한다. 자동차에 내장된 차량상태 진단 시스템이 '뱅크 2, 센서 3: 산소 센서 전압, 연료 부족'이라는 값을 알려준다고 해서, 그 값을 운전자에게 보여주는 게이지가 대시보드에 있어야 하는 것은 아니다. '엔진 검사' 경고등에 불이 들어오는 것만으로도 운전자의 주의를 끄는 것으로 충분하다. 운전자는 경고등을 본 뒤에 엔진을 검사하면 된다.

불릿 그래프의 기초

불릿 그래프는 비교적 최근에 그래프 유형으로서, 막대 그래프나 선 그래프와 같은 전통적인 시각화 도구와 비교하면 특히 새로운 종류의 그래프다. 불릿 그래프는 2005년 스테판 퓨에 의해서 제안되었으며, 게이지의 속성들을 실용적인 단일 그래픽으로 통합하는 수단으로서 개발되었다. 따라서 불릿 그래프의 작성(표현) 및 이해(해석) 방법을 익히려면 어느 정도 시간을 들여서 학습을 해야 한다.

불릿 그래프의 5가지 핵심 구성요소는 다음과 같다(그림 10.3).

- 전달하고자 하는 주요 항목의 성과(성능) 측정값을 나타내는 막대
- 측정값에 적용되는 스케일
- 비교 측정값을 나타내는 표시
- 값의 정성적 범위를 표현하는 배경 음영이나 색
- 불릿 그래프의 레이블

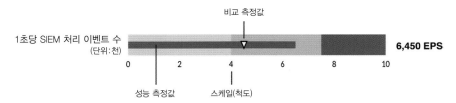

그림 10.3 불릿 그래프의 구성요소

그림 10.3의 우측에 보이는 불릿 그래프의 여섯 번째 요소(SIEM 시스템이 처리한 1초당 이벤트의 수)는 선택적이다. 하지만 좀 더 정밀한 정보가 필요할 때 사용하면 효과적이다.

그림 10.3의 예는 설명의 편의상 불릿 그래프로서는 크기가 다소 큰 것이 사실이다. 하지만 불릿 그래프는 효과적이고 효율적인 정보 전달을 해치지 않으면서도 쉽게 크기를 확장 혹은 축소할 수 있다는 장점을 가지고 있다.

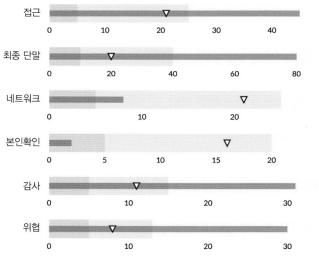
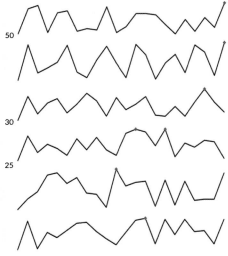

그림 10.4 스파크라인

SIEM EPS 6,450

SIEM EPS 6,450

	현재	정상	편차
SIEM EPS	6,450	4,500	+43%

SIEM EPS Variance +43%

그림 10.5 측정값을 텍스트로 표현하기

대시보드에 텍스트, 목록, 테이블 등을 사용해서는 안 된다는 의미로 받아들이지 않기를 바란다. 이러한 요소들이 대시보드 내용의 빠른 이해를 뒷받침할 수만 있다면 포함시켜도 문제가 되지 않는다. 그림 10.3에서 SIEM이 1초에 처리하는 사건의 수를 텍스트로 직접 나타내고 싶다면, 그림 10.5에 보이는 방법들 중 하나를 선택할 수 있다. 그림 10.5에는 단순 텍스트와 글자색이 있는 텍스트, 그리고 텍스트로 구성된 간단한 테이블이 보이고 있다. 혹은 자세한 숫자는 빼고 최대한 주목을 끄는데 집중하고 싶다면, 맨 아래와 같이 'Variance + 43%'와 같이 표현하면 왜 SIEM 시스템이 갑자기 평소보다 43%나 많은 이벤트를 처리했는지 충분히 궁금증을 유발할 수 있을 것이다.

6장에서도 설명했지만, 일반적으로는 테이블 형식보다는 그래픽으로 데이터를 표현하는 것이 더 효과적이다. 숫자와 텍스트는 언제나 보는 사람의 집중을 요구하는 반면, 모양과 색은 전주의적으로^{preattentively} 인식되기 때문이다. 하지만 대시보드를 보는 사람이 의사결정을 내리기 위한 세부 정보를 원할 경우를 대비해서 숫자나 테이블도 언제든 표시 가능한 상태로 준비를 해 둘 필요는 있다. 대부분의 대시보드 생성 도구들은 드릴다운 기능을 제공하기 때문에 별로 어려울 것은 없다. 인쇄물이거나 드릴다운 기능이 없는 단순 대시보드일 경우는 별도의 보조 자료 혹은 온라인 리소스의 주소를 담고 있는 링크 등을 함께 제공할 수 있을 것이다.

대시보드는 언제 실패하는가

대시보드는 대시보드를 보는 사람과 만드는 사람 간의 신뢰를 전제로 한다. 보는 사람은 자신이 현재 보면서 해석하고 있는 요약 정보가 대시보드를 만든 사람이 최대한 효과적인 방법으로 가장 정확한 데이터를 제공하고자 노력한 결과물이라는 신뢰를 가져야 한다. 마찬가지로 만드는 사람은 정직하고 정확한 정보를 제공했다는 이유로 '불이익'을 당하지 않을 것이라는 확신을 갖고 있어야 한다.

당연한 말 같겠지만, 현실에서는 분명히 우려의 소지가 있는 데이터임에도 불구하고 (특히 가시성이 높은 프로젝트팀에도) 대시보드 검토 회의에서는 아무 문제없는 것으로 보고되는 민망한 상황을 여러 번 접하기 마련이다. 이런 상황은 아무리 우아하게 만들어진 대시보드라도 해결할 수 없다. 6장에서 데이터의 '신뢰성' 개념을 논의한 바 있지만, 대시보드 정보를 조직 운영에 비중 있게 반영하는 조직이라면 언제나 신뢰할 만한 측정값을 표시하는 것은 매우 중요한 일이다.

성과 측정값에 대한 잘못된 전달 혹은 과장된 전달이 자주 일어나는 경우에도 역시 대시보드는 실패할 수 있다. 중요한 측정값의 분석과 정량화를 뒷받침할 만한 데이터가 부족함에도 불구하고 낙관적인 추정을 바탕으로 아무 문제없다는 결론을 내리는 파워포인트 문서들을 흔히 발견할 수 있다. 만일 대시보드를 보는 사람이 대시보드에 보이는 측정값에 대해서 언제나 보조 자료를 함께 검토한다면, 이것은 대시보드를 만드는 사람을 믿지 못한다는 것을 의미하며 굳이 대시보드를 쓸 것 없이 보고서로 대체하는 것이 바람직할 것이다.

대시보드는 택배 트럭이 아니다

박스는 물건을 담기에는 좋지만, 대시보드에 정보를 표시할 때는 그다지 효과적인 수단이 아니다(그림 10.6).

박스 내에 포함되어 있는 요소들도 역시 대부분 박스이기 때문에, 박스를 서로 구분하기 위한 프레임(테두리)이 많이 필요하다. 하지만 너무 많은 프레임은 온라인 대시보드에서 자주 문제가 되곤 한다. 최근에는 고정 그리드의 단일 셀 내부에 여러 항목들을 정렬하면서 '즉석에서' 수정할 수 있도록 옵션을 제공하는 추세이기 때문이다.

그림 10.7은 MS 엑셀을 사용해 그림 10.6을 수정한 것이다. 불필요한 표시, 테두리, 주석 등을 제거했으며 가독성 향상을 위해서 일부 측정값의 표현 방법을 변경했다.

그림 10.7에서는 (테두리가 아니라) 공백이 요소들을 구분해 주므로 대시보드의 통일성이 전반적으로 강화되었다. 맵(지도)이 제거된 것은 색으로 표현된 테이블이 맵보다 보다 효과적으로 정보를 전달할 수 있기 때문이다. 또 '깔때기' 대신에 정규화된 불릿 그래프를 사용함으로써 불필요한 '차트정크chartjunk'들을 줄이면서 더욱 부드러우면서도 충분히 의도된 색을 사용하고 있다. 이 그림에서 사용된 요소들의 엑셀 버전은 이 책의 웹사이트(www.wiley.com/go/datadrivensecurity)의 ch10/docs/ch10-overhaul.xlsx에서 찾을 수 있다. 이 파일을 여러분의 대시보드를 개선할 수 있는 기반으로 삼으면 좋을 것이다.

이 대시보드는 여전히 중요한 문제점을 안고 있다. 각각의 요소들이 무작위로 선택되어 있을 뿐 논리적인 그룹화가 전혀 없어 보인다. 무엇보다도, 무엇이 좋고 무엇이 나쁜지 말해주는 지표가 없다(불릿 그래프에 임계값이 추가되었어야 했다). 좋고 나쁨을 알려주는 지표가 없는 대시보드는 '보고서'로 분류되는 것이 적합하다. 심지어 이 대시보드는 보고서로서 필요한 것도 모두 갖추지 못하고 있다.

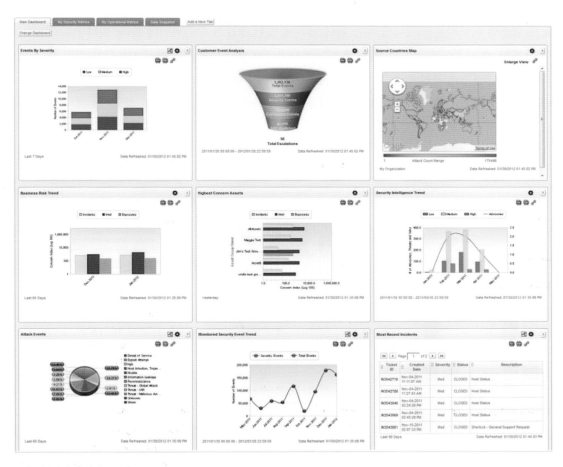

그림 10.6 ' 박스' 대시보드 예

엑셀로 대시보드 만들기

그림 10.7에서 엑셀을 이용한 것은 대부분의 독자가 사용할 수 있는 유일한 도구일 가능성이 높기 때문이다. 대시보드를 전문적으로 다루는 서적 중에는 특별한 도구나 어도비 일러스트레이터와 같은 그래픽 소프트웨어를 통한 후처리 과정을 거친 완벽한 대시보드 예제를 제공하는 것이 많다. 하지만 엑셀을 사용하면 약간의 노력만으로도 잘 설계된 그래프와 차트, 그리고 대시보드를 만드는 것이 가능하다.

단일 셀, 고정 그리드가 유일한 선택지가 아니라는 점에 주의하자. 가상 수평 그리드 위에 여러 레이아웃을 배치함으로써 눈에 잘 띄는 차트를 표시할 수 있는 공간을 마련하거나 자연스럽게 어울리는 요소들끼리 논리적 그룹화를 하는 것이 가능하다. 대시보드 요소와 레이아웃을 계획할 때는 출력 매체에 대한 고려가 수반되어야 한다. 여러분이 설계할 때 사용했던 27인치 레티나 디스플레이에서 끝내주게 멋있던 대시보드가 회의실의 15인치 노트북의 표준 해상도에서는 흉측한 모습을 할지도 모른다. 또 데이터에 따라서는 수평보다 수직 레이아웃이 더 어울리기도 하므로, 반드시 하나의 레이아웃으로 스스로를 구속할 이유는 없다.

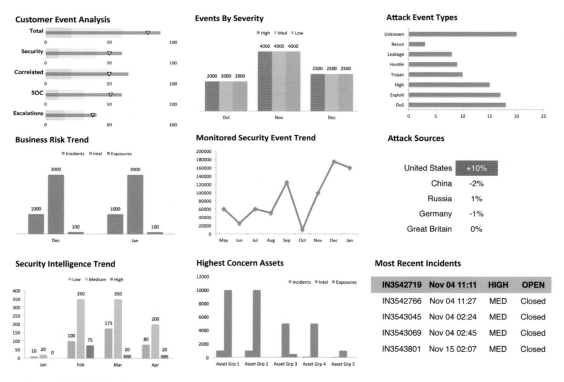

그림 10.7 새롭게 단장한 대시보드

6장에서 설명했던 안구의 움직임에 대한 조언을 기억하자. 좌측 상단 영역은 보는 사람의 주목을 끌어야 하는 가장 중요한 정보의 표시 공간으로 활용해야 한다.

대시보드는 예술 작품이 아니다

대시보드가 본질적으로 그래픽이다 보니, 실제로는 절제되고 의도되며 다소 규칙에 얽매이는 설계가 요구됨에도 불구하고 대시보드를 현대 미술 작품처럼 예쁘게 만들고 싶은 유혹에 빠지기 쉽다. 이를 한 마디로 요약하면 "대시보드에 무언가를 할 수 있다고 해서, 반드시 그래야 하는 것은 아니다." 그림 10.8(http://www.securitywizardry.com/radar.htm)을 예로 들어보자.

이 그림은 시큐리티 위저드리$^{Security\ Wizadry}$의 상황판 대시보드다. 현대적인 검은 바탕 위의 밝은 느낌을 주는 테마에 매우 많은 색이 사용되고 있으며 복수의 소스로부터 데이터를 끌어오고 있다. 하지만 '현란하기만 할 뿐' 정보 전달력은 높지 않다.

그림 10.8 시큐리티 위저드리의 모니터링 대시보드

그림 10.9의 시스템 대시보드$^{System\ Dashboard}$ 탭은 다양한 3D 차트를 사용해 예술적 감각을 극대화하고 있다. 최근 완료된 스캔$^{Recently\ Completed\ Scans}$ 패널과 현재의 위협 수준 Current Threat Level 패널의 내용이 중복이라는 것은 차치하더라도(게다가 게이지가 가리키는 값과 막대 그래프가 보여주는 값이 다르다), 현재의 라이선스 사용량$^{Current\ License\ Usage}$ 패널과 최

근 12개월간의 총 취약점^{Total Vulnerabilities Last 12 Months} 패널은 숫자로 충분히 표현할 수 있는 것을 굳이 3D로 처리할 이유가 없다. 또 취약점 심각성^{Vulnerability Severity} 패널의 피라미드는 일반적으로 3각형 차트에 적용되는 '가장 중요한 것을 맨 위에 둘 것' 규칙에 위배된다. 다시 말해서, 이 패널들의 내용을 해석하기 위해서는 차트에 포함된 정보를 이해하는 그 자체보다 훨씬 많은 시간이 투입되어야 한다.

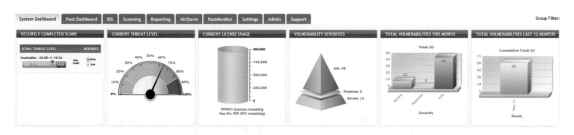

그림 10.9 3D 대시보드

효과적인 대시보드가 되기 위해서는 눈이 즐거워야 하며 그런 의미에서 어느 정도의 예술적 선택이 들어가야 하는 것은 맞다. 하지만 거기에는 분명한 제한이 있어야 한다. 이것은 자유 형식의 산문 시와 (우리나라의 시조나 셰익스피어의 소네트^{sonnet}와 같은) 엄격한 형식주의적 시에 차이가 있는 것으로 비유할 수 있다. 엄격한 운율 규칙으로 오히려 창의성이 발휘될 수 있는 환경이 마련될 수 있듯이, 대시보드를 구축할 때도 창조성을 안내하는데 필요한 몇 가지 설계 지침이 다음과 같이 존재한다.

차트 유형을 제한한다

정보를 차트로 표현할 때는 보는 사람이 해석하기에 가장 쉬운 유형의 차트를 선택해야 한다. 일반적으로 좋은 선택은 다음과 같다.

- 막대 그래프/불릿 그래프
- 도트 플롯/산점도
- 선 그래프/스파크라인
- 박스플롯
- 공간 지도/히트맵/트리맵

하나의 대시보드 내에 너무 많은 유형의 차트가 사용되지 않도록 개수를 제한하고, 여러분이 전달하고자 하는 정보에 적합한 차트를 선택했는지 확인하는 과정이 필요하다. 주스 어낼리틱스*Juice Analytics*의 차트 선택기*Chart Chooser*(http://labs.juiceanalytics. com/chartchooser/index.html)나 차트 제안(Chart Suggestions, http://extremepresentation. typepad.com/files/choosing-a-good-chart-09.pdf)이 차트 선택을 고민하는 여러분의 기억을 환기시켜 줄 것이다.

공간의 제약을 기억하자

여러분에게 주어지는 것은 하나의 화면 또는 페이지뿐이다. 이게 전부다. 사용되는 매체에 가장 적합한 표현 방식을 선택해야 한다. 이 말은 곧 대시보드를 보는 사람이 스마트폰이나 태블릿을 주로 사용한다면, 여러분이 선택할 화면의 구성요소도 달라져야 함을 의미한다.

또, 하나의 화면에 너무 많은 요소들을 우겨 넣지 않도록 조심하고, 여러 요소 간의 그룹화 및 구분은 공백을 사용하는 것이 좋다. 대시보드의 정보 밀도가 너무 높아서 공백만으로는 충분하지 않다면, 가느다란 선이나 테두리를 적절히 배치함으로써 그룹화 및 분리의 효과를 얻을 수 있다.

색을 신중하게 사용한다

색 팔레트를 신중하게 선택하고, 대시보드 전반에 일관적으로 적용해야 한다. 색은 화면 상으로 떨어져 있는 요소들마저도 한데 묶어주는 효과를 낼 수 있다. 대시보드에 색의 일관성이 결여되어 있으면 보는 사람은 상관관계를 잘못 인식할 수 있다. 다시 그림 10.7을 보자. 이 그림에서는 [높음, 보통, 낮음]이나 [침해 사고, 스파이, 노출] 등과 같은 범주형 측정값에 대해서 의도적으로 일관된 색을 사용함으로써, 물리적으로 함께 묶여 있지 않음에도 유사한 속성을 갖는 요소들을 논리적으로 묶는 효과를 보고 있다.

6장에서도 언급했듯이 여러분의 디지털 창조물은 생각보다 자주 흑백 레이저프린터를 통한 인쇄물로 출력된다는 것을 잊지 말자. 그림 10.7의 대시보드 내의 차트들은 흑백으로 출력되면 그 전달 능력을 상당 부분 잃어버리게 된다(그림 10.10). 그림 10.7은 처음부터 4색 인쇄를 전제로 만들어진 것이기 때문이다. 하지만 여러분이 직접 제작하는 결과물은 이러한 변환을 해도 의미 전달 능력을 완전히 잃어버리지 않도록 수시로 확인하며 작업하는 것이 바람직하다.

그림 10.10 무채색 대시보드

폰트를 적절하게 사용한다

가능한 한 하나의 폰트를 유지하자. 널리 쓰이는 세리프serif(Palatino 혹은 Times New Roman) 혹은 산세리프sans-serif(Verdana 혹은 Arial) 폰트를 선택한 후, 폰트의 적용 위치 및 방법을 일관적으로 가져가는 게 좋다. 보다 현대적이거나 난해한 폰트를 굳이 사용하고 싶다면, 확대가 자유롭고 가변너비 텍스트를 지원하며 고정너비 숫자가 가능한 것으로 고른다. 그리고 굵은 글씨, 이탤릭, 색상 효과는 오직 가장 중요한 요소를 강조할 때만 제한적으로 사용하도록 한다.

모든 것을 지배하는 단 하나의 대시보드는 없다

대시보드의 발전

대시보드는 세상에 처음으로 모습을 드러낸 그 순간부터 끊임없이 발전하고 진화해 온 유기체다. 1908년에 생산된 포드의 모델 T에 들어 있던 대시보드는 단 하나의 요소, 전류계(전류 측정에 사용되는 기기)만을 포함하고 있었다. 전류계는 점화 시스템의 상태를 아는데 필요한 기기였는데, 특수한 기기가 없으면 시각적으로 조사할 수 없는 요소의 하나였다. 그 시절에는 기름이 얼마나 남았는지 상태를 알기 위해서는 그냥 딥스틱을 검사했었다. 또 자동차가 과열되었는지 여부를 확인하려면 엔진 부근에서 연기와 증기가 나는지만 확인하면 끝이었다!

제한속도(당시에는 최고 허용속도가 시내 8mph, 고속도로 20mph였다) 위반을 걱정하는 운전자는 별도의 속도계를 구입했으며, 속도계가 전류계처럼 대시보드의 표준 장비가 된 것은 나중의 일이었다. 또, 라디에이터 캡을 모토미터(motometer)로 교체하기도 했는데, 모토미터는 화려한 모습을 한 고가의 온도 게이지로서 기능보다는 액세서리 성격이 더 강했다. 운전자의 자동차에 대한 의존도가 높아짐에 따라서 그 밖의 다른 요소들도 필요와 편의를 위해서 대시보드에 꾸준히 추가되었다.

최근의 차량 대시보드에 포함된 요소들은 여전히 모델 T 개량형의 계기판과 비슷하지만, 전기차, LPG차, 하이브리드 차 등이 등장함에 따라 새로운 커스터마이징이 추가되기도 한다. 또 2륜 구동과 4륜 구동 사이에서 전환이 가능한 차량의 경우에는 현재 차량이 어느 모드로 운전 중인지를 알려주는 특별한 표시등이 달려 있는 것도 있다.

반복 프로세스

이와 같은 자동차 대시보드의 발전과 커스터마이징은 디지털 대시보드의 경우도 마찬가지다. 디지털 대시보드 역시 아래의 요소들에 맞춰 커스터마이징되어야 한다.

- 모니터링되고 있는 프로세스(들)
- 대시보드 상의 정보를 보는 사람
- 표시 매체
- 매체 상에 표현될 수 있는 데이터
- 예상되는 업데이트 빈도

예를 들어, 정보보안 최고책임자를 위한 대시보드를 만든다고 하자. 이 임원이 SIEM에 의해서 1초에 처리되는 이벤트의 수에 관심을 보일 가능성은 거의 없다. 하지만 보안운영 매니저는 이 숫자에 많은 관심을 보일 것이고, 특히 SIEM의 성과를 둘러싼 이슈가 있다면 더욱 그럴 것이다.

실제로 조직 내부에서 SIEM 관련 이슈가 발생했다면, 상황이 해소될 때까지 일간 혹은 주간 단위의 운영 대시보드에 이 이슈와 관련된 성과 측정값을 추가할 것을 고려해야 한다. 그리고 상황이 안정화되면 해당 측정값을 평가 및 응답을 필요로 하는 다른 항목으로 대체한다. 대시보드의 핵심 콘텐츠를 정기적으로 업데이트함으로써 대시보드의 적시성을 유지할 수 있으며, 대시보드가 방치되지 않고 관련부서의 관심을 지속적으로 유지할 수 있다. 어떤 대시보드가 2년 전에 개발되었는데 그 이후로 단 하나의 요소도 변경하지 않은 상태라면, 아마도 그 조직은 대시보드를 사용하지 않고 있을 확률이 매우 높다.

대시보드에 반드시 포함되어야 할 정보를 정확히 알 수 있는 유일한 방법은 대시보드 이용자/프로세스 책임자들과 정기적으로 대화를 하는 것이다. 그래서 대시보드 이용자/프로세스 책임자들이 어떤 정보에 관심이 있는지 이해하고, 여러분이 어떤 데이터를 제공할 수 있는지 그들에게 알려야 한다. 이용자/책임자들이 가장 중요하게 여기는 프로세스나 목표의 모델이 무엇인지 물어보라.

그러한 모델의 효과를 어떻게 평가하는지 물어보고, 모델을 좀 더 정량적인 관점에서 바라보기 위해서 어떤 데이터가 필요한지 물어보라. 이런 대화를 통해서 여러분의 대시보드는 성공적이라는 평가를 받을 수 있다. 또, 프로세스의 상황을 정확히 인식하는 데 있어서 여러분의 부족한 점을 깨닫고 해결할 수 있다.

대시보드를 통한 '보안' 의사소통과 관리

대시보드는 본질적으로 '후속 행위를 유도하는^{call-to-action}' 속성을 내재하고 있다. 정량적 요소에는 값이 존재하고 범주형 요소에는 해당 범주에 속한 항목들의 목록이 존재하기 때문이다. 정보보안 분석가에게는 일반적으로 손실 자산, 침해 사고 내역, SIEM이 1초당 처리하는 이벤트의 수, 방화벽/IPS 운영데이터에 이르기까지 폭넓은 범위의 정량적 데이터가 주어진다. 이러한 데이터가 대시보드의 맥락에서 유용하려면 아래의 두 가지 질문에 대답할 수 있어야 한다.

- 지금 무슨 일이 일어나고 있는가?
- 그래서 어떻게 해야 하는가?

범주형 측정의 경우, 일반적으로 다음과 같은 질문을 식별해야 한다.

- 유용한 정보를 제공 – 예) "해당일의 사고를 처리한 담당부서가 어디인가?"
- 최대한의 주의를 요구 – 예) "어느 PCI(카드산업 데이터보안 표준) 통제가 제대로 동작하지 않았는가?"
- 후속 조사를 필요로 함 – 예) "긴급 처리된 방화벽 포트 오픈 요청은 무엇인가?"

예제를 통해서 이러한 측정 대상들을 자세히 알아보자.

담당자에게 손 내밀기

사고 대응 팀은 사고 대응 대시보드를 만들기 위한 도움을 여러분에게 요청했다. 특히, '문제가 있는 포트' 목록이 포함되기를 원했다. 여러분은 포트별로 방화벽에 의해 거부된 트랜잭션의 수가 적당하다고 판단했고, 그림 10.1과 같은 그래프를 뚝딱 만들어 냈다.

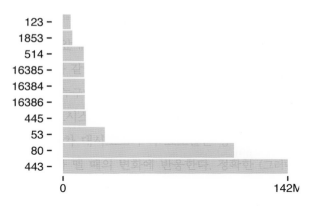

주요 접근거부 포트

그림 10.11 접근이 거부된 포트

이 그래프는 "무슨 일이 일어나고 있는가?"에 대한 대답의 하나가 될 수 있지만, 정확히 사고대응팀이 원하는 "무슨 일이 일어나고 있는가?"에 대한 대답은 되지 못한다. 게다가 "그래서 어떻게 하지?" 질문에 대한 답은 전혀 되지 못한다. 그래서 여러분은 다시 사고 대응 팀과 회의를 갖고 그들이 원하는 정보를 파악하고 여러분이 필요한 데이터를 가지고 있는지 확인했다.

여러 차례의 회의 끝에, 여러분은 사고대응팀이 정말로 보기 원하는 것은 '이례적으로 접속이 증가한' 상위 5개의 포트 목록임을 알게 되었다. 이것은 단순히 포트의 개수를 세는 문제가 아니며, 사고대응팀이 원하는 화면을 제공하기 위해서는 "무슨 일이 일어나고 있는가?"와 "그래서 어떻게 해야 하는가?"에 모두 답을 내야 하는 문제다.

일반적으로 "무슨 일이 일어나고 있는가?"의 답은 어떤 종류의 개수로 나타내지는 경우가 많다(결국은 정량적인 값이다). 포트의 이례적으로 접속이 증가했음은 어떻게 세야 할까? 세션 시도 횟수? 전송된 바이트 수? 개수를 세는 시간 단위는 어떻게 해야 할까? 날짜별로 세야 할까 아니면 지난 주/월 대비 증가분을 기준으로 해야 할까? 거부와 허용을 둘 다 세야 할까 아니면 거부 횟수만 계산할까?

사고대응팀과의 추가 협의 끝에 "무슨 일이 일어나고 있는가?"의 답은 최근 24시간 동안 접속이 거부된 시도의 횟수로 나타내기로 합의되었다. 그런데 "그래서 어떻게 해야 하지?" 질문은? 이 질문에 대한 답을 얻으려면, 전후 맥락의 고려 혹은 다른 측정값과의 비교가 필요한데, 다른 무언가와의 비교는 생각만큼 쉽지 않은 일이다. 이와 관련해 비교할 만한 측정값은 다음과 같다.

- 동일한 포트들의 해당 기간 중 SANS 추세적 포트 목록(https://isc.sans.edu/trends.html) 내의 위치(즉, 다른 소스에서 얻은 동일 측정대상의 값)
- 동일한 대상에 대해서 과거 여러 시점의 동일한 24시간(즉, 같은 요일) 동안 측정된 값
- 동일한 대상에 대해서 다른 24시간(즉, 다른 요일) 동안 측정된 값
- 동일한 대상에 대해서 지난 주나 지난 달의 일별 활동과 관련되어 측정된 값

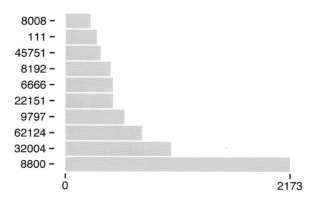

접속이 급증한 주요 포트(지난 주 대비 %)

그림 10.12 이례적인 포트 목록

이 중에서 지난 주의 같은 요일에 측정된 값을 이용한 비교를 하기로 선택했다면, 그림 10.12와 같이 아까와 많은 다른 결과를 얻을 수 있다.

8800 포트의 변화폭이 2,000%를 넘는 것을 알게 되었다. 단순 세션수 계산보다 확실히 우수한 결과로서, 원인을 조사할 만한 가치가 충분하다. 예를 들어, 이 포트를 사용했던 노드를 조사하고, 외부 기관인 ISAC^{Informatoion Sharing and Analysis Center} 사이트에 보고된 8800 포트의 악성 활동이 있는지 확인할 수 있을 것이다. 이로써 아직도 완벽하진 않지만, 대시보드에 새로 추가할 요소의 기본이 만들어졌다. 사고대응팀에서 이 데이터를 사용하고 여러분은 다른 비교 조건을 사용한 탐색적 데이터 분석을 지속한다면 더욱 적절한 측정값들을 발견할 수 있을 것이다.

대시보드 관심도 제고

여러분이 만든 대시보드가 쓸 만하다는 소문이 회사에 쭉 퍼져서 정보보안 최고책임자 (CISO) 귀에도 들어갔다. 그리고 CISO는 자신이 보는 대시보드에 직원들 대상으로 최근 실시 중인 보안 관심도 제고를 위한 교육 프로그램이 얼마나 효과적인지 보여주는 측정 값을 추가하라는 요청을 했다. CISO의 지시에 "못 합니다"라고 말할 수는 없지만, 이 지시는 여러분의 전공인 바이트, 세션, IP 주소와는 완전히 별개의 영역과 관련된 것이다. 교육 프로그램의 유효성을 어떻게 측정해야 할까?

SANS 웹사이트의 'Securing the Human' 프로젝트(http://www.securingthehuman. org/resources/metrics)에서 제안하는 조언을 참고로 할 수 있다. 이 사이트에서 여러분은 '연간 보안교육 프로그램 완료 비율'과 같이 쉬워 보이는 측정 방법을 찾을 수 있지만, 이런 측정값이 여러분의 현 상황에 적합하지 않음을 금세 알 수 있다. 왜냐하면 이러한 측정값은 내부통제용 대시보드에는 적합할지 모르지만, 지금 CISO가 원하는 것은 아니기 때문이다. 대신에 여러분이 관심을 가질 만한 측정값들은 다음과 같다.

- 피싱 공격에 당한 피해 직원의 수
- 피싱 공격을 인지하고 보고하는 직원의 수
- 포괄적인 보안 인식 설문조사의 결과

여러분은 CISO가 직접 선택하도록 위 목록을 제안할 수 있다. CISO와의 회의 끝에 마지막 측정방법, 즉 보안인식 설문조사 결과를 선택하는 것으로 결론이 났다. 여러분은 이제 정기적으로 설문 조사를 수행할 내부 그룹과의 협업이 필요하다. 조사 대상자를 선택하고, 설문조사지를 배포하며, 설문결과를 수집-분석-공개하는 과정이 요구되는 것이다. 하지만 이와 같이 설문 조사를 실시하는 일은 오히려 쉬운 일이다.

지금까지 CISO의 대시보드 요청은 앞서 사고대응팀의 요청보다는 원활하게 진행되고 있지만, 여전히 몇 가지 문제가 남아있다. 어느 부서에게 설문 조사를 실시할 것인가? 설문 조사를 실시하는 주기는? CISO가 추가 정보를 요구할 시 제출해야 할 보조 데이터는 어떤 것이 필요할까?

설문 조사 대상자를 결정하는 문제는 간단할 것처럼 보이지만, 실제로는 한 걸음 물러서서 신중하게 결정해야 하는 문제다. 통계학에서는 이 문제를 가리켜서 표본이 추출될 모집단population을 정의하는 문제라고 부른다. 예를 들어 전 직원을 대상으로 설문을 실시하고 싶다면 직원들 중에서 무작위로 표본을 추출해야 한다. 1~2개의 부서로 설문 조사를 제한한다면 편향^{bias}이 도입될 수 있으며, 조사 결과를 전 직원에게 적용할 수 없을지도 모른다. 또 설문 조사를 다시 실시할지, 그리고 다시 실시한다면 얼마나 자주 할지도 고민해야 한다. 설문 조사를 반복 실시하고 그 결과를 서로 비교하고 싶다면(즉, 벤치마크 연구를 하고 싶다면), 문항을 표준화하고 장기적 목표에 초점을 맞출 필요가 있다. 이와 같이 설문 조사를 실시할 때는 몇 가지 주의할 점이 있지만, 어느 정도의 준비를 통해서 흥미롭고 유용한 데이터를 얻을 수 있다.

인사팀과의 협의 끝에 여러분은 신규 입사자를 모집단으로 선정했다. 따라서 설문 조사에 응답하는 표본은 월별 신규 입사자로 정의되었다. 신규 입사자의 대부분은 보안 인식 제고 프로그램을 거의 모르는 상태로 입사하며, 보안의 중요성을 배우는 수업 과정이 일부 포함된 신규 입사자용 교육 프로그램을 수습 기간 중에 배워야 한다. 여러분은 3개월간의 수습기간 동안 신규 입사자가 얼마나 남는지 확인할 수 있을 것이다. 또한 교육 프로그램의 내용 수정이 입사자들에게 어떻게 영향을 미치는지도 대략적으로 알 수 있다.

CISO 대시보드의 공간 제약 때문에 나타낼 수 있는 측정값은 단 하나로 제한된다. 그래서 여러분은 표 10.1과 같이 SANS가 권장하는 유효성 기준을 선택하기로 했다(값을 계산하는 방법은 SANS 웹사이트를 참조한다).

표 10.1 보안 프로그램의 유효성 측정

보안 인식 위험 수준	설명
낮음 (25–39)	좋은 보안 원칙과 위협을 인식한다; 적절한 교육을 받았다; 모든 보안 표준과 정책을 준수한다.
약간 (40–60)	모든 보안 표준과 정책을 교육받았다. 위협을 인식한다; 그러나 좋은 보안 원칙과 통제를 따르지 않을 수 있다.
중간 (61–81)	위협을 인식하고 좋은 보안 원칙과 통제를 따라야 함을 알고 있다. 그러나 보안 표준과 정책에 대한 교육을 받을 필요가 있다.또, 보안 사건을 식별하고 보고하는 방법을 모를 수 있다.
유의 (82–96)	좋은 보안 원칙과 위협을 인식하지 못하며 보안 표준과 정책을 준수하지도 않는다.
높음 (97–120)	위협을 인식하지 못하며 보안 표준과 정책을 무시하거나 지키지 않는다. 쉽게 공격을 받을 수 있는 습관이나 활동에 빠져있다.

출처: http://www.securingthehuman.org/resources/metrics

SANS 제안의 이점은 표준화된 질문과 더불어 측정값을 계산하는 기준이 공개되어 있다는 점이다. 따라서 CISO가 좋아할 만한 측정값을 제공할 수 있을 뿐 아니라, 세부 정보가 요구될 때 설문 항목에 대한 개별 응답들을 참조할 수 있다. 또 설문조사에 응답한 신규 입사자의 수, 수습 기간 동안의 신규 입사자를 담당하는 책임자의 신원, 설문조사가 실시된 날짜와 설문의 결과 등도 함께 추적될 수 있다. 이런 세부사항들은 대시보드 상에 표현되지는 않지만, 대시보드에 근거해 프로세스를 변경하고자 할 때 유용하게 쓰일 수 있는 데이터다. 이제 데이터가 축적되고, 보안인식 성과 측정값들이 저장된다. 그림 10.13을 보면 대체로 위험 수준이 높아지는 추세를 보이기도 했지만 즉각적인 조치를 필요로 하는 수준에 도달하지는 않았고 최근에는 안정을 유지하고 있다. 이 그래프는 화려한 색을 많이 동원하지는 않았지만, 월별로 측정값이 어느 위험수준에 도달했는지 알려주는 서로 다른 색의 수평선들을 사용했다. 그래서 교육 프로그램의 성과가 어떤지 한 눈에 확인할 수 있다.

그래프를 본 CISO는 여러분이 수집한 보조 데이터를 조사해서 왜 6월과 7월에 위험 수준이 높아졌는지 조사하도록 지시했다. 그 결과, 신규 입사자를 담당하는 직원이 6월과 7월에 출산 휴가를 떠나서 그 기간 동안 다른 사람이 담당했음을 알게 되었다. 이 직원은 입사자 교육 프로그램의 보안 수업 진행 방법을 잘 몰라서 전임자가 하던 방식을 따르지 않았던 것이다. 이렇게 알게 된 조사 결과를 바탕으로, CISO는 담당 업무를 맡을 수 있는 직원은 누구나 보안 교육 프로그램의 내용을 숙지해야 한다는 확신을 갖게 되었다.

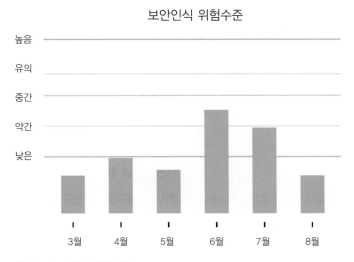

그림 10.13 보안인식 위험수준

측정 방법은 매년 변경되어야 한다. 교육 프로그램의 효과가 신규 입사자에 도달하는 수준이 안정적인 수준에 이르면, 이제 조직의 다른 부서에 설문 조사를 실시할 것을 고려할 수 있다. 또는 다른 관점에서 프로그램의 유효성을 측정하기 위해서 앞서 제시한 피싱 관련 측정을 사용할 것도 고려할 수 있을 것이다.

악마(와 사고 대응 지연)는 디테일에 숨어 있다

새로운 데이터 세트의 분석을 시작하려고 하는 찰나, 여러분은 사고대응팀의 매니저로부터 그녀가 보는 대시보드가 "고장났다"는 메시지를 받았다. 여러분은 자존심에 약간의 상처가 났음을 느끼며 곧바로 문제 확인과 해결을 위해 매니저의 사무실로 향했다.

그녀는 애플리케이션 팀의 직원으로부터 지난 주 발생한 침해 사고 처리가 너무 오래 걸렸다는 말을 들었다고 한다. 하지만 대시보드에는 이상이 발생했음을 알려주는 표시가 전혀 뜨지 않았다는 것이다. 티어4 침해 사고(애플리케이션 팀에 의해 분류되는 침해 사고의 위험도)는 하루 간격으로 처리되었다고 한다. 이 말을 들은 여러분은 바로 어떤 의심이 들었고, 의심을 뒷받침하기 위한 데이터 작업에 들어갔다. 과연, 범인은 바로 성과 지표의 이름 그 자체('사고 처리까지의 평균 시간')에 있었던 것이다.

평균은 어떤 데이터 세트를 설명하는 기술 통계값으로서 단독으로 사용될 때가 많으며, 실제로 (야구에서의 타율처럼) 신속하게 성과를 비교할 수 있는 측정값의 역할을 할 때도 있지만, 완벽하지는 않다. '고장난' 대시보드에 표시된 사고 처리까지의 시간 데이터를 보자.

```
0.50 1.10 1.10 1.10 0.10 0.30 0.20
0.10 0.60 0.10 0.10 0.10 0.60 7.00
```

평균값은 0.9286으로서 정상 범위 내에 든다. 하지만 마지막 값(7.00)을 보자. 이 사고는 평소보다 훨씬 해결에 많은 시간이 걸렸지만 대시보드 상에서는 아무런 경고 메시지가 뜨지 않았다. 이 문제를 해결할 수 있는 몇 가지 방법이 있다. 대시보드 상에 여유 공간이 있으면, 예상 범위를 일정 수준 벗어나는 사고들을 모두 나열하는 성과 측정을 추가할 수 있을 것이다. 하지만 사고대응팀의 매니저는 아마도 기존에 대시보드에 표시되었던 아래의 한 줄처럼 요약된 정보를 좋아할 것이다.

사고처리 평균 시간 : 0.93

여러분은 이제 문제 상황을 자동으로 파악하고, 세부 정보의 손실 없이 한 줄과 비슷한 공간에 문제를 표현할 수 있는 방법을 마련해야 한다. 궁극적인 해결책은 3개의 데이터 분석 및 시각화 기법에 존재하는데, 3장에서 설명한 다섯 숫자 요약, 6장에서 설명한 박스플롯, 그리고 이번 장에서 설명한 스파크라인이다.

다섯 숫자 요약은 다음으로 이뤄져 있다.

- 최솟값(가장 작은 관찰값)
- 1사분위값
- 중위값(가운데 값)
- 3사분위값
- 최댓값(가장 큰 관찰값)

이 값들은 많은 유형의 성과를 표현할 때 널리 사용되며, 평균값만 단독으로 사용할 때에 비해서 세부 정보의 손실을 적게 유지하면서 데이터를 간결하게 요약할 수 있다. 그리고 박스플롯은 그림 10.14와 같이 성과 측정의 임계값을 선으로 나타내는 방법으로 이 값들을 시각화할 수 있다.

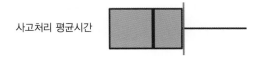

그림 10.14 박스플롯 스파크라인

이제 사고대응팀 매니저는 공간을 낭비하지 않으면서 중요 세부 정보를 한눈에 볼 수 있게 되었다. 필요하다면 박스플롯에 색을 입혀서 정상값에서 분명히 벗어난 측정값을 강조할 수 있을 뿐 아니라, 박스플롯의 옆에 평균값도 함께 표시할 수 있을 것이다.

프로젝트와 '보안'

이 절의 제목에서 보안이라는 단어를 따옴표로 묶은 것은 보안의 정의가 사람마다 다를 수 있기 때문이다. 침투 테스터는 CISO와는 완전히 다르게 보안을 바라볼 수 있으며, 마찬가지로 애플리케이션 개발자는 방화벽 엔지니어와 다르게 보안을 인식한다. 큰 그림에서 보면 이러한 서로 다른 해석은 모두 전체의 한 부분이므로 상호보완적이라고 할 수 있다. 조직의 정보 자산을 확실히 보호하기 위해서 필요한 활동이기 때문이다.

아마도 대시보드에 표시되는 내용 중에 가장 '보안적이지' 않은 것 중의 하나가 바로 프로젝트나 작업에 대한 현황 보기status view일 것이다. 이 보기에는 내부 감사의 지적사항을 해결하기 위한 프로젝트가 포함될 수도 있고, 전사 차원의 보안 프로그램을 모니터링하기 위한 것일 수도 있다. 보안, IT, 사업 담당 임원들은 사내의 자원이 어디에 위치하고 어디로 돌려야 할지를 알기 위해서 한눈에 이러한 자원들을 볼 수 있는 방법을 필요로 한다. 이런 내부통제와 관련된 작업은 별로 재미는 없지만, 보안을 논할 때 빼놓을 수 없는 일인 것도 사실이다.

여러분이 조직 내에서 '대시보드 전문가'로 알려져 있다면, 이와 같은 프로그램, 프로젝트, 지적사항 개선 등을 추적하는 측정 수단을 구축해 달라는 요청을 피할 수 없을 것이다. 프로그램 혹은 프로젝트의 책임자들은 기꺼이 여러분에게 세부적인 성과 측정기준과 보고서 등을 제공할 것이다. 문제는 35개에서 50개 사이(어쩌면 그 이상)에 이르는 측정값들을 어떻게 임원 대상 대시보드의 한 요소로서 한눈에 들어오도록 만드느냐 하는 것이다.

가장 먼저 할 일은 대시보드를 보는 임원이 무엇을 보고 싶어할지 식별하는 것이다. 아래의 요소들을 관심 있게 볼 것이라고 가정하자.

- 내부 감사 지적사항의 개선 항목
- 전사적 보안 프로그램 이니셔티브
- 고객 감사 반영 프로세스(고객의 요청에 따라서 개선 중인 항목)
- PCI DSS 컴플라이언스 통제 개선 진행 상황

CISO와의 회의를 통해서 여러분에게 주어지는 대시보드 공간은 전체 화면의 1/4로 제한된다는 것을 알게 되었다. 그리고 가장 중요한 항목은 PCI 통제 및 고객 감사라는 것도 파악되었다. 성과 측정을 위한 데이터가 준비되어 있으며 값도 정확하다는 사실을 확인한 여러분은 이제 대시보드에 표현하는 작업을 착수한다.

CISO가 알려준 우선순위 및 성과 목록을 통해서 여러분은 대시보드에 표현될 측정값들을 논리적으로 그룹화할 수 있다. 그리고 각 그룹별로도 그룹 내부의 요소들에 우선순위를 정하는 방법을 결정해야 한다. 모든 요소들이 논리적으로 그룹화된다면 성과 측정값의 표현 방법은 4개 그룹 모두에 공통적으로 적용될 수 있는 것으로 선택해야 한다. 이런 제약조건을 모두 만족시킬 방법을 사용함으로써, 여러분은 대시보드의 '보안 프로그램, 프로젝트, 개선 현황' 요소에 일관된 메시지를 생성할 수 있다.

　　데이터 검토가 끝난 후 여러분은 정보가 표시될 방법을 보여주는 밑그림을 그린다. 이 밑그림은 결국 그림 10.15와 같은 와이어프레임의 모습을 하게 될 것이다(이 그림에서 사용되는 문구 'Lorem ipsum'은 텍스트가 그 위치에 있어야 함을 알리기 위한 의미 없는 문구다).

　　대시보드를 개발하는 일반적인 과정은 다음과 같다.

1. 이해관계자/대시보드를 볼 사람의 요구를 식별한다.
2. 요구를 이해한 뒤, 대시보드에 표현하기 위해서 필요한 데이터가 지원되는지 판단한다.
3. 대시보드에 대한 대략적인 개념을 스케치한 다음, 그 중에서 가장 좋아 보이는 것을 와이어프레임으로 모델링한다.
4. 최종 모델을 선택하고, 요구되는 갱신 주기에 맞춰서 측정값을 표현하기에 가장 효율적인 프로세스를 찾는다.

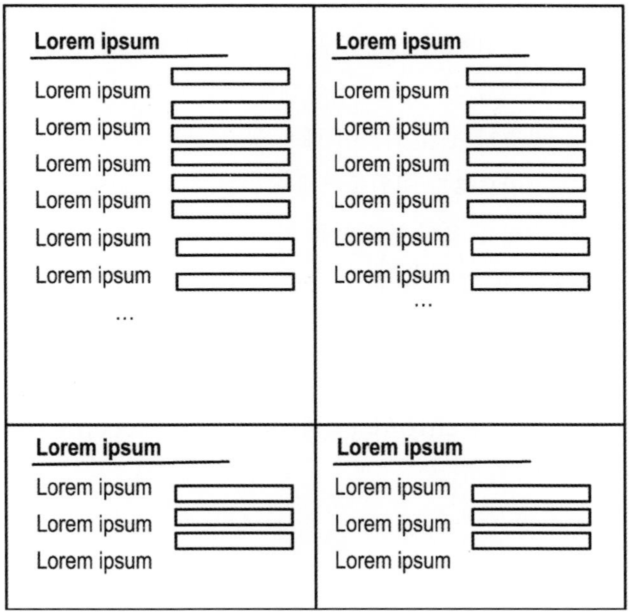

그림 10.15　대시보드 와이어프레임

프로젝트 및 프로그램의 산출물을 검토한 결과, 여러 항목들의 표현 방법은 다음과 같이 결정되었다.

- PCI 프로그램은 12개의 요구사항별로 배치된다.
- 고객 감사는 날짜의 역순으로 표시되어야 가장 이해하기 쉽다(따라서 가장 가까운 날짜의 것이 최상단에 위치).
- 전사적 보안 프로그램 이니셔티브는 예산 문서에 나타나는 순서대로 표시된다.
- 내부 감사 항목은 고객 감사와 같은 방법으로 정렬된다.

이와 같은 정렬 순서는 CISO, 그리고 다른 이해관계자와의 약속의 일부다. 한 번 정해지면, 관련자에게 통보 없이는 변경되지 않을 것이라는 암묵적인 기대가 성립된다.

프로젝트의 완료를 100%로 나타낼 수 있음을 감안하면, 막대 그래프가 좋은 선택일 것이다.

하지만 막대가 짧다고 반드시 '나쁜' 경우를 의미하지 않는다. 불릿 그래프의 변종을 사용해서 세부 정보를 표현할 수도 있지만, 이 시나리오에서는 굳이 필요가 없다. 대시보드를 보는 사람이 손쉽게 (간트 차트, 프로젝트 위험도, 상태 내역 등의) 보조 자료를 찾아볼 수 있기 때문이다. 완료 목표일을 맞추지 못할 위험이 매우 높은 프로젝트나 프로그램의 요소를 특정한 색으로 강조하는 것만으로도 임원들에게 우려를 전달하고 프로젝트나 프로그램을 본궤도로 복귀시키기 위한 도움이 필요함을 알리는 수단으로 충분하다. 경영진은 문제가 되는 이슈를 깊게 알아야 할 필요가 있으므로, 개별 프로젝트 및 프로그램의 관리자가 CISO에게 모든 세부 정보를 전달했는지 확인할 필요가 있다.

완성된 대시보드는 그림 10.16에서 볼 수 있다. 그리고 엑셀 템플릿은 이 책의 웹사이트(www.wiley.com/go/datadrivensecurity)의 ch10/docs/ch10-project-security.xlsx 에서 찾을 수 있다.

노트

엑셀에 내장된 스파크라인과 비슷하게 생긴 '데이터 막대'를 생성하는 기능은 효과적인 대시보드 요소를 만드는데 걸리는 시간을 크게 단축할 수 있다. 셀의 값을 바탕으로 색과 크기를 정하는 사용자 정의 규칙을 생성할 수 있기 때문이다.

보안 프로그램 & 프로젝트 & 지적사항 시정 현황

Q1-Q3 2012

PCI 내부통제 시정 진행상황

요구사항 1	
요구사항 2	
요구사항 3	
요구사항 4	
요구사항 5	
요구사항 6	
요구사항 7	
요구사항 8	
요구사항 9	
요구사항 10	
요구사항 11	
요구사항 12	

고객 감사 시정 진행상황

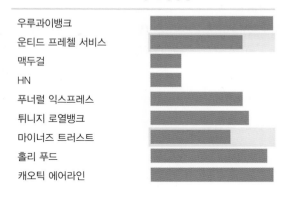

우루과이뱅크	
운티드 프레첼 서비스	
맥두걸	
HN	
푸너럴 익스프레스	
튀니지 로열뱅크	
마이너즈 트러스트	
홀리 푸드	
캐오틱 에어라인	

전사적 보안 프로그램 이니셔티브

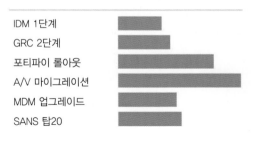

IDM 1단계	
GRC 2단계	
포티파이 롤아웃	
A/V 마이그레이션	
MDM 업그레이드	
SANS 탑20	

내부감사 지적사항 시정 진행상황

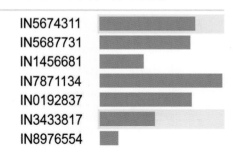

IN5674311	
IN5687731	
IN1456681	
IN7871134	
IN0192837	
IN3433817	
IN8976554	

그림 10.16 프로젝트와 프로그램의 현황 대시보드

요약

대시보드의 설계, 구축, 전달은 남는 시간에 뚝딱 해치울 수 있는 일이 결코 아니다. 핵심 측정값을 최소한의 공간에 최적의 방법으로 표현하고 논리적이며 시각적으로는 매력적으로 전달하기 위해서는 많은 스킬과 연습, 그리고 수많은 시행착오가 수반되어야 한다.

이 장에서는 현실적인 시나리오와 실제 대시보드의 수정 예제를 통해서 대시보드의 핵심적인 개념들을 제시했다. 또 (불릿 그래프와 스파크라인 등의) 혁신적인 표현 방법과 더불어 이 책의 웹사이트에서 제공하는 자료를 사용해 엑셀과 R에서 따라할 수 있는 설계 기법들도 설명했다.

추천 읽을거리

다음 목록은 이 장에서 소개했던 주제들을 더욱 깊이 있게 이해하고 싶은 독자들을 위한 추천 읽을거리다. 아래의 문헌 및 이 장에서 언급한 문서의 원본에 관한 자세한 목록은 부록 B에서 확인할 수 있다.

- 스테판 퓨[stephen Few], 『Information Dashboard Design: The Effective Visual Communication of Data』 – 대시보드 설계에 관한 책을 단 한 권만 선택할 수 있다면 이 책을 선택하라. 다양한 예제를 통해서 모든 수준의 시각적 요소 작성에 관한 세부 정보를 제공하고 있다.

- 앤드류 재킷[Andrew Jaquith], 『Security Metrics: Replacing Fear, Uncertainty, and Doubt』 – 대시보드는 가장 중요한 정보를 표시하고 (후속) 행동을 유도하기 위한 것이다. 이 책은 정확한 보안 정보를 찾아서 가장 효과적으로 표현하는 방법을 설명하는 빨간약이다.

- 에드워드 터프티[Edward R. Tufte], 그레이브스-모리스[P. R. Graves], 『The Visual Display of Quantitative Information』 – 이 책은 정보의 표현 방법을 완벽히 이해하고 싶은 사람이라면 반드시 읽어야 하는 책이다. 대시보드에 관한 책은 아니지만, 많은 예제와 함께 어떻게 효과적으로 시각화를 통한 전달을 할 수 있는지 다루고 있다.

- 빌렘 사리스[Willem E. Saris], 임트라우드 N. 갤호퍼[Irmtraud N. Gallhofer], 『Design, Evaluation, and Analysis of Questionnaires for Survey Research』 –

이 책은 설문 조사를 설계하는 것이 결코 간단한 일이 아님을 알려준다. 설문 조사에 의존하는 분야의 연구자들도 진정으로 얻고자 하는 정보를 효과적으로 수집할 수 있는 설문 조사를 설계하는 데 어려움을 겪는다. 여러분이 보안 프로그램 개선을 위해서 설문 조사를 이용하고 싶다면, 반드시 지침으로 삼을 만한 책이다.

- 론 캐넷[Ron Kenett], 실비아 살리니[Silvia Salini], 『Modern Analysis of Customer Surveys: with Applications Using R』 – 설문 조사를 사용하기로 마음을 굳혔다면, 설문 조사의 분석 방법을 알아야 할 필요가 있다. 이 책은 여러분에게 필요한 기초적 통계 지식과 더불어 설문조사 결과를 나타낼 때 많은 도움이 될 수 있는 재사용 가능 R 코드를 제공한다.

대화식 보안 시각화 구축하기

"디자인 업계의 사람들은 디자인이 디바이스 동작의 본질적인 요소를 전달해야 한다는 것을 이해하고 있다. 디바이스가 작업을 수행하는 방법, 사람이 디바이스에 대해 입력할 수 있는 동작, 그리고 이에 대한 반응으로서 디바이스가 특정한 순간에 무엇을 하고 있는지 등을 전달할 수 있어야 한다. 디자인은 실제로는 의사전달 행위이다. 이 말은 디자이너는 의사전달의 대상에 대한 깊은 이해를 가져야 함을 의미한다."

도널드 노먼(Donald A. Norman), 『일상적인 사물의 디자인(The Design of Everyday Things)』

데이터 시각화에 들이는 모든 노력은 결국 사용자가 데이터를 이해하고 데이터로부터 학습하기 쉽도록 돕는데 그 목적이 있다. 다시 말해서, 효과적인 의사전달이 시각화 결과물의 핵심 목표다.

이전의 여러 장에서 배운 것처럼, 정적인 테이블과 그래프를 단순하면서도 성공적으로 개발하기 위해서는 많은 지식, 기술, 그리고 연습이 요구된다. 하지만 제대로 만들기만 하면, 정적인 화면으로도 어떤 주제, 이슈, 문제점이든 실질적으로 전달할 수 있으며, 대부분의 경우(아마도 95% 이상) 의사전달의 목적을 달성하기에 충분하다. 하지만 가끔은 정적인 화면으로는 불충분하거나 실용적이지 않아서, 데이터가 제공하는 메시지를 사용자가 제대로 이해하기 위해서는 보다 동적인 매체에 의존해야 할 경우가 있다. 이 장에서는 바로 이와 같이 동적인 대화식 시각화가 요구되는 상황을 이해하고, 대화식 시각화에 효과적인 메시지, 대시보드, 그리고 탐색 도구를 만드는 데 도움이 되는 참조 사이트와 기법들을 소개한다.

노트

대화식 시각화를 둘러싸는 스킬, 예술, 과학은 다양한 분야에 걸쳐서 오랜 기간 발전해 왔다. 따라서 이번 장은 대화식 시각화라는 주제를 전반적으로 개요만 소개하고 추가적인 연구에 도움이 될 참고문헌을 소개하는 데 그친다. 특히 정보보안 도메인의 어디에서 대화식 특성을 적용하면 좋을지 실용적인 지침을 제공하는 데 주력한다.

정적 시각화에서 대화식 시각화로의 이동

95%라는 전제가 사실이라고 가정하면, 여러분의 반응은 아마도 "그러면 정적 시각화로 충분하겠군"일 것이다. 예쁘게 보이기 위한 각종 추가 작업을 감안해도, 정적인 시각화를 구성하는 것이 훨씬 적은 시간이 걸리기 때문이다. 또 현재 작업 중인 프로젝트가 최소한의 차원(즉, 행과 변수/열/필드)을 갖는 데이터 세트들로 구분되는 경우에도 고정적인 이미지를 고수하는 것이 낫다. 스콧 머레이Scott Murray가 『웹을 위한 대화식 시각화Interactive Data Visualization for the Web』에서 말했듯이, "고정된 이미지는 대안적 화면이 반드시 필요하지 않거나 심지어 바람직하지 않을 때 가장 이상적인 방법이다. 그리고 인쇄물처럼 정적 매체에 게시될 때는 반드시 필요하다."

그럼에도 여러분이 '대화식'으로 가고 싶다면, 다음 세 가지 목표를 고려해야 한다.

- 보충 – 대화식 기능을 추가하는 것이 사용자가 일반적으로 수행해야 하는 작업의 속도를 향상시키거나 그 작업을 자동화시킬 수 있다면, 대화식으로 구축하는 것은 분명히 옳은 선택이다.
- 탐색 – 차원의 수 혹은 데이터의 크기/다양성이 충분히 커지면, 정적인 그래픽 중에서 어느 것이 유용한지 사용자가 추측하게끔 만드는 것보다는 직접 관계와 결과를 탐색할 수 있도록 허용하는 것이 더 나을 수 있다.
- 계몽 – 일반 대중을 상대로 매우 복잡한 주제를 전달해야 하는 경우에는, 선택된 데이터를 둘러싼 제한된 내비게이션만 가능하도록 사용자 친화적 인터페이스를 정보보안 분야의 적용에 초점을 두면서 위의 항목들을 조금 더 깊이 알아보기로 하자.

보충을 위한 대화식 시각화

정보보안 분야에는 많은 시간과 과다한 데이터 처리가 요구되는 수많은 반복적 작업이 존재한다. 로그를 수집해서 상관관계 분석을 하고, 경고 메시지를 수신해 주의를 기울여야 하며, 이상 현상은 반드시 조사해야 한다. 이 모든 경우에 네트워크의 문제 발생 여부를 판단하기 위해서 다양한 유형의 데이터 처리 유틸리티 프로그램을 실행해야 한다. 반복적 작업으로 인한 지루함을 완화하고 신뢰성 있는 악성코드의 탐지 속도를 개선할 수 있는 도구는 보안 엔지니어의 도구상자에서 언제나 환영받는 필수품이다.

로버트 어베이커 주도의 연구팀은 문제 도메인(네트워크 상의 악성코드의 동작 인식)과 침해 사고 대응팀의 정보 처리 방법을 모두 이해한 바탕 위에서 신뢰할 만한 도구를 창조하기 위해서 노력했으며, 그 결과물이 바로 비즈얼러트VisAlert(http://digital.cs.usu.edu/~erbacher/publications/VisAlertCGA2006.pdf)다. 이것은 복잡한 네트워크 환경에서 빠른 상황 인식을 도와주는 상관관계 시각화 도구로서, 그림 11.1은 비즈얼러트의 실행 화면을 보여주고 있다. 이 이미지의 가운데에 배치된 것은 논리적 네트워크 레이아웃이며, 동심원들은 보안 이벤트가 일어났을 때를 가리키는 델타 시간 간격(예컨대 지금/5분전/15분전)을 의미한다. 보안 이벤트에서 자원으로 이어지는 직선은 어느 시스템에 어떤 유형의 공격이 언제 발생했는지를 여러 로그 파일들을 조사할 필요 없이 한눈에 상황을 파악할 수 있도록 알려주는 역할을 한다.

써코스Circos(http://circos.ca/)와 같은 도구도 비즈얼러트와 마찬가지로 방사형 다이어그램을 쉽게 구축하고 대화식 기능도 일부 추가할 수 있다. 하지만 고정적이든 대화식이든 시각화 결과물이 단순 눈요기를 넘어서 정말로 실용성을 갖추기 위해서는 보다 많은 노력이 요구되기 마련인데, 그런 측면에서 비즈얼러트는 다음과 같이 세밀한 제어를 제공한다는 점을 주목할 만하다.

문제를 정의한다

이것은 앞서 여러 차례 귀에 못이 박히게 강조했던 "질문 수립부터 시작한다" 주문의 다른 표현에 지나지 않는다. 새로운 언어나 프레임워크의 사용 방법을 백지 상태에서 배우면서 시각화를 수행하는 것도 나름대로의 장점은 있지만, 사용자 지향의 대화식 시각화를 통해서 해결하고자 하는 문제가 무엇이고 사용자는 누가될 것인지 최종 결과물을 내놓기 전에 미리 정확히 이해하는 것은 필수적이다. 여러분이 현업 경력이 많다고 하더라도, 개인의 경험은 문제 도메인의 특정 측면에서만 통찰을 제공할 수 있으며 다른 사람(특히 여러분이 구축할 대화식 시각화 결과물의 사용자로 예상되는 사람)과의 협업은 프로젝트를 살릴 수도, 죽일 수도 있는 중요한 요소다.

이러한 관점에서 비즈얼러트 팀의 궁극적인 목표는 강력한 상관관계 시각화 수단을 제공함으로써 데이터 분석가의 의사결정 과정을 지원하는 것이었다. 새로운 침입 탐지 시스템을 구축하거나 완벽하고 제한된 데이터 세트에만 적용 가능한 '장난감 모델' 솔루션을 제공하는 것이 아니라, 보안 데이터 분석가들이 일상 업무에서 이미 사용 중인 현실 세계 데이터의 볼륨과 유형에 확장성 있게 적용될 수 있는 시스템을 설계하는 길을 선택한 것이다. 비즈얼러트 팀의 시스템은 문제 범위는 좁게 정의되어 있지만, 시각적인 매력과 유용성 측면에서는 모두 충분한 폭과 범위를 갖고 있다.

도메인 전문지식을 추구한다

비즈얼러트 팀은 현실 세계의 보안 분석가들이 문제점을 식별하는 방법을 모형화한 멘탈 모델mental model을 이해하기 위해서 시스템의 구축 초기부터 협업을 유지했다. 멘탈 모델은 어떤 사물의 동작 방식 혹은 어떤 사람이 주변 환경이나 세상과의 상호작용에 대한 이해를 개념적으로 모형화한 것을 의미한다. 보안 분석가들은 교육과 실무 경험을 통해 도메인에 특화된 멘탈 모델을 발전시킨다. 그리고 멘탈 모델은 악성코드 식별 및 제거의 성공(또는 실패) 경험이 축적되면서 지속적으로 발전한다. 분석가들은 악성코드 조사를 반복하면서 어떤 프로세스가 가장 효과적이었는지 학습하고 이러한 경험은 기존의 멘탈 모델 프레임워크에 추가된다. 비즈얼러트 팀은 보안 분석가들과의 협업을 통해서 분석가의 업무 처리 과정 중 어떤 부분이 향상된 시각화(예를 들면 네트워크 다이어그램에서 두드러진 부분을 별도 표시하고, 특정 프로토콜과 경로를 자동으로 강조 표시) 및 **자동화**(예를 들면 DNS 조회와 선별적인 상관관계 분석)의 혜택을 받을 수 있는지 확인할 수 있었다.

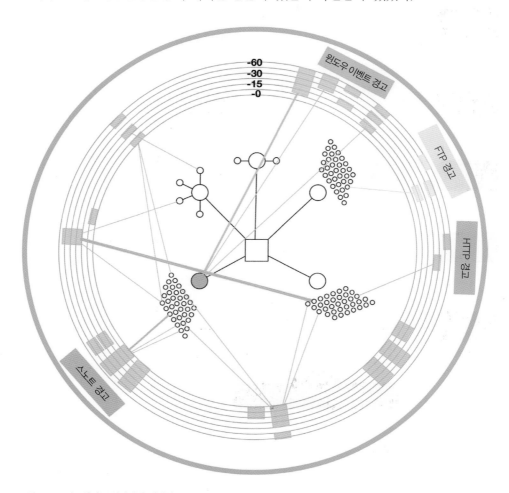

그림 11.1 비즈얼러트 상관관계 시각화 도구

스테파노 포레스티(Stefano Foresti), 제임스 어거터(James Agutter), 야르덴 리브넷(Yarden Livnat), 숀 달(Shaun Moon), 로버트 에바허(Robert Erbacher)가 Computer Graphincs and Application , IEEE 26, no.2(2006)에 발표한 "Visual correlation of network alerts"에서 인용

학제 간 접근 방식을 취하다

비즈얼러트 팀은 정보 아키텍처, 인지 심리학, 애플리케이션 개발, 컴퓨터 과학 등의 분야에서 재능 있는 전문가들을 섭외해서 시각화 도구 구축과 개선을 위한 조언을 수용했

다. 비즈얼러트 팀은 이러한 과정을 가리켜 '개선된 해석학적 순환'이라고 불렀는데, 부분과 전체 간의 반복적인 이동을 의미한다. 그림 11.2가 이 과정을 나타낸 것이다.

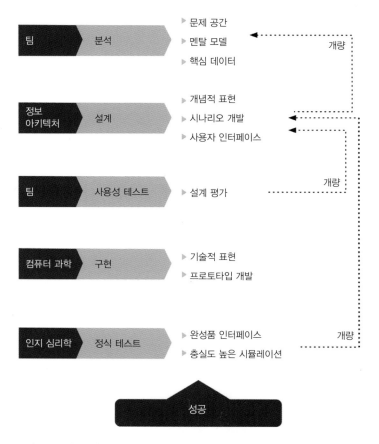

그림 11.2 비즈얼러트 상관관계 시각화 도구의 설계 방법론

스테파노 포레스티(Stefano Foresti), 제임스 어거터(James Agutter), 야르덴 리브넷(Yarden Livnat), 숀 달(Shaun Moon), 로버트 에바허(Robert Erbacher)가 Computer Graphincs and Application , IEEE 26, no.2(2006)에 발표한 "Visual correlation of network alerts"에서 인용

이 방법론은 애자일 개발 프로세스(http://agilemanifesto.org/principles.html)와 매우 비슷하다. 애자일 방법론에서는 프로젝트 구성원 누구나 평등한 파트너 관계로서 성공적인 최종 결과물을 생성하기 위해서 함께 노력한다. 여러분의 조직에 애플리케이션 개발팀이 있고 여러분은 애자일을 잘 모른다면, 개발팀 직원 한 명에게 점심을 사주면서 애자일 방법론이 어떻게 현실 세계에서 돌아가는지 물어보면 좋을 것이다(추가로, 이 기회에 개발팀에 친구를 한 명 만들어서 개발팀이 애플리케이션 보안에 대한 이해도를 높일 수 있다면 더욱 좋을 것이다).

기본적으로, 비즈얼러트의 방법론과 애자일 방법론은 모두 프로젝트가 정상 궤도를 이탈하지 않고 가능한 빨리 목적지에 도달할 수 있도록 효과적이고 효율적인 피드백 순환 프로세스를 활용한다. 여러분이 노련한 전문가로서 혼자서 최종 결과물을 완성할 능력을 갖추었더라도, 정기적으로 다양한 분야의 외부 전문가들로부터의 조언과 피드백을 받아들이면서 제대로 길을 가고 있는지 확인하는 것이 바람직하다.

비즈얼러트 시각화 도구는 2006년부터 각종 문서와 보안 컨퍼런스에 등장했지만, 이 책이 출판된 시점에는 아직 상용 또는 오픈소스 제품으로 공개된 것이 없다.

탐색을 위한 대화식 시각화

대부분의 네트워크는 어느 정도의 취약점을 갖고 있다. 테너블^{Tenable}의 제품인 네서스 ^{Nessus}(http://www.tenable.com/products/nessus) 취약점 스캐너는 취약점 탐색에 가장 널리 사용되는 도구 중 하나다. 네서스가 출력하는 상세 보고서(그림 11.3)를 보면, 호스트마다 취약한 구성요소의 목록을 갖고 있으며 각각의 구성요소마다 기본 설명, 상세 설명, 전반적 위험도 수준, 그리고 CVSS$^{Common\ Vulnerability\ Scoring\ System}$(http://www.first.org/cvss) 점수 등의 속성을 갖고 있다. 보고서의 길이는 수백 페이지를 넘기도 하며, 여러분이 불면증에 시달리고 있다면 밤새 곁에 두고 읽기에 좋을 것이다.

VAST 2011 시각화 과제(http://hcil.cs.umd.edu/localphp/hcil/vast11/)처럼 소규모의 네트워크에서도 수천 개의 취약점 목록이 발견될 수 있다(VAST 네트워크 데이터는 2,000개 이상의 취약점을 갖고 있다. 데이터는 이 책의 웹사이트 www.wiley.com/go/datadrivensecurity의 ch11/data/vast_2011.nbe에서 받을 수 있다). 데이터를 여러 가지 방법으로 돌아가면서 보여주는 정적 시각화 결과물들을 셀 수 없이 많이 보여주는 것도 가능하지만, 그보다는 보안 분석가들이 어떤 취약점을 먼저 수정해야 할지 탐색하고 우선순위를 결정하는 데 도움을 주는 대화식 시각화 도구가 효과를 발휘하는 아주 좋은 사례에 해당된다.

테너블에서도 대화식 도구를 판매하고 있지만, 이 장에서는 존 구달$^{John\ Goodal}$이 2013년 공개한 오픈소스 도구인 NV$^{Nessus\ Vulnerability\ Explorer}$(http://ornl-sava.github.io/nv/#) 를 중점적으로 살펴보자. NV는 네서스 스캐너의 스캔 결과파일을 받아 와서 파일 내에 포함된 취약점을 탐색할 수 있다. 그림 11.4를 보자.

NV의 인터페이스는 사각형들을 중첩시킴으로써 계층적 데이터를 압축적으로 표현할 수 있는 트리맵을 사용한다. 이 때 각각의 사각형은 서로 다른 크기와 색상을 가짐으로써 데이터 세트 내의 범주형 또는 정량적 변수에 매핑될 수 있다. 트리맵은 해석 방법

에 익숙해지기까지 약간의 시간이 필요하지만, 일단 익숙해지면 선별적 시각화 도구로
서 매우 유용한 친구가 될 것이다.

구달의 대화식 트리맵은 사용자가 간단한 드래그-앤-드롭만으로도 계층의 구조를
재배열 할 수 있다. 따라서 IP 주소 중심으로 취약점을 바라볼 수도 있고, 네서스 취약점
ID 혹은 포트 중심으로 화면을 전환할 수도 있다. 또 한 번의 클릭만으로도 볼륨이나 잠
재적 영향에 따라서 노드의 크기를 변경할 수 있고, 사각형 위에서 마우스 클릭만 하면
취약점의 세부 정보를 볼 수도 있다.

56860 (1) - USN-1263-1 : icedtea-web, openjdk-6, openjdk-6b18 vulnerabilities

Synopsis

The remote Ubuntu host is missing one or more security-related patches.

Description

Deepak Bhole discovered a flaw in the Same Origin Policy (SOP) implementation in the IcedTea web browser plugin. This could allow a remote attacker to open connections to certain hosts that should not be permitted. (CVE-2011-3377)
Juliano Rizzo and Thai Duong discovered that the block-wise AES encryption algorithm block-wise as used in TLS/SSL was vulnerable to a chosen-plaintext attack. This could allow a remote attacker to view confidential data. (CVE-2011-3389)
It was discovered that a type confusion flaw existed in the in the Internet Inter-Orb Protocol (IIOP) deserialization code. A remote attacker could use this to cause an untrusted application or applet to execute arbitrary code by deserializing malicious input.
(CVE-2011-3521)
It was discovered that the Java scripting engine did not perform SecurityManager checks. This could allow a remote attacker to cause an untrusted application or applet to execute arbitrary code with the full privileges of the JVM. (CVE-2011-3544)
It was discovered that the InputStream class used a global buffer to store input bytes skipped. An attacker could possibly use this to gain access to sensitive information. (CVE-2011-3547)
It was discovered that a vulnerability existed in the AWTKeyStroke class. A remote attacker could cause an untrusted application or applet to execute arbitrary code. (CVE-2011-3548)
It was discovered that an integer overflow vulnerability existed in the TransformHelper class in the Java2D implementation. A remote attacker could use this cause a denial of service via an application or applet crash or possibly execute arbitrary code. (CVE-2011-3551)
It was discovered that the default number of available UDP sockets for applications running under SecurityManager restrictions was set too high. A remote attacker could use this with a malicious application or applet exhaust the number of available UDP sockets to cause a denial of service for other applets or applications running within the same JVM. (CVE-2011-3552)
It was discovered that Java API for XML Web Services (JAX-WS) could incorrectly expose a stack trace. A remote attacker could potentially use this to gain access to sensitive information. (CVE-2011-3553)
It was discovered that the unpacker for pack200 JAR files did not sufficiently check for errors. An attacker could cause a denial of service or possibly execute arbitrary code through a specially crafted pack200 JAR file. (CVE-2011-3554)
It was discovered that the RMI registration implementation did not properly restrict privileges of remotely executed code. A remote attacker could use this to execute code with elevated privileges.
(CVE-2011-3556, CVE-2011-3557)
It was discovered that the HotSpot VM could be made to crash, allowing an attacker to cause a denial of service or possibly leak sensitive information. (CVE-2011-3558)
It was discovered that the HttpsURLConnection class did not properly perform SecurityManager checks in certain situations. This could allow a remote attacker to bypass restrictions on HTTPS connections.
(CVE-2011-3560)

See Also

http://www.ubuntu.com/usn/usn-1263-1/

Solution

Update the affected package(s).

Risk Factor

Critical

CVSS Base Score

10.0 (CVSS2#AV:N/AC:L/Au:N/C:C/I:C/A:C)

그림 11.3 네서스의 세부 취약점 보고서

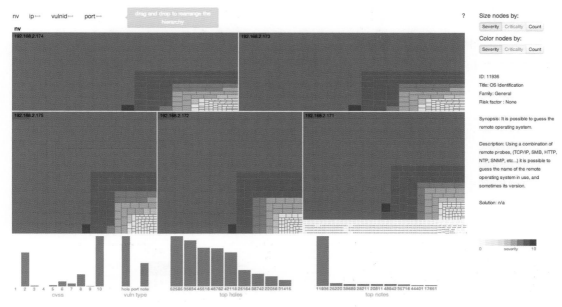

그림 11.4 NV의 대화식 트리맵 인터페이스

그림 11.4에는 240개 이상의 노드가 보이지만, 유사한 취약점 프로필을 갖고 있는 노드들을 한눈에 확인할 수 있다. 필요한 모든 정보는 화면 상에 유지되며, 화면 하단의 막대 그래프가 제공하는 요약 정보 덕분에 세부 정보의 탐색도 그리 어렵지 않다. 전통적인 형태의 요약 보고서였다면 이와 동일한 유형의 정보를 보기 위해서 수많은 스크롤링이 필요했을 것이며 그러한 환경에서 패턴을 식별하는 것은 거의 불가능하다.

하지만 탐색 인터페이스가 반드시 이만큼 정교할 필요는 없다. 그림 11.5는 간단한 엑셀 시트로서 방화벽 로그 데이터를 포함하고 있으며 테이블 상단에는 필터링 컨트롤이 있는 것을 볼 수 있다. 또 방화벽과 포트별로 (각각) 표시하기 위한 2개의 피벗 테이블이 있으며, 각각 대응되는 막대 그래프가 있어서 피벗 테이블의 값을 조작하면 막대 그래프도 이에 맞춰 변경된다. 최근 버전의 엑셀은 시트의 크기 제한이 많이 완화되어서 행의 개수가 수백만까지 가능하고 열의 개수는 16,000개까지 가능하다. 따라서 PC의 사양만 좋다면, 대규모의 엑셀 시트를 사용하는 데 큰 문제가 없다. 아마 여러분은 엑셀을 통해서 사용자가 즉석에서 정렬할 수 있는 요약 테이블 형태의 테이블을 기본적인 시각화 그래프와 함께 너무나 쉽게 생성할 수 있다는 사실에 놀랄 것이다. 다만, 간단해 보이더라도 꼭 기억할 것이 있다. 데이터를 발견하고 분류하고 획득하고 정제하고 보충하고 처리하는 고된 작업은 여전히 필요하다는 점이다(아, 보안 데이터 과학자의 멋진 인생이여).

계몽을 위한 대화식 시각화

모든 사람이 아이폰 급의 디바이스를 들고 다니면서 24시간 네트워크에 접속하고 있는 것처럼 보이지만, 현실은 대부분의 사람들이 여전히 디지털 세계에 대해서 피상적인 이해만을 갖고 있을 뿐이다. 예를 들어, 인스타그램에 친구들에게 보여주기 위한 사진을 게시하기 위해서는 ID와 패스워드가 필요하다는 것은 누구나 알고 있지만, 사진이 게시될 때 뒤편의 바이너리 세상에서는 무슨 일이 일어나는지(색상, 명도, 채도가 어떻게 디지털화되는지, 네트워크 패킷이 어떻게 교환되는지, 정보가 수천 마일 떨어진 곳에 어떻게 저장되는지 등)에 대해서는 마치 최신식 자동차 엔진이 내부적으로 어떻게 동작하는지 모르는 것만큼이나 거의 알지 못한다.

Time	Msg	Action	Firewall	Protocol	Source	Dest	Source.Po	Dest.Po	Service	Direction
4/6/12 17:20	Info	Built	ASA-6-302013	TCP	172.23.27.50	10.32.0.100	4348	80	http	outbound
4/6/12 17:20	Info	Teardown	ASA-6-302014	TCP	172.23.27.50	10.32.0.100	4348	80	http	outbound
4/6/12 17:20	Info	Built	ASA-6-302013	TCP	172.23.238.76	10.32.5.54	48494	80	http	outbound
4/6/12 17:20	Info	Teardown	ASA-6-302014	TCP	172.23.238.76	10.32.5.54	48494	80	http	outbound
4/6/12 17:20	Info	Built	ASA-6-302013	TCP	172.23.24.85	10.32.0.100	4349	80	http	outbound
4/6/12 17:20	Info	Teardown	ASA-6-302014	TCP	172.23.24.85	10.32.0.100	4349	80	http	outbound
4/6/12 17:20	Info	Built	ASA-6-302013	TCP	172.23.36.140	10.32.0.100	4319	80	http	outbound
4/6/12 17:20	Info	Teardown	ASA-6-302014	TCP	172.23.36.140	10.32.0.100	4319	80	http	outbound
4/6/12 17:20	Info	Built	ASA-6-302013	TCP	172.23.19.146	10.32.0.100	4391	80	http	outbound
4/6/12 17:20	Info	Teardown	ASA-6-302014	TCP	172.23.19.146	10.32.0.100	4391	80	http	outbound
4/6/12 17:20	Info	Built	ASA-6-302013	TCP	172.23.12.46	10.32.0.100	4295	80	http	outbound
4/6/12 17:20	Info	Teardown	ASA-6-302014	TCP	172.23.12.46	10.32.0.100	4295	80	http	outbound
4/6/12 17:20	Info	Built	ASA-6-302013	TCP	172.23.33.72	10.32.0.100	4361	80	http	outbound
4/6/12 17:20	Info	Teardown	ASA-6-302014	TCP	172.23.33.72	10.32.0.100	4361	80	http	outbound
4/6/12 17:20	Info	Built	ASA-6-302013	TCP	172.23.234.150	10.32.5.57	22958	80	http	outbound
4/6/12 17:20	Info	Built	ASA-6-302013	TCP	172.23.17.199	10.32.0.100	4316	80	http	outbound
4/6/12 17:20	Info	Teardown	ASA-6-302014	TCP	172.23.17.199	10.32.0.100	4316	80	http	outbound
4/6/12 17:20	Info	Teardown	ASA-6-302014	TCP	172.23.234.150	10.32.5.57	22958	80	http	outbound
4/6/12 17:20	Info	Built	ASA-6-302013	TCP	172.23.34.136	10.32.0.100	4344	80	http	outbound
4/6/12 17:20	Info	Teardown	ASA-6-302014	TCP	172.23.34.136	10.32.0.100	4344	80	http	outbound
4/6/12 17:20	Info	Built	ASA-6-302013	TCP	172.23.42.68	10.32.0.100	4317	80	http	outbound
4/6/12 17:20	Info	Teardown	ASA-6-302014	TCP	172.23.42.68	10.32.0.100	4317	80	http	outbound
4/6/12 17:20	Info	Built	ASA-6-302013	TCP	172.23.36.67	10.32.0.100	4320	80	http	outbound
4/6/12 17:20	Info	Teardown	ASA-6-302014	TCP	172.23.36.67	10.32.0.100	4320	80	http	outbound
4/6/12 17:20	Info	Built	ASA-6-302013	TCP	172.23.33.71	10.32.0.100	4362	80	http	outbound
4/6/12 17:20	Info	Teardown	ASA-6-302014	TCP	172.23.33.71	10.32.0.100	4362	80	http	outbound
4/6/12 17:20	Info	Built	ASA-6-302013	TCP	172.23.27.106	10.32.0.100	4349	80	http	outbound
4/6/12 17:20	Info	Teardown	ASA-6-302014	TCP	172.23.27.106	10.32.0.100	4349	80	http	outbound
4/6/12 17:20	Info	Built	ASA-6-302013	TCP	172.23.10.114	10.32.0.100	4295	80	http	outbound
4/6/12 17:20	Info	Teardown	ASA-6-302014	TCP	172.23.10.114	10.32.0.100	4295	80	http	outbound
4/6/12 17:20	Info	Built	ASA-6-302013	TCP	172.23.233.157	10.32.5.57	23549	80	http	outbound
4/6/12 17:20	Info	Teardown	ASA-6-302014	TCP	172.23.233.157	10.32.5.57	23549	80	http	outbound
4/6/12 17:20	Info	Built	ASA-6-302013	TCP	172.23.6.27	10.32.0.100	4342	80	http	outbound
4/6/12 17:20	Info	Teardown	ASA-6-302014	TCP	172.23.6.27	10.32.0.100	4342	80	http	outbound
4/6/12 17:20	Info	Built	ASA-6-302013	TCP	172.23.21.180	10.32.0.100	4341	80	http	outbound
4/6/12 17:20	Info	Teardown	ASA-6-302014	TCP	172.23.21.180	10.32.0.100	4341	80	http	outbound
4/6/12 17:20	Info	Built	ASA-6-302013	TCP	172.23.26.79	10.32.0.100	4329	80	http	outbound
4/6/12 17:20	Info	Teardown	ASA-6-302014	TCP	172.23.26.79	10.32.0.100	4329	80	http	outbound
4/6/12 17:20	Info	Built	ASA-6-302013	TCP	172.23.20.36	10.32.0.100	4288	80	http	outbound
4/6/12 17:20	Info	Teardown	ASA-6-302014	TCP	172.23.20.36	10.32.0.100	4288	80	http	outbound

% of Connections by Destination by Firewall

Service (All)

Count of Dest Firewall	Total
ASA-2-106001	1.43%
ASA-6-106015	3.69%
ASA-6-302013	47.47%
ASA-6-302014	47.40%
Grand Total	100.00%

Firewall (All)

Count of Service Service	Total
13713_tcp	1
19654_tcp	1
2189_tcp	1
26267_tcp	1
28607_tcp	1
30450_tcp	1
3205_tcp	1
33772_tcp	1
36211_tcp	1
38160_tcp	1
3852_tcp	1
43670_tcp	1
46334_tcp	1
47732_tcp	1
48289_tcp	1
52272_tcp	1
52326_tcp	1
56400_tcp	1
58738_tcp	1
61293_tcp	1
6658_tcp	1
6667_tcp	716
http	727
Grand Total	1464

그림 11.5 엑셀 피봇 테이블과 연계 차트

심지어 업무 프로세스의 이해도가 높은 기업 현장에서도 그 프로세스를 가능하게 하는 IT 기술의 복잡성은 업무 전문가는 물론이고 IT 전문가마저 변화에 따라가기 힘들 때가 있다.

중간 규모의 애플리케이션조차도 30명 이상의 개발자가 코드를 만지고, 15명 이상의 운영 관리자가 지원하며, 3개의 방화벽 영역에 걸치고, 16개의 시스템에 컴포넌트가 분산되어 있는 것이 보통이다. 이렇게나 다양하고 복잡한 환경에서 보안이 유지되는 것

자체가 믿기지 않을 지경이며, 업무 프로세스의 관련자들이 보안을 중요하고 시급한 것으로 인식하면서도 그 방법을 제대로 파악하지 못하는 것도 이해할 만하다.

　　이처럼 복잡성이 어떻게 가려지고 숨겨지거나 무시되는지 이해된다면, 왜 우리 보안 전문가들이 열심히 연구하는 암호화, 시스템/데이터 무결성, 개인정보 보호 등의 주제에 대부분의 일반인들이 관심을 갖지 않는지도 이해하게 된다. 하지만 우리는 보안 전문가로서의 능력을 살려서 중요한 보안 주제에 대한 관심도를 높일 수 있다. 그리고 이렇게 하는 좋은 방법의 하나가 바로 대화식 시각화다.

　　대화식 시각화의 아주 좋은 사례가 그림 11.6에 보이는 '최악의 데이터 침해 사고들' 사이트(http://www.informationisbeautiful.net/visualizations/worlds-biggest-data-breaches-hacks/)다. 이 그래픽은 '정보는 아름다워Information is Beautiful(http://www.informationisbeautiful.net/)'의 데이빗 맥캔들리스와 톰 에반스가 만든 것이다.

최악의 데이터 침해 사고들

30,000개 이상의 레코드 손실 사례가 선택되었습니다.

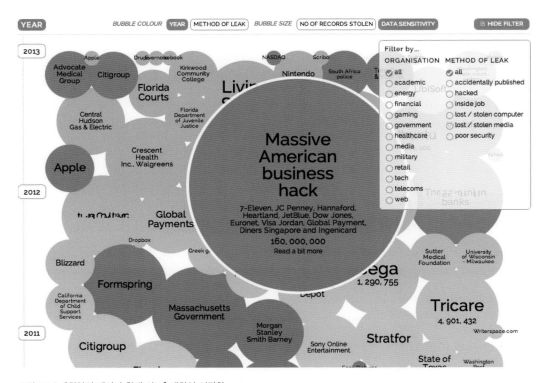

그림 11.6 "최악의 데이터 침해 사고" 대화식 시각화

7장에서 설명했듯이 데이터 침해 사고는 현실에서 자주 일어나지만, 보안 도메인의 외부인들에게는 별로 이해도가 높지 않다(심지어 보안 도메인 내부에서도 그럴 지도 모른다). 전문 혹은 일반 뉴스 미디어에서 1주일에 한번 꼴로 침해 사고를 보도한다면, 일반 대중은 공격수법의 다양함을 이해하기는커녕 뉴스의 문구 자체를 이해하기도 힘들 것이다. 정보보안 전문가는 아니지만 시각화 전문가인 데이빗과 톰은 과거 수년간 뉴스의 헤드라인을 장식했던 침해 사고의 횟수와 다양성을 일반 대중이 이해하기 쉽도록 사용 편의성이 우수한 시각화 도구를 구축한 것이다.

이 시각화 결과물은 1996년 벤 슈나이더만^{Ben Shneiderman}이 'Visual Information Seeking Mantra'에서 제안했던 "전체적인 개요를 먼저 보여주고, 필요시에만 확대/축소와 필터로 세부 정보를 보여주기" 패러다임을 따르면서, 연도별로 수직 정렬된 대화식 버블차트를 화면에 보여준다. 사용자는 필터를 사용해 조직 유형이나 누출 방법별로 걸러서 볼 수 있을뿐 아니라 버블의 크기와 색상을 구성하는 요소도 변경할 수 있다.

버라이즌의 DBIR(http://www.verizonenterprise.com/DBIR/2013/)과 트러스트웨이브^{Trustwave}의 글로벌 보안 리포트(http://www2.trustwave.com/rs/trustwave/images/2013-Global-Security-Report.PDF) 등의 출판물, 그리고 데이터로스DB(http://datalossdb.org/)와 개인정보 보호센터(http://www.privacyrights.org/data-breach) 등의 온라인 데이터베이스 등도 오랜 기간에 걸쳐 침해 사고 데이터를 수집해 왔지만, 대부분 정보보안 전문가들에 의해서만 읽히는 경향이 있는 것이 사실이다. 이러한 기존 자원들보다 데이빗과 톰의 대화식 시각화 도구가 일반 대중에게 더 매력적이고 유용한 것으로 받아들여진 이유가 무엇일까?

인터페이스의 접근성을 향상시킨다

일반인이 보기에는 암호처럼 보이는 건조하고 사무적인 단어들로 끝없이 스크롤되는 테이블처럼 지루한 것도 없다. 설령 아무리 잘 가공되고 이해하기 쉽게 작성된 보고서라도, 그 주제가 기술 친화적인 임원의 일상 생활에서조차 동떨어진 것이라면 쉽게 손이 가지는 않는 법이다.

'최악의 침해 사고들' 시각화는 모든 사람에게 친숙한 환경인 웹페이지 내에 데이터를 나타내면서 색, 스타일, 디자인을 멋지게 사용함으로써 아무 것도 생략하지 않으면서 직관적인 룩앤필^{look-and-feel}을 갖는 도구를 구현하고 있다. 이 화면의 '버튼'들은 누구나 쉽게 예상하는 대로 동작한다. 필터에는 공간이 충분히 주어져 있으며 전문 용어를 남용하지도 않고 맥락 정보가 지나치게 부족하지도 않다. 마우스의 움직임과 동작은 즉각적이면서 게임과 같은 피드백을 제공한다. 덕분에 별도의 사용법 안내가 없이도 거의 즉시 사용할 수 있을 정도로 접근성이 좋은 인터페이스라고 말할 수 있다.

이 시각화가 MS 엑셀 파일로 공개되었다고 상상해 보라(엑셀로도 클릭 가능한 버블 차트를 생성할 수 있다). 파일을 열 때마다 매크로 경고가 튀어 나올 것이고, 리본과 열 머리글이 주요 표시 공간을 잡아 먹을 것이며, 세부 정보를 보기 위해서 클릭을 할 때마다 운영체제는 엑셀과 웹 브라우저 사이를 전환해야 할 것이다. 따라서 기본적인 기능은 동일하겠지만 사용자 경험은 근본적으로 달라졌을 것이다.

일반 사용자는 브라우저에서 대부분의 시간을 보내므로, 여러분의 시각화 작품도 (전부는 아니더라도) 가급적 브라우저 내에서 배포될 수 있도록 노력해야 한다. 이 장의 뒷부분에서 브라우저를 통한 시각화 기술들을 소개하겠지만, '자바 애플릿'이나 '어도비 플래시'에 관해서는 다루지 않을 것이다. 가급적 최근의 브라우저와 웹 프레임워크에서 제공하는 네이티브 기능을 사용하는 것이 호환성과 접근성을 최대한 확보함으로써 더 많은 사람에게 전달되는 데 유리하기 때문이다. 추가로, 사용자 인터페이스를 담당하는 개발자들이 직면하는 복잡한 문제에 대한 공감 능력을 키우는 데도 도움이 된다(여러분의 보안 지식과 사용자 인터페이스 개발자의 프론트엔드 코딩 팁 및 기술을 교환하기 위해서 가끔 점심을 사는 것도 좋다).

방향성을 갖춘 탐색을 촉진한다

도널드 노먼은 그의 저서 『The Design of Everyday Things』에서 빈 '화면의 강력함'이라는 표현을 창조했다. 완벽하고 계몽적인 대화식 시각화는 완전히 열려 있는 화면위 세상과 어떤 고정된 그래픽 사이의 중간 지점에 위치한다. 최악의 침해 사고 시각화는 사용자의 탐색을 용이하게 하기 위해서 어떤 선택을 했을까?

- 핵심적 탐색 요소와 조작을 두드러지게 표시한다. 색, 모양, 눈에 띄는 배치를 일관되게 적용함으로써 각종 시각화 컨트롤들이 한눈에 들어오게 만들 수 있다. 예를 들어, 어떤 시각화 결과물이 표시된 직후에 필터 컨트롤이 나타난다면, 사용자는 "아, 이 버튼을 클릭할 수 있나보구나!"라는 반응을 즉각적으로 보일 것이다. 또 색상 역시 시각화를 만든 사람이 특히 중요하게 여기는 이야기로 사용자의 주의를 유도하는 역할을 할 수 있다.
- 모든 구성요소와 행위는 일관되고 의도적이다. 마우스가 이동할 때마다 요소들을 강조 표시하며, 마우스를 클릭하면 여러 선택지 중의 하나를 선택하고 세부

정보를 보여준다. 마우스와 키보드 사이에 갑자기 포커스가 바뀌거나 마우스 드래그와 마우스 클릭 사이에 갑자기 전환할 수 없다. 따라서 사용자가 놀라는 일 없이 인터페이스를 예측하기 쉽다.

- 피드백이 즉시 돌아오며 모든 조작이 안전하다. 이 사이트는 내부적으로 사용되는 데이터와 자원을 감안하면 매우 빨리 화면에 표시된다고 할 수 있지만, 약간의 지연이 존재하는 것은 사실이며 이런 점에서 각종 피드백이 큰 역할을 한다. 최초에 사용자에게 익숙한 '불러오는 중... Loading...' 메시지가 보여지며, 불러오기가 끝나면 곧 시각화 결과물 속으로 사라진다. 모든 마우스 클릭은 화면 상의 컨트롤이나 브라우저의 새로 고침 버튼을 통해서 100% 취소 가능한 즉각적인 피드백을 보여준다. 이러한 안정감은 사용자로 해금 안심하고 탐색을 지속할 수 있도록 도와준다.

플래시와 자바의 몰락

자바와 플래시 애플릿이 웹사이트에 '쓸 만한' 대화식 시각화를 추가할 수 있는 유일한 방법이던 때가 있었다. 자바는 많은 학교에서 공식적으로 가르치는 언어였으므로(지금도 그렇다), 학술 분야에서의 시각화에 널리 사용되었다. 플래시는 사용자 친화적인 개발도구로 배우기 쉬운 언어였으므로(지금도 그렇다), 일반적인 웹 개발 커뮤니티에서 매우 인기가 높았다.

플래시가 여전히 17%의 웹사이트에서 사용 중이기는 하지만(그림 11.7), 시각화 도구로서 플래시의 활용은 꾸준히 감소하고 있다. 그리고 자바 애플릿은 미세하나마 0.1%의 점유율을 유지하고 있다.

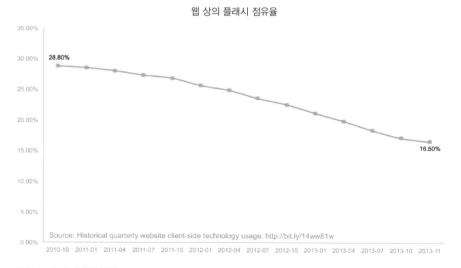

그림 11.7 플래시의 몰락

자바 애플릿과 플래시 기술의 몰락은 여러 이유를 들 수 있다.

- 끝없이 지속되는 취약점 발견, 침해 사고 발생, 보안 업데이트
- 플래시로 만들어진 웹사이트를 지원하지 않는 아이패드, 아이폰 등의 터치기반 플랫폼의 인기 상승
- 대부분의 브라우저에서 HTML5, CSS, 자바스크립트 등을 채택하면서 네이티브 플랫폼의 기능 향상

가급적 많은 고객의 접근을 허용하기 위해서는 브라우저의 확장 기능을 필요로 하는 독점적 상용 기술 또는 시각화 도구는 피하는 것이 바람직하다.

- 행위를 제한한다. 사용자 인터페이스는 버블의 색과 크기를 변경하는 옵션을 제공하며, 특정 조직 및 위반 유형을 강조 표시할 수도 있다. 하지만 요소들을 그룹화해서 막대 그래프를 생성하거나, 수천 개 이상의 조직 목록에서 개별 조직을 선택할 수도 없다. 이러한 제약은 지나치게 자유로운 인터페이스로 인한 혼란을 줄일 수 있는데, 이를 가리켜 선택의 역설(paradox of choice)이라고 부른다. 사용자의 행위를 제한하는 것은 사용자의 탐색을 특정 방향으로 유도 혹은 안내하는 측면도 있다. 정적인 그래픽이 사용자의 행위를 극단적으로 제한한다는 사실을 고려하면, 여러분은 데이터를 탐색하면서 여러분의 흥미를 느끼게 했던 것이 무엇이었는지 다시 생각해 보고, 그 요소에 집중할 수 있도록 (R스튜디오 창의 자유와 정적 그래픽의 제약 사이에 중간적 성격을 갖는) 제한적인 탐색 행위를 제시할 수 있어야 한다.

노트

선택의 역설에 관해서는 배리 슈워츠(Barry Schwarz)의 책 『The Paradox of Choice : Why Less is More』(2004, Ecco)를 참조하자.

적절한 세부 정보를 포함한다

7장에서 설명했던 VERIS 데이터의 폭과 깊이에서 알 수 있듯이 침해 사고 데이터는 매우 복잡하다. 하지만 지나치게 세부적인 기술 정보는 최악의 침해 사고 시각화가 대상으로 하는 일반 대중에게는 전혀 적절하지 못하다. 맥켄들레스와 에반스는 일반 대중에게 여러 단계의 세부 정보를 던지는 불친절함 대신에, 마우스 클릭으로 간단한 요약 정보 및 설명을 보여주고 사용자가 원하면 자세한 뉴스 이야기를 볼 수 있도록 인터페이스를 구성했다.

　이러한 유형의 시각화에서 어느 정도의 세부 정보를 제공할 것인지 선택하는 문제는 어떤 청중을 대상으로 하느냐에 크게 의존적이다. 보안 전문가들을 대상으로 한 컨퍼

런스(Metricon, http://securitymetrics.org/)에서 발표된 도구가 VERIS 수준의 세부 분류정보를 포함한 것은 참석자들의 수준에 적절했으며 충분히 예상되던 수준이다. 진정으로 성공적인 대화식 시각화를 구축하기 위해서는 여러분의 시각화 작품을 사용할 사람이 누구인지, 그리고 그들의 전문성 수준이 어느 정도인지 완벽하게 이해하고 있어야 한다.

대화식 시각화 개발

플래시와 자바를 후보에서 빼더라도 여전히 많은 수의 대화식 시각화 개발 방법들이 존재하기 때문에 여러분은 앞서 언급한 선택의 역설에 직면할 수밖에 없다. 여러분이 소매를 걷고 코드를 직접 작성해야 할 때가 가장 많은데, 인터넷에 공개되면 안 되는 민감한 데이터를 다루는 경우는 특히 그렇다. 인터넷에서 사용 가능한 '포인트-앤-클릭' 도구들의 대부분이 클라우드에 데이터를 저장하며 공개 웹사이트를 프레젠테이션 계층으로 사용한다는 문제는 있지만, 그래도 정적인 시각화만으로는 충분하지 않은 상황에서 큰 도움이 될 수 있는 데스크톱 도구들이 존재한다.

태블로우로 대화식 대시보드 구축

지원형/유도형 대화식 시각화 및 대시보드 구축에 뛰어난 성능을 보이는 오피스 스타일의 독립형 도구로 태블로우(http://tableausoftware.com/)가 있다. 태블로우는 윈도우 전용 애플리케이션으로서, 관계형 정보의 그래픽 표현 디자인의 자동화에 관한 조크 매킨레이Jock Mackinlay의 연구에 큰 영향을 받았다(http://cs171.org/2008/papers/mackinlay86.pdf). 따라서 태블로우의 기본 전제는 시스템이 스스로 데이터를 분석하고 가장 좋은 시각화 방법을 제안하는 것이다. 여러분의 목표가 사용자 친화적인 대화식 대시보드를 구축하는 것이거나 복잡한 데이터 세트에 적합한 대화식 탐색 인터페이스를 제공하는 것이라면, 태블로우는 정확히 여러분에게 적합한 도구다.

10장에서 다뤘던 보안 인식 제고를 위한 교육프로그램 사례로 돌아가면, 설문조사를 만드는 한 가지 방법은 MS 셰어포인트 같은 사내 도구를 사용하거나 서베이몽키 같은 상용 솔루션을 사용해서 원하는 질문 항목을 생성할 수 있다. 설문조사 직후 얻어지는 결과지는 그림 11.8과 같이 거의 끝이 없어 보이는 데이터 포인트들의 연속일 것이다. 이 결과를 이리저리 쪼개서 수많은 정적인 화면들을 생성하는 것도 가능하지만, 결코 데이터 세트 내에 포함된 메시지를 전달하기에 실용적이거나 유용한 방법은 아니다.

태블로우는 이 데이터에 포함된 변수의 유형을 분석하고, 개별 요소 혹은 요소 간의 관계를 표현하는 가장 적절한 시각화를 선택하기 위한 안내자 역할을 할 수 있다. 정적인 그래픽 생성에도 뛰어나지만, 다른 태블로우 데스크톱 사용자에게 배포되거나 태블로우 서버를 통해 웹 브라우저에 표시될 수 있는 대화식 시각화를 간단히 생성할 수 있다.

이 책의 웹사이트 www.wiley.com/go/datadrivensecurity의 11장 디렉토리에서 다운로드할 수 있는 설문조사 결과 데이터 ch11/data/awareness-survey.csv는 사업부, 재직년수, 직원 분류(경영진/일반 직원)별로 응답 결과를 보여주는 것이 향후의 교육 프로그램 설계에 필요한 요인을 식별하는 데 효과적이다. 보안인식 제고 프로그램의 개선이라는 목표를 염두에 두고, 태블로우를 사용해서 그림 11.9에 표시된 대화식 대시보드를 생성했으며 이 대시보드는 http://public.tableausoftware.com/views/UserAwareness/UserAwareness에서도 볼 수 있다. 우리가 데이터 가져오기부터 최종 시각화 생성까지의 전 과정을 완료하는 데 걸린 시간은 20분 남짓에 불과했다.

A Level	B Business Unit	C Campus Identifier	D Years Employed	E Does our company have a security team?	F Does our company have a security team?	G Do you know who to contact in case you are hacked, lost customer data, or if your	H Do you know who to contact in case you are hacked, lost customer data, or if your	I Have you ever found a virus or Trojan on your computer at work?	J Have you ever found a virus or Trojan on your computer at work?	K Do you know how to tell if your computer is hacked or infected?	L Do you know how to tell if your computer is hacked or infected?	M Have you ever given out your work password to anyone?	N Have you ever given out your work password to anyone?	O If you delete files from your computer or even format your hard drive, all the informatio	P If you delete files from your computer or even format your hard drive, all the informatio	Q How secure do you feel your computer is?
Individual Contributo	Capital	Canada	2	Yes	1	Yes	1	No	2	Yes	1	No	1	FALSE	1	Secure
Individual Contributo	Energy	Canada	15	Yes	1	Yes	1	No	2	Yes	1	No	1	FALSE	1	Secure
Individual Contributo	Energy	Canada	26	Yes	1	Yes	1	No	2	Yes	1	No	1	FALSE	1	Secure
Individual Contributor	Energy	Canada	7	Yes	1	Yes	1	No	2	Yes	1	No	1	FALSE	1	Secure
Individual Contributor	Energy	Southwest	22	Yes	1	Yes	1	No	2	Yes	1	No	1	FALSE	1	Secure
Individual Contributor	Energy	Canada	8	Yes	1	Yes	1	No	2	Yes	1	No	1	FALSE	1	Secure
Individual Contributo	Energy	Canada	14	Yes	1	Yes	1	No	2	Yes	1	No	1	FALSE	1	Secure
Individual Contributor	Infrastructure	Midwest	13	Yes	1	Yes	1	No	2	Yes	1	No	1	FALSE	1	Secure
Individual Contributo	Infrastructure	Northeast	2	Yes	1	Yes	1	No	2	Yes	1	No	1	FALSE	1	Secure
Individual Contributo	Capital	Southwest	21	Yes	1	Yes	1	No	2	Yes	1	No	1	FALSE	1	Secure
Individual Contributor	Energy	Canada	26	Yes	1	Yes	1	No	2	Yes	1	No	1	FALSE	1	Secure
Individual Contributo	Home	Midwest	20	Yes	1	Yes	1	No	2	Yes	1	No	1	FALSE	1	Very Secure
Individual Contributo	Capital	Southwest	23	Yes	1	Yes	1	No	2	Yes	1	No	1	FALSE	1	Secure
Individual Contributo	Capital	Southwest	1	Yes	1	Yes	1	No	2	Yes	1	No	1	FALSE	1	Very Secure
Individual Contributo	Energy	Southwest	16	Yes	1	Yes	1	No	2	Yes	1	No	1	FALSE	1	Very Secure
Management	Capital	Southwest	16	Yes	1	Yes	1	No	2	Yes	1	No	1	FALSE	1	Secure
Individual Contributo	Home	Canada	13	Yes	1	Yes	1	No	2	Yes	1	No	1	FALSE	1	Secure
Individual Contributo	Energy	Southwest	2	Yes	1	Yes	1	No	2	Yes	1	No	1	FALSE	1	Very Secure
Individual Contributor	Energy	Midwest	15	Yes	1	Yes	1	No	2	Yes	1	No	1	FALSE	1	Secure
Individual Contributo	Home	Northeast	13	Yes	1	Yes	1	No	2	Yes	1	No	1	FALSE	1	Very Secure
Individual Contributo	Infrastruct	Canada	13	Yes	1	Yes	1	No	2	Yes	1	No	1	FALSE	1	Secure

그림 11.8　보안 인식 설문조사의 결과지

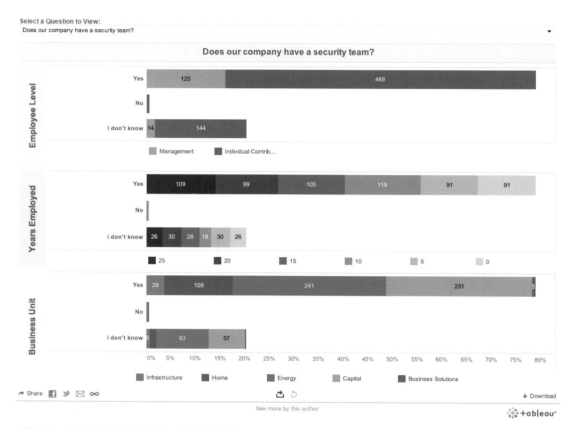

그림 11.9 태블로우로 표현된 보안인식 설문조사의 결과

스크롤을 한참 해야 내용을 볼 수 있는 거대 웹페이지를 만드는 대신에, 저자들은 사용자가 개별 설문 조사를 탐색하면 사용자 요청에 맞춰서 태블로우가 자동으로 축약된 상세 보기를 표시하는 방법을 선택했다. 또, 각 부문별로 포함된 시각적 컴포넌트들도 사용자의 선택을 받으면 추가적인 세부 정보를 화면에 표시한다(그림 11.10).

이 모든 것은 몇 번의 마우스 클릭과 드래그만 요구될 뿐이다. 저자들은 한 줄의 코드도 입력하지 않았지만, 웹 브라우저를 사용할 수 있는 사람이라면 누구나 볼 수 있는 대화식 도구를 만들어 냈다. 또, 이 작업 파일(이 책의 웹사이트 www.wiley.com/go/datadrivensecurity의 ch11/data/user-awareness.twbx)을 다른 데이터 분석가에게 전달할 수 있으며, 그 분석가가 태블로우 소프트웨어를 갖고 있기만 하다면 자체적으로 시각화를 수행하는 것도 가능하다. 우리가 제공할 수 있다.

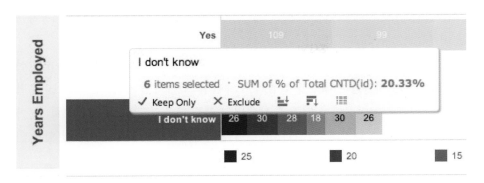

그림 11.10 태블로우의 세부 정보 표시

태블로우는 표준적인 그래프 컴포넌트를 사용해 쉽고 빠르게 정적인, 그리고 대화식 시각화를 만들어내는 훌륭한 도구다. 하지만 더욱 특수한 대화식 시각화를 만들고 싶거나 상용 데스크탑 도구의 제약을 받고 싶지 않다면, 이제 텍스트 편집기를 열고 코딩을 시작할 준비를 하자.

D3로 브라우저 기반의 시각화 구축

웹 기반의 매력적인 정적인 혹은 대화식 데이터 시각화 작품을 만들 수 있는 도구, 언어, 기술은 워낙 많아서 한 장은 말할 것도 없고 한 권을 할애해도 모두 소개하기란 불가능하다. 그래서 이 절에서는 그 중에서 가장 유연하고 널리 쓰이는 시각화 라이브러리 중 하나인 D3에 초점을 맞추고, D3 위에 구축되는 메타 언어인 베가Vega를 사용해 완벽하게 동작하는 예제를 보여주기로 한다.

D3(http://d3js.org/)는 마이크 보스톡Mike Bostock이 만든 강력한 자바스크립트 라이브러리로서, 데이터를 바탕으로 웹 페이지의 내용을 동적으로 변환 및 조작할 수 있다. D3를 자유자재로 다루기 위해서는 다음과 같아야 한다.

- 웹 3종 세트, 즉 HTML5, CSS, 자바스크립트에 능숙해야 한다
- SVGScalable Vector Graphic의 구조에 친숙해야 한다
- DOMDocument Object Model을 확실하게 이해해야 한다. http://www.w3.org/TR/1998/WD-DOM-19980720/introduction.html을 참조하자.

하지만 이 기술들에 관한 깊은 지식이 없어도 일단 D3 학습을 시작할 수는 있다.

D3의 '공식' 깃허브 사이트(https://github.com/mbostock/d3/wiki/Gallery)에서 제공하는 수많은 예제들을 실습하면서 D3 지식을 늘려가면 된다.

대부분의 상용 기술과는 달리 D3 시각화는 웹 브라우저에서 '소스보기' 메뉴를 선택하기만 하면 D3 시각화의 내부를 샅샅이 조사할 수 있다. D3 시각화는 웹 브라우저 내에 그려질 데이터가 핵심이기 때문에, 데이터 자체를 다운로드할 수 있어야 할 뿐 아니라 CSV, TSV, JSON, 하드코딩된 HTML 테이블과 자바스크립트 배열과 같이 쉽게 인식할 수 있는 포맷이어야 한다.

D3를 시작하기 위해서는 3가지만 준비되면 된다. 텍스트 편집기, D3 자바스크립트 라이브러리, 웹 서버가 그것이다. 코드 11.1은 정적인 막대 그래프를 웹 브라우저에 보여주는 간단한 예제로서 D3 코딩에 대한 이해를 높이기 위한 예제다. 실행 결과로 보여지는 막대 그래프는 그림 11.11로 확인할 수 있다. 코드 11.1은 ch11/support/ch11-figure11.html에서 다운로드할 수도 있다.

코드 11.1

```html
<!--
  -- 코드 11.1
  -- D3 시각화 예제
  -->
<!DOCTYPE html>
<html>
<head>
<meta charset="utf-8">
<style>
rect.bar {
    fill: #8DA0CB; /* 막대의 색 */
}
.axis text {
    font: 10px sans-serif; /* 축 레이블에 10-pt 텍스트 */
}
.axis path, .axis line { /* 축의 선 스타일 */
    fill: none;
    stroke: #000;
    shape-rendering: crispEdges;
}
</style>
// D3js 라이브러리를 불러온다.
```

```
<script src="http://d3js.org/d3.v3.min.js"
        charset="utf-8"></script>
</head>
<body>
<script>
// 막대 그래프를 생성할 데이터를 지정
var data = [3, 3, 5, 9, 15, 18];

// 플롯과 문서를 위한 마진을 정의
var margin = {top: 40, right: 40, bottom: 40, left: 40},
    width = 960,
    height = 500;

// D3에서는 여러 스케일을 사용할 수 있지만.
// 여기서는 데이터 세트에 포함된 값을 바탕으로
// X 축에 선형 스케일을 사용한다.
// gglpot의 scale_x_continuous() 함수를 사용하는 것과 유사하다.
var x = d3.scale.linear()
    .domain([0, d3.max(data)])
    .range([0, width - margin.left - margin.right]);

// Y축에 대해서는 순서 스케일을 사용한다.
// 축에 표시되는 값은 실제로는 팩터이기 때문이다.
// ggplot의 scale_y_discrete() 함수를 사용하는 것과 유사하다.
var y = d3.scale.ordinal()
    .domain(d3.range(data.length))
    .rangeRoundBands([height - margin.top - margin.bottom, 0], .2);

// x축과 y축에 스케일을 적용한다.
// 텍스트 정렬과 눈금 표시를 설정한다.
var xAxis = d3.svg.axis()
    .scale(x)
    .orient("bottom")
    .tickPadding(8);

var yAxis = d3.svg.axis()
    .scale(y)
    .orient("left")
    .tickSize(0)
    .tickPadding(8);
```

```
// 문서 상단에 SVG 요소를 생성한다.
// 막대 그래프 시각화가 이 요소에 포함되며
// 기본적인 매개변수 레이아웃이 설정된다.
var svg = d3.select("body").append("svg")
    .attr("width", width) // 'attr' sets DOM element attributes
    .attr("height", height)
    .attr("class", "bar chart")
  .append("g")
    .attr("transform",
        "translate(" + margin.left + "," + margin.top + ")");

// SVG 'rects'를 사용해 그래프 내부에 막대를 생성한다.
// 화면 표시에 미치는 영향을 알기 위해서
// data 배열 내의 값들을 연쇄적으로 시도한다.
svg.selectAll(".bar")
    .data(data)
  .enter().append("rect") // 새로운 요소를 생성한다
    .attr("class", "bar") // rect는 CSS의 bar 포맷을 사용한다
    .attr("y", function(d, i) { return y(i); }) // 확대/축소된 y 좌표
    .attr("width", x) // x 값에 근거한 너비
    .attr("height", y.rangeBand()); // 막대 너비가 동적으로 확대/축소된다.

// 앞서 설정한 축을 화면에 그린다.
svg.append("g")
    .attr("class", "x axis")
    .attr("transform", "translate(0," + y.rangeExtent()[1] + ")")
    .call(xAxis);

// 배열 내부에 레이블을 포함시킬 수도 있었지만
// 여기서 A부터 Z까지의 문자 코드를 지정하고 있다.
// 덕분에 동적인 D3 요소를 생성하는 방법을 볼 수 있다.
svg.append("g")
    .attr("class", "y axis")
    .call(yAxis)
  .selectAll("text")
    .text(function(d) { return String.fromCharCode(d + 65); });
</script>
</body>
</html>
```

여러분은 파이썬 표준 라이브러리에 들어있는 내장 HTTP 서버를 실행해 브라우저에서 어떻게 보이는지 확인할 수 있다.

```
python -m SimpleHTTPServer 8888 &
```

예제 D3 HTML 파일이 들어 있는 디렉토리(ch11/support)에서 위 명령을 실행하고, 브라우저에서 http://localhost:8888/ch11-figure11.html을 열어보자.

코드 11.1의 문법이 낯설게 느껴진다면 단순히 웹페이지 포맷 설정과 자바스크립트에 지나지 않는다는 사실을 기억하자. 우선은 막대의 색이나 축의 폰트 같은 사소한 것들을 이리저리 바꿔보면서 위 코드에 익숙해지는 시간을 갖는 것이 좋다. 어느 정도 익숙해진 다음에는 데이터 배열 내의 요소를 추가, 제거, 수정해 보라. 구글 크롬이나 모질라 파이어폭스 브라우저를 사용 중이라면, 개발자 도구의 자바스크립트 콘솔을 열어서 DOM 요소들을 대화식으로 조작할 수 있다. 예를 들어, 자바스크립트 콘솔에서 svg. selectAll(".bar")를 입력하면, 막대를 그리도록 지시했을 때 D3가 생성했던 객체를 전부 볼 수 있다(적어도 한 번은 막대 그래프가 그려진 적이 있어야 한다). 그리고 결과를 확인할 수 있다(그림 11.12).

더 복잡한 대화식 D3 코드에 익숙해지려면 시간은 더 걸리겠지만, 직접 코딩을 줄이면서 D3를 사용할 수 있는 방법들이 있다.

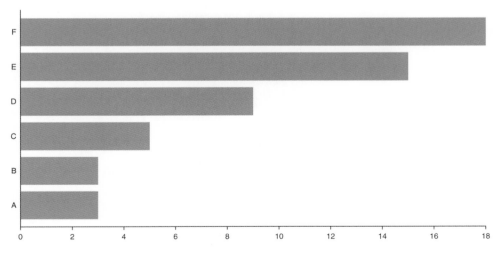

그림 11.11 기본적인 D3 막대 그래프

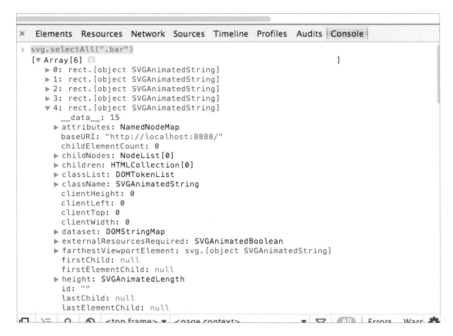

그림 11.12 자바스크립트 콘솔에서 D3가 생성한 요소 보기

베가로 메타데이터 얻기

ggplot 라이브러리가 R의 '그래픽의 문법^{grammar of graphic}'의 진정한 구현이라면, 베가 (http://trifacta.github.io/vega/)는 D3판 ggplot이라고 할 수 있다.

> **노트**
>
> 그래픽의 문법에 관한 자세한 설명은 릴랜드 윌킨슨의 『The Grammar of Graphics, 2판』(Springer, 2005)을 참조하라.

베가를 이용하면 가독성 좋은 JSON으로 시각화를 기술할 수 있으며, 베가의 parse() 함수를 사용해 간단히 파일을 읽어서 시각화를 그릴 수 있다. 베가 라이브러리는 명세를 적절한 D3 코드로 변환할 수 있다. 앞서 작성했던 D3 막대 그래프 예제를 다음 코드 11.2와 그림 11.13으로 보여지는 베가 버전과 비교해 보자.

코드 11.2

```
// 코드 11.2
// 베가 그래프 기술
{
  "width": 500,
  "height": 960,
  "padding": {"top": 40, "left": 40, "bottom": 40, "right": 40},
  "data": [
    {
      "name": "table",
      "values": [
        {"x": "A",  "y": 3}, {"x": "B",  "y": 3},
        {"x": "C",  "y": 5}, {"x": "D",  "y": 9},
        {"x": "E",  "y": 15}, {"x": "F",  "y": 18}
      ]
    }
  ],
  "scales": [
    {
      "name": "x",
      "type": "ordinal",
      "range": "width",
      "domain": {"data": "table", "field": "data.x"}
    },
    {
      "name": "y",
      "range": "height",
      "nice": true,
      "domain": {"data": "table", "field": "data.y"}
    }
  ],
  "axes": [
    {"type": "x", "scale": "x"},
    {"type": "y", "scale": "y"}
  ],
  "marks": [
    {
      "type": "rect",
      "from": {"data": "table"},
      "properties": {
```

```
      "enter": {
        "x": {"scale": "x", "field": "data.x"},
        "width": {"scale": "x", "band": true, "offset": -1},
        "y": {"scale": "y", "field": "data.y"},
        "y2": {"scale": "y", "value": 0}
      },
      "update": {
        "fill": {"value": "#8DA0CB"}
      }
    }
  }
 ]
}
```

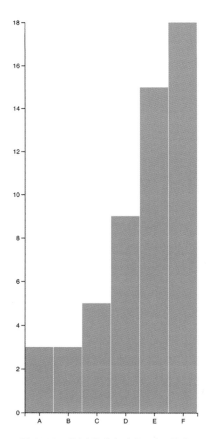

그림 11.13 기본적인 베가 막대 그래프 출력

이 코드는 D3 직접 코딩보다 가독성이 좋으며, 데이터와 스타일이 지정된 템플릿을 기반으로 그래픽을 쉽게 생성할 수 있다. 그리고 베가의 유연성에 자바스크립트 코드를 덧붙여서 완벽한 대화식 시각화를 구축하는 것도 가능하다.

대화식 '보안위협 탐색기' 작성

4장에서 보았던 악성 트래픽을 강조 표시하는 네트워크 그래프와 동일한 시각화 기술을 사용해 포트 단위로 내부 호스트와 외부 호스트 간의 통신 상태를 시각화해달라는 요청을 받았다고 가정하자. 4장의 코드를 방화벽 데이터에서 실행되도록 약간 수정하면 되겠다고 생각할 수 있지만, 그리 간단한 문제가 아니다.

이 요청을 좀 더 분석하기 위해서 보안관제센터의 분석가들과 회의를 한다. 몇 차례의 회의를 거치며 여러분은 다음과 같은 목표를 수립할 수 있었다.

- 탐색할 포트를 분석가가 선택할 수 있어야 한다.
- 내부 노드를 유형별(서버/워크스테이션) 및 IP 주소별로 볼 수 있어야 하고, 외부 접속 시도가 어느 데이터 센터를 통하는지도 시각화되어야 한다.
- 외부 노드를 식별하기 쉬워야 한다. 그래프 간선의 기본 방향은 내부에서 외부로 향해야 한다.
- 분석가들은 한 번에 적어도 한 달의 데이터는 볼 수 있기를 원한다.

분석가들과의 대화를 통해서 여러분은 분석가들이 악성 트래픽을 찾을 때 외부 기관의 IP 주소 평판 데이터베이스를 참고한다는 사실을 알게 되었다. 그래서 여러분은 에일리언볼트의 평판 데이터베이스 검색을 자동으로 미리 수행하고, 평판 데이터베이스에 들어 있는 외부 노드는 색으로 구분되게끔 구현하기로 결정한다. 또 다른 외부 기관의 데이터에 대해서도 외부 노드를 검사하는 기능을 분석가가 직접 실행할 수 있도록 허용한다. 이제 문제 정의가 끝났으므로 도구를 만들기 시작하자.

여러분은 베가를 사용해 시각화 컴포넌트를 구현하고, 제이쿼리(http://jquery.com/)와 오픈팁^{Opentip}(http://www.opentip.org/) 자바스크립트 라이브러리를 사용해 정적인 베가 시각화에 대화식 레이어를 추가할 것이다. '대화식'이란 '마우스와 키보드 이벤트에 응답하는'의 다른 표현에 지나지 않으므로, 브라우저 기반의 자바스크립트가 가장 적합하다. 브라우저 환경을 이용할 것이므로 수많은 공개 웹 개발 자원을 활용할 수 있으며 개발 과정을 단축할 수 있다. 그리고 저수준 D3 코드에서 이러한 이벤트를 직접 다룰 수 있다.

이렇게 해서 얻은 결과물이 그림 11.14에 보이는 대화식 '보안위협 뷰어'다. 전체 코드는 이 채의 웹사이트 www.wiley.com/go/datadriven의 11장 다운로드 자료에 들어 있으며, index.html 파일에 포함된 시각화 메인 컴포넌트는 ch11/support/ch11-threat-view/에 들어 있다.

코드를 일일이 설명할 여유가 없으므로, 대화식 시각화의 핵심이 되는 컴포넌트에 대해서만 집중해서 살펴보자. 아래의 제이쿼리 루틴이 시각화의 시작 위치다.

```
// $(document).ready(...) 패턴은 일단 HTML이 전부 읽혀지고
// 브라우저에 의해 파싱되었으면, 코드 블록을 제외할 수 있다.
// 이 말은 시각화 표시를 실행하고자 할 때
// 사용가능한 모든 기본 객체에 의존할 수 있음을 의미한다.
$(document).ready(function() {
  // 오픈팁 Opentip 은 유연한 툴팁 라이브러리로서
  // 개별 노드의 세부 정보를 팝업창으로 띄울 때 사용된다.
  Opentip.defaultStyle = "dark" // 어두운 스타일의 툴팁
  // HTML 파일의 <body> 태그 내에 위치하는
  // vis div 요소에 대한 마우스 이벤트를 찾도록 지시한다
  tip = new Opentip(document.getElementById("vis"));
  tip.deactivate(); // 툴팁을 숨긴다
  doParse("22"); // 22번 포트에 대해서 시각화를 시작한다
});
```

포트별로 시각화를 할 때 2개의 파일이 필요한데, 하나는 JSON 시각화 그래프 명세 파일(##-vega.json)이고 다른 하나는 실제 그래프 데이터에 파일(##-data.json)이다. ##은 포트 번호로서, 포트 팝업창에서 새로운 포트를 등록하면 프로그램에 자동으로 doParse() 함수를 사용해 화면 표시를 변경할 수 있다.

```
<div>Select port: <select name="port" onchange="doParse(this.value)">
<option value="22">ssh</option>
<option value="23">telnet</option>
<option value="prt">Printers</option>
<option value="161">SNMP</option>
<option value="554">Streaming (554)</option>
<option value="7070">Streaming (7070)</option>
<option value="16464">Port 16464</option>
</select></div>
```

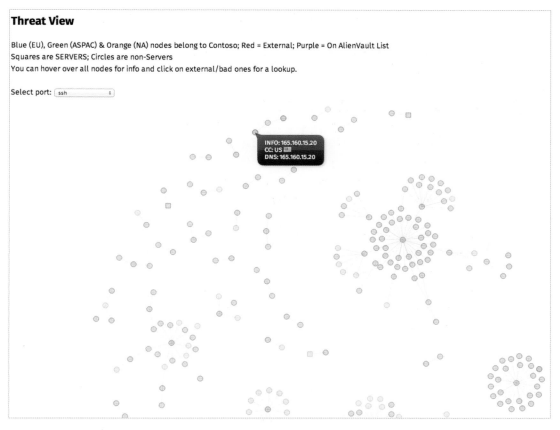

그림 11.14 "보안위협 뷰" 대화식 시각화

doParse() 루틴은 몇 가지 사소한 오류 검사를 수행하고, 베가의 parse() 함수를 호출한다.

```
function parse(spec) {

    // 시각화 명세를 불러온다
    // 이어서 데이터 파일을 불러오고,
    // 그래프를 생성하고 그래픽에 마우스 이벤트를 연결한다.
    vg.parse.spec(spec, function(chart) {

        // vid div에 그래프를 그리고
        // 그래프 객체 내의 참조를 제공한다.
        graph = chart({el:"#vis"})
        graph.renderer("svg").update()
```

```
        // 사용자가 객체 위에 마우스 포인터를 올렸을 때
        // 툴팁을 생성하고 화면에 표시한다.
        // 툴팁은 어떤 유형의 HTML포맷도 포함할 수 있다.
        // 여기서는 임의의 메타데이터를 추가하며
        // 국가 플래그도 포함될 수 있다.
        graph.on("mouseover", function(event, item) {
          if (item.shape == "circle" || item.shape == "square") {
            tip.setContent("<div>INFO: " + item.datum.info + "<br/>CC: " +
              item.datum.cc + " <img src=\"images/flags/png/" +
              item.datum.cc.toLowerCase() + ".png\"/><br/>DNS: " +
              item.datum.dns + "<br/></div>");
            tip.activate();
            tip._storeAndLockDimensions();
            tip.reposition();
            tip.show();
          } else {
            tip.deactivate();
            tip.hide();
          }
        })


        // 마우스 포인터가 객체 밖으로 벗어나면 툴팁을 숨긴다.
        graph.on("mouseout", function(event, item) {
          tip.hide();
          tip.deactivate();
        })


        // 사용자가 외부 노드를 클릭하면
        // tcpiputils.com 사이트에서 해당 IP 주소를 검색한다.
        graph.on("click", function(event, item) {
          a = item
          if ((item.datum.group == 4) || (item.datum.group == 5)) {
            window.open("http://www.tcpiputils.com/browse/ip-address/" +
              item.datum.name,"_blank")
          }
          graph.update("click", item);
        });
    });

}
```

이 기본적인 대화식 도구를 아래와 같은 식으로 개선할 수 있을 것이다.

- 연결 개수에 따라서 노드의 크기가 달라지게 한다.
- 다른 IP 주소 평판 데이터베이스도 검색한다.
- 활동을 하는 내부 호스트에 대한 추가로 메타데이터 질의를 수행하고, 다른 정보 레이어를 화면에 표시한다.

이 예제는 여러분이 D3와 자바스크립트를 깊이 파고드는데 좋은 출발점이 될 수 있을 것이다.

노트

이 책의 웹사이트(www.wiley.com/go/datadrivensecurity)에서 이번 장의 '보안 위협 뷰어' 예제의 전체 코드를 찾을 수 있으며, 11장 다운로드 자료의 ch11/support/ch11-threat-view/에서 파이썬 웹 서버를 실행하면 대화식 시각화를 직접 확인할 수 있다.

요약

대화식 대시보드와 시각화를 구축하는 일은 노력이 요구되는 분야다. 문제 영역과 사용자의 멘탈 모델을 모두 이해해야 하며, 최종 결과물을 통해 성취되어야 할 목표(보충, 탐색, 계몽)를 알아야 할 뿐 아니라, 효과적인 전달을 위해서 대화식 시각화가 정말로 필요하다는 확신을 가져야 한다.

최대한 많은 사람이 여러분의 시각화 작품을 볼 수 있도록, 가급적 상용 제품에 의존하지 않는 편이 낫다. 다른 사람이 만든 효과적인 시각화 결과물에서 장점을 취해서 여러분의 작품에 반영하기 위한 노력을 게을리하지 말자.

직접 코딩을 하지 않고도 유용한 대화식 시각화를 구축하는 방법들이 있기는 하지만, 복잡한 맞춤형 대화식 도구를 만들기 위해서는 최근의 웹 프레임워크를 학습할 필요가 있다. 최종 결과물을 향한 미세 조정 단계에서는 여러분의 시각화 결과물을 이용할 사용자로부터 정기적인 피드백을 받기 위한 노력이 필요하다. 이런 과정을 통해서 여러분이 정확히 필요한 만큼의 기능을 갖추고 있는 효과적인 도구를 만들고 있음을 확신할 수 있을 것이다.

추천 읽을거리

다음 목록은 이 장에서 소개했던 주제들을 더욱 깊이 있게 이해하고 싶은 독자들을 위한 추천 읽을거리다. 아래의 문헌 및 이 장에서 언급한 문서의 원본에 관한 자세한 목록은 부록 B에서 확인할 수 있다.

- 도널드 노먼Donald A. Norman, 『The Design of Everyday Things』 – 이 책은 주위 사물을 바라보는 여러분의 관점을 바꿔주며, 사용자 인터페이스이든 정적인 시각화이든 누군가를 위해서 시각화 도구를 구축하는 방법을 이해하는 데 많은 도움이 된다. 매우 실용적으로 디자인에 접근하는 방법을 배울 수 있으며, 개인이 세상을 어떻게 인식하는지를 훨씬 나은 관점에서 바라볼 수 있다.
- 스콧 머레이Scott Murray, 『Interactive Data Visualization for the Web』 – D3 기반의 인터페이스 구축을 생각 중이라면, 이 책은 거의 필수다. 매우 간결하면서도 실용적인 텍스트다.
- 알베르토 카이로Alberto Cairo, 『The Functional Art』 – 이 책은 아름답다. 디자인의 핵심 요소를 배울 수 있으며, 모든 범위와 규모의 시각화 프로젝트에 대한 접근방법을 확실하게 이해할 수 있다.
- 스테파노 포레스티Stefano Foresti, 제임스 어거터James Agutter, 『VisAlert:From Idea to Product』 – 이 문서는 데이터 과학의 개념을 현실 세계의 정보보안 문제에 적용하는 방법을 설명하는 몇 개 안 되는 문서 중 하나다. 진공 상태에서의 설계를 예방하는 방법을 배울 수 있으며, 개발 과정에 대한 귀중한 통찰도 얻을 수 있다.
- 맬콤 맥클린Malcolm Maclean, 『D3 Tip and Tricks:Interactice Data Visualization in a Web Browser』(http://leanpub.com/D3-Tips-and-Tricks 참조) – 이 책은 가장 포괄적인 D3 참고서적 및 요리책cookbook 텍스트 중 하나다. 이 책과 스콧 머레이의 책만 있으면 여러분은 D3 기반의 시각화를 이해하고 구현하는 데 필요한 거의 모든 것을 갖추었다고 말할 수 있다.

데이터 주도 보안으로의 움직임

11장까지의 내용을 잘 따라왔다면, 이제 여러분은 충분한 기초를 쌓았을 것이고 데이터 안에는 지식이 묻혀 있다는 사실도 깨달았을 것이다. 데이터에 기반한 보안 운영으로 이동하겠다고 마음 먹은 여러분에게 우리는 '석유 시추'의 자세보다는 '사금 채취'의 자세로 접근할 것을 제안한다. 다시 말하면, 하나의 초점(또는 하나의 데이터 소스)에 목숨을 걸어서는 안 된다. 대신에, 바지 자락을 걷어올리고 데이터의 개울에 들어가서 여러분이 무엇을 할 수 있을지 탐색하고 학습해야 한다. 그래서 데이터 안에 무언가 들어 있다는 사실을 알게 되면, 비로소 다른 것과 차이를 낳는 질문을 묻고 답하기 시작할 수 있다.

이 마지막 장은 그 차이를 만드는 방법을 중점적으로 설명한다. 전반부는 여러분 스스로(혹은 여러분과 함께 일하는 동료)를 개인 수준에서 데이터 주도 접근 방식으로 이동시키는 것에 관해서, 후반부는 여러분이 속한 조직을 데이터 주도의 보안 프로그램으로 이동시키는 것에 관해서 다룰 것이다.

개인 수준에서 데이터 주도 보안으로의 이동

그림 12.1은 드류 콘웨이의 '데이터 과학 벤다이어그램'을 약간 변형한 것이다(http://drewconway.com/zia/2013/3/26/the-data-science-venn-diagram). 이 다이어그램을 통해서 여러분은 데이터 주도 보안으로의 여정에서 현재 어디에 위치하고 있는지 한 눈에 스스로를 평가할 수 있다. 이 장에서는 목적지에 도달하기까지 요구되는 주요 구성요소 및 구성요소들 간의 상호작용을 살펴본다. 목적은 현재 여러분의 강점이 아닌 영역을 식별하기 위한 것이다. 이 장에서 설명하는 모든 주요 영역에서 강점을 가져야 하는 것은 아니지만, 적어도 약점 영역이 무엇이고 그로 인한 영향에 대해서 알고 있어야 한다.

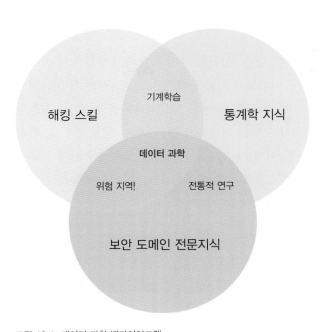

그림 12.1 데이터 과학 벤다이어그램

크리에이티브 커먼즈 라이센스 : 저작자 표시 - 비영리 (http://creativecommons.org/license/by-nc/3.0/legalcode)

해커

해커^{Hacker}라는 단어는 의미를 둘러싸고 많은 혼란을 불러일으키곤 한다. 특히 언론 매체가 함부로 남발하는 경향이 있으며 마케팅 회사들의 의미 조작에도 자주 이용된다. 보안 데이터 과학자의 맥락에서 '해커'의 전통적인 의미를 현대적으로 수정하자면, 자비로운 목적을 달성하기 위해 아래의 스킬을 포함하는 기술을 사용하려는(어쩌면 남용하려는) 열정을 갖춘 사람을 가리킨다.

- 파이썬 등의 스크립트 언어나 C 언어 등의 완전한 프로그래밍 언어의 코드를 통해서 컴퓨터에게 명령을 내릴 수 있다.
- 다양한 데이터 포맷을 알고 있으며, 자유자재로 데이터를 다루는 방법을 이해하고 있다.
- 비판적, 논리적, 과학적으로 생각하는(즉, 결론으로 비약하지 않는) 능력을 갖추고 있으며 알고리즘적으로 사고할 수 있다(문제를 여러 부분으로 분할할 수 있다).
- 시각화, 차트(그래프), 테이블, 심지어 구식이지만 단어 나열을 통해서 자신의 작업 결과물을 효과적으로 다른 사람에게 전달할 수 있다.

코딩

여러분이 정보보안 전문가이지만 코딩은 잘 모른다면, 이 책의 2, 3, 4장은 코딩 스킬에 발을 들이는 데 도움이 되었을 것이다. 여러분이 이미 코더라면, 2, 3, 4장은 아마도 처음 접하는 언어였을 R에 입문하고, (여러분이 기존에 친숙했을) 애플리케이션 구축이나 시스템 관리가 아니라 데이터 분석의 맥락에서 코딩을 이해하기 좋은 내용이었을 것이다. 여러분이 프로그래머로서 최상위 수준이든 이제 막 코딩을 시작하든 상관없이 언제나 배워야 할 신기술은 쏟아지고 있다. 배움에 도움이 되는 자원은 끝이 없지만, 일부를 소개하면 다음과 같다.

- 코드아카데미Codecademy (http://www.codecademy.com/): 일반적으로 프로그래밍을 처음 접하는 사람이나 특정 언어에 익숙하지 않은 사람에게 매우 좋은 사이트다. 8장에서 소개한 JSON, 11장에서 소개한 D3.js에 대한 설명을 자바스크립트와 제이쿼리 강의에서 배울 수 있다. 여러분이 파이썬을 잘 (혹은 전혀) 모른다면 파이썬 강의도 아주 유용할 것이다.

- 코드스쿨Code School (https://www.codeschool.com/courses): 이 사이트의 강의는 전부 무료로 제공되지는 않는다. 하지만 이 글을 쓰는 현재 R 강의는 무료이며 R 언어의 문법과 의미를 이해하는 데 도움이 될 것이다.

- W3Schools (http://www.w3schools.com/): HTML/CSS/자바스크립트 기술을 연마할 기회가 지금까지 없었자면, W3 스쿨은 매우 친화적인 학습 및 실습 환경을 제공한다. 여러분이 데이터 분석의 결과를 가급적 많은 사람을 대상으로 전달하고 싶다면, 이러한 클라이언트측 기술들에 대해서 기본적인 내용은 이해하고 있어야 한다.

- 스택익스체인지StackExchange (http://stackexchange.com/): 이 사이트에서 반드시 코딩 방법을 학습할 필요는 없지만, 코딩 중 막혔을 때 답을 찾거나 질문을 올리기 위해서 반드시 알아둘 사이트이다. 여러분의 문제가 ggplot2의 사소한 옵션 설정이든 판다스 데이터프레임의 복잡성에 관한 것이든, 스택익스체인지에 답이 이미 올라와 있을 가능성이 높다.

데이터 조작

데이터 포맷에 관해서 이야기하자면, 보안 전문가는 넷플로우NetFlow 캡처, 패킷 캡처PCAP 덤프, 그 밖에 인류가 알고 있는 거의 모든 로그 포맷을 조작할 수 있어야 하는 불운한 사람이다. 8장의 '몽고DB' 절에서 소개했던 아이언포트^{IronPort} 로그 파일은 데이터의 세계가 얼마나 불완전한지 보여주는 하나의 예다. 로그 파일에는 유용한 데이터가 포함되어 있지만, 그 데이터를 얻으려면 파싱과 변환 작업을 거쳐야만 한다. 유일한 방법은 그저 반복을 통한 숙달뿐이며, 그 과정에서 재사용 가능한 코드와 기법을 익힘으로써 점점 데이터 조작에 드는 시간을 단축할 수 있을 것이다.

> **노트**
>
> 데이터 분석은 분명히 분석이 가장 핵심이다. 하지만 분석에 가장 많은 시간이 투입되지는 않는다. 가장 많이 시간을 들여야 하는 일은 데이터의 변환, 정제, 준비 과정이기 때문이다. 이 작업은 앞서 설명한 코딩과 조금 뒤에 설명할 사고력이 모두 요구된다. 유용한 데이터를 추출해서 분석 가능한 상태로 준비하려면 이 두 가지 스킬이 모두 필요하기 때문이다. 게다가 보존해야 할 데이터를 식별하고 분석에 사용될 수 있도록 정제하기 위해서는 보안 도메인의 전문지식과 통계학 스킬도 필요하다. 데이터 조작에 쓸 만한 도구들의 목록을 부록 A의 '데이터 정제' 항목에서 확인할 수 있다.

사고력

과학적, 논리적, 비판적, 그리고 알고리즘적으로 생각하는 방법을 배우기 위해서는 많은 시간과 노력, 그리고 연습이 필요하다. 어떤 사람들, 특히 프로그래밍과 거리가 먼 사람에게는 정장을 입은 강사가 교육장에서 서로 마주보며 가르치는 방법이 효과적일 수 있다. 하지만 프로젝트 오일러(http://projecteuler.net/problems)와 같은 사이트를 통해서 사고력 학습을 시작하는 것도 가능하다. 좀 더 고급의 다양한 문제들은 캐글^{Kaggle}(http://www.kaggle.com/competitions)에서 찾을 수 있으며, 보안 도메인에 특화된 문제를 깊이 파고들고 싶다면 VAST 챌린지(http://vacommunity.org/VAST+Challenge+2013) 사이트를 이용할 수 있다(올해와 지난해 부문을 모두 볼 것).

이 사이트들은 다양한 상태의 데이터를 제공한다. 다만 캐글과 같은 경진대회 사이트에 대해서는 바로 분석할 수 있도록 준비가 다 된 포맷으로 데이터가 제공된다는 비판이 존재한다. 여러 차례 언급했듯이 우리가 살고 있는 현실 세계는 결코 그렇지 않으며, 경진대회 사이트에 집중하면 현실 세계를 왜곡된 관점에서 바라보게 될 수도 있다. 이와 달리, VAST 챌린지 사이트는 현실 세계의 로그 및 디바이스의 출력 결과를 바탕으로 하며, 분석을 시작하기 전에 여러분이 직접 데이터 정제 및 준비 작업이 요구되므로 현실 세계의 데이터가 어떤 모습을 하는지 실제적인 개념을 정립하기에 더 낫다.

시각화

다른 사람들에게의 의사전달 능력은 해커라는 단어의 원래 의미의 일부분이 아니었지만, 이제는 이 능력을 빼놓고 말할 수가 없다. 자유자재로 기술을 다루고 지식을 발견하는 것만으로는 충분하지 않다. 일반 대중이 이해하고 관심을 가질 수 있는 언어로 그 의미를 전달할 수 있어야만 한다. 가장 관련이 있는 스킬은 데이터 시각화 스킬(및 6장의 내용)이지만 그것만이 전부는 아니다. 번쩍이는 사진을 스크랩하거나 간단한 테이블이면 충분한 때, 혹은 이메일 혹은 대면으로 결과를 간단히 설명하는 것으로 충분한 때가 언제인지 정확히 아는 것이 데이터 시각화 스킬 자체보다 중요할 때가 많다. 인터넷에서 몇 번 검색해 보면 여기서보다 훨씬 많은 사이트를 알아낼 수 있겠지만, 그럼에도 몇 개만 소개하면 다음과 같다.

- 플로잉 데이터(http://flowingdata.com): 이 사이트의 운영자인 네이선 야우는 믿을 수 없을 만큼 영감이 넘치는 데이터 시각화를 보여줄 뿐만 아니라 데이터에 대한 주석과 통찰력도 포함하고 있다. 데이터 시각화를 주제로 두 권의 베스트셀러를 쓴 네이선은 데이터 시각화가 무엇인지 잘 아는 사람이다.
- 정크 차트(http://junkcharts.typepad.com): 가끔은 시각화를 할 때 하면 안 되는 방법을 아는 것이 만드는 방법을 아는 것보다 도움이 되기도 한다.
- 데이터와 스토리텔링(http://www.storytellingwithdata.com): 이 사이트의 장점은 매우 실용적인 접근 방식을 취하며 거의 누구든 따라할 수 있도록 시각화 개선과 프로세스를 설명한다.

시각화 관련해서 관심을 가질 만한 다른 사이트들로 http://visualizing.org, http://visual.ly, http://eagereyes.org 등이 있으며, 부록 A에서 많은 수의 도구 및 사이트 목록을 확인할 수 있다.

지금까지 설명한 스킬들보다 더욱 중요한 것이 있으니, 바로 호기심을 키우고 연마하는 것이다. 사실, 호기심은 해커의 가장 중요한 단 하나의 특징이다. 무언가가 왜, 그리고 어떻게 저런 식으로 동작하는지 알고 싶어하는 마음은 복잡한 데이터 과학 문제에 직면했을 때 분석을 가능케하는 가장 소중한 원동력이다. (통계학 지식이나 보안 도메인의 전문 지식과 같은) 다른 보안 데이터 과학 스킬과 호기심이 결합되었을 때 비로소 여러분은 성공적인 넷플로우 기반 악성 트래픽 클러스터링 알고리즘을 개발할 수 있을 것이기 때문이다(경진대회에서의 우승은 말할 것도 없다).

개발자 스킬 개발

이 장에서 소개한 사이트를 이용해서 코딩에 필요한 스킬을 키울 수 있지만, 사실은 코드 전사가 되기 위해서 알아두면 정말 편리한 스킬이 있다. 바로 단위 테스트와 소스코드 통제 스킬이다.

- 단위 테스트 코드를 작성하고 실행하는 데 익숙해지면 코드 자체뿐 아니라 여러분의 코드에 대한 사고방식마저 강화되는 효과가 있다. 물론 여러분은 놀라운 재주를 가진 똑똑한 사람일 것이다. 하지만 그럼에도 실수는 하기 마련이고 코드에는 논리적 오류가 생기게 된다. 단위 테스트를 통해서 그 불가피한 실수를 바로잡을 수 있을 것이다.

- 소스코드 통제는 여러 개발자의 코딩 결과물을 추적 및 관리한다. 그리고 버전 관리와 코드 분기와 같은 고급 기능도 사용할 수 있다. 게다가 소스 코드 저장소는 "우리가 소스코드를 어디에 저장했더라?"와 같은 끔찍한 질문을 예방하기도 한다.

통계학자

보안산업의 각종 보고서와 상황판 대시보드에서 볼 수 있는 '초보적 실수'들을 보면, 통계학 지식이 보안 전문가들의 가장 취약한 부분인 것 같다. 이 책에서는 4, 5, 7, 9장에서 통계학의 기초 개념과 사례들을 다양하게 다룬 바 있다. 물론, 효과적인 보안 데이터 과학자가 되기 위해서 통계학 박사 학위가 필수는 아니다. 하지만 설령 여러분이 학제 간 협업 팀의 일원이라 할지라도, 통계 분석과 기계학습의 기초를 이해하는 것은 매우 중요하다.

집에서 가까운 대학의 강의실에서 전통적인 방법으로 통계학을 수강할 수도 있지만, 온라인 상에서 통계학에 대한 이해를 높일 수 있는 방법도 있다.

- 다양한 무크MOOC(온라인 공개 강좌, Massively Open Online Courses)를 이용할 수 있다. 코세라의 '데이터 과학' 강좌(https://www.coursera.org/course/datasci), edX의 '데이터를 통한 학습' 강좌(https://www.edx.org/course/caltechx/cs1156x/learning-data/1120), 시러큐스 대학의 '데이터 과학 공개 온라인' 강좌(http://ischool.syr.edu/future/cas/introtodatasciencemooc.aspx) 등은 공식적인 통계 교육 과정을 제공하지만, 누구나에게 적합하지는 않다.

    강의, 교재, 과제 등을 (강의 기간 내에서) 아무 때나 접근할 수 있고, 토론 포럼에서는 조교, 교수, 동료 학생들과 토론도 가능하다. 하지만 2,000명에서 4,000명에 이르는 사람들과의 토론은 다소 산만할 수도 있으며, 교수의 관심을 받기도 쉽지 않을 수 있다. 또 기업 및 고용주들은 무크의 수료 인증서를 인정하지 않을 수도 있으므로, 무크 강의에 쏟은 시간은 직업적 전문성 인증보다는 개인적 흥미를 위한 투자가 될 수도 있다.

- 온라인 인증 혹은 석사 과정. UC 버클리의 MIDS 프로그램(http://www.ischool. berkeley.edu/programs/mids), 워싱턴대의 데이터 과학 인증서(http://www.pce. uw.edu/certificates/data-science.html), 펜실바니아 주립대의 응용 통계학 온라인 교육과정(http://www.worldcampus.psu.edu/degrees-and-certificates/applied-statistics-certificate/overview)은 전통적인 강의실의 구조와 규모를 온라인의 편리함과 결합하고 있다.

통계학을 정확히 이해하고 적용하는 것은 여러분 생각보다 복잡하며, 전통적으로 오랫동안 통계학을 사용해온 분야의 전문가들조차 종종 함정에 빠지기도 한다. 알렉스 라인하트의 'Statisitcs Done Wrong' 사이트(http://www.refsmmat.com/statistics/)와 DZone의 Big Data 기계학습 참조 사이트(http://refcardz.dzone.com/refcardz/machine-learning-predictive)는 통계학의 함정에 빠지지 않는 방법을 소개하고 있다.

보안 도메인 전문가

데이터 과학과 관련해서 보안 도메인의 전문지식을 고려할 때는 '생각의 리더thought leader', '권위자guru', '인기 가수rock star' 등은 필요 없다. 보안 도메인에서 산전수전 다 겪은 실무 경험이 가장 중요하다는 뜻이다. 초점을 두는 세부 분야에 따라 (정보보안은 광범위한 주제에 걸친다) 해킹 스킬, 통계 지식, 도메인 전문지식을 함께 적용해 아래와 같은 목표를 달성할 수 있다.

- 스마트한 최종단말기 보호 시스템을 위한 알고리즘을 개발
- 네트워크 데이터의 비정상적인 동작을 감지하는 새로운 방법
- 취약점 평가 결과로부터 패턴을 발견해 시스템별로 내부통제 만족 수준이 다른 이유를 확인
- 전반적인 보안 프로그램의 다양한 구성요소에 대해서 유의미하면서 유용한 측정기준을 제공

그밖에도 수많은 영역에서 적용 가능할 것이다.

보안 전문가의 통찰력은 데이터 과학의 3요소 중 아마도 가장 중요할 것이다. 전문

지식이 없다면 데이터 분석은 아무런 맥락 없는 단순 계산에 지나지 않기 때문이다. 어떤 조직이나 개인이든 도메인 전문지식 없이 효과적이므로 '보안 데이터'를 분석할 수 있는 방법은 없다. 보안 전문가의 조언과 지식은 똑똑한 질문을 수립하고 결과를 확인하는 데 필수적이다. 조직 내부 네트워크와 시스템에 관한 통찰, 악성코드의 동작과 특성 파악, 침해 사고의 분류 및 확인 등은 사건 분석의 핵심이다.

위험 지역

약간 아는 것은 위험하다. 데이터를 수집하고 프로그래밍으로 분석하는 기본 능력에 약간의 도메인 지식만으로는 부족할 뿐 아니라 해가 될 수도 있다. 단지 데이터 과학의 3요소에 헛발질을 하고 있으면서 스스로는 데이터 과학을 하고 있다는 함정에 빠지지 않도록 주의해야 한다. 어떻게 위험 지역^{Danger Zone}을 피할 수 있을까? 아래와 같이 접근하자.

- **통계학을** (단순히 손대는 것이 아니라) **완전히 수용한다.** 통계학과 기계학습은 인간 유전자의 미세한 동작에 대한 깊은 이해뿐 아니라, 여러분이 한 줄로 이어진 계단을 몇 걸음이나 걸었는지, 심지어 태양계를 벗어나 외우주를 탐색하는 우주선에 이르기까지 수많은 분야에서 진보를 이룩했다. 그러니 여러분의 보안 문제에 관한 지식을 향상시키고 그중 일부는 해결할 수 있음도 확신할 수 있다. 하지만 발만 살짝 담글 수 있다고 생각하지 말자. 팀원 전부가 통계학의 천재가 될 필요는 없지만, 팀원 중 적어도 한 명은 (물리적으로든 온라인 상으로든) 통계에 강한 사람이어야 한다.

- **깊이 담그되 넓게 바라본다.** 마치 생물학자가 생물학의 특정 영역을 철저히 아는 것처럼 여러분도 보안 전문가로서 정보보안의 특정 영역을 확실히 알고 있어야 한다. 하지만 보안 외부의 많은 분야(예를 들면 경제학, 정치학, 사생활 보호 등)가 보안에 영향을 미치기 때문에, 여러분은 무엇을, 어떻게에서 누가, 왜로 질문을 옮길 때 이러한 분야의 정보를 고려할 수 있어야 한다. CISSP 자격증이 10개나 되는 도메인으로 구성되는 것은 다 이유가 있다. 10개 도메인을 모두 잘 알아야 비로소 전문적인 도움을 다른 사람에게 줄 수 있기 때문이다.

- **가정에 의문을 갖고 결과를 검증한다.** 열린 마음을 가져야 한다. 데이터는 여러분의 마음을 바꿀 방법을 갖고 있기 때문이다. 분석을 진행하는 과정의 처음부터 끝까지 주변 사람에게 분석의 방향이 맞는지 확인해 달라고 부탁하자. 조직 내

부 데이터로 작업하든 외부 공개를 목표로 연구를 수행하든 여러분이 궤도를 이탈하지 않고 똑바로 나아갈 수 있도록 경험이 풍부한 실무자와 함께 짝을 이뤄서 진행하는 것이 좋다. 그리고 연구 결과를 발표할 때는 재현 가능한 연구 운동(http://www.foastat.org/resources.html) 사이트를 방문해 다른 사람이 여러분의 연구 결과를 테스트하기에 충분한 문서와 데이터가 준비되어 있는지 확인하자.

여러분의 조직을 데이터 주도 보안으로 변화시키기

지금까지 여러분은 데이터 주도의 보안이 단순히 R이나 파이썬을 실행해서 데이터를 던지면 끝나는 것이 아님을 깨달았을 것이다. 데이터 주도로의 변모는 여러분과 여러분 조직의 구성원들이 세상을 바라보는 방법의 점진적인 이동을 의미하는 진화적 과정이다. 결과가 금세 나타나지는 않는다. 다만 간간히 드러나는 총명함으로 시간이 지남에 따라 가치가 꾸준히 오를 것이다. 조직 내부에서 좋은 데이터 주도의 프로그램이 발전하기 위해서는 다음 요소들이 요구된다.

- 객관적인 답을 갖는 질문을 수립한다.
- 관련성 있는 데이터를 찾고 수집한다.
- 반복 작업을 통해 학습한다.
- 통계를 (다시) 찾는다.

데이터 주도 보안으로의 변화는 처음 시작하기가 매우 어려운데, 위의 요소 중 처음 2개가 닭과 달걀의 문제를 안고 있기 때문이다. 질문을 수립하기 위한 데이터가 필요한 것과 동시에 질문에 답하기 위한 데이터가 필요하다. 하지만 걱정할 필요는 없다. 꾸준한 반복을 통해서 양쪽을 모두 구축할 수 있다.

객관적인 답이 있는 질문을 수립한다

이번 장의 첫 페이지에서 인용했던 문구는 세이버메트리션 빌 제임스의 말이었다. 마이클 루이스의 『책 머니볼Moneyball』을 읽은 적이 있다면 빌 제임스를 이미 알고 있을 것이다. 빌 제임스는 데이터를 활용해 야구에서 당연하게 여겨지던 인식에 도전했다. 그가 했던 말을 다시 한 번 인용하면 "내가 한 일은 객관적인 답을 갖는 야구에 관한 질문을 찾는 것이었다. 내가 하는 일은 그게 전부다. 내가 해 온 일은 그게 전부다." 그는 그저 데이터를 탐색하고 기술하는 데 그치지 않았으며, 데이터를 갖고 화려한 시각화를 만드는데 초점을 두지도 않았다. 그가 초점을 둔 것은 바로 데이터 내에 답을 갖고 있는 좋은 질문을 찾는 것이었다.

1장에서 우리는 좋은 질문을 만드는 방법을 논의한 바 있다. 좋은 질문은 두 가지 특징을 갖고 있음을 기억하자. 첫 번째는 데이터를 이용해 객관적으로 답을 얻을 수 있어야 하고, 두 번째는 답을 알고 싶어 하는 누군가가 있어야 한다. 빌 제임스가 도루가 선수의 스폰서 계약에 미치는 영향을 질문으로 삼을 수도 있었겠지만, (도루를 하는 선수를 제외하고) 아무도 그걸 알고 싶어 하지 않았다. 대신에 득점 또는 누상의 주자수와의 관계에 초점을 맞추었는데, 그것은 모든 사람들이 답을 알고 싶었던 질문이기 때문이다. 여러분의 일도 마찬가지다. 차단된 스팸메일의 개수를 보여주거나 봇넷 감염 현황을 보여주는 지도를 시각화할 수 있지만, 그것을 알고 싶어 하는 사람이 없다면 실용적인 질문이라고 할 수 없으며 단순히 시간의 낭비에 불과하다.

누군가가 답을 알고 싶어 한다는 사실을 아는 것은 질문을 가다듬는 데 도움이 될 뿐 아니라 분석도 용이해진다. 1장의 사례에서 차단된 스팸메일의 개수를 세는 것에서 직원들이 차단되지 않은 스팸메일을 처리하는 데 걸리는 시간으로 질문을 바꿨던 것을 떠올려보자. 이 사례에서 직원들이 차단되지 않은 스팸메일 처리에 걸리는 시간이 1주일에 1시간 미만일 경우 의사결정이 아무 것도 달라지지 않는다면, 질문을 "직원들이 스팸메일 처리를 위해 1주일에 1시간 이상인가?"와 같이 변경할 수 있을 것이다. 이렇게 기준 값을 염두에 두면서 분석을 단순화할 수 있어야 한다. 정확한 시간을 계산하는 것보다 단지 1주일에 1시간 이상인지만 알면 되는 것이다. 질문의 맥락과 목적은 여러분이 해야 할 일을 명확히 할 수 있다.

관련성 있는 데이터를 찾고 수집한다

앞서 언급했듯이 데이터 수집과 좋은 질문은 자연스럽게 상호 의존적이다. 좋은 질문은 답을 알려줄 데이터가 준비되어야 하는데, 사용하지 않을 데이터를 수집하고 싶지는 않기 때문이다. 어느 것이 우선일까? 일단은 현재 환경에서 얻을 수 있는 데이터가 무엇인지 파악하고 있어야 한다. 프록시와 방화벽 로그, 서버 인증 로그, 회사 티켓발급 시스템의 데이터까지 모두 처음 데이터를 수집하기에 좋은 후보들이다. 일단 이 데이터들을 갖고, 데이터가 답을 줄 수 있는 실질적인 질문들을 수립한다. 질문에 대한 답을 얻기 위해서 데이터를 수집하다보면, 질문을 개선할 수밖에 없는 상황이 발생한다. 그리고 다시 데이터로부터 학습을 하고 질문을 개선하는 일을 반복한다.

데이터를 얻을 때는 기꺼이 다른 사람과 협업하는 자세가 필요하다. 여러분이 필요한 모든 데이터의 관리자가 아닐 가능성이 매우 높다. 그래서 경영진의 후원이 중요하다. 여러분이 실무자라면 여러분을 밀어줄 경영진을 찾자. 여러분이 경영자 지위에 있다면, 내부적으로 데이터가 공유될 수 있도록 조치한다. 이렇게 노력해도 효과는 매우 제한적일 수 있다. 가능한 많은 사람을 관련자로 만들고, 심지어 조직 외부에도 데이터를 얻기 위한 협조 요청을 하자. 의심의 여지없이 반대 의견에 부딪치겠지만, 목표를 향한 노력을 유지해야 한다. 이 모든 노력은 결국은 성과로 보답할 것이다.

정보 공유는 정보 자체보다 더 많은 노력을 수반한다

최근의 정보보안 업계는 우리 모두 정보를 공유해야 한다는 암묵적인 움직임이 있는 것 같으며, 이건 좋은 일이다. 과거의 (그리고 여러분이 조직 내부에서 마주칠) 반대 의견들은 대체로 신뢰 부족 및 공유 데이터로 인한 개인정보 보호와 기밀성 침해 우려를 지적했었다. 이런 우려는 조직 내부의 공유 시에도 마찬가지로 제기된다 .이런 우려는 일리가 있으며 여러분이 해결해야 할 일이기도 하다. 그러나 이런 우려는 실제로는 정보 공유를 이끌어낼 때 가장 해결하기 쉬운 일에 속한다. 정보 공유는 사람들이 생각하는 것보다 훨씬 더 큰 노력을 수반할 때가 많다. 정보 공유에 찬성했던 사람들이 데이터 준비와 공유에 드는 노력과 시간을 과소평가했음을 깨닫게 되는 때가 오게 된다. 심지어 공유되면 안 된다는 사실이 드러나기도 하며, 이런 데이터는 제거할 수밖에 없다. 또, 데이터가 원래 의도했던 것만 공유되고 있음을 검증도 해야 한다. 마지막으로, 데이터가 너무 커서 이메일로 전달할 수 없거나 다운로드 가능하도록 설정할 수 없어서 데이터 저장 및 전달의 문제가 드러날 수도 있다. 이러한 문제에 대처하는 최선의 방법은 솔직하게 문제를 공개하고 실제 상황을 관련자들에게 알리는 것이다. 긍정적인 것은 데이터를 공유함으로써 얻는 학습량이 데이터 공유에 드는 노력을 충분히 보상한다는 점이다.

반복을 통한 학습

데이터 주도의 보안 프로그램을 구축할 때는 미리 모든 작업이 정의되고 순서대로 실행되는 전통적인 폭포수 방법론을 따르지 않는다. 그것보다는 그림 12.2와 같은 반복적 프로세스에 훨씬 가까우며, 질문에서 해답까지의 경로가 꾸불꾸불한 미로와 같은 모습을 띄기 쉽다. 데이터 소스들은 저마다 문제점과 기회를 갖고 있다. 이 미로 게임의 이름은 반복이며, 좌절과 도전은 프로젝트의 일상이다. 하지만 낙심할 필요는 없다. 좌절은 점점 더 줄어들 것이고, 모든 좌절은 학습의 기회이기 때문이다.

여러분은 초기에 배울 커다란 교훈 중 하나는 데이터 품질의 중요성과 반복 수행의 혜택이다. 추출된 데이터를 가져와서 열었더니 날짜 변수는 깨져 있고 어떤 필드는 구멍이 숭숭 났으며 심지어 어떤 속성 때문에 데이터 추출 프로세스를 처음부터 다시 해야 하는 상황에 마주치기까지 그리 오래 걸리지 않을 것이다. 그래서 추출, 변환, 불러오기 도구는 자동화되어야 하며, 데이터 검증 프로세스도 자주 실행해야 한다. 최종 보고서를 작성하기 한참 전에 데이터의 무결성이 손상되었음을 아는 것이 낫기 때문이다.

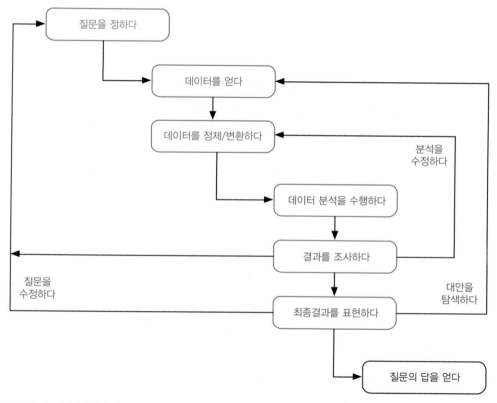

그림 12.2 데이터 과학의 워크플로우

마지막으로 데이터 작업에 수반되는 반복 수행과 계속되는 발견을 통해서 여러분은 강제로 자존심을 내려두고 객관적인 자세를 갖게 될 것이다. 추정과 추측이 자리잡을 공간이 거의 없기 때문이다. 분석 작업이 진행되는 동안 이 교훈은 되풀이해서 여러분에게 강제된다. 여러분이 틀렸음을 데이터가 몇 번 증명하고 나면, 데이터는 동기나 의도가 없으며 인기 없는 결과를 낼 수도 있다는 것을 깨닫게 된다. 가정은 질문과 데이터 분석으로 대체되어야 한다. 모든 것이 잘 맞물려 돌아가기 시작하면, 여러분은 답할 수 있는 질문의 유형에 깊은 인상을 받게 될 것이다.

통계를 찾는다

이 주제를 목록의 맨 위에 놓아야 할지를 놓고 저자들끼리 논쟁을 했지만, 결국은 지금 위치가 적절한 것으로 결론을 지었다(그리고 올바른 결론이었기를 바란다). 데이터 주도의 방법론을 나아가다보면, 어느 정도 통계적 요소에 의존하지 않으면 앞서 언급했던 위험 지역으로 빠질 수 있다. 데이터 중심 보안 프로그램의 핵심은 데이터로부터의 학습이다. 그리고 다양한 통계학 분야(전통적 통계학, 데이터 마이닝, 기계학습 등)는 이미 데이터로부터의 학습 방법을 배운 역사를 갖고 있다. 이러한 역사를 활용하지 않는다면, 여러분은 이미 다른 누군가가 극복했던 실패를 반복하는 함정에 빠질 수 있다.

여기서 두 가지 선택지가 존재한다. 통계학 지식을 갖고 있는 사람을 고용하거나 기존 직원(여러분 자신도 포함)을 앞서 언급한 교육 프로그램으로 통계학 스킬을 향상시키는 것이다.

불행히도 도메인 전문지식과 통계학 경험을 모두 갖춘 후보자는 거의 접하기 힘들다. 따라서 외부인을 고용하는 것은 곧 정보보안 분야의 경험이 부족한 사람의 고용으로 이어지기 쉬운데, 여러분이 이런 상황에 준비되어 있다면 별 문제는 없다. 반면에 1-2주 짜리 교육 프로그램만으로 전문적인 통계학자가 되기는 불가능하다. 여러분이 만일 통계학 교육 프로그램을 찾고 있다면, 레오 브라이먼이 언급했던 통계학 교육의 2가지 문화를 기억할 필요가 있다. 어떤 대학은 고전적인 통계학에 집중하면서 프로그래밍 및 데이터 관리에는 거의 비중을 두지 않는 반면, 반대로 프로그래밍에 큰 비중을 두면서 전통적인 통계학 기초 교육을 소홀히 하는 대학도 있다.

보안 데이터 과학 팀 구성하기

밥(Bob)의 팀이 보안 데이터 과학으로의 전환을 시작했을 때, 거대한 하둡 클러스터를 만들어서 모든 시스템의 모든 로그를 대용량 데이터 저장소에 저장하겠다는 충동을 인내하기는 쉽지 않았다. 실제로 그의 팀은 하둡 구축을 시작했지만 위험 요소(및 경고 메시지로 가득찬 화면)가 많음을 깨닫게 되었다.

그래서 기술에 초점을 두기보다는, 데이터가 주어졌을 때 답을 얻고 싶은 단 하나의 질문을 정의하는 데 집중했다. 5개가 아니다. 3개도 아니다. 단 1개의 질문이었다. 그리고 그 질문은 "우리는 이

IP를 예전에 본 적이 있는가?"였다. 이 질문은 팀에게 분명한 목표를 설정해 주었다. 어떤 IP 주소 (또는 IP 주소와 포트의 조합)가 주어졌을 때, 5분 이내에 모든 주변장치를 검색하는 것이다. (밥의 팀을 포함해) 대부분의 조직에서 이러한 데이터는 전제 볼륨을 따져볼 때 ('대규모'가 아니라) '중간 규모' 데이터의 범주에 해당된다.

밥의 팀은 전통적인 SQL(마리아DB), NoSQL(몽고DB & 레디스), R, 파이썬, 자바스크립트에 초점을 맞추었다. 6개월에 걸치는 기간 동안, 팀원들은 학습된 내용에 따른 개선을 반복하면서 다양한 방법으로 데이터 획득, 정제, 저장을 시도했으며(팀원들은 이 과정을 데이터 큐레이팅이라고 불렀다), 스키마의 구조를 정의하고 질의를 작성했다. 이 과정에서 사전 경고 없이 로그 파일의 포맷이 바뀌었을 때, 데이터 접근 이슈가 갑자기 발생했을 때, 참조성 메타데이터가 반드시 필요하게 되었을 때는 좌절을 경험하기도 했다.

밥의 팀은 3개의 핵심 원칙에 집중했다.

- 첫째, 도구를 공급하는 벤더에 문의하기 전에 오픈소스 버전이 있는지 알아본다. 도구의 구조를 열어보지 못하면, 내부에서 어떻게 돌아가는지 알 방법이 없다. 그리고 실제 데이터를 갖고 작업할 때는 이 부분이 매우 중요하다.
- 둘째, '단일 도구에 의존하지 말라. 단일 데이터베이스에 의존하지 말라. 문제 해결 시 단일 접근 방법에 의존하지 말라.'의 원칙을 따른다. 특정 기술에 익숙하거나 특정 도구에 호의를 갖고 있다고 눈 앞에 가리개를 내리면 안 된다.
- 셋째, 실패는 피할 수 없지만, 잘못된 길을 따라간 여행에서 반드시 무언가를 배워야 한다. 지속적인 적응과 조정은 보안 데이터 과학의 본질이다.

최종적으로 밥의 팀은 5분 과제를 해결하고 다른 질문의 해결을 진행하고 있다. 여러분의 팀도 질문 수립에서 시작해 반복적이고 체계적으로 접근하며 실수로부터 배우기를 멈추지 않는다면 틀림없이 성공적인 팀 성과를 거둘 수 있을 것이다.

요약

여러분은 지금까지 이 책에서 많은 것을 배웠지만, 이 모든 내용을 지금 당장 실행할 필요는 없다. 해킹 스킬, 도메인 전문지식, 통계학을 혼합해 여러분은 데이터 주도의 라이프스타일로 전환할 수 있다. 여기에 올바른 질문을 수립하고 그 질문에 답하기 위한 데이터를 얻는 기술을 결합하면, 여러분의 조직을 데이터 주도의 보안 프로그램으로 나아가게 할 수 있을 것이다. 가치 있는 결과를 얻기 위해서 당장 모든 것을 구현할 필요는 없다. 반복적인 접근 방식은 시간이 지날수록 더 많은 가치를 제공할 것이며 불가피하게 발생하는 도전에 적응하는 데도 도움이 된다. 천천히 시작하고, 모든 것을 시도하며, 모든 것을 다시 시도하고, 여러분이 어떻게 하고 있는지를 다른 사람과 공유하자.

추천 읽을거리

다음 목록은 이 장에서 소개했던 주제들을 더욱 깊이 있게 이해하고 싶은 독자들을 위한 추천 읽을거리다. 아래의 문헌 및 이 장에서 언급한 문서의 원본에 관한 자세한 목록은 부록 B에서 확인할 수 있다.

- 드류 콘웨이[Drew Conway], 'The Data Science Venn Diagram'(http://drewconway.com/zia/2013/3/26/the-data-science-venn-diagram) : 이번 장에 소개되어 있지만, 원본 게시물을 방문할 가치가 있다.
- 파틸[D. J. Patil], 『Building Data Science Teams』 - 이 책은 데이터 과학 팀의 채용, 관리, 유지를 실제로 경험해 본 저자가 쓴 책이다. 특히 사기, 남용, 위험, 보안 팀에 관한 특별 항목을 포함하고 있으며, 채용과 팀/부서 구성에 관해서도 다루고 있다. 데이터 과학에 몰입하고자 하는 사람들의 '필독서'임에 분명하다.

참조 사이트와 도구 목록

이 책의 본문에서도 주제별로 참조할 만한 사이트들의 주소를 언급했지만, 저자들이 업무에서 일상적으로 참고하는 중요 사이트임에도 불구하고 지면 관계상 싣지 못한 것들이 여전히 남아 있다. 부록 A에서는 본문에서 이미 소개했던 사이트를 포함해서 주제별로 주요 사이트의 주소를 모두 정리했으므로 쉽고 빠른 참조에 도움이 될 것이다.

데이터 정제

- 오픈리파인^{OpenRefine}(http://openrefine.org/) – PC에 설치되는 오픈소스 및 크로스 플랫폼 도구로서, 매우 쉽게 지저분한 데이터를 분석에 적합한 형태로 가져오기, 탐색, 정제, 변환할 수 있다.

- 데이터랭글러^{DataWrangler}(http://vis.stanford.edu/wrangler/) – 스탠포드 대학의 시각화 그룹에 의해 만들어진 브라우저 기반의 자바스크립트 도구다. 브라우저 내의 소규모 데이터 세트를 탐색 및 변환한 뒤 파이썬이나 자바스크립트 소스 파일로 내보낼 수 있다. PC에서 소규모 및 대규모 데이터 세트 분석을 실행할 때 적합한 도구다.

- 웹플롯디지타이저^{WebPlotDigitizer}(http://arohatgi.info/WebPlotDigitizer/app/) – 이 온라인 도구는 관련 파일이 열려 있지 않은 차트와 그래프를 신속하게 '리버스 엔지니어링'할 수 있다.

- 구글 크러시 도구^{Google CRUSH Tools}(https://code.google.com/p/crush-tools/) – 명령 라인 처리 엔진이자 데이터 변환 도구로서 셸 프롬프트에서 대용량 데이터 세트를 효율적으로 작업할 수 있다.

- 씨에스브이킷^{csvki}(https://github.com/onyxfish/csvkit) – 구글 크러시와 유사한 파이썬 오픈소스 도구들의 모음이다. 명령 라인과 파이썬 스크립트 내에서 모두 사용할 수 있다는 점은 구글 크러시와 다른 점이다.

- 데이터클리너^{DataCleane}(http://datacleaner.org/) – 이 제품은 오픈리파인과 비슷하지만 상용 제품과 오픈소스 제품이 모두 제공된다.

- 미스터 데이터 컨버터^{Mr.Data Converter}(http://shancarter.github.io/mr-data-converter/) – 샨 카터^{Shan Carter}가 만든 오픈소스 도구로서 브라우저 내부 실행과 PC 설치가 모두 가능하다. 「뉴욕타임즈」에서 데이터 정제 작업에 사용된다.

- 미소 데이터 세트^{Miso Dataset}(http://misoproject.com/dataset/) – 클라이언트측 자바스크립트 데이터 변환 및 관리 라이브러리다.

- 여러분이 좋아하는 스크립트 언어 – 파이썬, R, 펄, awk 스크립트의 데이터 정제 능력을 과소평가하지 말라. 선행 작업이 더 필요하기는 하지만, 재사용성이 높고 사용자 정의가 가능한 정제 및 변환 도구를 여러분 손으로 구축할 수 있다.

데이터 분석 및 시각화: 핵심 도구

- R(http://www.r-project.org/) + R 스튜디오(http://www.rstudio.com/) – 데이터 과학의 바로 그 언어다. 레볼루션 애널리틱스(http://www.revolutionanalytics.com/)에서 상용 버전도 구입할 수 있다.
- 파이썬(http://www.python.org/) + 팬더스^{pandas}(http://pandas.pydata.org/) – 데이터 과학의 또 하나의 언어다. Enthought의 캐노피(https://www.enthought.com/products/canopy/) 및 컨티넘 애널리틱스의 아나콘다(http://docs.continuum.io/anaconda/install.html)라는 상용 및 오픈소스 제품을 사용할 수 있다.
- 태블로우^{Tableau}(http://www.tableausoftware.com/) – 대화식 대시보드 및 시각화 생성에 중점을 둔 상용 도구다.

데이터 분석 및 시각화: 자바스크립트 도구

- D3.js(http://d3js.org/) – '데이터 주도의 문서'를 생성할 수 있으며, 거의 모든 유형의 현대적인 정적 및 대화식 시각화를 생성할 수 있는 템플릿과 예제를 제공한다.
- 자바스크립트 인포비즈 툴킷^{JavaScript InfoVis Toolkit}(http://philogb.github.io/jit/) – D3와 비슷하지만 자바스크립트 초심자가 접근하기 더 쉽다.
- 하이차트 JS(Highcharts JS)(http://www.highcharts.com/) – 강력한 차트 및 그래프 기능을 제공하며, 특히 대시보드에 적합하다.

데이터 분석 및 시각화: 매핑 도구

- 오픈히트맵^{OpenHeatMap}(http://www.openheatmap.com/) – CSV 데이터로부터 고품질의 히트맵을 생성해서 브라우저에 바로 보여줄 수 있다. 코딩이 전혀 필요하지 않다.

- 리플릿^{Leaflet}(http://leafletjs.com/) - 매우 견고하고 모바일 친화적인 자바스크립트 매핑 라이브러리다.

데이터 분석 및 시각화: 특수 도구

- 타임플로우^{TimeFlow}(https://github.com/FlowingMedia/TimeFlow/wiki) - 시간/시계열 데이터의 해석 및 시각화에 특화된 오픈소스 도구다.
- 게피^{Gephi}(https://gephi.org/) - 오픈소스 네트워크 그래프 분석 및 시각화 도구다.
- 쿼드리그램^{Quadrigram}(http://www.quadrigram.com/) - 데이터 작업과 고도의 맞춤형 시각화를 위한 비주얼 프로그래밍 인터페이스를 제공한다.

읽어 볼 만한 RSS 사이트, Q&A 사이트, 블로그

- R-블로거^{R-Blogger}(http://www.r-bloggers.com/) - 개별 블로그들을 일일이 열어서 읽는 것보다 데이터 분석과 시각화 게시글 중에서 R과 관련 있는 것만을 보여주는 R-블로거 RSS 피드를 구독하는 것이 효율적일 수 있다.
- 스탯 블로그^{Stat Blogs}(http://www.statsblogs.com/) - R-블로거와 유사한 RSS 사이트지만 통계학에 초점을 맞춘다.
- 스택익스체인지^{StackExchange}(http://stackexchange.com/) - R, 파이썬, 팬더스 관련 질문이 있거나 ggplot 옵션이 기억나지 않거나, 어려운 통계 문제에 씨름하고 있다면 가장 먼저 찾아야할 사이트다.
- 정크 차트^{Junk Chart}(http://junkcharts.typepad.com/) - 다른 사람이 실수한 시각화 사례를 통한 배움의 장소다.
- 플로잉데이터^{FlowingData}(http://flowingdata.com/) - 시각화를 바라보는 사고 및 설계 방법을 개선할 수 있는 리소스, 뉴스, 튜토리얼을 볼 수 있다.
- DataVisualization.ch(http://selection.datavisualization.ch/) - 현재 사용할 수 있는 가장 인기 있고 유용한 시각화 도구들의 모든 정보를 검색할 수 있다.
- Bit.ly 번들(http://bitly.com/bundles/hrbrmstr/1) - 이 책의 저자들이 데이빗 세베르스키^{David Severski}와 함께 관리 중인 링크 모음이다.

색

- 컬러브루어^{ColorBrewer}(http://colorbrewer2.org/) – 신시아 브루어가 운영하는 이 사이트는 여러분이 시각화를 설계할 때 가장 먼저 방문해야 할 사이트다. 인쇄물과 색맹에 적합한 이미지를 생성할 수 있는 옵션을 선택할 수 있으며 광범위한 팔레트를 제공한다.

- HCL 피커^{HCL Picker}(http://tristen.ca/hcl-picker/) – D3 기반의 오픈소스 색 선택 도구. 색상, 채도, 명도를 기반으로 색을 선택할 수 있다.

- 어도비 쿨러^{Adobe Kuler}(https://kuler.adobe.com/) – 어도비가 제공하는 온라인 도구다.

- 매력적인 색 팔레트를 직접 만들거나 다양한 종류의 기성 팔레트 중에서 선택할 수 있다.

- OS X 색 선택기 팔레트(https://github.com/sathomas/colors) – 컬러브루어 팔레트를 엑셀, 포토샵, 기타 다른 맥 Mac 애플리케이션에서 사용할 수 있다.

부록 B

참고문헌

1장

Barnard, G. A. 1990. "Fisher: A Retrospective." Chance: New Directions For Statistics and Computing 3(1): 22-28.

Bingham, P., N. Q. Verlander, and M. J. Cheal. 2004. "John Snow, William Farr and the 1849 Outbreak of Cholera that Affected London: a Reworking of the Data Highlights the Importance of the Water Supply." Public Health 118(6): 387-394.

Box, Joan Fisher. 1987. "Guinness, Gosset, Fisher, and Small Samples." Statistical Science 2(1): 45-52.

Breiman, Leo. 2001. "Statistical Modeling: The Two Cultures (with Comments and a Rejoinder by the Author)." Statistical Science 16(3): 199-231.

Cook, Richard. I. 1998. "How Complex Systems Fail." Cognitive Technologies Laboratory, University of Chicago. Chicago, IL.

Farr, W. 1852. "Report on the Mortality from Cholera in England, 1848–1849." London: HMSO. (Also published as Farr, W. 1852. "Registrar General's Report on Cholera in England 1849–1850." London: W. Clowes & Son.)

Fisher, Ronald A. 1925. "The Influence of Rainfall on the Yield of Wheat at Rothamsted." Philosophical Transactions of the Royal Society of London. Series B, Containing Papers of a Biological Character 213: 89-142.

General Board of Health (UK). 1855. "Report of the Committee for Scientific Inquiries in Relation to the Cholera-Epidemic of 1854." London: HMSO.

Hubbard, Douglas W. 2010. How to Measure Anything: Finding the Value of Intangibles in Business. John Wiley & Sons, Inc.

Kahneman, Daniel, and Gary Klein. 2009. "Conditions for Intuitive Expertise: a Failure to Disagree." American Psychologist 64(6): 515.

Lipowski, Earlene E. 2008. "Developing Great Research Questions." American Journal of Health-System Pharmacy Vol 65(17): 1667-1670.

Morris, Robert, and Ken Thompson. 1979. "Password Security: A Case History." Communications of the ACM 22(11): 594-597.

"Report of JPMorgan Chase & Co. Management Task Force Regarding 2012 CIO Losses." 2013. Retrieved from http://files.shareholder.com/downloads/ONE/2532388207x0x628656/4cb574a0-0bf5-4728-9582-625e4519b5ab/Task_Force_Report.pdf

Tukey, John W. 1962. "The Future of Data Analysis." The Annals of Mathematical Statistics

33(1): 1-67. Retrieved from http://projecteuclid.org/DPubS?service=UI&version=1.0&ver b=Display&handle=euclid.aoms/1177704711

Tukey and the Prim-9 video. Available from http://flowingdata.com/2008/01/01/

john-tukey-and-the-beginning-of-interactive-graphics/Watts, Duncan. "The Myth of Common Sense: Why Everything that Seems Obvious Isn't." Speaking to the Santa Fe institute; viewed on 7/14/2013 from http://www.youtube.com/watch?v=EF8tdXwa-AE

Wheelan, Charles. 2013. Naked Statistics: Stripping the Dread from the Data. W.W. Norton & Co.

2장

Cotton, Richard. 2013. Learning R. O'Reilly Media, Inc.

Crawley, Michael J. 2012. The R Book, Second Edition. John Wiley & Sons, Inc.

Lutz, Mark. 2013. Learning Python. O'Reilly Media, Inc.

Shaw, Zed A. 2010. Learn Python the Hard Way. Retrieved from http://learnpythonthehardway.org/

3장

Cohen, Yosef, and Jeremiah Y. Cohen. 2008. Statistics and Data with R: An Applied Approach Through Examples. John Wiley & Sons, Inc.

McKinney, Wes. 2012. Python for Data Analysis. O'Reilly Media, Inc.

4장

Cook, Diane J., and Lawrence B. Holder, eds. 2006. Mining Graph Data. John Wiley & Sons, Inc.

Højsgaard, Søren, David Edwards, and Steffen Lauritzen. 2012. Graphical Models with R. Springer Media.

5장

Chang, Winston. R Graphics Cookbook. O'Reilly Media, Inc. 2012.

Goodman, Steven. 2008. "A Dirty Dozen: Twelve P-Value Misconceptions." Seminars in Hematology 45(3): 135-140.

Neter, John, William Wasserman, and Michael H. Kutner. 1996. Applied Linear Statistical Models. Vol. 4. Chicago. Irwin.

Wheelan, Charles. 2013. Naked Statistics: Stripping the Dread from the Data. W.W. Norton & Co.

Yau, Nathan. 2013. Data Points: Visualization that Means Something. John Wiley & Sons.

6장

Cairo, Alberto. 2012. The Functional Art: An Introduction to Information Graphics and Visualization. New Riders.

Card, Stuart K., and Jock D. Mackinlay. 1997. "The Structure of the Information Visualization Design Space." Information Visualization, 1997. Proceedings, IEEE Symposium on.

Cleveland, William S., and Robert McGill. 1984. "Graphical Perception: Theory, Experimentation, and Application to the Development of Graphical Methods." Journal of the American Statistical Association 79(387): 531-554.

Cleveland, William S., and Robert McGill. 1985. "Graphical Perception and Graphical Methods for Analyzing Scientific Data." Science 229(4716): 828-833.

Few, Stephen. 2004. Show Me the Numbers: Designing Tables and Graphs to Enlighten. Analytics Press.

Healey, Christopher G., Kellogg S. Booth, and James T. Enns. 1996. "High-Speed Visual Estimation Using Preattentive Processing." ACM Transactions on Computer-Human Interaction (TOCHI) 3(2): 107-135.

Kosara, Robert. "In Defense of Pie Charts." 2011. Retrieved 8/27/2013 from. http://eagereyes. org/criticism/in-defense-of-pie-charts

Simkin, David, and Reid Hastie. 1987. "An Information-Processing Analysis of Graph Perception." Journal of the American Statistical Association 82(398): 454-465.

Stone, Maureen. 2006. "Choosing Colors for Data Visualization." Business Intelligence Network. Retrieved 9/2013 from http://www.perceptualedge.com/articles/b-eye/ choosing_colors.pdf

Tufte, Edward R. 1990. Envisioning Information. Graphics Press.

Ware, Colin. 2013. Information Visualization, Third Edition. Morgan Kaufmann.

Yau, Nathan. 2013. Data Points: Visualization that Means Something. John Wiley & Sons.

7장

Open Security Foundation. "Data Loss DB." Available from http://datalossdb.org

Privacy Rights Clearinghouse. "Chronology of Data Breaches." Available from http://www.privacyrights.org/data-breach

Verizon RISK Team. "2013 Data Breach Investigations Report." Available from http://www.verizonenterprise.com/DBIR

Verizon RISK Team. "VERIS Community." Available from http://veriscommunity.net

Verizon RISK Team. "VERIS Community Database." Available from https://github.com/vz-risk/VCDB

8장

Codd, Edgar Frank. 1970. "A relational model of data for large shared data banks." Communications of the ACM 13(6): 377-387.

Harrington, Jan L. 2009. Relational Database Design and Implementation: Clearly Explained, Third Edition. Morgan Kaufmann.

Lublinsky, Boris, Kevin T. Smith, and Alexey Yakubovich. 2013. Professional Hadoop Solutions. John Wiley & Sons.

Tiwari, Shashank. 2011. Professional NoSQL. John Wiley & Sons.

9장

Bilge, Leyla, et al. 2012. "Disclosure: Detecting Botnet Command and Control Servers Through Large-Scale NetFlow Analysis." Proceedings of the 28th Annual Computer Security Applications Conference. ACM: 129-138.

Cherkassky, Vladimir, and Filip M. Mulier. 2007. Learning from Data: Concepts, Theory, and Methods. John Wiley & Sons.

Conway, Drew, and John Myles White. Machine Learning for Hackers. 2012. O'Reilly Media, Inc.

Emran, Syed Masum, and Nong Ye. 2001. "Robustness of Canberra Metric in Computer Intrusion Detection." Proc. IEEE Workshop on Information Assurance and Security. West Point, NY.

Genuer, Robin, Jean-Michel Poggi, and Christine Tuleau-Malot. 2010. "Variable Selection Using Random Forests." Pattern Recognition Letters 31(14-15): 2225-2236.

James, Gareth, et al. 2013. An Introduction to Statistical Learning with Applications in R. Springer.

Mitchell, Tom M. 1997. Machine Learning. McGraw-Hill.

Weston, Steven, and Rich Calaway. 2013. "Getting Started with doParallel and foreach." Retrieved 10/2013 from http://cran.r-project.org/web/packages/doParallel/vignettes/gettingstartedParallel.pdf

10장

Few, Stephen. 2013. Information Dashboard Design: Displaying Data for At-a-Glance Monitoring, Second Edition. Analytics Press. 2013.

Jaquith, Andrew. 2007. Security Metrics: Replacing Fear, Uncertainty, and Doubt. Addison-Wesley.

Kenett, Ron, and Silvia Salini. 2012. Modern Analysis of Customer Surveys: With Applications Using R. John Wiley & Sons.

Saris, Willem E., and Irmtraud N. Gallhofer. 2007. Design, Evaluation, and Analysis of Questionnaires for Survey Research. John Wiley & Sons.

Tufte, Edward R., and P. R. Graves-Morris. 1983. The Visual Display of Quantitative Information. Graphics Press.

11장

Cairo, Alberto. 2012. The Functional Art: An Introduction to Information Graphics and Visualization. New Riders.

Foresti, Stefano, and James Agutter. 2008. "VisAlert: From Idea to Product." In VizSEC 2007: Proceedings of the Workshop on Visualization for Computer Security: 159-174. Springer Berlin Heidelberg.

Mackinlay, Jock. 1986. "Automating the design of graphical presentations of relational information." ACM Transactions on Graphics (TOG) 5(2): 110-141.

Maclean, Malcolm. D3 Tips and Tricks: Interactive Data Visualization in a Web Browser. Available from http://leanpub.com/D3-Tips-and-Tricks

Murray, Scott. 2013. Interactive Data Visualization for the Web. O'Reilly Media.

Norman, Donald A. 2002. The Design of Everyday Things. Basic Books.

Schwartz, Barry. 2004. The Paradox of Choice: Why More Is Less. Ecco.

Shneiderman, Ben. 1996. "The Eyes Have It: A Task by Data Type Taxonomy for Information Visualizations." In Proceedings of the IEEE Symposium on Visual Languages, 1996: 336-343.

Stefano Foresti, James Agutter, Yarden Livnat, Shaun Moon, and Robert Erbacher. 2006. "Visual Correlation of Network Alerts." IEEE Computer Graphics and Applications 26(2): 48-59.

Wilkinson, Leland. 2005. The Grammar of Graphics. Springer Berlin Heidelberg.

12장

James, Bill. 2010. Battling Expertise with the Power of Ignorance. 2010. Available from http://crllearns.kucrl.org/events/battling-expertise-with-the-power-of-igno-rance

R 패키지 사용

aplpack: Peter Wolf and Uni Bielefeld. 2013. aplpack: Another Plot PACKage: stem.leaf, bagplot, faces, spin3R, plot-summary, plothulls, and some slider functions. R package version 1.2.9. http://CRAN.R-project.org/package=aplpack

binom: Sundar Dorai-Raj. 2009. binom: Binomial Confidence Intervals For Several Parameterizations. R package ver-sion 1.0-5. http://CRAN.R-project.org/package=binom

bitops: S original by Steve Dutky initial R port, extensions by Martin Maechler; revised and modified by Steve Dutky. 2013. bitops: Bitwise Operations. R package version 1.0-6. http://CRAN.R-project.org/package=bitops

car: John Fox and Sanford Weisberg. 2011. An R Companion to Applied Regression, Second Edition. Thousand Oaks CA: Sage. http://socserv.socsci.mcmaster.ca/jfox/Books/Companion

colorspace: Achim Zeileis, Kurt Hornik, and Paul Murrell. 2009. "Escaping RGBland: Selecting Colors for Statistical Graphics." Computational Statistics & Data Analysis 53: 3259-3270. doi:10.1016/j.csda.2008.11.033

colorspace: Ross Ihaka, Paul Murrell, Kurt Hornik, Jason C. Fisher, and Achim Zeileis. 2013. colorspace: Color Space Manipulation. R package version 1.2-2. http://CRAN.R-project.org/package=colorspace

devtools: Hadley Wickham and Winston Chang. 2013. devtools: Tools to make developing R code easier. R package version 1.3. http://CRAN.R-project.org/package=devtools

effects: John Fox. 2003. "Effect Displays in R for Generalised Linear Models." Journal of

Statistical Software, 8(15): 1-27. http://www.jstatsoft.org/v08/i15/

effects: John Fox and Jangman Hong. 2009. Effect Displays in R for Multinomial and Proportional-Odds Logit Models: Extensions to the effects Package. Journal of Statistical Software 32(1), 1-24. http://www.jstatsoft.org/v32/i01/

gdata: Gregory R. Warnes, Ben Bolker, Gregor Gorjanc, Gabor Grothendieck, Ales Korosec, Thomas Lumley, Don MacQueen, Arni Magnusson, Jim Rogers, et al. 2013. gdata: Various R programming tools for data manipulation. R package version 2.13.2. http://CRAN.R-project.org/package=gdata

ggdendro: Andrie de Vries and Brian D. Ripley. 2013. ggdendro: Tools for extracting dendrogram and tree dia-gram plot data for use with ggplot. R package version 0.1-14. http://CRAN.R-project.org/package=ggdendro

ggmap: David Kahle and Hadley Wickham. 2013. ggmap: A package for spatial visualization with Google Maps and OpenStreetMap. R package version 2.3. http://CRAN.R-project.org/package=ggmap

ggplot2: H. Wickham. 2009. ggplot2: Elegant Graphics for Data Analysis. New York: Springer.

ggthemes: Jeffrey B. Arnold. 2013. ggthemes: Extra themes, scales and geoms for ggplot. R package version 1.5.1. http://CRAN.R-project.org/package=ggthemes

grid: R Core Team. 2013. R: A language and environment for statistical computing. R Foundation for Statistical Computing, Vienna, Austria. http://www.R-project.org/

gridExtra: Baptiste Auguie. 2012. gridExtra: functions in Grid graphics. R package version 0.9.1. http://CRAN.R-project.org/package=gridExtra

igraph: G. Csardi and T. Nepusz. 2006. "The igraph software package for complex network research." InterJournal, Complex Systems, 1695. http://igraph.sf.net

lattice: Deepayan Sarkar. 2008 Lattice: Multivariate Data Visualization with R. New York: Springer.

maps: Original S code by Richard A. Becker and Allan R. Wilks. 2013. R version by Ray Brownrigg. Enhancements by Thomas P Minka <tpminka@media.mit.edu>. maps: Draw Geographical Maps. R package version 2.3-6. http://CRAN.R-project.org/package=maps

maptools: Roger Bivand and Nicholas Lewin-Koh. 2013. maptools: Tools for reading and handling spatial objects. R package version 0.8-27. http://CRAN.R-project.org/package=maptools

plyr: Hadley Wickham. 2011. "The split-apply-combine strategy for data analysis." Journal of Statistical Software 40(1), 1-29. http://www.jstatsoft.org/v40/i01/

portfolio: Jeff Enos and David Kane, with contributions from Daniel Gerlanc and Kyle Campbell. 2013. portfolio: Analysing equity portfolios. R package version 0.4-6. http://CRAN.R-project.org/package=portfolio

RColorBrewer: Erich Neuwirth. 2011. RColorBrewer: ColorBrewer palettes. R package version 1.0-5. http://CRAN.R-project.org/package=RColorBrewer

rgdal: Roger Bivand, Tim Keitt, and Barry Rowlingson. 2013. rgdal: Bindings for the Geospatial Data Abstraction Library. R package version 0.8-11. http://CRAN.R-project.org/package=rgdal

reshape: H. Wickham. 2007. "Reshaping data with the reshape package." Journal of Statistical Software 21(12), 2007

rjson: Alex Couture-Beil. 2013. rjson: JSON for R. R package version 0.2.13. http://CRAN.R-project.org/package=rjson

RJSONIO: Duncan Temple Lang. 2013. RJSONIO: Serialize R objects to JSON, JavaScript Object Notation. R package version 1.0-3. http://CRAN.R-project.org/package=RJSONIO

scales: Hadley Wickham. 2012. scales: Scale functions for graphics. R package version 0.2.3. http://CRAN.R-project.org/package=scales

splines: R Core Team. 2013. R: A language and environment for statistical computing. R Foundation for Statistical Computing, Vienna, Austria. http://www.R-project.org/

vcd: David Meyer, Achim Zeileis, and Kurt Hornik. 2013. vcd: Visualizing Categorical Data. R package version 1.3-1. "The strucplot framework: visualizing multi-way contingency tables with vcd." Journal of Statistical Software 17(3): 1-48. http://www.jstatsoft.org/v17/i03/

verisr: Jay Jacobs. 2013. verisr: Tools for working with VERIS objects. R package version 0.1.

zoo: Achim Zeileis and Gabor Grothendieck. 2005. "zoo: S3 infrastructure for regular and irregular time series." Journal of Statistical Software 14(6): 1-27. http://www.jstatsoft.org/v14/i06/

찾아보기

에이콘출판의 기틀을 마련하신 故 정완재 선생님 (1935-2004)

데이터 과학으로 접근하는 정보보안

데이터 분석과 시각화로 정보보안 강화하기

인 쇄 | 2016년 9월 19일
발 행 | 2016년 9월 27일

지은이 | 제이 제이콥스 · 밥 루디스
옮긴이 | 이 정 문

펴낸이 | 권 성 준
편집장 | 황 영 주
편 집 | 오 원 영
　　　　나 수 지
디자인 | 이 승 미

에이콘출판주식회사
서울특별시 양천구 국회대로 287 (목동 802-7) 2층 (07967)
전화 02-2653-7600, 팩스 02-2653-0433
www.acornpub.co.kr / editor@acornpub.co.kr

한국어판 ⓒ 에이콘출판주식회사, 2016, Printed in Korea.
ISBN 978-89-6077-909-9
ISBN 978-89-6077-446-9(세트)
http://www.acornpub.co.kr/book/data-security

이 도서의 국립중앙도서관 출판시도서목록(CIP)은 서지정보유통지원시스템 홈페이지(http://seoji.nl.go.kr)와
국가자료공동목록시스템(http://www.nl.go.kr/kolisnet)에서 이용하실 수 있습니다.(CIP제어번호: CIP2016022302)

책값은 뒤표지에 있습니다.